한국노동운동사

100년의 기록

개정증보판

이원보 지음

한국노동운동사 100년의 기록
개정증보판

발행일 _ 2005년 5월 25일 초판 1쇄
         2005년 10월 14일 초판 2쇄
         2013년 3월 26일 개정판 1쇄
         2016년 3월 24일 개정판 2쇄
         2018년 8월 27일 개정판 3쇄
         2020년 10월 26일 개정판 4쇄

지은이 _ 이원보
발행인 _ 이원보
편   집 _ 이주환, 구도희
디자인 _ 화소

펴낸곳 _ 한국노동사회연구소
등   록 _ 2011년 1월 31일 제312-2011-000005호
주   소 _ 서울특별시 서대문구 연희로 407, 701호(홍은동)
전   화 _ 02-393-1457
팩   스 _ 02-393-4449
홈페이지 _ www.klsi.org

값 22,000원
ⓒ 이원보, 2013, Printed in Korea
ISBN 978-89-90497-26-0 (03300)

• 잘못된 책은 바꿔 드립니다.

한국노동운동사

100년의 기록

개정증보판

이원보 지음

한국노동사회연구소

| 개정증보판 서문 |

어두움을 헤치는 노동운동의 침로針路 마련에
작은 도움이라도 될 수 있기를

이 책의 첫판을 낸 지 벌써 8년이 됐습니다. 그 사이 노동환경과 노동운동은 많이도 변화했습니다. 우리 노동자들은 1987년 민주대항쟁의 연장선에서 질풍노도와 같은 노동자대투쟁을 통해 시민권을 확보했고, 민주노조운동을 형성하여 노사관계의 새로운 지형을 구축했습니다. 그리고 한국정부 수립 후 최초 최대의 1996~97년 총파업투쟁을 통해 급성장한 노동운동의 역량을 유감없이 발휘함으로써, 권력과 자본의 일방적 독주를 깨고 노동정치의 새 장을 열었습니다. 그러나 1997년 말 초국적 자본의 신자유주의 세계화 전략에 따른 외환위기가 엄습하여, 국민경제를 뒤흔들고 노동자의 삶과 노동운동을 낙망과 혼란의 늪으로 밀어 넣어 버렸습니다. 이른바 '1987년 체제'의 압축적인 고속성장에 안주했던 노동운동은 '1997년 체제'라는 뜻하지 않은 변화에 속절없이 수세로 몰렸습니다.

노동운동은 쓰나미처럼 밀어닥치는 신자유주의정책과 자본의 일방적인 구조조정·경영합리화에 맞서 치열한 투쟁들을 벌였습니다. 기업단위에서, 그리고 지역 및 산업과 전국적 수준에서, 삶의 조건을 지키고 법률과 제도의 개악 저지와 개선을 위한 교섭과 투쟁을 끊임없이 전개했습니다. 아울러 노동운동 스스로의 혁신을 서둘러 난국을 벗어나고자 했습니다. 산별노조 건설과 노동자 정치세력화가 그 핵심 주제였습니다.

산별노조 건설운동은 일정 부분 성과를 나타냈습니다. 초기업단위 노동조합원이 전체의 절반을 넘어섰고 특히 민주노총의 경우 80%를 초과하면서, 일부 산별노조는 산별교섭과 산별협약을 쟁취하기도 했습니다. 하지만 총자본의 억압과 제도의 제약을 배경으로 한 기업별노조의 관성이 노동조합운동의 발목을 완강하게 틀어쥐고, 노동자 전체 힘의 확장과 집중을 방해했습니다. 그러다 보니 취약하기 그지없는 비정규직노동자나 중소영세기업 노동자들은 여전히 운동의 외곽에 소외된 채 고통스럽기 그지없는 삶을 이어가고 있고, 정규직노동자들은 자본이 강요하는 치열한 경쟁과 고용불안에 내몰리게 됐습니다. 노동자 정치세력화는 수구 보수 세력의 반대와 탄압을 피와 땀, 희생과 인내로 막아내며 십수 년을 일구어 의회 진출의 꿈을 이루어내는 한편, 갈수록 어려워지는 민중운동의 든든한 버팀목을 만들어내기에 이르렀습니다. 그러나 척박하기 그지없는 진보의 동토凍土에 어렵게 쌓아올린 노동자 정치세력화의 영광과 환희는 겨우 실험단계를 그칠 정도로 매우 짧았습니다. 그리고 그 끝자락에 파인 갈등과 분열의 쓰라린 상처는 언제 어떻게 치유될 것인지 가늠하기조차 어렵게 되고 말았습니다. 결국 노동운동은 대세를 반전시키거나 재도약을 위한 전기를 마련하지 못한 채 숱한 위기를 감내해내지 않으면 안 됐습니다. 그 필연의 결과이기도 하지만, 설상가상으로 잔뜩 기대했던 정권교체의 꿈도 허망하게 무너지고, 다시 우려와 낙망의 벼랑에서 혈로血路를 찾아내야 하는 잔인한 상황을 맞이하게 됐습니다.

    지난날 노동운동 상황이 달라지면 흔히들 이렇게 말했습니다. "나쁠 때도 있으면 좋을 때도 있는 것 아닌가." 이 책을 처음 썼을 때도 이런 마음을 갖고 있었습니다. 그것은 노동운동의 가능성과 희망에 대한 자신감에 바탕한 것이었습니다. 지금도 그 생각은 변함이 없습니다. 세상은 항시 변하는 것이니까요. 그러나 최근의 상황은 어느 것 하나 뚜렷한 대안이 제시되지 않은 채 지나치게 오래 가고 있습니다. 근거 없는 낙관도 좋지 않지만, 비관이 오래가면 허무감에서 빠져나오기가 어려워질 수도 있습니다. 이번에 『한국노동운

동사: 100년의 기록』 개정증보판을 펴낸 것은 바로 이런 상황을 떨치고 가중되는 어려운 조건을 헤쳐 나가는 침로鍼路를 찾는 데 조금이라도 도움이 되기를 바라는 마음에서였습니다.

이번 개정증보판은 초판의 골격을 그대로 유지하면서 다음과 같은 몇 가지를 수정하고 보완했습니다. 첫째, 초판에서 누락된 중요한 역사적 사실을 보태서 기술했습니다. 둘째, 중요한 사건에 대한 나름대로의 평가를 간략하게 덧붙였습니다. 셋째, 참고문헌을 이 책에서 인용하거나 근거로 삼은 자료만으로 한정하여 정리했습니다. 넷째, 연표를 전체 운동에 영향이 큰 사건 중심으로 재편성했습니다. 마지막으로, 1997년 외환위기 이후의 운동 상황을 새로이 정리해 수록했습니다.

나름대로 노력을 기울였습니다만 여전히 부족함을 떨치기가 어렵습니다. 워낙 긴 역사를 간추리는 일이 만만치 않은 탓도 있지만, 역사를 해석하는 내공이 크게 모자랄 뿐만 아니라 운동 현장의 열정과 치열함을 제대로 살릴 수 없는 한계 때문인 듯합니다. 이런 모자람을 전제로, 역사발전의 법칙을 재확인하고 암울한 현실을 깨기 위한 용기와 지혜를 모아서 운동의 재도약에 이 조그만 책이 조금이라도 보탬이 되기를 소망해 마지않습니다.

이 책을 펴내기까지, 그리고 노동운동 과정에서 작은 몫이라도 할 수 있게 인내해준 아내와 가족들, 격려와 질책을 던져주신 스승님들과 선배님들, 벗들과 후배님들, 특히 숱한 어려움에 맞서 연구활동에 진력하면서 주저 없이 꼼꼼하게 내용을 챙겨 도움을 준 한국노동사회연구소 연구위원들에게 감사를 드리고, 이 책을 서둘러 내도록 독려해주신 노동형제들에게 깊은 고마움을 전합니다.

2013년 2월 28일
서울 서대문 연구소에서

| 초판 서문 |

노동운동의 길찾기를 위하여

한 젊은이가 길을 가다가 밤이 되어 그만 길을 잃었습니다. 밤새 헤매도 길을 찾을 수가 없었고, 기껏 길을 찾았다고 해도 제자리에 돌아오곤 했습니다. 젊은이는 낙담한 나머지 주저앉을 참이었습니다. 그런데 그때 한 노인을 만났습니다. 젊은이는 길을 잃은 사연을 말씀드리고 어디로 가면 되느냐고 여쭈었습니다. 노인의 대답은 간단했습니다. "나도 지금 길을 찾고 있네만 잘 모르겠네. 다만 오던 길은 다시 가지 말게."

어디선가 읽은 적이 있는 대목입니다만 어쩌면 우리 노동운동의 처지와 비슷한 듯하여 인용해 보았습니다. 오늘 우리 노동운동이 서 있는 상황은 너무나 어둡습니다. 실업과 불완전취업, 양극화, 구조조정, 고령화 어느 것 하나 밝은 구석을 찾기가 어렵습니다.

게다가 노동은 더 어두운 곳일 수밖에 없는 유연화의 늪으로 자꾸만 떠밀리고 있습니다. 정규직과 비정규직 노동처럼 곳곳에서 마냥 마주보고 서로를 겨누어서 빈곤을 향한 경쟁의 상대자가 될 것을 강요받고 있습니다. 소외와 차별의 침전지대에서 무한경쟁의 진흙탕으로 대책 없이 밀리고 있는 것이 노동세계의 모습이 아닌가 싶습니다. 오늘 선택받아 살아남은 자가 계속 그대로 있으라는 보장도 없습니다. 시도 때도 없이 자행되는 구조조정 때문입니다. 밖에서 오는 노동세계의 어두움은 너무 짙고 긴 듯합니다.

그런데 어두움은 밖에서만 오고 있는 게 아닌 듯합니다. 노동운동 내부에서조차 갖가지 모순과 비리가 불거져, 문제를 더욱 복잡하고 어둡게 만듭니다. 때문에 노동운동의 안팎에서는 위기다 침체다 하면서 새로운 길을 찾아 백방으로 힘을 쓰고 있습니다만, 결과가 신통치가 않습니다. 논쟁은 요란한데 끝은 잘 보이지가 않습니다. 갈래도 여러 가지입니다. 결론이 없더라도 문제라도 꺼내 놓고 얘기해야 할 텐데 그것마저 흥미가 없어 보입니다. 앞의 이야기 속 젊은이처럼 우리 노동운동이 밤새 헤매다가 제자리를 맴돌고 있는 것은 아닌지 안타깝기만 합니다. 정말 제대로 된 노동운동의 길, 새 길은 없는 것일까요?

이러저러한 많은 충고와 주문이 있을 것입니다. 아마도 그 대부분은 겸허하고 솔직한 성찰과 과감한 혁신의 실천에 대한 요구일 것입니다. 많은 연구와 토론이 필요하고, 부지런히 지혜를 모으는 것도 빼놓을 수 없는 중요한 일입니다. 그 가운데 우리의 역사, 특히 노동의 역사를 돌이켜 보는 것도 한 방법일 수 있을 것입니다. 역사학자 카E. H. Carr가 말했듯이 "역사란 현재와 과거의 끊임없는 대화"이기 때문입니다. 요즘 노동조합 간부들이 역사를 공부하기 위해 많이 노력하는 것은 역사가 갖는 이런 의미와 함께 역사 속에 길이 있으리라는 믿음 때문일 것입니다. 어느 때나 중요한 일이겠지만 수백 년에 걸친 노동자 역사를 돌이켜 보는 것은 어두운 지금의 세계를 극복하는 데는 더 없이 좋은 길잡이라고 생각됩니다.

그런데 안타깝게도 우리 노동자들은 스스로의 역사책을 갖고 있지 못합니다. 있기는 하지만 너무 양이 많아 미리 질려버리기도 합니다. 이 때문에 노동운동이 어림잡아 100년이 넘었는데, 세계의 노동자가 주목한다는 이 나라에 한 권으로 읽을 수 있는 역사책 하나 없냐는 탄식을 듣기도 합니다. 줄거리라도 얼른 읽을 수 있는 책이 없냐고 교육장에서 만나는 노동자들마다 푸념이었습니다. 노동교육을 더러 나가는 저로서는 스스로 아쉽기도 하거니와, 누군가 빨리 책을 냈으면 좋겠다고 생각해왔습니다. 이 책은 바로 그런 마음에서 틈틈이 준비해 왔던 것을 한국노동사회연구소 열 돌을 맞아 펴낸 것입니다.

이 책은 전문 연구서가 아닙니다. 단지 있었던 일들을 시대별로 엮어 놓은 줄거리 이야기책입니다. 굳이 설명하라면 나름대로 관점을 가지고 일목요연하게 정리한 것이 아니라 어설프게 엮어 놓은 통사通史라고 해도 될 것입니다. 그러다 보니 얼기설기 억지스러운 흔적이 곳곳에 많습니다. 운동의 현장에 치열하게 살아 숨 쉬었던 수많은 노동자들과 노동운동가들의 체온과 숨결을 채워내지 못하는 한계도 지니고 있습니다. 평가도 가능한 줄여서 읽는 이들의 몫으로 남겨 놓았습니다. 원래 뜻한 대로 줄거리만이라도 제대로 전해질 수 있을지 걱정이 앞섭니다. 하지만 부족한 것은 현명한 독자들이 채워가면서 읽어줄 것이라 믿습니다. 또 그렇게 읽으면 하나라도 더 알아내기 위해 공부를 할 수도 있을 것이라 스스로 생각해 봅니다. 모자라는 부분은 가까운 시일 안에 고치고 보탤 것을 약속드립니다. 많은 충고와 비판, 그리고 제안을 기대합니다. 이 책을 통해 작지만 미래를 내다보는 안목, 희망의 불씨를 일굴 수 있게 되기를 바랍니다.

끝으로 노동운동에서 작디작은 몫이라도 할 수 있도록 내내 같이 해준 아내와 가족들, 스승님들과 선배님들과 벗들과 후배님들, 노동사회연구소 식구들 모두에게 감사를 드리고, 무엇보다 이 책을 쓸 수 있게 용기를 주고 재촉해주신 모든 노동형제들께 거듭 고마움을 전합니다.

2005년 5월 25일
서울 서대문 연구소에서

| 차례 |

개정증보판 서문 • 4
어두움을 헤치는 노동운동의 침로(針路) 마련에 작은 도움이라도 될 수 있기를

초판 서문 • 7
노동운동의 길찾기를 위하여

제1장 노동운동의 탄생
1. 조선 봉건사회 신분제도의 동요 • 15
2. 싹트기 시작하는 자본주의 상품경제 • 18
3. 품삯 일꾼의 출현 • 22
4. 반봉건·반외세의 민중항쟁 • 26
5. 임금노동자의 형성과 투쟁 • 33

제2장 일제 식민지시대의 노동운동
1. 일제 무단 통치시대의 노동운동(1910년대) • 41
2. 일제 '문화정치'시대 노동운동(1920년대) • 51
3. 일제의 군국주의화와 노동운동(1930년대 이후) • 77

제3장 민족해방과 노동운동: 환희는 짧고 비극은 길다
1. 광복의 환희와 민족분단의 비극 • 97
2. 조선노동조합전국평의회의 결성과 노동운동의 고양 • 107

제4장 대한민국 정부수립 후의 노동운동 (1950년대)

1. 이승만 친미정권의 등장과 남북분단의 고착 • 129
2. 원조경제와 관료독점자본의 형성 • 132
3. 대량실업과 열악한 생활조건 • 136
4. 노동운동의 이중구조 • 138
5. 4·19 혁명과 밑으로부터 노동운동의 성장 • 149

제5장 개발독재시대 노동운동 (1960년대)

1. 5·16 군사쿠데타 발발의 배경 • 161
2. 노동자계급의 양적 성장과 저임금구조 • 168
3. 노동조합운동의 단절과 부활 • 174

제6장 노동기본권 봉쇄하의 노동운동 (1970년대)

1. 혹한 속에 출발한 대망의 1970년대 • 193
2. 임금노동자의 급증과 저임금구조의 심화 • 206
3. 억압의 사슬을 끊고 성장하는 노동운동 • 211
4. 폭압과 야만의 시대, 죽음으로 연 민주노조운동의 길 • 233

제7장 신군부정권의 폭압과 노동운동의 새로운 모색 (1980년대 전반기)

1. 신군부정권의 폭력정치와 민주항쟁 • 237
2. 1980년 노동운동의 폭발과 침체 • 249
3. 정치 유화국면과 노동운동의 활성화 • 263
4. 1987년 6월 민주항쟁과 노동자의 참여 • 286

제8장 1987년 노동자대투쟁과 노동운동의 급속한 성장 (1987~1997년)

1. 1987년 노동자대투쟁의 폭발과 정세의 변화 • 291
2. 1987년 노동자대투쟁의 전개 과정 • 297
3. 민주노조 진영의 구축과 운동지형의 변화 • 302
4. 한국노총의 개혁을 위한 시도 • 321
5. 1988년 이후 노동쟁의의 전개 • 327
6. 노동법 개정 총파업의 폭발 • 333

제9장 외환위기와 노동운동의 시련 (1997년 이후)

1. 신자유주의 세계화의 엄습과 노동환경의 변화 • 349
2. 김대중·노무현 정권의 노동정책: 정치적 민주화와 신자유주의정책 • 353
3. 노동조건의 후퇴와 비정규직노동자의 급증 • 357
4. 노동자대중의 저항투쟁 격화 • 360
5. 노동운동 혁신의 성과와 한계 • 373
6. 이명박 정권의 가중된 압박과 노동운동 위기의 심화 • 396
7. 노동운동의 재도약을 위한 시도 • 409

참고문헌·자료 • 419
연표 • 425

제1장

노동운동의 탄생

1. 조선 봉건사회 신분제의 동요
2. 싹트기 시작하는 자본주의 상품경제
3. 품삯 일꾼의 출현
4. 반봉건·반외세의 민중항쟁
5. 임금노동자의 형성과 투쟁

(……)
태초에 노동이 있었다
그리고 인간이 인간의 뿌리가 있었다
네발로 기어 다니는 짐승과는 구별되는
(……)
그렇다 인간을 인간이게 한 것은 노동이었다
수천 년 수만 년 수백만 년의 노동이었다
숲과 강과 자연과의 싸움에서 노동 속에서
인간은 짐승과는 다른 동물이 됐다 인간이 됐다
(……)
어느 것 하나 노동의 결실 아닌 것이 있느냐
모두가 모든 것이 노동의 역사 아닌 것이 있느냐
(……)
이제 확실해졌다 노동이야말로
인간을 인간이게 한 장본인이었다 짐승과는 다르게
살과 뼈와 피를 빚어낸 마술이었다 기적이었다
노동이야 말로 인간의 출발점이고 과정이고 종착역이다
한마디로 끝내자 인간의 본질은 노동이다
노동에서 멀어질수록 인간은 짐승에 가까워진다
(……)
나의 가장 가까운 적은 노동에서 가장 멀리 떨어져 있는 인간이다
아니다 노동에서 이미 떨어져버린 인간은 인간이 아니다
(……)
인간의 동지는 노동 그 자체다

(김남주 '감을 따면서' 중에서)

1. 조선 봉건사회 신분제도의 동요

인류 역사 어느 시대에나 땀 흘려 생활물자를 만들고 가치 있는 일들을 엮어내는 사람들이 있었습니다. 노예시대에는 노예라고 했고, 봉건시대에는 농민, 농노, 노비, 종이라고 불렸던 사람들, 바로 일하는 사람들이죠. 이 가운데 노예는 지배자들에게는 인간성이 완전히 부정당한 '말하는 도구'일 뿐이었습니다. 노예제도는 인간에 대한 인간의 가장 야만스러운 착취제도였습니다. 봉건시대에는 일하는 사람들의 처지가 노예보다는 좀 나았죠. 노예처럼 도구로만 취급당하지는 않았습니다. 하지만 이들도 역시 상전들이 정해놓은 땅과 신분에 묶여 두더지처럼 일하기만을 강요당하며 살아가야 했습니다.

과거 어느 시대에나 일하는 사람들이 일궈놓은 가치는 모두 왕족, 귀족, 영주, 양반 같은 지배자들이 가져갔고, 정작 가치를 생산한 이들은 가난과 속박에 고통을 받아야 했습니다. 일하는 사람들은 이런 처지를 벗어나기 위해 끊임없이 투쟁을 전개했습니다. 역사에서 점멸했던 수많은 노예와 노비의 반란, 농민전쟁, 시민혁명 등이 그것이었죠. 일하는 사람들은 이러한 투쟁을 통해 스스로의 운명을 개척했고, 마침내 노예제 사회와 봉건제 사회는 차례로 무너졌습니다. 그리고 자본주의 사회가 열렸습니다.

하지만 자본주의 사회는 자본가계급과 지주계급이 지배하는 사회입니다. 일하는 자의 세상이 아니라는 것이죠. 자본주의 사회에서는 이윤이 최고의 가치입니다. 그래서 이윤을 획득하기 위해, 생산수단을 가진 자본가는 노동자를 고용합니다. 노동자는 이전 시대의 노예나 농노, 노비 등과 비교할 때 신분상으로는 '자유'입니다. 그러나 생산을 할 수 있는 수단이 없기 때문에 자신이 지닌 노동력을 팔지 않으면 한시도 살아갈 수가 없습니다. 이 때문에 노동자는 신분상의 자유와 생산수단으로부터 자유라는 이중의 자유를 지닌다고 일컬어집니다. 노동자는 신분상의 속박에서 벗어났지만 빈곤의 사슬에 묶여 몸부림칠 수밖에 없는 것입니다. 자본가는 오로지 이윤을 늘리기 위해 노동자를 착취하기 때문이죠. 따라서 '자유로운' 자본주의 사회에서는 시작부터 저임금, 장시간노동, 기아, 산업재해, 질병, 인권모독 등 노동문제가 발생할 수밖에 없었습니다. 노동문제가 발생하면 노동자는 삶 그 자체를 위해 저항할 수밖에 없고, 거기서 노동운동이 시작되는 것입니다.

그러면 자본주의는 언제부터 모습을 드러냈을까요? 자본주의는 이전 시대인 봉건사회의 태胎 안에서 자라났고 자본주의 시대의 막이 본격적으로 열린 것은 16세기 영국이라고 합니다. 16세기라면 한반도에서는 임꺽정(?~1562)이 활동하던 무렵이네요. 그런데 벌써 영국에서는 자본가들이 노동자들을 고용하여 일을 시키고 있었고, 1501년 프랑스의 리옹Lyon이라는 곳에서는 인쇄공들이 파업을 벌이는가 하면 노동자 조직도 생겨났습니다. 이처럼 살아 있는 인간의 노동력이 상품으로 되는 자본주의화의 초기단계는 산업혁명이 마무리될 때까지 계속됐습니다.

이렇게 지구의 서쪽에 자본주의가 들어설 무렵, 한반도는 아직 조선왕조가 지배하는 봉건사회에 머물러 있었습니다. 조선 봉건사회는 인간을 양반과 상놈으로 구분하는 신분제도를 기반으로 한 농경사회였습니다. 이 신분은 태어날 때부터 물려받아서 자자손손 이어지는 것이었어요. 양반은 경제적으로 지주였으며, 상놈은 자작농 또는 소작농이었습니다. 양반은 아무런 생산 활동과 노동을 하지 않고도 상놈들이 일궈놓은 생산물을 가져갔고, 나라에 내는 세금도 모두 상놈들에게 덮어씌웠습니다.

상놈은 양인과 노비로 나뉘었습니다. 양인들은 대부분 농민이었고, 수공업자와 상인들도 양인에 포함됐습니다. 그런데 같은 양인이지만 백정, 조졸(漕卒: 배의 노를 젓는 사람), 봉수꾼, 대장장이, 재인才人, 광대 등은 농민들보다 더 천대를 받기도 했습니다. 양인들은 왕조의 온갖 세금과 부역 따위를 도맡으면서 조선 봉건왕조를 떠받치는 기반이었고, 노비는 소나 말처럼 관공서나 양반들의 사유물로 되어 굶주림과 고된 노역에 시달리면서 인간 이하의 비참한 생활을 해야만 했던 것이죠. 이처럼 조선 봉건사회는 노동자들을 양반과 상놈이라는 세습적인 신분제의 쇠사슬로 묶어두고, 토지와 노동력을 지배·수탈하는 체제였습니다. 그런데, 16세기와 17세기 임진왜란과 병자호란을 겪으면서 봉건체제는 크게 동요하기 시작했습니다. 연이은 외적의 침입에 왕조의 무능과 부패, 비굴함이 드러나고 지배자로서 위세와 권위를 상실했던 겁니다.

연이은 전쟁에서 패배하자 다급해진 봉건왕조는 관군을 확보하고 사기를 독려하기 위해 전공戰功에 따라 상놈 신분을 면할 수 있는 길을 열었습니다. 또 군량 부족이 심각해지자 이를 해결하기 위해 곡식을 받고 관직을 팔거나, 노비를 양인으로 만들어줬습니다. 무능한 왕조의 응급조치가 많은 노비, 서얼, 양인들에게 신분상승의 길을 열어준 셈이죠. 게다가 전란 속에 노비문서가 불타버리고 통치체제가 해이해지면서 수많은 노비들이 신분의 굴레를 벗어던지고 도망을 치기도 했습니다. 어느 한 연구에 의하면 1676년 양반집, 상민집, 노비집의 비중이 전체의 8.3%, 51.1%, 40.6%였던 데 비해, 1783년에는 각각 34.7%, 59.9%, 5.4%로 그 비중이 역전됐고, 1858년에는 65.5%, 32.8%, 1.7%로 양반집이 오히려 대다수를 차지하게 됐다고 합니다(변태섭 외, 1981: 487).

2. 싹트기 시작하는 자본주의 상품경제

조선 봉건사회에서 신분제도를 뒤흔드는 현상들이 출몰하도록 밑바탕을 흔든 것은 바로 상품화폐경제의 발달이었습니다. 조선왕조는 원래 사농공상士農工商을 국정의 근간으로 내세우며 상업을 극력 억제하고 장사꾼을 천대했습니다. 그런데 조선 후기에 이르면 전국 곳곳에 장이 섰고 점차 상품거래가 활발해졌습니다. 18세기 중엽에 이르렀을 때는 전국적으로 장이 1천여 개나 됐고 이들을 연결하기 위한 길과 운송수단 또한 발달했습니다.

이렇게 장이 발달하는 한편에서 먹고살기 위해 짓는 농사가 아니라 팔기 위해 짓는 농사가 나타나기 시작했습니다. 인삼, 담배, 면화, 채소 등이 중요한 상품작물이었죠. 그리고 농촌상업과 함께 도시상업도 발달했습니다. 원래 조선의 상업은 시전상인市廛商人이라고 하는, 정부가 인정한 장사꾼들이 독점하고 있었습니다. 그런데 17세기 이후 상품화폐경제의 발달과 함께 개인 장사꾼이 늘어나 시전상인들의 지위를 위협했죠. 그리고 끝내는 서울, 개성, 의주, 평양, 안주 등에서 거상巨商들이 형성되어, 전국적인 상권을 쥐고 청나라, 일본과도 무역을 하게 됐습니다. 그러자 봉건정부는 18세기 말 시전상인에 대한 특혜를 폐지했습니다. 그리고 발달된 상업에 대응하기 위해 상평통보常平通寶와 같은 금속화폐를 찍어서 유통시켰습니다.

상평통보는 급속히 생활 속에 파고들어 각종 세금을 화폐로 내는 것을 촉진했습니다. 이러한 '조세의 금납화'는 현물징수 과정에서 일어나는 중간횡령을 제거함으로써 국가재정의 안정에도 기여했지만 폐해도 적지 않았어요. 즉, 고리대와 같은 방법을 통해 화폐를 축적하는 것을 가능하게 해 지배층의 수탈을 강화했던 것이죠. 그리고 다른 한편으로는 화폐경제의 활성화는 부농이나 부자상인들이 토지를 매점하는 것을 촉진시켜, 농민층의 분해를 가속화하기도 했습니다. 즉, 화폐경제의 활성화가 전통적인 신분질서나 가치체계를 급속하게 무너뜨린 것입니다.

이처럼 조선 후기에 들어서 상품화폐경제가 크게 발달할 수 있었던 중요한 원인은 양대 전쟁 후 양민들이 이룬 농업생산력의 발전이었습니다. 두 번의 전쟁으로 전국이 폐허로 변하고 흉년과 전염병까지 겹쳐 수많은 사람들이 죽어 나갔지만, 근로민중들은 다시 땅을 일구고 씨를 뿌려 폐허가 된 삶의 터전을 다지고 생산력을 발전시켰습니다. 농민들은 모내기 벼농사 방식을 개량했고, 밭농사도 다양한 방법으로 개선했습니다. 그리고 관개시설을 보수하고 확장했으며 비료를 개발했습니다. 또한 끈질긴 저항투쟁을 통해 지대를 농사의 결과에 상관없이 일정한 액수를 내는 것으로 바꿈으로써 소득을 늘릴 수 있는 기반을 마련했습니다.

이러한 과정을 거쳐 잉여생산물이 점차 늘어났고, 상품작물의 재배확대로 부를 축적한 '부농층'이 등장했습니다. 이들은 전통적인 양반지주와 달리 부단히 생산성을 증가시키고 노동력을 절감하여 경작지 소유와 상품거래를 늘려갔어요. 또한 부농층은 한편으로 영향력을 확대하면서 양반토호나 관리의 수탈에 대항하기도 했고, 다른 한편으로는 양반 신분을 사들이거나 양반지주와 결탁하여 농민들을 수탈하기도 했습니다. 마침내 양반지주만이 지배자로서 오랫동안 군림해왔던 조선 사회에 부농층이라는 새로운 경제적 강자가 등장하여 양반계급과 공존하게 된 것입니다.

한편, 농업의 발전은 농사에 필요한 농기구와 생활물품의 수요를 증대시킴으로써 수공업의 발전을 촉진했습니다. 수공업 분야는 관청 수공업이 쇠퇴하고 부역노동이 고용노동으로 바뀌면서 크게 발전했습니다. 관官에 얽매여 있던 기능인 즉, 장인匠人들이 품삯을 받고 일을 해주는 임용사공賃用私工으로 됐고, 일부는 시장에 내다 팔기 위한 제품을 만드는 데에만 전념했습니다. 그

조선 후기 신분제의 동요를 보여주는 김홍도의 풍속화 '자리짜기'

결과 유기, 가마솥, 옹기, 놋그릇 등과 관련한 전문적인 수공업 마을이 형성되기도 했죠. 농민들도 무명, 명주, 베, 모시와 같이, 평소 집에서 만들어 쓰던 것을 시장에 내다 파는 경우가 잦아졌습니다. 광업 또한 흥성했어요. 수공업 제품에 대한 수요가 늘면서 그 원료인 광산물이 필요해졌고, 금속화폐가 많이 유통되면서 구리와 은의 수요가 늘어나 광업의 발전을 자극한 것입니다. 이에 따라 17세기 중엽 조선왕조는 광산의 직영체제에서 관리운영권을 내주고 세금을 받는 것으로 바꿨다가 광산이 크게 늘어나자 민간의 광산 운영을 금지했습니다. 그러자 잠채潛採라고 하여 몰래 광산을 경영하는 형태가 늘어나게 됐습니다.

이 외에 조선 후기 상품화폐경제의 발전을 촉진한 중요한 요인으로 들 수 있는 것이 17세기부터 약 100년간에 걸쳐 전국적으로 확대 실시된 대동법大同法이라는 제도였습니다. 대동법은 지방 특산물을 현물 세금으로 납부하도록 하는 공납제도가 농민들을 수탈하고 폐해가 심하다 하여 공물을 쌀로 내도록 한 제도였습니다. 이 제도가 시행되면서 우선 농민들의 공물부담이 줄었고, 수공업의 발전이 촉진됐으며, 더불어 상품 생산과 유통이 활발해졌습니다. 한편으로 관청에서는 필요한 물품을 공인貢人들을 통해 사들이게 함으로써 이 공인들이 자본을 모을 수 있는 여지를 만들어주기도 했습니다.

생산력의 발달과 상품화폐경제의 확산은 문화와 사상 분야에서도 새로운 변화를 몰고 왔습니다. 어려운 한자만을 사용해서 양반 중심의 봉건적 윤리를 표현하고 강조했던 데서 한글로 된 인간 감정의 솔직한 묘사와 사회의 부정과 비리에 대한 고발작품이 활발해진 것이죠. 〈홍길동전〉, 〈흥부전〉, 〈심청전〉, 〈춘향전〉 등의 한글소설과 판소리 그리고 사설시조, 가면극 등이 새로운 문화를 대변하는 대표적인 사례였으며, 전통적인 서화와 시에서도 이런 경향이 나타났습니다. 사상 면에서는 공리공론적인 성리학에서 벗어난, 실천학문으로서 실학이 등장하여 봉건사회의 개혁을 모색했습니다.

3. 품삯 일꾼의 출현

조선 후기 봉건제도가 급격히 동요하고 상품화폐경제가 발달하면서, 자본주의의 새싹이 돋아나고 있었습니다. 18세기 중엽에 오면 경제력을 가진 상인들이 수공업자와 농민, 소생산자들을 대상으로 고리대를 하고, 원료와 자금을 대주는 물주 노릇을 하기 시작했죠. 장사를 해서 번 돈을 생산에 투자하는, 이른바 '산업자본가'로 변화한 것이죠. 자본주의 사회가 되려면 이처럼 자본가가 있어야 하고 자본가의 지휘와 감독 아래 노동력을 제공하는 임금노동자들이 있어야 합니다. 그렇다면 조선 후기 임금노동자는 어디서 어떻게 나타났을까요?

생산력이 발달하고 상품화폐경제가 확산되면서 농민들 사이에서 빈부 격차가 커졌습니다. 장사나 고리대를 잘해서 재산을 모은 상인들은 많은 땅을 사들여 지주가 됐고, 농사를 잘 지은 농민들 역시 땅을 사들여 지주 또는 부농이 됐습니다. 이들은 농사를 지을 노동력이 필요하게 됐습니다. 한편으로는 상품과 화폐가 많이 유통되면서 '돈독'이 오른 양반지주들이 농민을 더욱 심하게 착취했습니다. 그 결과 수많은 농민이 땅을 잃고 소작농이 되거나 부유한 농가에서 일하고 품삯을 받는 고공雇工으로 전락했습니다. 그마저도 못되는 경우는 유랑민이 되어 도성 밖에서 빈민촌을 이루거나 광산 등지로 흘러 들어갔죠.

바로 '농민계급의 분해'였습니다. 우리가 잘 알고 있는 판소리 〈흥부전〉은 이러한 농민계급의 분해 과정에서 농촌노동자로 전락하거나 지주가 되는, 양극화 과정 중에 있는 농민들의 이야기였습니다. 과거에는 농민이 몰락하면 소작농이 되거나 노비가 되는 길밖에 없었습니다. 이들 가운데 상품화폐경제가 발달하면서 전주에게서 품삯을 받고 일하는 사람이 생겨나기 시작했고, 이것이 바로 조선에서 나타난 임금노동자의 시초였습니다.

17, 18세기에 관가나 부자농가, 수공업자, 광산에서 사람을 데려다 쓰는 사람을 고주雇主라 불렀고 이들에게 일의 대가(고가: 雇價)를 받는 사람을 고공雇工이라 불렀습니다. 고공은 흔히 '머슴'으로 알려져 있으나 일고(日雇: 날품팔이)라는 단기고공과 장기고공(머슴) 그리고 농작업 일부 또는 전체를 청부받아 일하는 고지노동雇只勞動의 방식이 있었습니다(강만길, 2004: 44). 이렇게 고주와 고공이 품삯거래를 하는 계약형태를 화고和雇라 불렀고 고가를 둘러싸고 고주와 고공 사이에 일어나는 분쟁을 쟁고爭雇라고 했습니다. 쟁고는 시간이 갈수록 빈발해졌고, 고공들은 명화적明火賊이 되거나 1811년 홍경래의 난, 1862년 농민항쟁에도 참여했습니다.

이러한 품삯 일꾼들을 많이 활용한 분야는 광업이었습니다. 앞서 이야기했듯이 18세기 중엽에는 금, 은, 구리 등의 수요가 늘어나서 국가 몰래 하는 채굴인 잠채가 성행했습니다. 농촌에서 밀려난 유랑민들이 광산에 모여들어 계약에 의해 임금을 받고 일을 했죠. 당시 임금은 형편없이 낮은 일당제였습니다. 그리고 십 수 명이 분업에 기초하여 협업, 즉 공장제수공업(매뉴팩처) 방식으로 작업을 진행했습니다. 또, 자본가(물주)가 관리자(덕대, 혈주)를 통해 노동자(광군)를 지휘하는 초보적인 자본주의 경영방식도 나타나기 시작했습니다. 이렇게 광업이 발달하면서 각지에서 광산촌이 형성됐죠. 1799년 황해도 수안 홀동 금광 부근에는 점막집이 7백여 채나 있었고, 갑산 동광에서는 2천여 명의 인구가 모여 살기도 했습니다.

광석을 녹여 강철이나 무쇠를 만드는 제철업, 솥이나 농기구 등을 만드는 철가공업, 놋쇠제품을 만드는 유기업의 분야에서도 광업에서와 같은 생산노동 형태가 나타났습니다. 제철과 가공업은 특히 평안도의 개천, 강원도의 홍천에서 성행했습니다. 19세기 개천에는 50~60개의 크고 작은 제철작업장이

산재해 있었고 철제품이 많이 유통됐죠. 유기업도 정주의 납청, 안성, 개성, 구례 등에서 활성화됐습니다. 유기제품에 대한 수요가 양반계층에서 일반 농민으로 확산됐기 때문이죠. 특히 납청은 19세기 중엽에 이르러 4백여 호에 2천여 명의 인구를 가진 수공업도시로 발전했습니다. 이 분야에서도 몰락한 농민이나 유랑민들이 모여들어 임금노동자로서 생산에 종사했습니다.

이와 같이 조선 봉건사회 후기에 들어 자본주의의 싹이 트기 시작했지만, 아직은 매우 미약한 것이었어요. 아직도 봉건적 생산관계가 조선의 기본산업인 농업을 지배하고 있었고, 봉건 지배계급의 가혹한 착취와 억압이 자행되고 있었기 때문입니다. 수확물의 절반 이상을 지대로 수탈당하는 조건에서 생산자본이 들어설 여지는 거의 없다고 할 만큼 협소했던 것입니다. 게다가 19세기에 60여 년간에 걸친 세도정치는 밑으로부터 올라오는 변화와 개혁의 요구를 외면하고 자신들의 지위와 권력, 재물과 토지를 늘리는 데만 급급했습니다. 또한 삼정제도三政制度가 극도로 문란해져 봉건 질서를 근본에서부터 위기로 몰아넣었습니다. 삼정은 조선 후기 국가 재정수입의 핵심을 이루었던 제도로서 전정田政, 군정軍政, 환정還政으로 이루어져 있습니다. 전정이란 토지 수확의 일부를 세금으로 걷는 토지세의 일종이고, 군정은 군대에 안 가는 대신 세금을 내도록 하는 제도이며, 환정은 기근이 들거나 춘궁기에 관청에서 곡식을 빌려주고 가을 추수 때 돌려받는 제도입니다. 그런데 봉건정부는 어려워진 재정난을 메우기 위해 삼정제도를 통해 과도한 세액을 부과했고 관리들은 수단 방법을 가리지 않고 온갖 명목을 붙여 농민들을 수탈했습니다. 특히 세도정치인들은 왕족마저 제치고 매관매직과 부정부패를 거침없이 자행했고, 농민들을 악랄하게 수탈하고 착취했습니다.

왕권 통치 질서가 무너지고 탐관오리들의 탐학貪虐과 가렴주구苛斂誅求가 더 이상 견디기 어려울 지경에 이르자, 농민들이 들고 일어나기 시작했습니다. 농민들은 토지를 버리고 명화적이 되기도 했고 곳곳에서 민란을 일으켰습니다. 그 대표적인 민란이 1811년에 일어난 평안도 농민전쟁과 1862년의 임술민란이었습니다. 홍경래(?~1812)의 난으로 일컬어지기도 하는 평안도 농민전쟁은 봉건 정부의 상공업 억제정책과 서북도민 차별정책에 대한 반발의 성격을 갖고 있었습니다. 농민과 광군들을 주력부대로 한 민란세력은 넉 달 넘게 평안도 일대를 휩쓸었습니다. 경상남도 진주에서 1862년 2월에 시작된 임술민란도 가혹한 삼정수탈에 견디다 못한 농민들이 일으킨 것으로, 삼남 지방을 비롯하여 전국 72개 군현에 걸쳐 12월까지 전개됐습니다. 이들 민란은 봉건왕조의 잔혹한 진압과 기만책으로 좌절됐지만 봉건왕조의 기반을 그 근저로부터 무너트리고 있었습니다.

4. 반봉건 · 반외세의 민중항쟁

봉건체제의 기반이 무너지고 미약하나마 자본주의의 싹이 움터가던 18세기 말, 조선 연해에 이양선異樣船이라는 낯선 배들이 나타났습니다. 이양선은 처음에는 식량과 식수를 구하고 잠시 머물다가 돌아갔지만, 점차 무단으로 상륙하여 탐사와 측량을 하거나 약탈과 살상을 저지르면서, 문호개방과 통상을 요구하기 시작했습니다. 이들 이양선은 영국, 프랑스, 미국 등 일찍이 자본주의를 이룩하고 제국주의로 변한 구미歐美 열강의 군함이거나 무장상선들이었습니다. 이 국가들은 상품시장과 원료공급지를 찾아 지구 곳곳을 식민지로 만들고 마침내 아프리카와 동아시아 지역으로 밀려들어오고 있는 중이었습니다. '잠자는 사자' 중국대륙은 벌써 제국주의 국가들에 의해 곳곳이 식민지, 반식민지로 뜯겨나갔고, 일본 역시 1854년 이후 미국을 비롯한 제국주의 나라와 불평등조약을 맺으면서 그 세력권으로 편입됐습니다. 조선반도도 예외가 될 수 없었죠.

당시 권력을 쥐고 있던 흥선대원군 이하응(1820~1898)은 세도정치를 타파하고 왕조의 권위를 재확립하는 한편 쇄국정책으로 외국의 침략에 맞섰습니다. 1866년 7월과 1871년 미국과 프랑스가 무장상선 또는 군함을 보내 조선을 식민지로 만들기 위해 공격을 가하자 평양, 강화도 등지의 군인과 민중들은 치열한 전투 끝에 이들을 물리쳤습니다. 바로 이것이 역사책에 나오는 병인양요丙寅洋擾와 신미양요辛未洋擾입니다. 하지만 고종의 왕비인 명성황후(1851~1895)가 정권을 장악하면서 대원군의 개혁정책은 무너졌고 쇄국의 빗장이 풀렸습니다. 그리고 이 틈새를 파고들어 조선 식민지화의 길을 튼 것이 바로 일본이었습니다.

일본은 1854년 개항 후 발전한 상품화폐경제를 배경으로 1868년 1월 메이지유신明治維新을 단행하여 근대화를 추진합니다. 그러나 잇따른 사무라이 반란과 농민봉기로 조용할 날이 없었죠. 또한 서방국가와의 불평등조약에 의한 경제침략 위험과 식량난, 재정난 등으로 인해 위기가 갈수록 깊어지고 있었습니다. 일본 정부는 이를 타개하기 위해 미국, 영국 등의 지지하에 조선침략에 나선 것입니다.

1875년 일본은 운요호雲揚號 등 세 척의 군함을 조선 근해에 보내 주민을 살육하고 파괴와 약탈을 자행했습니다. 그리고는 전함 6척을 다시 보내 무력시위를 벌이면서, 조선군이 포격을 가하여 자국의 배에 손해를 입혔다는 구실을 들먹이며 불평등조약을 체결할 것을 요구했습니다. 이에 명성왕후 정권은 항전 여론을 누르고 1876년 2월 일본과 조일수호조규朝日修好條規, 이른바 강화도조약을 체결합니다. 이 조약은 부산·인천·원산의 개항과 일본 상인의 자유무역과 면세, 일본인 치외법권治外法權 보장, 그리고 개항장에서 일본화폐 사용 등을 규정한 불평등조약이었습니다.

조선왕조는 이후 서방 각 나라와 연이어 불평등조약을 맺습니다. 식민지 획득의 아귀다툼을 벌이는 제국주의 열강의 제물로 떨어질 위기에 직면하게 된 것이죠. 각 개항장에는 일본을 비롯한 자본주의 나라들의 소비재 상품이 물밀듯이 들어왔습니다. 그리고 일본 상인들은 조선의 곡물과 원료를 대량으로 헐값에 가져갔습니다. 조선반도에서 움트던 자생적인 상품화폐경제의 싹은 문드러졌고, 민중의 생활은 물가폭등과 봉건관리들의 수탈, 왕조의 과중한 세금 징수로 도탄에 빠졌죠. 수많은 농민들이 파산하고 몰락한 끝에 도시나 항구로 몰려들어 방대한 빈민층과 실업자 무리를 이루게 됩니다.

민중들의 불만은 곳곳에서 반란과 소요로 분출했고, 조정 내에서도 개화開化를 둘러싸고 치열한 암투가 벌어졌습니다. 1882년 서울의 군인들이 월급 체불과 부정에 항의하며 대규모 봉기를 일으켰습니다. 임오군란壬午軍亂이라

김옥균(앞줄 가운데) 등 갑신정변의 주역들

는 이 투쟁에는 주민들이 대거 합세하여 이틀 동안 서울을 휩쓸며 3백여 명의 정부 대신, 악질 관료와 장교를 처단하거나 집을 파괴했습니다. 또한 일본 영사관을 공격하여 13명의 일본인을 처단했습니다. 개항 이후 처음 터진 이 투쟁은 결국 명성황후 정권이 끌어들인 청나라 군대에 의해 진압됐지만, 반봉건·반침략을 향한 민중의 지향을 분명히 보여준 사건이었습니다. 이어 1884년 10월에는 김옥균(1851~1894) 등 조정의 개화파들이 위로부터의 혁명을 꿈꾸며 갑신정변甲申政變을 일으켰습니다. 젊은 개화파들은 조정 개혁을 추진했지만 명성황후 정권의 방해로 번번이 좌절되자, 우정총국 낙성식을 기하여 정변을 일으켜 정권을 장악했고 개혁정책을 발표했습니다. 하지만 개화파는 대중적 지지보다 일본의 지원에 의존하는 약점을 지니고 있어, 수구파가 끌어들인 청군에 의해 삼일천하로 막을 내리고 말았습니다.

이렇듯 개항 이후 봉건왕조는 부패와 외세의 탐욕 앞에서 몰락의 위기로 몰려가고 조선 민중들의 삶은 봉건관료와 양반들의 수탈로 갈수록 피폐해졌습니다. 마침내 견디다 못한 농민들이 항쟁에 나섰습니다. 그 거대한 분출이 바로 1894년 갑오농민항쟁甲午農民抗爭 이었습니다. 농민항쟁은 1894년 1월, 전라도 고부 군수의 탐학에 견디다 못한 농민들이 동학접주東學接主 전봉준(1854~1895) 등의 주도로 들고 일어나면서 시작됐습니다. 농민들은 제폭구민(除暴救民: 폭정을 제거하고 백성을 구한다), 보국안민(輔國安民: 나라를 돕고 백성을 평안하게 한다)의 기치를 들고 파죽지세로 삼남三南 지방을 휩쓸고 난 후, 4월 27일 전주성에 당당하게 입성했습니다. 그리고 청·일 양군이 서울에 진주한 속에서 농민군은 조선왕조가 제의한 화의를 받아들여 5월 8일 전주화약을 체결하고 전주성에서 철수합니다.

이후 농민군은 각지에 집강소執綱所를 설치하여 반봉건 개혁을 추진했고, 개화파가 득세한 조정에서는 갑오개혁甲午改革이 단행됐습니다. 당시 개혁정책은 농민군이 요구를 대부분 반영한 것이었죠. 개혁은 내각제도 도입, 조세

서울로 압송되는 녹두장군 전봉준

의 금납화, 도량형의 통일, 은본위제 실시 등의 정치경제제도의 혁신을 내세웠습니다. 무엇보다도 중요한 것은 신분제도, 노비제도, 과거제도, 연좌제 등 민중들을 옭아맸던 봉건적 억압제도가 폐지된 것이었습니다.

그러나 농민항쟁을 빌미로 군대를 파견한 제국주의 일본은 청나라와 전쟁을 벌여 청군을 패퇴시키고 조선 침략의 독점적 선두주자 자리를 굳히게 됩니다. 그리고 식민지 지배야욕을 노골적으로 드러냈어요. 집강소 활동에 주력하던 10만의 농민군들은 1894년 9월에 척왜양창의(斥倭洋倡義: 일본과 서양을 물리치고 대의를 세운다)의 깃발을 세우고 봉기했습니다. 그리고 신식무기로 무장한 일본군과 조정의 군대에 맞서 치열한 전투를 감행했습니다. 전쟁은 일진일퇴를 거듭했어요. 그러나 공주 우금치 대접전에서 농민군이 패퇴하고 녹두장군 전봉준이 12월 초 관군에 체포됨으로써, 갑오농민항쟁은 그 대단원의 막을 내리게 됩니다.

갑오농민항쟁의 패배 이후 제국주의 열강들은 상품판매를 넘어 철도부설권, 광산채굴권, 산림벌채권, 어업권, 조차지 군사기지 확보 등에서 자기들끼리 격렬한 이권쟁탈전을 벌이며 조선 민중들의 재산을 강탈해 갔습니다. 물론 조선의 상인과 자본가들도 근대적인 회사와 공장을 설립하고 은행도 세워 활발한 산업 활동을 벌입니다. 그러나 영세한 자본으로 이권강탈 속에서 물밀듯이 밀고 들어오는 외국상품과 대결하여 확대재생산을 하기란, 본래부터 힘든 것이었습니다. 이렇게 외세 특히 농민항쟁 진압과 청일전쟁 승리를 계기로 일본의 침략이 더욱 노골화하자, 민중들이 다시 밑으로부터 들고 일어나기 시작했습니다. 그 흐름 중에 하나가 일본과 친일파 관료들을 응징하기 위한 의병운동이었습니다. 이 운동의 직접적인 계기는 1895년 일본이 명성황후를 시해하고 조정에서 상투를 자르는 단발령을 내린 것이지만, 그 실제는 외세 침략으로 민중의 생존권이 위기에 놓이자 부패하고 무능한 조정을 대신하여 일어선 것이었죠. 1895년 말 시작된 반일 의병운동은 삽시간에 전국으로 확산되어 일제 침략자들에게 큰 타격을 입히면서 오랫동안 지속됐습니다.

조선왕조는 1897년 대한제국大韓帝國으로 이름을 바꾸고 개혁을 추진합니다. 그리고 도시 지역에서는 진보적 지식인들을 중심으로 개화운동이 전개됐습니다. 그 주축이 1896년 7월 결성된 독립협회였죠. 독립협회는 대중의 지지를 바탕으로 개화를 촉구하는 활동을 벌였습니다. 만민공동회라는 대중집회를 통해 민심을 끌어 모으고 개혁 요구를 관철시키는 방식을 실천했습니다. 그러나 이러한 노력들은 외세를 등에 업은 수구파가 1898년 독립협회를 해산시키고 주동인물들을 체포, 투옥하면서 흐트러지고 맙니다.

일본은 이러한 격변 속에서도 조선에 대한 영향력을 꾸준히 확장시켜 갔습니다. 그리고 1904년 대한제국이 마지막으로 기대고 있던 러시아와의 전쟁에서 승리함으로써, 마침내 조선에서의 독점적 지배권을 확립했습니다. 나아가 1905년 을사늑약乙巳勒約, 1907년 한일 신협약(정미 7조약)을 거쳐 1910년 8월 29일 조선반도를 식민지로 집어삼키기에 이릅니다.

5. 임금노동자의 형성과 투쟁

1876년 강화도조약 체결 이후 조선의 봉건체제는 급격하게 무너졌습니다. 그리고 일본을 필두로 한 제국주의 국가들의 침략이 본격화됐죠. 조선왕조는 각국과 불평등 통상조약을 맺어야만 했고, 외국 상품은 물밀듯 들어왔습니다. 이러한 격랑은 미약하게나마 싹을 틔우던 자생적 상품화폐경제를 질식시켰고, 조선의 봉건경제는 외국에서 들어온 자본을 통해 상품경제체제로 전환하게 됐죠. 물론 개항 이후 대외무역의 발달을 배경으로 조선 상인들이 광업, 운수업, 은행업, 방직업 등 여러 회사를 만들기도 했어요. 그러나 그 숫자는 매우 적었고 자본금도 빈약하여 일제 자본과 경쟁이 될 수가 없었습니다. 조선인 회사는 1895년 12개에서 1900년 32개로 늘고 1905년부터 1909년 사이에는 44개에서 81개로 급증했습니다. 회사 설립은 관료자본과 상업자본이 주도했고 1905년 이전에는 상회사가 대다수였으나 그 이후에는 광공업회사가 급속히 증가했습니다(전우용, 1997).

한편, 개항 후 조선에서는 근대적인 임금노동자가 형성되기 시작했습니다. 노동자들의 공급 원천은 농촌이었죠. 일본 제국주의의 침투로 땅과 생계수단을 잃어버린 농민들은 새로운 일거리를 찾아야만 했어요. 그러나 농촌 외에는 일할 곳이 마땅치 않았던 이들은 대부분 농촌 지역에 남아서 소작농이 되거나 지주에게 고용되어 각종 농업노동을 담당하며 생계를 이어 갔습니다. 농업 노동자들의 생활은 비참하기 그지없었습니다. 농번기 이외에는 임금이 매우 낮았고 고용의 기회도 많지 않았기 때문이죠. 많은 농민들은 농촌을 떠나 도시, 개항장, 광산, 철도 건설 공사장 등으로 흘러 들어갔고, 만주나 일본으로 건너간 사람도 많았습니다.

개항 이후 형성된 임금노동자는 부두, 광산에서 가장 두드러지게 많이 출현했어요. 그리고 식민지 공업인 가공업 분야의 정미공장 같은 곳에서도 나타나기 시작했습니다. 무역량이 증가함에 따라 부두에서 화물을 포장하고 운반할 사람이 많이 필요하게 됐고, 여기에 농촌에서 밀려난 농민들이 몰려든 것이죠. 직업적인 부두 노동자는 1897년에 1천여 명, 1902년에 2천여 명, 1906년에 5천 명으로 급증하다가 한일합방 직전에는 1만 명에까지 이릅니다. 여기에다가 비직업적 노동자들까지 합하면 그 숫자는 훨씬 많았을 것입니다.

부두 노동자들은 쌀의 부피를 달고 포장하는 두량군斗量軍, 선박과 부두 사이에서 화물 운송을 담당했던 칠통군七桶軍, 흔히 지게꾼이라 불렸던 지계군支械軍, 주로 한인 선박에 실린 물품을 육지로 옮겼던 하륙군下陸軍 등으로 나뉘었으며, 임금액은 운반 거리와 무게에 따라 달랐습니다. 일본 자본가들은 일하려는 노동자들이 많은 것을 이용하여 조선 노동자들을 착취했고 자주 임금을 깎아내렸어요. 노동자들은 아침 일찍부터 밤늦게까지 고된 일을 하고도 점심은 물로 채워야 할 정도로 어려운 생활을 하고 있었습니다.

광산은 개항 후 정부의 적극적인 광산정책과 일본으로의 금 수출 증가에 힘입어 폭발적으로 늘어났습니다. 그리고 외국 자본이 광산을 차지하면서 규모도 커졌죠. 1886년 영흥 금광에는 광부가 5, 6천 명에서 1만 명 정도나 됐습니다(강만길, 2004: 115). 생산은 물주-덕대-임금노동자의 체계로, 자금을 대주는 물주 밑에 경영 담당자인 덕대가 10~20명 규모의 광부나 농민들을 거느리고 생산을 하는 방식이 일반적이었죠. 농촌을 떠나 광산에 몰려 들어온 많은 농민들은 산 속에 토막집을 짓거나 빈민촌을 이루고 살았습니다. 이들은 근근이 끼니를 때울 정도의 낮은 임금을 받으며 장시간노동을 했습니다. 게다가 봉건관료와 현장관리자의 수탈과 횡포가 빈번했죠.

일제가 조선을 침탈하기 위한 수단으로 사용하기 위해 실시한 철도, 전기,

건설 분야에서도 많은 노동자들이 형성됐습니다. 1897년 경인선과 1903년 경부선 공사에 경인 지역과 부산 지역 도시노동자들과 가난한 농민들이 공사에 참여했습니다. 그들의 임금은 일본인 노동자의 2분의 1 또는 3분의 1 수준으로, 겨우 입에 풀칠을 할 정도였죠.

그리고 임금노동자의 전형이라 할 수 있는 공장 노동자도 다른 분야보다 적었지만 회사 설립이 늘어나면서 서서히 증가했습니다. 조선인 회사는 1895년에 12개, 1900년 32개, 1906년 81개로 늘어났습니다(강만길, 2004: 16). 한일합방 이전인 1909년까지 일본인이 소유한 주요 공장 수와 직공 수는 정미소 28개에 737명, 기와벽돌공장 15개에 559명, 철공장 13개에 168명, 담배공장 4개에 593명, 기타 통조림, 기계, 제분 등의 공장 24개에 1,058명이었고, 미쳐 집계되지 않은 숫자까지 합하면 대략 6천여 명에 이르렀습니다. 1911년에는 관영공장을 제외한 상시 5명 이상 고용하는 공장은 252개에 14,575명이었죠(김윤환, 1982: 35, 52). 그러나 대부분의 공장은 매우 작았고 노동은 아직 농가 부업적인 성격을 벗어나지 못했습니다. 이 때문에 조선 공장들은 일본 공장과 경쟁할 수가 없었고 노동조건 역시 극히 열악했습니다.

이처럼 19세기 후반 개항 이후 농촌에서 이탈된 농민들은 새로운 산업으로 등장한 부두, 광산, 철도 관련 공사장과 극히 적은 규모의 공장에 나가 노동력을 제공하고 임금을 받는 임금노동자가 됐습니다. 이윤을 목적으로 하는 자본가들은 농촌에서 밀려난 방대한 실업자를 배경으로, 노동자들을 가혹하게 수탈하고 착취했습니다. 노동자와 그 가족들은 항시 기아선상에서 헤매는 비참한 삶 속에 놓여 있었죠. 이에 대항하여 노동자들은 '생존' 그 자체를 위해 조직을 만들고 다양한 투쟁을 전개하기 시작했습니다. 다른 여러 나라들의 경우와 마찬가지로 우리나라에서도 자본주의가 시작되면서 노동문제가 발생했고, 노동자투쟁과 노동자조직이 등장하기 시작한 것입니다.

제일 먼저 투쟁에 나선 것은 광산 노동자들이었습니다. 광산은 자본주의 생산방식이 상대적으로 일찍 들어왔고 노동자 수도 많았죠. 최초의 투쟁은 1888년 함경도 초산에서 일어났습니다. 이 광산 노동자들은 가혹한 세금과 핍박에 분노하여 관청을 습격하고 관리들을 징치(懲治)하는 등 폭동을 일으켰죠. 이 폭동은 정부에서 조사관(안핵사: 按覈使)을 보내고 나서야 비로소 진정됐어요. 또 1892년 경북 예천, 1898년 강원도 당현에서도 광산 노동자들의 파업이 있었습니다. 1901년에는 운산금광 노동자들이 파업을 벌였는데, 이는 단순히 노동조건의 개선을 요구한 것이 아니라 채광권이 미국인이나 독일인에게 넘어간 것에 반대하여 집단적으로 작업을 거부한 것이었죠. 이처럼 광산의 초기 투쟁은 가혹한 수탈과 봉건관료 또는 현장관리자의 억압에 반발하여 일시적으로 폭발한 것으로서, 자연발생적이고 비조직적이었지만 민족적 투쟁의 모습을 보여주기도 했습니다.

부두 분야에서는 전남 목포의 노동자들이 동맹파업으로 앞장을 섰어요. 목포부두 노동자들은 개항 5개월째인 1898년 2월, 일본인이 임금 지급방식을 복잡하게 만들어 노동자를 수탈한 데 대해 파업으로 대항했습니다. 노동자들은 파업과 함께 일본 상인과의 거래를 저지하고 날마다 거류지 밖의 죽동 산허리에 모여 밤이면 모닥불을 피우면서 시위를 벌였습니다. 동맹파업은 그해 9월부터 1903년 12월까지 임금인하 반대, 십장의 중간착취 거부, 거류지에서의 일본패 착용 거부 등을 요구하며 8차례나 이어져, 결국에는 일본인 업주들을 굴복시켰습니다. 이 파업은 대체로 화물의 포장이나 두량군에 종사하는 노동자가 앞장을 섰고, 하륙군, 지계군이 합세하는 양상을 보였습니다. 그리고 일본인 가정이나 상점에 종사하던 고용인들도 참가했죠.

이밖에 경인철도회사 노동자들이 1901년 2월 임금인상투쟁을 벌였고, 1909년 7월에는 경성전기회사 노동자들이 집단적으로 노동조건 개선을 요구하는 투쟁을 벌였습니다. 1904년 러일전쟁 때는 일제가 강제로 노동자들을 동원하여 철도를 건설하려 한 것을 거부하는 움직임이 일기도 했죠. 이는 반일 철도 반대운동으로 발전했습니다.

한편, 광산과 부두에서 일하던 조선 말기 노동자들은 어려운 생활을 헤쳐 가고 열악하기 그지없는 노동조건을 개선하기 위해 스스로 조직을 만들어 나가기 시작했습니다. 이 노동자들은 처음에는 의형제義兄弟 또는 만동생萬同生 등의 형태로 결합되어 있다가 점차 친목과 상호부조의 목적으로 약간의 회비를 거두며 노계勞契 또는 노동조합을 조직했어요. 그리하여 1898년 성진에서는 운반부 46명이 성진세관 구내에서 성진본정부두조합을 결성했습니다. 그리고 그 이후 군산, 진남포 등 부두와 평양, 개성, 용강, 이원 등에서 노동조합이 출현했죠. 그런데 이들 노동조합은 노동자단체이기는 하지만, 대부분의 조직이 수입의 10분의 1을 회비로 받고 있는 점에 비추어 볼 때 노동자의 취업을 알선하고 회비를 받는 단체에 더 가까운 것으로 추정됩니다(강만길, 2004: 199).

이와 같이 조선 노동자들은 봉건사회 안에서 자본주의의 맹아가 생성됨에 따라 나타나기 시작했고 자본주의가 발전함에 따라 점차 늘어났습니다. 시기적으로 보자면 이미 유럽에서는 산업혁명으로 자본주의가 급격히 성장하고 제국주의가 세력을 확장하던 때에 우리나라는 비로소 자본주의가 시작됐고 임금노동자가 형성되기 시작한 것으로 볼 수 있는 것이죠. 그러나 시기는 달랐어도 그 과정은 크게 다르지 않았어요. 농민이 토지라는 생산수단에서 축출된 것, 목숨을 부지하기 어려운 비참한 생활을 할 수밖에 없었던 것, 자연발생적이고 비조직적인 투쟁을 벌인 것, 초보적인 조직을 만들기 시작했다는 것 등은 대부분의 나라에서 공통적인 사항이었습니다.

다만 개항 이후 얼마 지나지 않아 조선 노동자들은 유럽과는 전혀 다른 환경에 놓이게 됐죠. 바로 제국주의의 침략과 식민지배라는 역사적 조건이었습니다. 이것은 아시아, 아프리카, 남아메리카 등 제3세계 대부분의 나라들이 비슷하게 겪은 것이고, 두고두고 훗날의 노동운동을 제약하게 됩니다. 제국주의 국가는 식민지 인민의 모든 인권을 억압하고 수단 방법을 가리지 않고 생산물을 빼앗아 갔습니다. 식민지의 자원은 제국 자본의 부를 축적하기 위한 원천이며 민중은 경제잉여를 생산하는 도구일 뿐이었죠. 심지어 민족 고유의 언어나 문화조차도 바꿔버렸습니다.

　제국주의 자본은 자원과 이윤을 본국으로 가져갈 뿐 확대재생산을 위한 재투자를 하지 않았고, 노동력의 양성이나 노동조건의 양보는 일체 허용하지 않았습니다. 결국 식민지 자원은 고갈되고 노동자들은 극도로 피폐해졌죠. 식민지 노동자들은 잔혹하기 그지없는 식민지 권력과 자본을 상대로 처절한 투쟁에 나설 수밖에 없었습니다.

제2장

일제 식민지시대의 노동운동

1. 일제 무단 통치시대의 노동운동 (1910년대)
2. 일제 '문화정치' 시대 노동운동 (1920년대)
3. 일제의 군국주의화와 노동운동 (1930년대 이후)

헤겔은 어딘가에서
이런 말을 한 적이 있다

동방에서는 한 사람만이 자유로웠는데 지금도 그렇다
그리스 로마에서는 몇 사람만이 자유로웠다
게르만 세계에서는 모든 사람이 자유롭다

마르크스는 어딘가에서
이런 말을 한 적이 있다

아시아적 봉건사회에서는 한 사람만이 자유로웠다
자본주의 사회에서는 몇 사람이 자유롭다
사회주의 사회에서는 만인이 자유로울 것이다

그러나 헤겔도 마르크스도
다음과 같이 각주 붙이는 것을 잊어버렸다

식민지 사회에서는
단 한 사람도 자유롭지 못하다고

(김남주 '각주')

1. 일제 무단 통치시대의 노동운동 (1910년대)

일제 총독부의 식민지체제 강요와 저항운동

조선 봉건사회 후기, 조선반도는 자본주의의 싹을 틔우기도 전에 제국주의 열강들의 사냥터가 됐고, 마침내 일본 제국주의의 식민지로 전락했습니다. 조선왕조는 외세의 침략에 무기력했습니다. 하지만 조선의 민중들은 거세게 저항하며 나라를 지키고자 했죠. 갑오농민전쟁에 이어 전국 곳곳에서 의병의 끈질긴 항쟁들이 이어졌고, 여러 형태의 개화·계몽운동들도 전개됐습니다. 그리고 안중근(1876~1910) 의사는 1909년 10월 26일 만주 하얼빈 역에서 조선 침략의 우두머리 이토 히로부미伊藤博文를 저격, 사살하여 침략자들의 간담을 서늘케 했죠.

그러나 이러한 저항들에도, 일본 제국주의는 미국과 영국의 지지를 배경으로 1905년 11월 17일 이른바 을사보호조약을 강제로 체결하고 조선 지배를 위한 기틀을 확실하게 잡아 나갔습니다. 일제는 우선 통감부를 설치하여 조선을 '보호국'으로 전락시켰습니다. 그리고 1908년에는 동양척식주식회사(이하, 동척)를 설립하여 합법적으로 조선의 각종 국유재산과 토지를 약탈하기 위한 준비를 갖췄습니다. 이에 항거하여 반일의병들이 전국적으로 봉기했지만, 살육, 방화, 약탈, 폭행 등 잔인무도한 방식을 대대적으로 동원한 일제의 토벌작전에 의해 진압되고 말았죠. 또한 합법적인 애국계몽운동들도 수단과 방법을 가리지 않고 억압했습니다.

그리고 마침내 1910년 8월 22일 한일합방조약을 체결하여 29일 선포했습니다. 경술국치庚戌國恥! 온 나라의 백성들이 땅을 치며 통곡했지만 때는 이미 늦은 것이었죠. 1909년 조선에 사는 일본인은 벌써 12만 6천 명을 넘어서고 있었습니다. 그러나 대한제국은 노도(怒濤)처럼 덮치는 일제의 침략 야욕과 맞설 힘을 잃은 지 이미 오래였죠.

일제가 우리나라를 식민지로 집어삼킨 1910년대는 세계적으로 제국주의 열강 관계가 재편되고, 동시에 혁명의 열기가 퍼져가는 시기였어요. 19세기 이후 서구 열강의 침략을 받은 중국, 인도, 베트남 등 여러 약소민족 사이에서 '눈뜸의 투쟁'인 반제국주의운동이 격화됐고, 멕시코와 중국에서는 각각 1910년과 1911년에 혁명이 일어났죠. 일본에서도 1912년 노동자조직인 우애회가 탄생하는 등 노동운동이 발걸음을 내딛기 시작했고 사회주의운동이 확산되고 있었습니다. 또한 1914년에는 제국주의 세력들 사이에 식민지 영토 쟁탈을 둘러싸고 제1차 세계대전이 폭발했고, 1917년에는 러시아에서 프롤레타리아혁명이 성공하여 인류사상 최초의 사회주의 국가가 지구상에 등장했습니다. 조선에서도 국권을 지키기 위한 투쟁과 계몽운동 등이 활발하게 일어났습니다만 때는 이미 늦고 말았습니다.

이렇게 을사보호조약이 맺어진 1905년으로부터 따지면 40년, 그리고 한일합방이 이루어진 1910년부터 따지면 36년 동안 일제에 의한 식민지배가 이어졌습니다. 이 기간 동안 조선반도는 일본의 일부분으로만 존재할 수 있었고, 독자적인 발전은 일체 허용되지 않았죠. 일제는 민족독립을 차단하고 영원히 식민지로 묶어두기 위해 무단통치와 민족말살정책을 폈습니다. 조선반도에게는 일제의 식량공급기지, 상품시장, 대륙침공을 위한 병참기지로서의 역할 이외에 어떠한 다른 것도 허용되지 않았습니다. 조선에 대한 일제의 식민정책은 반일 민족세력에 대한 탄압, 식민지 지배의 물적 토대 마련을 위한 경제적 수탈 그리고 조선을 영구히 그리고 완전히 식민지로 만들기 위한 민족말살정책으로 집약됐습니다(강만길 외, 2000: 5). 이와 같은 이민족의 냉혹한 지배와 수탈 속에서 태어난 조선의 노동자들은 스스로 힘을 키우면서 암흑 속을 헤쳐 갈 준비를 하고 있었습니다.

일제는 1910년 총독부를 세우고 무단통치를 펴나가기 시작했습니다. 조선 총독은 육해군의 대장 출신들로서 입법·사법·행정·군사권 등 모든 권한을 틀어진 '절대군주'였습니다. 총독부와 지방행정의 관리는 모두 일본인이었습니다. 그리고 전국 방방곡곡에는 헌병대, 헌병분견소, 헌병파견소, 경찰서, 순사주재소, 파출소 등을 만들어 조선인들을 감시했고, 생살여탈권을 행사했죠. 또한 서울 용산과 함경북도의 나남지역에는 일본 육군을 배치했고, 진해와 영흥만에는 해군을 진주시켰습니다. 서울 용산의 주둔군 사령부에는 1945년 이후 미군이 주둔했고 지금도 미8군이 차지하고 있습니다.

총독부는 집회와 시위는 물론이고 언론도 모두 봉쇄했어요. 또한 1908년에 5천여 개에 이르렀던 사립학교는 총독부가 들어서고 얼마 지나지 않아 1,900개로 줄어들었습니다. 신문은 어용신문만 남겨놓고 모두 폐간시켰고, 조선에 관한 교육이나 책의 발간은 어떠한 것이든 모조리 금지했죠. 이 시기 일제가 식민지 조선 민중을 얕잡아 짓누른 대표적인 제도 가운데 하나가 바로 조선태형령朝鮮笞刑令입니다. 태형이란 볼기를 몽둥이로 치는 수치스런 형벌이죠. 그리고 이 형벌의 도입 근저에는 "조선인과 명태는 몽둥이로 두들겨야 한다"는 일제의 인식이 깔려 있었습니다. 이 형벌의 집행 건수는 1911년 1만 7천여 건에서 1916년에는 5만 3천여 건으로 늘어났습니다.

숨도 크게 쉴 수 없을 만큼 잔혹하게 진행됐던 이러한 무단통치를 통해 일제는 조선을 수탈하고 식민지 종속경제로 재편성했습니다. 그 본격적인 시작이 바로 조선인들의 토지를 빼앗을 것을 목적으로 실시된 토지조사사업입니다. 토지조사사업은 1912년 8월 토지조사령, 1914년 지세령을 거쳐 1918년 10월까지 약 8년 8개월에 걸쳐 실시됐습니다. 일제는 토지조사사업의 명분으로 "지세地稅의 부담을 공평히 하고 지적地籍을 명확히 하여 그 소유권을 보호하며 그 매매양도를 간단 민첩하게 함으로써 토지의 개량 및 이용을 자유로이 하고 생신력을 증진시키고자 하는 것"이라고 내세웠죠. 그러나 일제는

일제가 시행한 토지조사사업의 토지측량 모습

토지 소유권은 물론이고 경작권, 개간권, 도지권을 빼앗았고, 수많은 국유지를 조선총독부 소유로 바꾸어 동양척식회사와 일본인 지주에게 넘겼습니다. 그 결과 총독부는 사실상 조선 최대의 지주가 됐고 일본인 토지 소유는 급격하게 늘어났습니다. 토지조사사업이 마무리된 1918년 자작농은 겨우 19.6%인 데 비해, 소작농과 자소작농은 37.6%, 39.3%로서 전체 농민의 80%에 이르렀습니다. 그리고 1911년 1만 1,036정보였던 동척 소유의 땅은 1919년에는 7배가 넘는 7만 8,522정보로 늘어났습니다. 일본인 개인 지주들 역시 1909년 5월 말 5만 2,436정보였던 소유 토지를 1915년에 이미 4배 가까운 20만 5,538정보로 확대했죠. 지주 비율을 봐도 100정보 이상을 가진 대지주 중 일본인의 비율이 1911년 20%였는데 1921년에는 54%(490명)로 증가했습니다.

일제는 토지조사사업과 함께 조선에 대한 식민지 지배를 확실히 하기 위해 조선회사령朝鮮會社令을 제정했습니다. 1910년 12월 공포된 조선회사령은 조선에서 회사를 설립하려면 조선총독부의 허가를 받아야 하고, 총독부의 판단에 따라 언제든지 회사를 해산시킬 수 있도록 정한 것이었습니다. 이는 조선에서 민족자본이 발전하는 것을 막고 일본 자본의 지배를 쉽게 하려는 것이었죠. 실제 조선의 산업은 급속하게 일본 자본이 장악해갔습니다. 1911~17년 동안 회사자본총액에서 조선인 회사자본이 차지한 비중은 18.6%에서 15.0%로 줄어들었고, 일본인 회사자본은 26.4%에서 75.2%로 크게 늘어났죠(강만길, 1994: 146).

일본인 자본은 제1차 세계대전이 끝난 후 특히 크게 늘어났는데, 이는 주로 방적, 양조, 정미업 등 농산물 가공공장이나 경공업 등 원료 약탈과 관련된 분야의 것들이었습니다. 물론 조선인 회사가 성장한 분야 역시 유사한 업종이었습니다만, 자본의 규모가 극히 영세했죠. 이 밖에도 일제는 자국 내의 만성적인 식량난을 해소하기 위해 막대한 양의 쌀, 콩 등의 식량을 조선에서 약탈했고 삼림령, 어업령, 광업령 등을 통해 각종 자연자원과 지하자원을 약탈했습니다.

일제의 약탈로 조선 민중의 삶은 파탄의 구렁텅이로 빠져들었습니다. 농민들은 토지조사사업으로 땅을 잃고 소작농이 되거나 농촌을 떠나야 했으며, 전체 농민의 80%에 달했던 소작농들은 대개 1정보도 안 되는 땅뙈기에 보통 5~7할, 심지어는 9할에 이르는 소작료를 지주에게 바쳐야만 했죠. 그나마 소작마저 얻지 못한 농민들은 가족을 이끌고 화전민이 되거나 농촌을 떠나 하층노동자로, 토막민으로, 거지로 살아갈 수밖에 없었습니다. 그리고 수많은 농민들이 살길을 찾아 만주, 연해주, 일본, 중국, 미국 등 외국으로 나가지 않으면 안 됐죠.

이렇게 나라를 잃고 수탈대상으로 전락한 조선 민중들의 원망과 불만은 여러 형태의 민족운동으로 꾸준히 연결됐고, 마침내 1919년 3·1 만세운동으로 폭발했습니다. 3·1 만세운동은 일제에 반대하여 민족 전체가 들고 일어난 반제 반봉건투쟁이었죠. 이른바 '민족대표' 33인은 대규모 민중시위를 두려워한 나머지 태화관에서 독립선언문을 낭독하기만 했고, 만세운동 시위는 극소수 친일파와 지주를 제외한 200만 명 이상의 민중들이 참여한 것이었습니다. 1919년 3월에서 5월까지 230개의 부와 군에서 1,491건의 시위가 전개됐고, 성난 민중들은 관공서, 일본인 토지회사, 친일 지주 등을 습격했습니다. 희생도 컸죠. 일제의 공식집계 만으로도 4만 6천여 명이 검거됐고 시위 중에 7천5백여 명이 피살됐으며 약 1만 6천여 명이 부상당했습니다. 또 49개소의 교회와 학교, 715호의 만가가 불탔습니다(강만길 외, 2000: 69). 만세운동은 2월 8일 일본 동경에서 유학생들이 시작했던 것이고, 3·1운동을 거쳐 급격하게 확대되어, 3월 이후에는 만주, 연해주, 일본 등지에서도 대중 집회와 시위 운동이 일어났습니다. 3·1 만세운동의 기세는 일제의 잔혹한 탄압 아래 수그러들긴 했습니다만, 이는 본격적인 민족해방투쟁의 출발점이 됐죠.

식민지 노동운동의 출발

1910년대에는 공장이 별로 없어서 당시 조선에는 공장 노동자가 그리 많지 않았습니다. 그러나 일본 자본이 들어오면서부터 점점 늘어나기 시작했죠. 1911년에는 5인 이상 민간 공장의 수가 251개였고 거기에 소속된 노동자는 1만 4,575명이었으나, 1915년에는 782개, 2만 8,646명에 이르렀고 1919년에는 1,900개, 4만 8,705명으로 증가했습니다(김윤환, 1982: 36). 여기에 광산, 철도, 운수, 토목 분야까지 합치면 1919년 조선에 살고 있던 노동자는 14만 명을 넘어섰을 것으로 보입니다. 조선인 노동자들의 수가 이렇게 늘어났음에도 차별대우와 비참한 처지에 놓였던 것은 여전했어요. 관리자 및 감독의 감시와 강요 아래 하루에 12~13시간 노동이 보통이었고, 고용주의 자의에 따라 16~18시간까지 일하는 경우도 다반사였습니다. 조선인들의 노동시간은 일본인 노동자들과 비교해 봐도 평균적으로 1.5배 정도 길었죠. 그리고 작업하는 날이 1년에 297일(인쇄·제본)에서 350일(연초공장)로, 거의 휴일이 없다고 해도 과언이 아니었습니다.

또한 조선인 노동자들이 받는 임금은 세계적으로 저임금 장시간노동으로 유명한 일본 노동자들보다도 훨씬 낮았습니다. 조선 노동자의 임금은 일본인 노동자의 절반을 밑돌았죠. 또 전체 노동자의 30% 정도였던 여성노동자의 경우에는 남성 임금의 3분의 1만 받았고, 연소노동자는 남성의 4분의 1 수준이었습니다. 게다가 임금 인상률이 물가폭등을 따라가지 못하여 조선인 노동자들은 절대적 빈곤에 시달려야 했습니다. 이런 민족차별과 함께 물가는 3배가 뛰어, 실질임금이 1910년의 100.0에서 1917년에는 49.1, 1919년에는 67.9로 낮아졌습니다(김경일, 1992: 58).

당시 노동자들의 비참한 생활상에 대해 한 신문기사는 "음식은 좁쌀과 보리, 그리고 참외, 오이, 일본인이 먹다 버린 수박껍질, 부식은 고추, 된장으로 1인 하루 생활비가 3전 정도, 1개월에 1원으로 보면 1년에 12원"이라고 전하

제사공장에서 일하고 있는 조선의 여성노동자들

기도 했습니다(박경식, 1986: 133). 1912~16년 사이 조선인 한사람이 먹은 쌀 소비량은 연평균 0.7석(1석은 144킬로그램)에 지나지 않았어요. 쌀은 먹을 수도 없었고 잡곡으로 그저 하루하루를 연명하기 급급했던 거죠. 조선 노동자들은 이렇게 저임금 장시간노동에 시달리고 차별까지 당하면서 의료시설도 없는 공장, 광산, 각종 공사장에서 일본인 감독의 감시 아래서 혹사당했습니다. 특히 여성노동자들은 외부와 차단된 채 집단적으로 생활하는 기숙사제도를 통해 가혹한 노동통제를 경험했죠. 이들은 영양실조, 결핵 등의 질병에 쉽게 노출됐습니다(강만길, 2004: 223~224).

일제 식민지하의 참혹한 노동조건은 당연히 여러 문제를 낳았고 노동자들은 투쟁으로 이를 타개하고자 했습니다. 노동자들의 생존권 투쟁은 농민의 소작쟁의와 더불어 일제 강점 후 민족해방투쟁의 중요한 흐름을 이뤘고 점차 그 비중이 높아졌죠. 노동자들은 한일합방 이전부터 부두, 광산, 철도, 전차 등의 분야에서 투쟁을 벌였습니다. 그리고 1910년대에 접어들어서는, 드디어 공장 노동자들이 서서히 파업투쟁의 전면에 나서기 시작했습니다.

1910년대 초기의 노동쟁의는 임금인상과 처우개선의 요구를 내걸고 시작됐습니다. 노동쟁의는 초기에는 그렇게 활성화되지는 못해서, 1912~1917년 사이의 파업은 겨우 36건에 지나지 않았죠. 하지만 1918년을 분수령으로 하여 노동쟁의가 질적 양적으로 성장해서, 1918년에는 50건에 6,105명이 참가하고 1919년에는 84건에 9,011명이 참가할 만큼 급증했습니다. 노동자들이 스스로의 처지를 개선하기 위한 수단으로서 노동쟁의를 본격화한 것이죠.

노동자들은 3·1 만세운동에 적극적으로 참여했습니다. 1919년 3월 3일 겸이포제철소에서는 2백여 명의 노동자들이 반일시위를 벌였고, 3월 7일 경성 동아연초공장에서는 5백여 명이 파업을 벌였습니다. 그리고 3월 9일 경성전차 운전부 노동자들 및 차장들의 파업, 3월 19일 괴산 노동자들의 만세시위, 3월 27일 직산금광 노동자 1백여 명의 일본 헌병주재소 습격 등이 잇달아 일어났습니다. 특히 만세운동의 열기가 전반적으로 주춤해졌던 7월 이후에도 노동자들은 과감하게 투쟁을 전개했어요. 8월 18일 경성전기 노동자들의 파업은 경성 시내를 암흑천지로 만들고 전차운행을 정지시키는 위력을 떨쳤습니다. 또한 10월 12일에는 경성 동아연초공장 노동자들이 파업을 벌여 요구조건을 쟁취했죠. 그리고 11월 11일 겸이포제철소 250여 명 노동자들은 용광로를 점령하고, 파업을 탄압하려는 일본 관헌에게 대항하는 투쟁을 전개했습니다. 이러한 노동자투쟁의 증가는 노동자가 크게 늘어났고, 더불어 의식이 높아진 결과였습니다. 또한 노동자들이 경제적 요구를 넘어서 민족해방을 위해 투쟁에 나섬으로써, 경제투쟁과 더불어 민족해방이라는 정치투쟁이 진전되고 있음을 예증하는 것이기도 했습니다.

노동자들이 증가하고 투쟁이 확산됨에 따라 노동자조직도 늘어났어요. 노동자조직은 일제의 조선 강점 이전에도 광산의 덕대제, 수공업의 모작제, 자유노동자의 십장제, 계, 만동생, 의형제와 같은 다양한 형태로 존재했습니다. 적은 수지만 노동조합이 결성되기도 했죠. 1900년부터 1920년 사이에 전국 각지에서 결성된 노동단체는 50여 개였고, 1920년 이전에 조직된 것은 30여 개였습니다.

노동자단체들은 일제 강점 초기 파업투쟁이 성장하는 과정에서 노동자들에 의해서 또는 선진적인 지식인들에 의해 부두, 철도 연변에 조직된 것이었습니다. 이들 단체의 대부분은 투쟁조직이거나 노동조합이라기보다는 직업 알선이나 소개 등을 위주로 하는 노무공급기구이거나 회원의 친목회 또는 계 비슷한 것이었죠. 하지만 이들 단체는 미숙하게나마 노동자들의 계몽과 의식의 각성 및 단결과 연대성을 강화하는 데 나름의 역할을 했습니다.

2. 일제 '문화정치'시대 노동운동(1920년대)

지배 통제정책의 변화와 식민지 수탈

　1910년대 일제의 무단통치는 조선 전역을 창살 없는 감옥으로 만들었고, 우리 민족을 숨이 막히는 상황으로 몰아넣었습니다. 그러나 민족의 고통과 침묵은 1919년 활화산처럼 폭발한 3·1 만세운동을 통해 깨어졌죠. 3·1 만세운동은 일제의 무단통치체제에 결정적인 타격을 가한 것이었습니다. 일제는 만세운동을 잔혹하게 진압했지만 더 이상 무단통치를 계속할 수는 없었죠. 결국 일제는 총독을 바꾸고 "문화의 창달, 민력民力의 충실"이라는 구호 아래 유화정책을 표방했습니다. 이른바 '문화정치'라는 것입니다.

　일제는 헌병제도를 경찰제도로 바꾸고 조선인 관리를 늘렸습니다. 그리고 언론·출판·집회·결사의 자유를 보장하고 지방자치제도를 실시한다고 약속했죠. 그러나 문화정치란 허울일 뿐이었어요. 실제로는 해방될 때까지 조선총독 6명을 모두 육해군 대장출신으로 채우고, 경찰 관서는 1918년 751개에서 1920년 2,716개로, 경찰 인원은 5,400명에서 1만 8,400명으로 각각 3배 이상 늘렸습니다. 또한 1면에 1개의 주재소를 설치하여 전국에 걸쳐 감시망을 확대하고 특별고등형사라는 사상 문제 전담 형사를 배치하는 한편, 언론기관의 폐쇄명령을 내릴 수 있게 하는 등 식민통치에 어긋나는 활동에 대한 규제는 오히려 강화됐죠(강만길 외, 2000: 79). 특히 조선 국내외에서 민족해방운동과 사회정치운동이 활발해지자 다시 탄압정책으로 전환했습니다. 1923년 도쿄 대지진 때는 6천 명이 넘는 조선인들이 무참히 학살당하는 사건이 일어난 데 이어, 1925년 5월에는 치안유지법을 공포 시행했죠. 치안유지법이란 "국체를 변혁하거나 사유재산제도를 부인할 목적으로 결사를 조직하거나 그 뜻을 알고 이에 가입한 자"에 대해 엄한 체벌을 가하는 법으로, 1928년에는 사형까지도 가능하게 더 강화됩니다. 이에 따라 일제는 1926년부터 3년 동안 5차례의 조선공산당 사건을 일으켜 740여명의 사회운동가들을 검거 및 처벌했습니다. 아울러 일제는 친일여론을 조성하고 지식인, 대지주계급, 예속자본가에서 농민에 이르기까지 전국적으로 친일단체를 양성하여 조선 '자치의회운동'을 추진함으로써 민족해방운동의 분열을 조장했습니다. 이렇듯 문화정치란 무력에 의한 식민지 지배라는 본질을 감추고 민족분열을 부추겨 항일기운을 제거하기 위한 교활한 기만술책이었죠.

일제는 문화정치를 내세우면서 식민지 수탈을 강화했습니다. 그 정책 중에 하나가 일제가 제1차 세계대전 때 벌어들인 자본을 조선에 대량으로 진출시키는 일이었죠. 이를 위해 총독부는 1920년 4월 조선회사령을 폐지하고 회사 설립을 허가제에서 신고제로 바꿨습니다. 그리고 관세를 철폐하여 일본 자본의 조선 진출을 적극 뒷받침했죠. 그 결과로 조선 내 일본 기업의 자본금은 1914년 1억 7천만 원에서 1921년에는 8억 원으로 5배 가까이 증가했습니다. 5인 이상 공장 수와 노동자 수도 1911년 252개 1만 4,575명에서, 1921년 2,384개 4만 9,320명, 1931년 4,613개 10만 6,800명으로 급증했죠(김경일, 2004: 44).

일제 자본 진출의 목적은 당연하게도 조선의 산업을 발전시키려는 것이 아니라 식민모국에 기초자원을 조달하고 자본을 축적하기 위한 식민지 산업의 육성에 있었습니다. 이에 따라 일제는 철도, 통신 등에 국가자본을 투입했고, 이 외에도 농림, 수산업, 광업 등 기초산업과 농산물 약탈과 연관된 식품가공업이나 방직 등의 경공업에 집중적으로 투자했죠. 이렇듯 일제의 자본 투자가 편중됐기 때문에 조선에서는 중화학공업, 특히 산업연관도가 높은 기계공업이나 대기업의 발달이 극히 저조했습니다.

물론 회사령이 폐지되면서 조선인에게도 회사 설립이 허용됐어요. 그러나 조선인의 회사 설립은 일본 자본에 눌려 영세하기 그지없었고, 그나마도 해마다 줄어들었습니다. 1928년 당시 자본금의 구성을 살펴보면, 일본인 자본 90.8%에 조선인 자본은 4.6%에 불과했습니다. 그런 속에서도 일제는 민족분열책의 일환으로 경성방직과 같은 일부 조선의 자본가들을 키워냈고, 여기에 편승하여 급속히 성장한 조선인 자본가들은 영세한 대부분의 조선 기업 위에 군림했죠.

이처럼 1920년대 조선에서는 일본 자본의 진출과 함께 식민지공업이 급속하게 형성됐습니다. 하지만 1929년 당시 총생산량 중 농업이 67.6%, 공업이 19.9%, 광업이 1.6%였던 것에도 알 수 있듯이, 조선의 기본산업은 농업이었고 일제의 수탈 또한 농업에 집중됐습니다. 그 기본이 산미증식계획産米增殖計劃이었습니다. 1922년부터 2차례 강행된 산미증식계획이란 쌀 생산을 늘리기 위해 농사법을 개량하고, 수리관개시설 구축과 경지정리 등을 통해 토지를 개량하자는 것이었죠. 그러나 이 계획은 일본 국내의 식량 부족을 해결하기 위해 조선의 쌀 생산을 독려하고 그 대부분을 일본으로 수탈해 갈 것을 목적으로 진행된 것이었어요. 그 결과 조선의 농민들은 생산량을 늘려놓고도 좁쌀이나 잡곡으로 끼니를 때워야 했고, 그마저 없는 경우 초근목피로 연명해야만 했습니다. 게다가 막대한 수리조합 건설비와 조합비의 부담을 이기지 못하고 토지를 내놓고 떠나는 농민들이 증가하면서, 일본인들과 조선인 대지주들의 토지 소유가 크게 늘어났습니다. 이렇듯 1920년대의 조선은 문화정치의 기만극 속에서 전형적인 식민지 약탈을 위한 경제구조가 정착됐고, 그 결과 일제의 자본만이 막대한 호경기 이익을 향유했죠.

영락하는 조선 민중의 삶

일제의 식민지 수탈정책 아래서 조선 민중은 몰락을 거듭했습니다. 농촌의 자작농 및 자작 겸 소작농은 계속 감소했고, 지주와 소작농은 현저하게 증가했습니다. 농민들은 높아만 가는 소작료와 고리대, 각종 세금, 유통 과정에서의 중간착취 등으로 허리를 펼 수가 없었고, 보릿고개라고 일컬어지는 춘궁기의 굶주림은 숙명처럼 되풀이됐죠. 빈곤에 견디다 못한 농민들은 도시나 국외로 탈주하여 일거리를 찾았습니다. 그리하여 1932년 만주에서는 32만 명, 일본에서는 40만 명에 이르는 조선인들이 불안정한 취업상태 속에서 저임금으로 혹사당하며 비참한 생활을 하고 있었습니다. 일본 자본의 진출이 활발해지면서 국내 노동자들의 규모가 증가했지만 노동조건은 더욱 열악해지기만 한 것이죠.

공장 노동자는 1911년 1만 4,575명에서 1921년에 4만 9,320명, 1930년에 10만 1,943명으로 크게 늘어났습니다. 광산 노동자 역시 1924년 1만 8,273명, 1926년 2만 3,299명, 1929년 2만 9,484명으로 증가했고 1910년에 8천4백여 명 정도였던 부두 노동자는 1924년에 1만 6,296명, 1929년에 2만 4,612명으로 불어났습니다. 그 밖에 토목 건설 분야 노동자 약 10만여 명, 막벌이꾼 28만여 명, 우마차 짐꾼 16만여 명 등을 셈하면, 1920년대가 끝나갈 무렵 조선의 전체 노동자의 숫자는 113만 명을 넘어섰습니다(김윤환, 1982: 93~95).

현실에서는 빈곤의 채찍질에 농촌에서 쫓겨난 방대한 실업자들을 배경으로, 자본가들은 지독한 저임금과 차별 그리고 장시간노동을 통해 막대한 이윤을 쌓아올렸습니다. 임금이 생존비에도 크게 미치지 못했고, 가족은 공장노동자나 막벌이 노동자로 나서서 생계비의 일부라도 벌지 않고는 살아갈 수가 없었습니다. 1926년 조선노농총동맹이 결의한 최저임금은 일급 1원이었는데, 실제 받는 돈은 대부분 남성노동자는 70~80전 정도였고 여성노동자나 유년노동자는 15~16전인 경우가 많았습니다. 당시 양화 한 켤레가 13원, 쌀 한 되는 30전이었어요. 1930년대 경성 시내 전차와 버스의 요금은 5전, 택시는 80전, 맥주는 한 병에 40전이었다고 합니다(강동진, 1985).

또한 민족차별은 1910년대보다 더 심해졌습니다. 조선 성인 남성노동자의 임금을 1원으로 본다면 일본인 남자는 2.32원, 조선인 여자는 0.59원, 일본인 여자는 1.01원으로 조선인의 임금은 일본인의 절반도 안 됐고, 여성 또한 남자의 절반 수준이었죠. 유년공은 조선인 남녀가 0.59, 0.32원인 데 비해 일본인은 1.01, 0.61원이었습니다. 게다가 물가가 폭등하면서 실질임금은 1920년을 100으로 뒀을 때 1925년 85, 1929년 83으로 지속적으로 떨어졌습니다(한국노총, 1979가: 35~37).

장시간노동도 여전했습니다. 노동시간이 12시간 혹은 16~18시간에 이르는 경우가 일반적이었고, 휴일은 1년 중에 10일이 안 되는 경우가 많았죠. 그리고 식민지적 산업 구성 때문에 여성과 연소노동자의 비중이 매년 늘어났습니다. 그나마 노동력은 남아돌고 일자리는 부족하여 고용이 매우 불안정했습니다. 일제 자본가들은 한계 이하의 저임금과 장시간노동의 속박에 묶인 이들에게서 식민지 초과이윤을 빨아들였죠. 노동기준도 노동안전 시설도 갖추어지지 않은 상태에서 노동자들은 개수임금제, 벌금제, 강제저축, 그리고 노무계의 구타와 욕설, 민족적 멸시를 견디면서 고통스런 노동을 이어가야만 했습니다.

사회단체의 출현과 성장

일제의 문화정치와 식민지 수탈이라는 기만적인 지배정책 아래서도 3·1만세운동의 폭발에서 고양된 민족적 자각을 바탕으로 조선의 민족해방운동과 사회정치운동이 매우 활발해졌습니다. 만주에서는 무장투쟁이 벌어지고 중국 상해, 미주, 만주, 러시아 등지에는 민족해방을 위한 조직활동이 끈질기게 전개됐죠. 그리고 국내에서는 노동운동, 농민운동이 크게 성장하고 사회주의운동이 급속하게 확산되어, 1925년 4월 17일과 18일에는 조선공산당과 고려공산청년회가 결성됐습니다. 〈동아일보〉, 〈조선일보〉 등 조선어 매체들도 쏟아져 나왔죠.

암태도 소작인들의 모습

1925년 중반 이후 대중적이고 조직적인 운동으로 전환한 청년운동은 1926년 6·10만세투쟁을 주도하고 전국적인 청년동맹조직을 추진한 결과, 1929년 말에는 전국 군의 75%에 지부를 둘 수 있는 조직체로 성장했습니다.

학생운동 역시 1925년경부터 사회주의 세력의 노력으로 수많은 조직을 만들어 투쟁을 전개했고, 1929년 11월 3일 광주학생운동을 기점으로 전국적인 항일운동을 주도했습니다. 이 밖에 여성들은 민족적 계급적 억압과 성적 억압이라는 이중 삼중의 고통을 벗어나기 위해 1926년 11월 여성운동의 통일전선체조직으로 근우회槿友會를 결성했고, 봉건시대 최하층 천민으로 취급받던 백정들도 1923년 형평사衡平社를 결성하여 자유와 평등을 요구하는 운동을 벌였죠. 이렇게 활성화된 민족주의운동과 사회주의운동은 일제의 분열공작과 탄압으로 수난을 겪다가 1926년 6·10만세운동 이후 신간회新幹會를 결성하여 통합을 이루었습니다. 이처럼 활성화된 대중운동 가운데 가장 적극적이고 끈질기게 조직화와 투쟁에 나선 것은 농민과 노동자들이었어요. 그것은 이들이 일제 식민지 지배하에서 무엇보다 혹독하게 착취당하고 억압받는 계급이었기 때문이었습니다.

1920년대 농민과 노동자들이 일제 및 지주와 자본가에 대해 격렬하게 투쟁에 나섰던 것은 일차적으로는 인간으로서 견디기 어려운 참혹한 생활실태 때문이었습니다. 농민들의 투쟁 수단인 소작쟁의는 1920년 발생 건수 15건에 참여 인원 4,140명이었던 것이 매년 늘어나, 1930년에는 726건에 1만 3,012명에 달합니다. 특히 1924년 전남 암태도 소작쟁의, 황해도 재령군 북률면 소작쟁의, 1926~32년의 평남 용천 소작쟁의는 장기간에 걸쳐 격렬하게 표출된 농민들의 대표적인 투쟁이었습니다.

노동운동 역시 민족해방투쟁의 격화라는 정세 변화 속에서 매우 활발하게 전개됐습니다. 임금노동자의 증가와 3·1 만세운동 그리고 1917년 러시아혁명의 성공에서 비롯된 노동자계급의식의 고양 등이 작용한 결과였죠. 활발한 노동운동은 노동조합의 급증과 전국조직의 결성으로 나타났습니다. 노동자 조직은 1900년대부터 1920년에 이르기까지 그 숫자가 50여 개, 1920년 이전에는 30여 개였지만, 1920년대에 들어와 다시 크게 늘어났습니다.

그 규모를 축소해서 적었을 것이 뻔한 일제의 자료들을 통해 살펴봐도, 노동회, 노유회, 노동친목회, 노동조합, 노동계 등 여러 가지 이름의 노동단체들이 1920년에만 33개나 조직되어 활동하고 있었죠. 1921년에는 원산노동회, 철원노동회, 경성인쇄직공친목회 등을 비롯한 90여 개 단체가, 1922년에는 부산노동회, 승호리노동조합, 청진노동회, 인천노동연맹, 경성자유노동조합 등 81개 단체가 결성됐습니다. 그 회원 수도 1928년 6만 7,220명에 이르렀죠. 이러한 노동단체는 1930년에는 561개에 이르게 됩니다(김경일, 2004: 89~90). 이들 노동단체의 대부분은 처음에는 선진적인 지식인이나 노동운동가들이 주도하여 지역을 중심으로 만들어졌습니다. 그러나 점차 노동자들이 역량을 쌓아가면서 노동자들 자신에 의한 운동으로 발전하기 시작했죠. 이들이 노동단체를 만드는 방식은 크게 두 가지였어요. 하나는 지역 내 노동자들을 대상으로 위로부터 아래로 조직하는 것이었고, 다른 하나는 기존의 노동단체를 내부에서 혁신하여 재조직하는 것이었습니다.

이렇게 조직된 대부분의 노동단체들은 1910년대 노동조직의 특징이었던 노무공급기구의 틀에서 벗어나기 시작했습니다. 지식계발이나 상호부조, 환난상구患難相救 등을 목표로 내세우며 의식계몽과 단결 및 연대성의 추구에 보다 많은 관심과 역량을 경주했죠. 이들 노동단체들은 대부분 운반이나 운송에 종사하는 노동자들을 주축으로 하는, 지역 내 여러 직종들을 망라한 지역별노동조합들이었습니다. 공장 노동자가 아직 비중이 적은 탓이었죠. 이후 공장 노동자가 늘어나고 사회주의 사상이 보급되면서 노동조합에 대한 인식과 위상이 바뀌기 시작했고, 1920년대 중반에는 주된 조직 형태가 직업별 노조로 바뀌었죠.

노동조합의 급증과 조직·이념의 발전

노동단체들이 활발하게 조직되면서 1920년대에 들어서면 곧바로 전국적인 노동단체가 등장합니다. 그 최초의 것이 조선노동공제회와 조선노동대회였습니다. 조선노동공제회는 박중화 등 선각적 지식인들이 중심이 되어 1920년 4월 11일 서울 광무대에서 결성됐습니다. 결성대회에는 발기인 286명을 비롯하여 678명의 인사가 회원으로서 참석했습니다. 공제회 조직결성을 주도한 지식인들은 조선 말기 개혁을 지향하던 사람들이었죠. 민족독립을 위해서는 노동자단체가 필요하다고 생각한 이들이 1919년부터 준비해온 끝에 조선노동공제회를 결성한 것이었습니다.

조선노동공제회는 "노동의 신성과 노동자의 존귀함"을 설립 취지로 표방하고, "민족적 계급적으로 이중의 압박과 착취의 대상이면서 박멸과 자멸의 운명밖에 없는 조선의 노동자 농민 대중의 민족적 계급적 해방"을 선언했습니다. 그리고 인권의 자유평등과 민족차별의 철폐, 식민지 교육의 지양과 대중문화의 발전, 노동자 기술양성과 직업소개, 각종 노예의 해방과 상호부조 등을 강령으로 내걸었고, 이를 실천하는 대책으로 지식계발과 품성향상, 환난구제, 직업소개, 근검저축 장려, 위생 장려, 노동 상황의 조사연구 등을 채택했습니다.

조선노동공제회는 개인자격으로 노동자와 소작인들의 가입을 받았고, 노동자들을 하나로 묶는 활동에 진력했습니다. 그리고 전국 각지의 산업도시에 노동자를 중심으로 구성된 지부를 설치했고 인쇄공노동조합과 같은 직업별 노동조합을 많이 만들어냈습니다. 또 강연회, 야학, 회보 발간 등을 통해 노동자들의 의식을 계몽하고 노동문화를 보급하는 데 노력하는 한편, 소비조합을 운영하고 소작인들을 조직화하는 것에도 많은 노력을 기울였죠.

조선노동공제회의 활동은 전국적으로 큰 호응을 받았습니다. 결성대회 당시 678명이던 회원 수는 1년 후인 1921년 3월에는 1만 7,889명으로 급증했습니다. 조선공제회는 유아적인 형태를 띠었던 노동계급을 하나의 중요하고 거대한 사회세력으로 성장시키는 계기를 만들었죠. 그러나 조선노동공제회는 증가일로의 노동자 요구와 투쟁을 결국 담아내지 못했어요. 지식인 중심의 중앙 지도부 내부에서 사상대립과 분열이 일어나 오래 지속되지 못하고 해체된 것입니다. 1922년 10월 조선노동공제회 지도부의 한사람이었던 윤덕병(1884~?)은 조직의 해체를 결의하고 조선노동연맹회를 결성했습니다. 그리고 차금봉(1898~1929)은 조선노동공제회를 유지하기 위해 노력하다가, 1924년 4월 조선노동대회 측과 함께 조선노농총동맹 결성에 합류했습니다.

조선노동대회는 조선노동공제회와 거의 같은 시기에 만들어진 전국조직입니다. 이 조직은 김광제(1866~1920) 등의 주도하에 결성됐고, 노동자들의 상호부조와 인격의 향상, 그리고 의식의 발달을 목표로 삼았습니다. 노동대회는 조선노동공제회와 비슷하게 노동자와 소작인들을 회원으로 규합했죠. 그리고 개성, 평양, 광주, 신의주, 청주, 원산, 연백, 부여, 마산 등 전국 주요 도시에 지부를 두었습니다. 한창 때는 회원 수가 8천여 명에 달했어요. 그러나 조선노동대회 역시 지도부의 사상대립으로 오래 못 가 해체됐고, 후에 차금봉 등 조선노동공제회 잔류파와 함께 조선노농대회 준비를 추진하다가 1924년 4월 조선노농총동맹으로 합류했습니다.

조선노동공제회와 조선노동대회에 이어 등장한 전국조직은 1922년 10월 15일에 결성된 조선노동연맹회였어요. 이 조직은 조선노동공제회 간부였던 윤덕병 등이 사상이나 행동에서 사회주의 관점을 더욱 강화할 것을 목표로 조선노동공제회를 해체하고 만든 것이었죠. 조선노동연맹회는 신사회 건설 등을 강령으로 내걸고, 현대 자본주의의 불합리한 사회제도를 비판하고 식민지 조선에서 노동자의 비참한 생활 상태를 제시하면서 조선의 노동자들이 자유와 평등과 평화를 위하여 만국의 노동자와 단결하여 분투코자 한다고 선언했습니다. 이처럼 조선노동연맹회는 민족적 차별의 철폐를 내걸었던 조선노동공제회보다 계급적 관점에 한걸음 더 다가선 것이었죠.

조선노동연맹회는 조선노동공제회의 개인 회원제와는 달리 노동조합을 회원으로 받아 연맹체를 지향했습니다. 이 점에서 조선노동공제회보다는 상대적으로 노동단체로서의 면모를 갖추었다고 할 수 있죠. 조선노동연맹회는 경성 양화직공 파업(1922년 2월), 경성 고무여공 및 양말공 파업(1923년 6월), 평양 양말공 파업(1923년 8월), 인천 선미여공 파업(1924년 11월) 등 1920년대 전반기에 발생한 노동자들의 주요한 투쟁에 직간접의 지도와 지원을 행했고 조직도 여러 개 만들어냈습니다. 또한 조선노동연맹회는 3·1운동 이후 산발적으로 치러졌던 노동절 행사를 1923년에 처음으로 전국적인 차원의 운동으로 추진했습니다. 전국 각지에서 휴업을 하고 시위, 강연회, 간담회, 연설회, 전단 살포, 야유회, 산놀이, 운동 경기 등이 펼쳐졌죠. 이렇게 조선노동연맹회는 계급적 관점을 고수하는 전국조직으로서 노동운동의 주도권을 장악하고 활발히 활동했습니다. 그러나 조선노동연맹회 또한 당시 사회주의운동에 그림자처럼 따라다녔던 파벌주의와 분파투쟁에 휩쓸려, 결국 전국 연맹체로서의 위상과 역할을 확보하는 데 한계를 드러냈어요. 노동운동은 이러한 사회주의 세력 간 분파싸움으로 인해 많은 혼란을 겪었죠.

1920년대 중반 이후 노동조합이 직업별 형태로 많이 결성됐고 투쟁도 격화됐으며, 소작쟁의 역시 크게 증가했습니다. 그리고 전국적으로 사상단체와 노동청년단체들이 많이 등장하여 노동조합의 결성과 투쟁에 적극적으로 결합했습니다. 이러한 상황을 배경으로 분열의 극복이 노동운동의 지상과제로 제기됐죠. 사회운동의 단합과 노동자, 농민운동의 통일이 필요하다는 주장이 전국 각계각층에서 일어났고, 특히 사회주의 운동가들의 노력이 집중됐습니다. 그리고 이러한 요구와 노력의 결과로, 1924년 4월 18일 전국의 172개 노동운동 및 농민운동 단체들이 모여 조선노농총동맹을 결성하기에 이르렀습니다.

1924년 2월 전조선노농총동맹 창립식 기념사진

조선노농총동맹은 노동자와 농민계급의 해방과 신사회의 건설, 노동자계급의 해방을 위한 자본가계급과의 철저한 투쟁, 노동자들의 복리와 경제생활의 향상을 강령으로 내걸었죠. 이는 조선노동연맹회보다 계급적 투쟁 노선을 더 선명하게 제시한 것이었습니다. 일제는 조선노농총동맹의 창립대회 이틀 만에 해산명령을 내렸고, 이에 분노한 군중들이 혁명적 노동가勞動歌를 소리 높여 부르며 시위를 벌였죠. 이렇게 혼란스런 상황 속에서도 전국의 노농단체들은 속속 조선노농총동맹에 합류했습니다. 그리고 조선노농총동맹은 계급적 입장을 분명히 하고 투쟁의 선두에 나섬으로써 무산계급을 위한 명실상부한 전국 중앙조직으로서 역할을 자임했죠. 조선노농총동맹은 이후에도 조직을 지속적으로 확대했습니다. 1927년 9월 당시에는 소속단체로 234개(노동단체 102개, 농민단체 132개)를 아우르고 있었고, 그 해 50여 건의 노동쟁의와 소작쟁의를 지도했습니다(김경일, 2004: 150).

한편, 노동운동과 농민운동이 성격이 다르기 때문에 전국적 조직도 별개의 단일한 중앙기구로 만들어야 한다는 주장이 조선노농총동맹의 성장 과정에서 제기됐습니다. 치열한 토론 끝에 분리가 추진됐죠. 그리하여 1926년 4월 22일 분리대회를 열기로 했으나 경찰이 집회를 불허하여 실현되지 못하고, 1927년 9월 7일에서야 서면으로 대회를 열어 조선농민총동맹과 조선노동총동맹이 분리·독립됐습니다.

그 결과 형성된 조선노동총동맹은 직업별 조직 108개, 지역별 조직 40개, 직업별 지역별 혼합조직이 6개 단체로 구성되어 있었죠. 물론 조선노동총동맹은 출발부터 일제의 탄압정책 때문에 적극적이고 공개적인 활동을 할 수가 없었어요. 그렇지만 조선노동총동맹은 노동자들의 유일한 전국적인 조직으로서 투쟁을 지원 및 지도했고, 1920년대 후반에는 전국 곳곳에서 지역별노동조합연합회들과 산업별노동조합을 조직했습니다. 이 당시 결성된 지역별 노동조합연합회들은 원산노동연합회, 목포노동총동맹, 전남노동연맹, 전북

京鍾警高秘第二九四號
大正十五年三月二十二日
京城鍾路警察署長

京城地方法院檢事正殿

朝鮮印刷職工組合總聯盟創立總會ノ件

客年十一月府內堅志洞八〇番地所在京城印工同盟外六ヶ團體發起ニ依ル首題團體創立ノ總會ハ豫日午後一時ヨリ府內堅志洞侍天敎會堂ニ於テ七ヶ團體代表十三名集合シ友記ノ順序ニ依リ協議シ仝五時五十分開會シ引續キ中央委員會ヲ開催シ仝六時三十五分閉會セルカ同會ノ京城印刷職工組合ヨリ朴來源、閔昌植、崔泳德、三名ヲ外組合員約百名出席シ議事ヲ進行シ極力妨害ヲ為シ午後三時半議事自然中止ノ狀態ニ陷リ午後四時ヨリ漸ク妥協シ上最初ヨリ更ニ開會セシメ而シテ會議中其他ノ李項ニ入リ元山咸興及東京共同印刷所等ノ同盟罷工ニ對シ激勵、電報ヲ發送スベク決議セルモ奈決議ハ解結ニ近キ多議ヲ再ビ擴大セシムル虞レアルヲ以テ即時之ヲ決議ヲ取消サシメタル外特異ノ點ヲ認メズ

名賠聘執行部選擧、經過報告建議行シタル除

노동연맹 등 26개에 이릅니다. 그리고 지역의 직업별노조들이 전국적인 직업별연맹체로 발전하기도 했는데, 1926년 3월 11일 결성된 전조선신문배달조합총동맹, 1926년 3월 21일 결성된 전조선인쇄직공조합총연맹과 조선철공조합총동맹 등이 바로 그것입니다.

이처럼 1920년대 노동자들은 노동조합 조직을 크게 발전시켰습니다. 이것은 노동자 수가 늘어나고 노동자 의식이 높아진 데서 비롯된 것입니다만, 노동운동 지도자들과 특히 사회주의 지식인들의 적극적인 활동에 힘입은 바 또한 컸죠. 그러한 활동 중에서 중요한 것 하나가 바로 노동야학이었습니다.

그러나 이 시기 노동단체들은 일제의 혹독한 탄압과 간섭 때문에 노동자의 경제·정치적 이해를 철저히 대변하지 못하는 경우도 많았어요. 더욱이 조선노동총동맹 지도부에는 개량주의가 침투했습니다. 이들은 일제 탄압에 맞서 과감히 투쟁하기보다는 조정, 탄원, 중재 요청 등 타협적인 태도를 보였죠. 게다가 노동운동과 깊은 관련을 갖고 있는 사회주의 운동가들에 대한 엄혹한 탄압과 사회주의 그룹 간의 분열 대립 그리고 민족운동 진영의 일제에 대한 투항과 타협이 겹쳐, 노동운동은 새로운 방향을 모색해야 했습니다.

노동자투쟁의 격화와 사회주의운동과의 결합

1920년대에는 노동쟁의도 크게 늘어났어요. 인간으로서 견디기 어려운 장시간노동과 기아임금, 그리고 열악한 작업조건과 각종 민족차별이 갈수록 극심해졌기 때문입니다. 노동자들의 투쟁은 해를 거듭할수록 늘어났고, 점차 조직적이고 강인한 양상을 나타냈습니다. 이에 따라 일제는 1925년 치안유지법을 만들어 노동자조직의 확대와 투쟁 격화를 막으려 했지만, 노동자들의 저항은 오히려 더 완강해졌죠. 1920년대 말에 이르면 노동자들은 작업장의 울타리를 뛰어넘어 지역별 직종별로 동맹파업을 벌이는 통일된 모습을 보였습니다. 치안이 안정됐다는 것을 과시하기 위해 노동쟁의를 축소하여 집계했던 총독부의 자료를 통해 살펴봐도, 노동쟁의는 1921년 36건에서 매년 증가하여 1925년 55건, 1929년에 가면 102건에 이르렀습니다. 노동쟁의에 참가한 노동자도 1921년 3천4백여 명에서 1925년 5천7백여 명, 1929년 8천2백여 명으로 급증했습니다.

1920년대 노동자들의 큰 투쟁은 1921년 9월 부산부두에서 시작됐어요. 부두 노동자 5천여 명이 운송업자들이 임금회복 약속을 안 지킨 것에 항의하며 열흘 동안 동맹파업을 벌인 것입니다. 일제 경찰과 운송업자들이 협박과 폭력을 동원해 위협했지만, 노동자들은 동맹파업을 계속하여 경찰과 업주들을 굴복시켰죠. 이 투쟁은 이후 발생한 부산 절영도 일대 각 공장 노동자들의 투쟁에 큰 영향을 미쳤고, 전국 각지의 노동자들의 투쟁을 촉진시켰습니다. 그리고 1922년 말에는 경성의 양화직공 280여 명이 임금을 깎으려는 데 대항하여 동맹파업을 벌였습니다. 직공들은 조선노동연맹회 지도 아래 20여 일 동안 파업을 계속했고, 마침내 요구조건을 관철시키고 다시 취업을 인정하도록 하는 데 성공했습니다.

1923년 7월에는 경성 광희문 부근에 있는 4개 고무공장의 여직공 백 수십 명이 임금인하를 반대하고 여공에게 폭행을 한 감독의 파면을 요구하며 동맹파업에 돌입했습니다. 여직공들은 공장 측이 해고하려 하자 '아사동맹'을 조직하여 농성을 벌였어요. 그리고 새로 파업에 참가한 5개 공장 직공들과 경성고무여직공조합을 결성, 조선노동연맹회에 가입했습니다. 이들의 투쟁에 대해 경성을 비롯한 전국 각지의 노동, 사회단체들은 물론이고, 일본의 노동단체에서도 동정연설회를 열고 동정금을 보내 이들을 성원했죠. 그리고 경찰이 조선노동연맹회 간부를 검거하고 공장주들이 여러 방법으로 노동자들을 위협했지만, 노동자들은 10여 일간 파업을 계속하여 마침내 공장주들을 굴복시켰습니다.

경성 고무여공파업이 끝난 직후 평양 양말직공 1천여 명이 임금인하에 반대하며 동맹파업을 시작했습니다. 노동자들은 조선노동연맹회와 오월회 등 전국 각지 40여 개 노동단체의 후원을 얻어 대연설회를 열었고, 수백 명의 노동자들은 각 공장을 다니며 시위를 벌였죠. 일제 경찰은 노동자들을 공산주의자로 몰아 괴롭혔으나 노동자들은 일사불란한 모습으로 완강하게 버텼습니다. 결국 업주들 사이 분열이 일어나 마침내 요구조건을 수락했죠.

노동자들이 지역별로 동맹파업을 벌이는 일은 1920년대 중반 이후 정미소 직공과 인쇄공들 사이에서도 연이어 일어났습니다. 1923년 진남포와 인천에서 발생한 임금인하와 관리자 횡포에 반대한 정미공들의 동맹파업, 1924년 군산 정미공들의 파업과 정미소 습격, 1925년 평양, 경성, 부산 등지의 인쇄공파업 등이 그 사례들입니다. 이런 투쟁 과정에서 인쇄공들은 직업별노조를 넘어 전국적 연맹체인 전조선인쇄직공총연맹을 결성했습니다.

1926년 1월에는 목포의 제유공들이 노동시간 단축과 임금인상을 요구하며 동맹파업을 벌였습니다. 그 와중에 회사 측이 노동자들을 해고하여 분열시키고 외지에서 노동자를 데려오자, 이들은 결사대를 조직하여 공장을 습격하고 파괴했습니다. 그리고 파업이탈 노동자에게 폭행을 가하고 집에 불을 지르는 등의 격렬한 투쟁을 벌였죠. 이와 같이 1920년대 노동자들은 사업장의 범위를 넘어 지역 내 직종별 동맹파업을 벌였습니다. 그리고 점차 다른 직종 노동자들도 파업에 함께 참여하는 양상이 나타나기도 했죠. 1929년 영흥과 원산의 총파업이 그 대표적인 예입니다.

이와 같이 1920년대 초반 이래 조선의 노동자들은 근대적인 노동운동으로 큰 걸음을 내딛기 시작했어요. 여기에는 노동자계급의 성장과 한계 이하의 노동조건 및 극심한 민족차별에 대한 노동자들의 저항이 바탕을 이루고 있었습니다. 그리고 3·1 만세운동 이후 고조된 민족적 자각 및 러시아 사회주의 혁명의 영향으로 급속히 영향력을 확대한 사회주의 사상과 운동이 크게 작용했죠. 이 때문에 1920년대 초반의 노동운동은 민족주의와 사회주의는 서로 연결된 과제로 파악하고 출발합니다. 이는 우리나라 최초의 노동운동단체인 조선노동공제회가 민족주의자·사회주의자·노동자들이 협동하여 만들어지고 "민족적 계급적으로 이중의 압박과 착취"로부터 해방을 추구한 데서 잘 나타납니다(신용하, 1986: 87~91).

이후 노동자들의 투쟁이 격화하고 사회주의 세력의 영향력이 커지면서,[1] 1925년 4월 조선공산당, 고려공산청년회가 창건되자 일제는 한 달도 안 돼 치안유지법을 공포하고 곧바로 제1차 조선공산당 사건을 일으켜 대대적인 탄압을 가합니다. 이에 사회주의 운동가들은 통일 단결을 모색하고 1926년 11월 '정우회 선언'을 통해 분파투쟁의 청산과 사상단체의 통일, 대중의 무지와 자연생장성의 퇴치를 위한 조직 및 교육의 필요성, 경제투쟁에서 정치투쟁으로의 전환, 비타협적 민족주의 세력과의 제휴 등을 내세웁니다(김준, 1990: 20). 이른바 사회운동의 방향 전환이었죠. 노동운동에서도 이 방향전환론을 받아들여 사상운동적 성격에서 벗어나 현실적이고 구체적인 대중운동을 전개하는 한편, 정치운동을 강화하고 노동, 농민단체를 분리하기로 합니다. 이에 따라 혁명적 민족주의운동과 사회주의운동의 연합전선체로서 신간회新幹會가 1927년 2월 15일 결성되어 사회 각 부문의 운동을 지원 지도하게 됐고, 1927년 9월 조선노농총동맹이 노동총동맹과 농민총동맹으로 분리 독립하게 됩니다. 사회주의자들과 사회주의운동단체, 노동단체들은 노동자계급이 이 연합전선 안에서 정치적 독립성과 주도권을 확보해야 된다는 인식을 갖고 조직, 투쟁, 교육, 선전, 연대활동에 열심히 나섰죠.

그렇지만 민족문제와 계급문제의 해결을 위한 이들의 노력은 노동자계급

---

[1] 이 시기에 무정부주의 사상도 도입되어 노동운동과 결합하게 되는데, 가장 대중적 기반이 강한 곳은 평양이었고 대구나 진주에서도 일정한 기반을 갖고 있었습니다. 무정부주의자들은 1927년 12월 관서흑우회(관서동우회)를 결성하여 노동운동에 관한 이론이나 방침을 수립하는 한편, 노동자 의식의 고양과 교양의 증진에 중점을 두고 활동했습니다(김경일, 2004: 176~181).

의 대중투쟁 속에서 검증되거나 실현되지는 못했던 것으로 보입니다. 노동자들은 일제의 강점과 지배, 차별적 처우에 대한 거센 반감을 지니고 있으면서도 거의 대부분 생활상의 절박한 요구를 내세워 투쟁에 나섰습니다. 일제의 식민지 지배에 대한 격렬한 항쟁은 1920년대 말 영흥 흑연광산 파업과 원산 총파업 정도였죠. 여기에는 사회운동의 확산에 대한 일제의 잔혹한 탄압이 매우 강하게 작용했어요. 일제는 1925년 제1차 조선공산당 사건 이후에도 1926~1929년 사이 4차의 조선공산당 사건을 일으켜 사상운동가들을 대량 검거했습니다. 아울러 1920년대 중반부터 토착자본과 타협적인 민족주의 세력들이 일제와 밀착됐고, 사회주의 운동가들은 노동운동에 과학적 노선을 제공할 만큼 이론적으로나 실천적으로 성숙되지 못한 상태였죠.

이 시기 조선에 풍미한 사회주의 사상은 식민지 입장에서 재해석되기보다는 하나의 교시나 지침으로 인식됐고, 당은 노동자가 아닌 지식인과 소부르주아 등이 주류를 이루고 있었습니다. 무원칙한 경쟁과 대립으로 몇 갈래로 갈린 당은 대중조직에 영향을 미치고 있었기 때문에, 노조들은 사회운동의 헤게모니 장악이라는 정치적 목적에 동원됐습니다. 이처럼 극심한 분파들 사이의 싸움은 지사적이고 관념적인 지식인, 학생, 청년층이 주를 이루는 당시 사회주의자들의 성격에서 비롯되는 측면이 강했죠. 아울러 제국주의적 경찰 테러 속에서 반합법적으로 운동을 지속해야 했던 상황에서 운동의 방침과 원칙에 입각하기보다는 지연이나 인맥, 인간적 신뢰 등에 더 의존할 수밖에 없었어요. 이러한 점에서 노동운동에서의 파벌은 자파가 주도권을 장악하고 세력을 확대하려는 의도에서 무원칙적인 조직경쟁을 벌이거나 노동단체에 노동자들을 끌어들이는 데 급급했으며, 노동자들의 대중적 정서나 일상적 요구에는 결과적으로 무관심했던 것입니다(김경일, 1992: 516~517).

또한 1920년대 말에 이르러 일제의 엄혹해지는 탄압 속에서 노동·농민운동도 지도부의 개량주의 경향에 의해 크게 약화되어 갔습니다. 민족해방운동 연합체로서의 신간회 활동도 시간이 갈수록 위축됐죠. 이런 가운데 1928년 12월 코민테른[2]은 조선의 민족해방운동 노선의 대전환을 요구합니다. 이른바 '12월 테제'(조선의 농민 및 노동자의 임무에 관한 테제)라 불리는 이 지침은 반제 반봉건 부르주아 민주주의혁명을 당면과제로 보고, 토지 문제의 혁명적 해결과 노동자, 농민의 민주주의 독재권력의 확립을 강조했습니다. 분열과 대립을 일삼는 지식인 중심의 조선공산당은 노동자와 빈농을 중심으로 당을 아래로부터 재건해야 하며, 이들이 민족해방투쟁의 헤게모니를 장악하기 위해서는 부르주아 민족주의자와 적극 투쟁해야 한다고 주장했죠. 그리고 코민테른과 긴밀한 관계에 있는 프로핀테른[3]과 범태평양노동조합은 각기 '9월 테제'(1930년)와 '10월 서신'(1931년)을 발표하여 민족주의운동세력과의 결별에 대한 보다 구체적인 지침을 내렸어요. 이에 따라 신간회는 1931년 5월 해산됐고 노동운동, 농민운동, 사회주의 운동은 비타협적인 계급투쟁이라는 새로운 방향으로 나아가게 됩니다.

사상 최초의 지역총파업: 영흥 총파업과 원산 총파업

1927년의 영흥 총파업은 광산의 일본인 기사들이 조선인 우차부(牛車夫: 소달구지를 끄는 사람)를 구타해 중상을 입힌 데서 발단했습니다. 노동자들은 파업으로 이에 항의했고, 영흥청년동맹과 신간회가 이를 지지하고 나섬으로써

---

2   코민테른은 제3인터내셔널(The Third International)입니다. 인터내셔널이란 1864년 칼 마르크스와 엥겔스가 창설한 국제노동자협회가 효시이며, 제3인터내셔널은 레닌이 주도하여 결성됐고 1943년까지 활동했습니다. 코민테른은 '공산주의 인터내셔널'이라고도 하며 각국에 하나의 공산당만 두는 것을 원칙으로 하여 국제공산주의운동을 지도 지원했고 조선공산당도 1920년대에 가입했습니다. 코민테른의 뒤를 이어 1947년 코민포름이 결성됩니다.

3   프로핀테른(Profintern)은 1921년 코민테른이 제2차 인터내셔널의 변질(각국 사회주의 정당들이 제1차 대전에 찬성)에 대응하여 42개국의 혁명적 노동조합 대표로 구성한 국제노동조합연맹체입니다. 철저한 계급투쟁주의에 입각하여 프롤레타리아 혁명을 추구했고 1937년 해산했습니다. '범태평양노동조합'은 프로핀테른의 지도 아래 태평양 연안 국가들의 혁명적 노동조합들이 참가한 조직이며, 제1차 회의는 1927년 5월 중국 항구에서 열렸고, 상설기구로 범태평양노동조합 비서부를 중국 상해에 두고 있었습니다.

이목을 집중시켰죠. 이 와중에 10월 21일 영흥광업소의 흑연광산 광부 220명이 영흥노동연맹의 산하단체인 광부조합의 지도 아래 8시간 노동제 실시, 임금인상, 노동조건 개선 등을 요구하며 파업에 돌입했어요. 그리고 인근에 있는 광부들도 비슷한 요구를 내걸고 파업을 벌였습니다. 원산노동연합회에서는 파업동정금을 보내는 한편, 응모규찰대를 조직하여 새로운 노동자의 취업을 막았죠.

상황이 이렇게 진행되자 회사와 경찰은 노조 대표자들을 해고하고 구속했습니다. 그러나 노동자들의 기세를 막을 수는 없었죠. 영흥인쇄공조합, 운수노동조합, 전영흥우차부조합 노동자 5백여 명이 동정파업에 가세했습니다. 또 영흥읍에서 30리나 떨어진 광산의 노동자들은 질서정연하게 대오를 지어 영흥 시내로 행진해 들어와 가두시위를 벌였습니다. 파업은 점차 확산되어 12월 2일 전기공장 노동자, 유기직공, 양조공, 곡물무역상 노동자들까지 참가하여, 끝내는 영흥 전 지역의 산업을 마비시켜 버렸어요.

이러한 동맹파업에 회사가 굴복하여 노동자들은 파업 돌입 50여 일만에 마침내 승리를 거뒀습니다. 영흥 노동자총파업은 한 지역의 노동자들이 모두 하나의 목표를 중심으로 뭉쳐 투쟁했던 것으로 한국노동운동사상 최초의 지역총파업입니다. 영흥 노동자들의 투쟁은 이후 원산으로 이어져 더 큰 규모로 폭발하게 됩니다.

원산 총파업은 1928년 9월 함경남도 원산 교외에 있는 문평제유공장 노동자들의 파업에서 시작됐습니다. 이 파업은 영국인 소유의 문평제유공장이 저임금과 장시간노동으로 조선인들을 혹사시켰을 뿐만 아니라, 일본인 현장 감독들을 통해 민족적 멸시와 차별대우에 폭력까지 행하는 데 대항한 것이었습니다. 120명의 노동자가 5개 항의 조건을 내걸고 파업에 돌입했죠. 회사 측은 지역연맹단체인 원산노련의 조정마저 거부하고 강경한 태도를 보였습니다.

그러자 사무직원까지 분개하여 사표를 제출했고, 문평운송 조합원들도 제유공의 파업에 동조하여 동맹파업에 들어갔습니다. 이에 당황한 회사 측은 일제 경찰로 하여금 파업단의 주요 인물을 검거케 했어요. 그리고 새로 일본인 인부들을 고용했지만, 이들도 파업 중이라는 것을 알고는 모두 돌아가 버렸습니다. 결국 회사 측은 파업 20여 일만에 노동자의 요구를 받아들이고, 3개월 안에 해결하겠다고 약속했습니다.

그러나 약속은 지켜지지 않았어요. 뿐만 아니라 회사 측은 원산노련을 부정하고 취업규정을 개악하여 발표했습니다. 이에 원산노련은 긴급히 중앙위원회를 개최하여 8시간 노동제의 실시, 취업규칙의 개정 등 요구조건을 제시했고, 문평제유노동조합과 문평운송조합이 원산노련의 결정에 따라 동맹파업을 단행했죠. 그리고 1929년 1월 14일 원산 부두 노동자들도 파업을 벌여 이 회사의 물품을 일체 취급하지 않았습니다. 그러자 회사 측은 일본 자본가들의 집단인 원산상업회의소(원산상의)에 파업해결을 일임했죠.

원산상의는 이것을 빌미로 원산노련을 파괴해야 한다고 생각하고, 1월 18일 450명의 부두 노동자를 해고했습니다. 그리고 노동자 신규채용을 통한 내부분열의 획책, 선전 유인물을 통한 중상모략, 새로운 어용노조의 조직 등 온갖 적대적인 수단을 동원했죠. 1월 22일 원산노련은 이러한 원산상의의 횡포와 기업주의 강압적인 태도에 맞서 파업을 선언했고, 두량노조, 해륙노조, 결복노조, 운반노조, 원반중사조합, 원산제면노조 등 2천여 명의 노동자가 총파업에 돌입했습니다.

이제 파업은 문평제유회사의 차원을 뛰어 넘어 원산 지역 총자본과 총노동의 대결로 격화됐습니다. 원산노련은 원산상의의 노동자 모집을 저지하기 위해 노동규찰대를 전국 각지에 파견하고, 강연회 개최, 가두연설, 전단 살포 등의 대중선전사업을 진행했어요. 또한 파업자금 확보를 위한 금주금연동맹 등의 전술을 사용하는 등 총파업의 강도를 높여갔습니다. 이에 맞춰 1월

26일 이후에는 양복, 의복, 신문사, 양화 직공들에 일본인 목공 토공들도 파업에 합세했고, 자유노동자들도 노조를 만들어 파업에 동참하는 등 총파업은 더욱 확산되어 원산 전체를 마비시켜 버렸습니다.

이렇게 총파업의 기세가 등등해지자 일제 경찰과 군인이 동원됐죠. 함남 경찰부는 3백여 명의 경찰관을 급파하고 파업단 간부 7~8명을 검거했습니다. 또한 일본인 재향군인과 청년회, 소방대원을 동원하여 시가지를 엄중하게 경계했고, 함흥보병대에서 3백여 명의 군인을 원산으로 데려와 계엄령을 방불케 하는 공포분위기를 조성했습니다. 그러나 원산노련은 이에 굴치 않고 상의에 공동 대중토론회를 갖자고 제의하는 등 더욱 투쟁의 강도를 높여갔어요. 일제 경찰은 원산노련 간부들을 계속 검거, 구타, 납치, 투옥했고 1월 29일에는 원산노련 장부까지 압수했습니다. 뿐만 아니라 경찰은 모든 사회단체의 활동을 금지시키고 2월 7일에는 원산노련 위원장 김경식과 상무집행위원 4명을 협박폭력 혐의로 구속하기도 했습니다.

그러나 원산노련은 2월 9일 김태영을 비롯한 간부들을 보충하고 투쟁을 이어나갔습니다. 1만여 명의 노동자와 그 가족들은 "한 잔의 술, 한 개비의 담배, 한 푼의 공비公費도 반동이다"라는 구호 아래 하루 두 끼만 먹고 술 담배를 끊어, 그 돈을 투쟁기금으로 사용하는 등 실로 눈물겨운 투쟁을 계속했죠. 이와 같은 원산 노동자들의 피눈물 나는 투쟁에 전국 각지의 사회단체, 노동조합 등은 동정금, 동정편지, 동정연설 등의 열렬한 성원을 보냈고, 나아가 일본, 중국, 프랑스, 소련의 노동자들도 격려와 후원을 보내왔습니다.

이처럼 엄혹한 탄압에도 총파업 대열이 흩어지지 않자 일제는 분열책동을 벌이기 시작했어요. 원산상의는 2월 19일 함남노동회라는 어용노동단체를 설립하고 파업을 사회주의운동으로 몰아 치안유지법을 적용하겠다고 파업지도부와 노동자들에게 으름장을 놨습니다. 그러자 서울의 변호사 출신이면서 원산노련의 새 지도부를 맡은 김태영은 원산상의와 일제의 요구를 받아들여,

조선 사상 최초의 지역 파업인 원산 총파업 모습

노련의 강령과 간부들을 바꾸고 3월 말 무조건 자유취업을 지시했습니다. 상황이 이렇게 되자 파업대오가 동요하고 이탈자가 나타나기 시작했죠. 분노한 노동자들은 4월 초 함남노동회 사무실을 습격하고 어용간부의 집에 쳐들어가는 등 사태의 반전을 시도했지만, 이미 기울어진 상황을 돌이킬 수는 없었습니다.

마침내 원산노련은 4월 6일 직장 복귀를 결정했고, 총파업은 84일 만에 그 깃발을 내리게 됐어요. 그러나 이후에도 원산의 노동자들은 운동의 재건을 시도하여, 1929년 12월 원산노련 집행부를 꾸리고 1930년 1월에는 원산 대파업을 기념하는 대규모 집회를 여는 등 여러 가지 활동을 벌였습니다. 또 함남노동회의 민주화를 위해서도 많은 노력을 기울였죠. 그리고 1930년대 비합법적 노동운동 상황에서 노동해방과 민족해방을 위한 싸움을 지속적으로 전개해 나갔습니다.

원산 총파업은 문평제유라는 조그만 공장에서 시작됐던 파업이 일본의 자본가와 그 하수인집단, 일제의 식민지 권력기구와 관변단체 등의 연합전선에 대항하는 원산지역 노동자들의 총단결을 통한 과감한 결전으로 발전한 것이었습니다. 원산 노동자들은 일제의 포악한 무단통치를 폭로하고 민족해방운동의 단계를 한 차원 높이는 데 기여했죠. 이렇게 될 수 있었던 데는 여러 가지 이유와 배경이 있을 겁니다. 하지만 무엇보다 투쟁에 대비한 철저한 준비와 탁월한 지도부의 헌신적인 노력을 우선적으로 들 수 있습니다.

원산노련은 1925년 10월 결성된 이래 산하 조직의 쟁의를 적극적으로 조직 및 지도하여 노동자들의 두터운 신임을 받고 있었어요. 뿐만 아니라 평소에도 착실하게 기금을 모아 파업자금을 꾸준히 준비하는 한편, 노동자의 복지 향상을 위하여 노동병원, 노동자이발부까지 설치하여 노동자들에게 많은 도움을 주고 있었죠. 따라서 원산의 노동자들은 원산노련을 굳게 지지하고 있었습니다. 그리고 노동자가 단결하여 싸운다면 반드시 승리할 수 있으리라는 확신을 갖고 있었던 것입니다.

　원산 총파업은 그 지속성, 강인성, 격렬성, 조직성에 있어서 우리나라뿐만 아니라 세계노동운동사에서도 보기 드문 노동쟁의였고, 우리나라 노동자계급의 성장을 잘 나타낸 투쟁이었습니다. 그 원산 총파업을 마지막으로 1920년대 노동운동은 막을 내립니다만, 원산 총파업 이후의 노동운동은 그 이전과는 비교도 안될 만큼 비약적인 발전을 이룩하게 됩니다. 무엇보다 노동운동의 조직역량이 크게 늘어났습니다. 노동자들은 전국적인 조직체뿐만 아니라 산업별노동조합과 지역별노동조합의 연합체를 만들어냈습니다. 그럼으로써 자연발생적인 폭발에서 목적의식적인 조직운동으로 전환할 수 있게 됐죠. 노동쟁의도 훨씬 격렬하고 강인한 양상을 띠었으며, 쟁의 기간 또한 길어져 노동자계급의 투쟁 역량이 강화됐음을 보여줬습니다.

　또한 1920년대 노동자들은 초기에는 노조결성 과정에서, 그리고 노동야학을 통해 지식인의 도움을 받았으나, 오랜 투쟁경험을 쌓아 스스로의 힘으로 노동운동을 전개할 수 있을 정도로 성장했어요. 아울러 노동운동은 농민운동과 분리되면서 경제적인 투쟁뿐만 아니라 정치적인 투쟁 또한 발전시켜 점차 계급투쟁과 민족해방투쟁의 성격을 갖춰 갔습니다. 원산 총파업은 노동자들에게 식민지 노동운동에 있어서 계급투쟁의 중심성을 크게 인식시키는 한편, 민족의 해방 없이는 결코 노동자들의 생존권과 생활권을 근본적으로 보장할 수 없다는 것을 명확하고 광범위하게 각인시켰습니다. 이것은 노동운동이 조만간 일제와 일본 자본가와 충돌하면서 혁명적 노동운동으로 나아가게 될 것임을 예시해주는 것이었죠.

3. 일제의 군국주의화와 노동운동(1930년대 이후)

세계대공황과 침략전쟁을 위한 식민지 수탈 강화

　1929년 10월 24일 미국 뉴욕 주식시장 붕괴에서 발원한 세계대공황은 일본 제국주의에게도 여지없이 엄습해왔습니다. 위기에 몰린 일제는 군국주의의 길로 치닫기 시작했어요. 그 길은 나라 안에서는 천황제 군부독재체제를 확립하여 민중저항을 짓누르고, 밖으로는 본격적인 침략전쟁에 나서는 것이었죠. 그에 따라 일제는 1931년 9월 만주사변, 1932년 1월 상해사변을 일으켰고 그 두 달 후에는 만주에 괴뢰정권을 세웠습니다. 또한 1937년 7월 중일전쟁을 도발하고, 1941년 12월에는 마침내 미국 하와이 진주만을 공격하여 태평양전쟁을 일으켰습니다.

　일본 제국주의는 만주 침략을 시작하면서 1920년대 펼쳤던 문화정치의 허울을 벗어던지고, 이른바 '준전시체제'를 내세우며 엄혹한 탄압을 가하기 시작했습니다. 일제는 경찰과 군대를 매년 크게 늘리고 언론·출판·결사·집회의 자유를 전면 제한했죠. 그리고 수많은 조선 민중들을 사상범이라 하여 혹독한 고문을 가하고 감옥에 가두거나 죽였습니다. 당시 일제가 사상범이라고 발표한 사람들의 숫자는 1930년에 3만 8,779명, 1934년에는 6만 6,055명이나 됩니다. 더욱이 일제는 "일본과 조선은 한 핏줄"이라는 슬로건을 내세우며 소위 국민정신총동원운동을 전개했고, 조선 민중에게 "천황의 충성스러운 신하皇國臣民"가 되라고 강요했습니다.

　일제의 파쇼적 탄압은 1937년 중일전쟁 도발 이후 '전시체제'라는 이름으로 더욱 가속화됐습니다. 특히 독립운동에 대한 탄압은 극에 달했죠. 일제는 사상범보호관찰령에 이어 사상범예방구금령을 만들고 치안유지법을 강화했

일제가 무기제작을 위해 쇠붙이를 공출해가는 모습

습니다. 그리하여 해방운동에 대해 탄압의 범위를 대폭 늘리고, 동시에 쉽사리 사형을 언도할 수 있도록 법령을 개정했어요. 나아가 일제는 침략전쟁에 조선의 모든 자원을 동원할 수 있도록, 1938년부터 국가총동원법을 실시했죠. 이에 근거하여 340만여 명이 강제징용 당하거나 보국대에 끌려갔습니다.

일제는 태평양전쟁 도발 후에는 한술 더 떠서 '비상전시체제'라는 미명하에 지원병제도와 국민의용군제도를 실시하여 조선의 청소년들을 모조리 침략전쟁의 총알받이로 만들려 했습니다. 또한 1944년에는 여자정신대근무령을 만들어 12살에서 40살까지의 조선 여자 수십만 명을 강제 징집했습니다. 일제는 이들을 군수공장에 보내는가 하면 중국과 남양군도의 전쟁터에서 끌고 가 강제로 일본군의 성노리개 노릇을 시키기도 했죠. 또한 일제는 황국신민화정책을 일층 강화하여 신사참배 등을 강요했고, 1940년대에는 모든 조선어신문과 잡지를 폐간시켰습니다. 그리고 창씨개명創氏改名이라 하여 조선 이름까지도 일본식으로 바꾸는 패륜적인 일을 벌였죠.

당시 조선의 역할은 중국 침략전쟁을 위한 병참기지兵站基地였습니다. 이를 위해 일제는 농공병진정책農工竝進政策을 구사했어요. 이것이 의미하는 바는 군사적 수요를 위한 농업을 계속 발전시키면서 공업 및 광업을 발전시킨다는 것이었죠. 1930년대에 들어서 일제는 농업부문에 있어서 농촌진흥운동과 남면북양南綿北羊을 내세웠습니다. 그럴싸한 명분을 내세웠지만, 실제는 전쟁 수행에 필요한 식량 증산과 시장 확대 그리고 면화와 양모, 기타 원료 생산을 늘리기 위한 것이었죠. 이것도 모자라 일제는 전쟁을 확대하면서 공출이라는 이름으로 농산물을 약탈했습니다. 그리고 숟가락, 젓가락, 비녀에서 요강에 이르기까지, 쇠붙이라는 쇠붙이는 모조리 거두어갔습니다. 이 때문에 조선 농민들은 배고픔과 생활용품의 부족으로 비참한 삶을 이어가야만 했죠.

이처럼 1930년대 이후 식민지 조선은 그야말로 참혹한 암흑천지였고 조선 민중은 거의 짐승이거나 죽은 목숨과 진배없었습니다. 그런데도 지주들과 자본가, 그리고 상당수의 지식인들은 조선인의 '무지'와 '게으름'을 탓하면서 일제에 빌붙는 작태를 보였어요. 일본 군대에 자원하여 독립 운동가들을 학살하는 데 앞장서는 자들도 있었습니다. 이른바 친일파라는 이름의 군상들이었죠. 1961년 군사쿠데타를 일으켜 30년 가까운 군사독재를 통해 민중 위에 군림했던 박정희(그의 일본 이름은 다카키 마사오高木正雄입니다)는 일본군 장교였죠. 또한 해방 후 정치·경제·학문·문화계에서 활약하던 유명인사 가운데는 일제 앞잡이를 했던 사람들이 부지기수였습니다.

일제는 침략전쟁을 위해 군수공업화를 강력히 추진했습니다. 이에 따라 미쓰비시, 미쓰이, 닛산, 스미토모와 같이 지금도 일본 경제를 쥐락펴락하는 거대 독점자본들이 속속 조선으로 들어와 공장을 세웠고, 이미 있던 공장들도 규모를 확장했죠. 1930년 현재 4,261개였던 공장은 1943년에는 1만 4,856개로 늘었고 같은 기간 생산액도 2억 6천만 원에서 20억 5천만 원으로 급증했습니다. 1937년 이후에는 공업생산액이 농업생산액을 넘어섰고, 공업구조도 경공업 중심에서 중화학공업 중심으로 바뀌어 갔습니다. 특히 중국대륙 침공을 위해 북한 지역에 군수품 생산을 위한 중화학공업이 대거 들어서게 됐죠. 그것도 조선인 자본은 전체의 6%에 불과했고, 94%는 일제 독점자본이 지배하고 있었습니다. 일제 말기로 가면 조선 자본은 거의 소멸해 버렸어요. 일제 군국주의정권은 조선 약탈을 기반으로 침략전쟁을 중국에서 동남아로, 그리고 미국으로까지 확대해 나갔습니다. 그러나 일제의 침략 야욕은 반파쇼 민주주의 옹호세력의 엄중한 응징으로 1945년 8월 15일 궤멸됐고, 조선은 드디어 그 악독한 제국주의의 발톱에서 벗어나게 됩니다.

목숨을 건 혁명적 노동조합운동의 전개

1930년대 이후 대륙 침공을 위한 수탈과 착취가 이루어지는 과정에서 조선인 노동자들의 숫자도 크게 늘어났습니다. 공장 노동자는 1930년 10만 1천여 명에서 1936년 18만 8천여 명, 1940년 29만 5천여 명, 1942년 52만여 명으로 5배 정도 늘었고, 광산 노동자는 1930년 3만 1천여 명에서 1936년 13만 9천여 명, 1942년 22만 3천여 명으로 7배 증가했습니다(한국노총, 1979: 170, 224). 일제 말기에 이르면 공장 노동자는 59만 1천여 명, 광산 27만 3천여 명, 토목건축 43만 7천여 명, 육상운수 17만 9천여 명, 농업 13만여 명 등 전체 노동자는 212만 2천여 명에 이르렀습니다. 특히 북한지역 중화학공업에서 노동자의 증가가 크게 두드러졌습니다(한국노총, 1979가: 224).

이렇게 노동자들의 비중이 늘어났음에도 노동자의 처지는 개선된 것이 아니라 오히려 악화됐어요. 노동시간은 12시간 내지 14시간이 보통이었고, 임금은 극도로 낮았으며 그나마도 해마다 내려갔죠. 1929년도 조선인 남자성인의 하루 최고임금은 1원, 남자소년공은 44전이었는데, 1937년의 그것은 각각 95전, 42전에 불과했습니다. 민족차별도 여전해서 조선인 성인 남자의 임금은 일본인 성인 남자 임금의 2분의 1, 조선인 성인 여자는 4분의 1이었습니다. 특히 유년 여자는 6분의 1도 못되는 아주 낮은 수준이었어요. 노동재해도 크게 늘어나 1938년에만도 광산재해는 9,571건에 366명이 죽었고 9,200여 명이 중경상을 입었습니다(김윤환, 1982: 247).

게다가 1930년대 중반 무렵 조선에는 100만 명이 넘는 엄청난 일용노동자들이 일자리를 찾아 헤매고 있었고, 반농 반노의 상태로 계절적인 일에 실업과 취업을 반복하면서 상용노동자의 지위를 위협하거나 중국 노동자와 경쟁을 벌이지 않을 수가 없었습니다. 노동법도 노동보호 관행도 없이 반봉건적인 상황에 방치되면서, 노동자들은 이중 삼중의 수탈과 착취를 당했고, 엄혹하기 그지없는 노동통제정책으로 노동운동은 원천적으로 압살당했습니다.

농민의 생활도 비참하기 그지없었어요. 1930년대 초 농업공황으로 쌀값이 폭락하고 파산농가가 줄을 이었습니다. 지주의 착취로 땅을 잃는 농민도 속출했죠. 그리고 일제가 강요한 농촌진흥정책 때문에 농가의 부채가 늘어났고, 그에 따라 고리채가 농민들의 어깨를 짓눌렀습니다. 또한 침략전쟁이 확대되면서 일제의 농산물 약탈은 더욱 심해졌고, 젊은이들을 전쟁터로 끌어가는 바람에 농촌의 노동력 부족은 극에 달하게 됐습니다. 생산량은 격감하고 배고픔은 일상사가 됐죠. 해마다 소작과 화전민은 늘어만 갔고 보릿고개에 허덕이는 농가가 전체의 70~80%나 됐습니다. 농촌에서 살 수 없게 된 농민들은 도시로 혹은 해외로 떠나갔어요. 일본으로 건너간 조선인은 1936년 70만 명으로 급증했고, 중국 동북 지방으로 이주한 조선인들도 1930~40년 사이 60만 명에서 154만 명으로 격증했습니다. 이와 같이 1930년대 이후 조선의 민중들은 한시도 생존의 위협에서 벗어날 수가 없었고, 극심한 민족차별의 서러움에 시달려야 했습니다. 그러나 일제는 침략전쟁을 위해 더욱 억압과 착취의 고삐를 당겼죠.

이처럼 1930년대에 들어선 조선인의 삶은 절벽으로 몰리고 있음에도 일제는 조선인의 저항을 차단하기 위해 모든 집회, 결사의 자유를 철저히 봉쇄하고, 공개적이고 합법적인 노동조합활동도 전면 금지시켰습니다. 조선노동총동맹, 조선농민총동맹 등도 모두 해산시켜버렸고, 노동쟁의를 제기하면 주동자를 무조건 검거 투옥했죠. 사회주의운동과 농민운동, 학생운동을 비롯한 모든 사회운동도 마찬가지였습니다. 또한 세계대공황 후에 파업투쟁이 늘어나고 노동자 의식이 높아진 데 비해, 노동조합 지도부는 기회주의와 개량주의에 빠져 있었습니다. 더군다나 파벌 간의 대립 갈등상태에서 벗어나지 못한 사회주의운동은 일제의 연이은 탄압으로 괴멸 상태에 몰려 있었죠.

조선의 노동운동은 과거와 같은 방식으로는 노동자의 경제적 요구마저도 합법적으로 제기할 수 없는 상황으로 내몰리게 됐고, 새로운 운동방식을 마련하지 않으면 안 됐습니다. 그것이 바로 '혁명적 노동조합운동'이었습니다. 혁명적 노동조합운동은 1920년대 말 이후 세계적으로 변화한 세계적인 사회주의운동과 국제노동운동의 방식이었고, 조선에서는 1928년 코민테른의 12

월 테제, 1930년 프로핀테른의 '조선의 혁명적 노동조합운동의 임무에 관한 테제'(9월 테제), 1931년 범태평양노동조합 비서부의 '조선의 범태평양노동조합비서부 지지자에 대한 동 비서부의 회신'(10월 서신) 이 그 직접적인 계기가 됐습니다. 이 지침들은 1920년대 노동운동의 개량주의적 경향과 지식인 소부르주아 중심의 분열된 사회주의운동에 대한 비판을 기반으로, 철저한 '계급 대 계급'의 비합법 조직과 투쟁을 표방했어요. 일체의 개량주의나 중간파들을 '일제 앞잡이'라 하여 배격할 뿐만 아니라 끝내는 타도해야 할 적으로 규정했고, 민족해방투쟁과의 결합은 거의 무시되거나 전술적 의미 정도에 그쳤죠. 아울러 노동운동은 과거 사회주의 지식인들의 분열과 대립을 지양하고 현장노동자 중심의 조직과 투쟁을 지향하게 됩니다. 이들은 조선노동총동맹과 같은 기존의 노동조합 조직이 개량주의에 빠져있다고 비판하고, 비록 소수일지라도 노조 내에 혁명적 반대파를 모아 노동자들을 혁명적 투쟁으로 끌어갈 수 있는 조직을 만들어야 한다고 보았습니다. 그리고 노동자의 일상적인 이익을 옹호하는 적극적인 경제투쟁을 통해 대중적 토대를 확대하고 정치투쟁, 반제국주의투쟁으로 끌어올려야 한다고 생각했고, 이 혁명적 노동조합운동을 통해 분열된 사회주의 운동가들을 단합시키고 조선공산당을 재건할 수 있다고 주장했습니다.

혁명적 노동조합 활동가들은 "공장으로 광산으로 농촌으로!"라는 슬로건을 내걸고 기존 노조 안에 있는 좌익활동가들을 모아 주도권을 거머쥐고 노동조합을 산업별로 개편하거나 새로운 조직을 건설하고자 했습니다. 현장의 조직 방식은 공장, 작업장에 3~5명의 공장반이나 직장그룹(세포)을 조직하고, 이를 기초로 공장분회를 설치하여 산별에 따라 통제하는 한편, 각 산별노조의 지부는 지역지부(지방)-도-중앙(전국)의 협의회를 아래로부터 위로 조직한 다음, 이를 통일하여 전국적 조직을 결성한다는 것이었습니다. 이와 아울리 혁명직 노동소합의 주위에 노동자대중을 결집시키기 위한 방침의 하나로, 공장대표자회의, 공장위원회, 투쟁위원회, 파업위원회 등의 다양한 하부 조직을 만들려고 했습니다.

혁명적 노동조합운동은 대도시 공장지대와 일제의 병참기지화정책에 따라 새로 발달한 공업도시를 중심으로 추진됐어요. 이 시기의 대표적인 혁명적 노동조합운동으로는 함경남도 흥남 일대를 중심을 전개된 태평양노동조합운동(1930~35), 서울을 중심으로 한 이재유그룹의 운동(1933~36)[4], 원산 지방 중심의 혁명적 노동조합운동(1936~38)을 들 수 있고, 평양, 인천, 청진, 흥남, 신의주, 여수, 목포, 마산, 부산 등 주요 산업도시와 겸이포제철소, 광산, 항만 등지에서도 조직적 활동이 전개됐습니다.

이와 같이 노동운동의 전환과 조선공산당 재건을 목적으로 추진된 혁명적 노동조합운동은 1930년대 노동운동을 주도했음에도 많은 장애에 부딪혔고 한계를 나타냈습니다. 우선 일제는 혁명적 노동조합운동을 '적색노조운동' 이라 하여 체포와 구금, 고문과 학살 등 극심한 탄압을 자행했습니다. 일제의 자료에 의하면 중일전쟁 이전까지 구속된 사상범은 1,913건에 2만 2,205명에 이르렀고(김윤환, 1982: 300), 1931~35년에만 적색노동조합 관계로 70여건에 1,759명이 투옥됐습니다(윤여덕, 1991: 201). 이러한 일제의 잔혹한 탄압과 감시로 운동이 목표로 했던 노동조합 조직화는 준비단계에서 대부분 좌절됐고, 일제의 간악한 탄압 아래 생명을 걸어야 하는 비합법투쟁 과정에서 수많은 운동가들이 탈락했죠. 또한 노동현장의 다양한 대중적 조류를 통합시키

---

4   이재유(李載裕)는 1903년 함경남도 삼수군 빈농에서 태어나 학교를 제대로 다니지 못한 채 독학으로 학습을 하고 평생을 사회주의운동에 헌신했습니다. "당대 최고의 혁명가", "1930년대 좌익운동의 신화"로 불리는 그는 '트로이카'라는 방식으로 많은 활동가를 양성하고, 경성트로이카(1933. 8), 경성재건그룹(1935. 9), 조공재건경성준비그룹(1935. 9) 등의 조직을 만들어 여러 그룹들과 교류하며 조선공산당 재건에 총력을 기울였습니다. 그는 수차례 일제에 검거돼 옥고를 치른 끝에 1944년 10월 일제 고문과 영양 결핍으로 인한 폐결핵, 각기병으로 41세의 나이로 옥사했습니다. 그의 동지들은 1940년대 들어 일제 시기 최후의 대규모 사회주의그룹인 '경성콩그룹'을 결성했고 해방 후 정국을 주도했던 조선공산당의 중심세력으로 등장합니다.

지 못함으로써 운동은 고립 분산적이고 수공업적인 양상을 띠었어요. 전국적 차원의 일관된 방침을 갖지 못한 채 서로 다른 공산주의자그룹들이 협의도 없이 한 공장 안에서 노조를 결성하려 했거나, 식민지 조선에 맞지 않은 방침을 적용하여 현장 조직화에 실패한 것입니다.

그렇다고 혁명적 노동조합운동이 아무런 성과도 거두지 못한 것은 아니었어요. 먼저 혁명적 노동조합운동은 그 조직적 기반을 노동대중에 뿌리내리기 위한 목적의식적 노력을 지속적으로 경주했습니다. 곧 아래로부터의 통일전선에 입각하여 혁명적 노동조합을 건설함과 아울러, 생산현장이 지식인층에서 벗어나 노동대중에 의해 조직적 기반을 구축하고자 했으며, 합법·비합법 운동을 결합시키고 좌경적 방침을 교조적으로 고수하려는 경향과도 결별하고자 했다는 것입니다(김경일, 2004: 269).

결국 혁명적 노동조합운동은 코민테른 제6차 대회 이후 세계적인 혁명운동의 일환으로 조선에 제시됐으나 소기의 성과를 거두지 못했고, 세계의 정세는 파시즘 반동 공세에 직면하게 됐습니다. 이에 1935년 7월 제7차 코민테른대회는 계급투쟁주의를 수정하여 반파시즘 노동자통일전선과 이를 기초로 각계각층의 진보세력을 망라하는 인민전선전술 및 인민정부 수립 방침을 채택했습니다. 이에 따라 서로 분산되어 갈등을 겪던 사회주의 세력들 사이에서는 통합과 조선공산당 재건이 추진되는 한편, 광범한 합법 비합법활동이 확대됐고, 무장봉기론이 항일무장투쟁의 중심으로 자리 잡으면서 대중투쟁은 점차 폭력화하게 됐죠.

전시 노동자투쟁의 격화와 변화

1930년대 객관적 조건의 변화 속에서 노동자들은 전쟁광戰爭狂이 돼버린 일제의 광폭한 탄압을 뚫고 줄기차게 투쟁을 전개했습니다. 그리고 노동자들의 투쟁은 1920년대에 비해 훨씬 조직적이며 치열한 모습을 보여주었습니다.

1929년에 102건이었던 파업은 1930년에는 160건으로 급격히 증가했고 1931년에는 식민지 시기를 통틀어서 가장 많은 205건을 기록했습니다. 1932년 152건, 1933년 176건, 1934년 199건, 1935년 170건, 1936년 126건으로 1930년대 후반까지 이러한 추세가 계속됐죠. 파업에 참가한 노동자 수도 1930년에 1만 8천여 명, 1931년에는 1만 7천여 명이었으며, 1935년까지 매년 1만 2천 명을 크게 웃돌았고, 1936년 이후에야 8천 명 수준으로 낮아졌습니다. 이것은 문화통치 시기였던 1920년대에 비해서도 크게 증가한 것이었죠. 예컨대 1930~34년 5년간 투쟁 건수와 참가인원 수인 897건에 7만 7천여 명은 1920년대 10년간의 투쟁 규모 전체와 맞먹는 것이었습니다.

이 시기 주요 투쟁으로는 부산 조선방직공장 파업(1930년 1월, 1933년 5월), 신흥탄광 파업(1930년 5월), 평양 고무공장 연대파업(1930년 8월), 평양면옥 노동자 연대파업(1931년 2월), 서울 경성방직공장 파업(1931년 5월), 김제노동자 6백여 명의 경찰서 습격(1931년 6월), 함북 웅기 하천공사장 2백여 노동자들의 폭동과 식량 창고 습격 및 진남포 삼상정미소 130여 명 여공들의 파업과 공장점거(1932년 1월), 평양 양말공장 파업(1932년 3월), 전남 광양금광 파업(1932년 1월) 청진부두 노동자파업(1932년 3월), 인천 조선성냥공장 400여 명 노동자들의 파업과 공장점거(1932년 5월), 제사 노동자들의 전국적인 일련의 파업투쟁(1932년 7월~8월), 동양제사 여공들의 파업 농성시위(1933년 1월), 부산 고무공장 연대파업(1933년 7월), 평북 정주유기 직공들의 파업과 폭행(1933년 9월), 1934~35년에 걸친 광산 노동자들의 연쇄파업, 흥남(1934년 10월과 1935년 7월)과 진남포제련소(1935년 7월) 노동자의 투쟁 등이 있었습니다.

이들 투쟁(1930~33)에서 노동자들이 내세운 요구조건은 임금인상이 27.8%인 데 비해 임금인하 반대도 25.4%를 차지할 정도로 많이 나타났고, 그 밖에 조직결성의 자유나 일제 경찰의 간섭에 대한 반대, 민족차별 거부 등 정치적 성격의 것들이 많았습니다. 노동자들은 대공황의 여파로 인한 일제

사본의 착취에 대항하여 파업과 태업을 벌이는 한편, 점차 시위, 공장 점거, 공장 습격 등 새로운 방법으로 투쟁을 확대 발전시켰습니다. 이렇게 쟁의 방식이 보다 과격해진 것은 일제가 노동운동가들을 검속하여 고문을 가하거나 감옥에 넣고, 경찰, 군대를 동원하여 노동쟁의를 무차별 탄압하는 일이 많아졌기 때문이었죠. 즉, 일제가 폭력으로 탄압하는 한 조선 노동자의 투쟁 또한 폭력적으로 나아갈 수밖에 없었던 것입니다. 이렇듯 혁명적 노동운동가들의 지도를 매개로 하여 투쟁은 갈수록 격렬해졌고, 연대투쟁이 광범하게 전개됐습니다. 또한 북한의 국경지대에서는 활발한 노농투쟁과 혁명적 노동조합운동을 배경으로 항일무장투쟁이 크게 증가했습니다.

농민들도 치열하게 투쟁했어요. 농민들은 지하농민조합을 만들어 소작권 문제, 소작료인하 문제, 기타 공과금 및 부대비용의 부담 문제 등으로 투쟁을 벌였고, 나아가 일제의 식민통치와 지주의 봉건적 수탈에 반대하여 격렬한 투쟁을 벌였습니다. 1930년대에 지하농민조직은 전국 220개 군과 섬 가운데 80여 곳에 분포했습니다. 가장 대표적인 곳이 함경남도 정평과 함경북도 명천이었죠.

그러나 노동자 농민들의 투쟁은 1937년 중일전쟁이 일어난 후에는 크게 줄어들었어요. 일제는 1937년부터 1940년의 4년 동안 노동쟁의가 430건이었고 2만 4,967명이 참가했다고 발표했습니다. 연 평균 107건에 6,276명이 파업에 참가한 것으로, 전쟁 중 엄혹한 감시와 탄압을 무릅쓰고 과감한 투쟁을 전개했던 것이죠(김윤환, 1982: 326). 이 시기 중요한 파업으로는 1937년 2월에 있었던 부산진 매립공사장 1천3백여 명 노동자들의 파업, 1938년 3월의 해주의 시내 여성노동자 투쟁과 조선시멘트공장 6백여 노동자들의 파업 및 청진부두 노동자의 파업, 5월 평북 후창광산 노동자의 노동절 파업시위와 부산 동래 스미토모광산 노동자들의 파업, 6월 인천 부두 노동자 1천2백여 명의 임금인상 요구 동맹파업과 12월의 대구 직조공장 290여 명 노동자들의 파

1931년 일제의 조선 노동자 착취를 고발하며 시위 중인 평양 평원고무공장 노동자 강주룡

업, 7월 평양 제사공장 여공들의 장시간노동과 성희롱에 반대하는 동맹태업, 1939년 1월 평양 군화제조공장의 임금인상 동맹파업, 3월 신의주자동차 운전수 1백여 명의 파업, 8월 평양 동우고무공장 150여 명의 파업, 10월 경성고무 여공 2백여 명의 파업 등이 있었습니다.

1940년대 태평양전쟁이 진행되던 시기, 전시동원 체제라는 극악한 탄압 아래에서도 조선의 노동자들은 끈질긴 투쟁을 전개했어요. 1940년에는 경남 마산조면 노동자들의 임금인상 파업(1월)과 충남 청양 미량광업소 청부제 반대파업(2월), 전북 장수 광산과 목포 제유공장의 임금인상 파업(4월), 평북 벽동의 광산 파업과 목포 면화회사 파업(5월), 경남 부산 건구제조공장과 전남 해남광산 파업(6월), 충남 청양 구봉광업소 파업과 충북영동의 광부 파업(7월), 부산 피복공장 파업(8월), 인천부두 노동자들의 파업(10월) 등이 일어났고, 1941년에는 문평제련소 노동자들의 지난해에 이은 조직적인 태업과 신의주 방직공장 직포공들의 대대적인 태업투쟁이 이어졌죠. 1942년에는 동방광산 노동자들의 파업과 시설파괴가 있었고, 1943년에는 회령광산의 탄광폭파 사건과 남포제련소 노동자들의 기계 파괴투쟁, 이원광산 노동자들의 기계설비 파괴투쟁, 부산의 조선중공업에서의 공장 및 주택 소각사건, 조선항공회사에서의 화재 발생, 평남 선천 아마공장 소각사건, 강원도 삼척 군수용 석탄광산 화재, 일진 청주군수공장 소각사건들이 연이어 벌어졌습니다. 그리고 1942~44년 본궁화학공장에서 수차의 가스탱크 폭발사건이 발생했고, 1944년 온성탄광의 저탄장 방화사건, 1943~44년 청진지구에서 전개된 혁명적 노동자들의 기계파괴 방화와 대규모 폭발사건, 무장폭동계획 추진투쟁 등이 전개됐습니다.

이처럼 노동자들은 생존을 위한 투쟁만이 아니라 일제의 전시정책을 파탄내기 위한 다양한 형태의 반일 반전운동을 적극 전개했죠. 공사 방해나 방화, 폭빌, 시설과 기계의 파괴 등을 광범하게 전개했고, 광산이나 토목건설 공사장 같은 곳에서는 폭발을 방해하거나 기계에 모래를 넣고 원료의 배합을 제대로 하지 않는 등 기술적으로 방해하는 일이 빈번했죠. 또한 노동자들은 공개적인 파업을 할 수 없는 상태였기 때문에 주동자가 누구인지 알 수 없게 태업을 전개했습니다. 그리고 집단으로 공장을 이탈하거나 탈주함으로써 일제에 항거했죠. 일제 말기에 노동생산성이 감퇴하고 생산력이 크게 감소했다는 사실은 이러한 투쟁을 간접적으로 증명하는 표시입니다.

일제의 탄압이 극심해짐에 따라 노동운동은 더욱 더 지하로 잠복했어요.[5] 일제의 대량검거가 있고 나면, 그 공백을 다시 메울 노동운동가가 갈수록 적어지고 있다는 사실이 영향을 줬죠. 이와 아울러 노동자들 사이에는 일제 말기에 무장봉기를 계획하고 투쟁하는 움직임도 늘었습니다. 특히 국경지대의 무장독립운동에 참가하는 노동자들이 증가하고 있었습니다. 노동자들은 무기를 만들기 위해 비밀 철공소를 설치하기도 했죠. 그리고 무장투쟁계획을 수립하거나 만주독립군에 참가하려는 움직임이 나타나기도 했습니다.

북쪽의 중요한 거대 공업단지의 노동자들은 전쟁 수행에 반대하기 위한 파업과 파괴활동을 조직적으로 전개함으로써 일제를 궁지로 몰아넣었습니다. 노동자들과 공산주의 운동가들은 수없이 많은 정사복 경찰과 헌병, 밀정들의 거미줄 같은 감시망과 생명을 앗아가는 엄혹한 탄압 속에서도, 이처럼 생존문제의 해결과 민족해방을 위해 치열한 투쟁을 지속했습니다. 이는 민족주의자들이나 일부 사회주의자들이 일제의 탄압에 못 이겨 변절 혹은 침묵으로 일관했던 모습과 극명하게 대조를 이루었죠. 그리고 당시 노동자들의 이러한 투쟁과 저항이 얼마나 끈질기고 철저했던 것인가는 해방 이후 다시 터져 나온 노동운동의 엄청난 조직력과 투쟁력이 입증해줍니다.

---

5   일제는 1937~1944년 조선에서의 사상범으로 1,346건에 8,558명을 검거했다고 집계했습니다(김윤환, 1982: 325).

식민지 노동운동이 남긴 과제

노동자들은 18세기 말 처음으로 민족의 역사에 그 이름을 올렸지만 이내 곧 일본 제국주의, 군국주의라는 혹독한 압제자를 상전으로 하여 36년간이나 참담한 삶을 강요당했습니다. 일제강점기는 농경방식이 지배했고, 조선은 일제의 식량공급기지, 원료공급지, 상품시장으로서 존재했습니다. 일제가 근대공업을 옮겨다 놓았지만 일본 제국주의 산업의 보조적 위치에 머물렀고, 일제 후반기 들어선 산업도 중국침략전쟁을 위한 병참기지라는 일제의 필요에 의해 만들어진 기형적인 것이었습니다. 따라서 착취와 수탈, 그리고 민족차별과 모멸은 요즘 사람들의 상상을 훨씬 뛰어 넘는 것이었죠.

그러나 우리 노동자들은 쉽사리 굴복하지 않았어요. 노동자들은 스스로의 삶을 위해 조직을 만들고 끈질긴 투쟁을 전개했습니다. 그리하여 구미 자본주의 국가들에 비해 역사가 매우 짧은데도 매우 빠르게 발전했습니다. 조선 노동자들은 지역 안의 여러 직종의 노동자들을 포괄한 지역별노동조합을 만들고, 이어 동일 직업을 가진 노동자들을 대상으로 한 직업별노동조합으로, 그리고 동일산업 부문의 노동자들을 묶은 산업별노동조합으로 빠른 기간에 발전했습니다. 전국적인 조직 역시 급속하게 결성했죠. 선진 자본주의 국가들에서 백년 이상 걸렸던 것을 조선 노동자들은 10년 안에 해낸 것입니다.

노동조합운동은 초기 상호부조적이고 계몽적인 수준에서 사회변혁적 이념으로 발전했습니다. 또한 민족주의 경향에서 벗어나 계급투쟁에 입각한 사회주의 사상으로 발전했고, 결국은 마르크스-레닌주의의 이념과 조직이 1920년대 중반 이후 노동운동의 지배적인 기조가 됐습니다. 이에 대해 위협을 느낀 일제는 민족해방운동을 분열시키는 한편, 군대와 경찰을 총동원하여 노동운동을 금압하고, 수많은 운동가들을 잔혹하게 처단했습니다. 이런 상황에 대응하여 노동운동은 1920년대 후반 사회주의운동의 방향전환론에 따라 보다 적극적이고 구체적인 현장운동을 추신했고, 1930년대에는 세계적인 계급 대 계급의 투쟁 조류와 함께 혁명적 노동조합운동으로 나서게 됩니다. 혁명적 노동조합운동은 철저하게 비타협적이고 비합법적인 조직화와 투쟁을 전개했습니다. 그리고 일제가 침략전쟁을 확대하여 제2차 세계대전을 일으킨 이후에는 다양한 방식의 격렬한 투쟁으로 일제에 심대한 타격을 가하고, 항일 무장투쟁을 준비하거나 참여하는 적극적인 모습을 보이기도 했죠.

노동운동의 이 같은 변화와 발전 과정에서 노동자들은 지식인들로부터 많은 지원과 협력을 받았습니다. 지식인들은 민족해방운동 또는 사회주의운동의 일환으로 농민운동, 청년운동, 학생운동, 여성운동, 형평운동, 신간회운동, 소비조합운동 등 사회운동을 조직하거나 적극 참여하고, 이들을 노동운동과 밀접하게 결합시키려 했습니다. 또한 노동자들의 의식 발전을 위한 계몽, 선전, 학습, 문화활동을 전개하고 노동자의 조직화와 투쟁에 헌신적인 노력을 아끼지 않음으로써 노동운동 발전에 큰 역할을 했습니다. 지식인들의 역할은 1920년대 후반 이후 노동운동이 활발하게 전개되고 노동대중의 역량이 강화되면서 점차 줄어듭니다만, 기여도가 높은 한편에 영향력도 컸습니다.

일제 식민지시대 노동운동은 사회주의운동과 밀접한 관련을 갖고 전개됐어요. 1917년 러시아혁명과 함께 급속하게 확산되어 조선에 파급된 사회주의 사상은 1923년경에는 민족주의를 밀어내고 사회사상을 지배하게 되며, 노동운동의 이념으로 자리를 잡기에 이르렀습니다. 그에 따라 국제적인 노동운동 조류의 변화에 많은 영향을 받았죠. 그 결과로 조선공산당 등 사회주의운동 조직들이 결성되고 세력이 크게 확산됐습니다. 그러자 일제는 조선공산당 사건 등 숱한 사상사건을 만들어, 수천의 운동가들을 치안유지법 등으로 탄압했죠. 이에 대해 사회주의 운동가들은 끊임없이 조직을 만들어 대항했지만, 여러 분파들로 나뉘어 무원칙한 경쟁과 대립·갈등을 빚어냈고, 노동조합은 분파들의 헤게모니 장악이라는 정치적 목적에 동원되는 모양새를 나타냈습니다. 혁명적 노동조합운동을 주도했던 사회주의 운동가들이 혁명의 전위로서 조선공산당 재건을 위해 목숨을 건 지난한 투쟁을 벌였음에도 끝내 통일을 이루지 못한 채 해방을 맞게 됩니다.

일제의 식민지 조선반도에서의 노동운동은 곧 민족해방운동이었습니다. 곧 노동자들은 일제의 식민지적 착취와 종속에 반대하는 경제적 투쟁을 격렬하게 전개했고, 민족차별, 인권탄압에 단호히 반대함으로써 반일민족해방을 지향했던 것입니다. 처음부터 식민지 조선의 노동운동은 그럴 운명이었죠. 이는 노동자의 생활조건을 개선하는 경제투쟁과 식민지로부터 그리고 임금노예로부터의 해방을 목표로 하는 정치투쟁을 같이 하지 않으면 안 됐다는 것입니다. 역사는 외세와 식민지배 그리고 경제적 착취가 청산되지 않는 한 노동운동은 민족해방과 계급해방이라는 과제를 동시에 지향해야 한다는 것을 보여주고 있습니다.

제3장

**민족해방과 노동운동:
환희는 짧고 비극은 길다**

1. 광복의 환희와 민족분단의 비극
2. 조선노동조합전국평의회의 결성과 노동운동의 고양

(……)
8·15 후, 우리의 땅은
디딜 곳 하나 없이
지렁이 문자로 가득하다.
(……)
오늘은 또, 화창한 코스모스 길
아스팔트가에 몰려나와,
불쌍한 장님들은, 대중도 없이 서양깃발만
흔들어댄다.
(……)
알맹이는 여기
언제나 말없이 흐르는 금강처럼
도시와 농촌 깊숙한 그늘에서
우리의 노래 우리끼리 부르며
누워 있었니라.
(……)
누구였던가, 무엇에 당선만 되면
다음날 당장 미국에 건너가
더 많은 동냥, 얻어올 수 있다고 장담했던
정치거지는.
(……)
내 진실로 묻노니 그대들이 구걸해 온
동냥 돈이, 단 한 번만이라도 농민들의
밥사발에, 쌀밥으로 담겨져 본 적이 있었는가.
(……)

(신동엽의 '금강' 중에서)

1. 광복의 환희와 민족분단의 비극

국토 분단과 미군정의 남한 지배

1945년 8월 15일, 마침내 일본 제국주의가 연합국에 항복을 선언했습니다. 그리고 우리나라도 36년에 걸친 지긋지긋한 식민 지옥에서 해방됐죠. 삼천리 방방곡곡에 광복의 감격과 환희가 넘쳐났고, 꿈과 희망이 가득해지는 듯했습니다. 그러나 이 '해방'은 결국 우리 민족 스스로의 힘으로 가져온 것이 아니었죠.

해방 직후, 새롭지만 식민지배와 잇닿아 있는 과제가 제기됐습니다. 한반도의 남과 북에 미국과 소련이라는, 체제를 달리하는 두 강대국이 북위 38도선을 경계로 각각 점령해 들어온 것입니다. 그리하여 우리 민족에게 '해방군'이자 '점령군'이기도 한 두 외세를 주체적으로 극복하는 일이 과제로서 제기됐습니다. 그리고 이렇게 해방과 함께 찾아온 분단을 해소하지 못한 것이 두고두고 민족의 비극이 깊게 뿌리내리는 계기가 됐죠.

우리 민족은 자주국가 건설을 위해 이미 준비를 하고 있었어요. 여운형(1886~1947)과 사회주의자들이 중심이 되어 1944년 건설된 건국동맹이 해방 이전부터 독립국가 건설을 위해 준비하고 있었고, 일본 패망 이후에는 건국동맹을 매개로 하여 민족의 자주적인 대표기구로서 건국준비위원회(건준)가 결성됐던 것이죠. 건준은 치안 확보와 식량문제 해결 등 당면한 현안과 관련하여 적극적으로 대책을 세웠습니다. 그리고 대중의 광범한 지지 속에 한 달도 안 되어 전국의 행정단위를 대부분 장악하기에 이릅니다.

건준은 미군의 점령을 대비하여 서울에서 인민공화국을 선포하고 토지 몰수, 소작률 3·7제 개혁, 주요 사업 국유화 등 제국주의와 봉건잔재의 청산을 위한 정강정책을 공포했습니다. 아울러 행정적 영향력을 보다 강하게 행사할 수 있도록 지방의 지부를 인민위원회로 전환했죠. 이렇게 건준을 통해 진행된 자주적인 국가 건설 노력과 맞물려, 일제가 물러간 농촌에서는 이미 농민들 사이에 자율적인 농지개혁이 이루어지고 있었고, 사업장에서는 노동자에 의한 자주관리가 일반화됐습니다. 당시 남한은 일제에 빌붙었던 세력들이 몸을 피하거나 숨을 죽이고 있었고, 일제의 탄압을 받았던 사람들이 국민들의 지지를 받아 거리를 활보하고 있었습니다.

그러나 1945년 9월 8일 남쪽에 들어온 미군은 소련이 북한 지역 인민위원회의 행정권을 그대로 인정한 것과는 달리 건준과 인민위원회를 부정했어요. 오로지 미군정만이 유일한 남한의 합법정부라고 선포했죠. 그리고는 "민주적이고 자유로우며 미국에 우호적인 나라"를 조선에 수립한다는 목표 아래 남한에서 이루어져온 자주적 조직과 활동을 모두 무효화해버렸습니다. 미군정은 건준의 방침과 정반대로 일본인의 재산 보호령을 발동했어요. 그리고 소작료 3·1제와 일제가 전쟁에 사용할 식량을 확보할 목적으로 제정했던 수탈정책인 미곡 공출제를 실시했습니다.

미군정은 지방 인민위원회를 각개 격파하는 한편, 좌익세력에 대항할 수 있는 친미 우익세력을 육성하는 데 주력했습니다. 지주 및 자본가계급과 각종 친일 부역자들이 우글거렸던 한국민주당을 여당에 준하도록 일찌감치 승격시킨 것입니다. 그리고 식민지시대의 친일 관리와 경찰 등도 그대로 군정기구에 등용했죠. 게다가 좌익에 대항하는 물리력을 확충하기 위해 억압적 국가기구와 법제도 등을 오히려 팽창 강화시켰습니다. 사실상 남한은 해방된 것이 아니었습니다. 민중의 머리 위에 놓여있던 점령자의 좌석은 그대로인 채, 미군정이 일제를 밀어내고 그 자리를 차지했을 뿐이었죠.

그렇긴 했지만 새로이 들어선 미군정은 자신들의 통치가 일제의 식민지배와는 다름을 보여야 했습니다. 따라서 치안유지법, 정치범처벌법, 예비검속법, 출판법 등 일제의 잔재였던 각종 탄압법을 폐지하고, 남한에서의 정치적 자유를 보장할 수밖에 없었죠. 이에 따라 모든 정치·사회단체들이 대거 등장하여 세력을 형성했습니다.

미국의 냉전정책과 좌우대립

미군정의 지배가 확실해진 상황에서 남한에서는 각 세력과 정파 사이에 권력 장악을 위한 암투가 치열하게 전개됐습니다. 좌파 또는 중도좌파 진영에서는 1945년 9월 11일 조선공산당, 같은 해 11월 12일 조선인민당 결성에 이어, 노동, 농민, 청년, 여성단체들이 연이어 조직됐습니다. 조선공산당은 해방 직후 따로 만들어진 장안파와 경성콩그룹의 재건파가 통합하여 결성한 것으로, 이른바 '8월 테제'를 내세우며 부르주아 민주주의혁명론을 주장했습니다. 조선공산당은 1946년 11월 23일 조선인민당, 남조선신민당과 통합하여 남조선노동당(남로당)을 출범시킵니다. 그리고 우파 또는 중도우파 진영에서는 1945년 9월 16일 한국민주당(한민당), 같은 해 9월 24일 국민당 등이 결성됐죠. 특히 한민당은 자산가 세력을 널리 아우르고 이승만(1875~1965)을 총재로 추대하여 독립촉성중앙협의회를 결성해서, 미군정의 지원을 받으며 패권 장악에 열을 올렸습니다. 이에 따라 각종 좌우파 청년단체들과 노동, 농민단체들이 잇따라 결성돼 서로 대립했습니다.

미군정은 표면적으로는 중립적인 태도를 취하는 듯했어요. 하지만 자신에 대한 반항이나 도전은 일체 허용하지 않았고, 좌익에 대한 반대 입장을 처음부터 분명히 했죠. 좌익 세력은 가능한 미군정과의 대립이나 마찰을 피하면서 대중정치조직을 광범하게 구축하는 한편, 민족통일전선 형성을 추진했습니다. 그러나 이러한 노력은 모스크바 삼상회담 결정을 둘러싸고 좌익과 우익 조직들의 입장이 극명하게 갈리면서 좌절됐습니다. 바로 그 유명한 신탁통치를 둘러싼 찬탁·반탁 논쟁이죠.

1945년 12월 27일 그 결과가 발표된 모스크바 삼상회담은 미국, 영국, 소련 등 제2차 세계대전 전승국들의 외무장관들이 모여 전후 처리를 논의했던 자리입니다. 모스크바 삼상회담의 결정 내용 중에는 한반도에서 독립국가 건설과 관련된 합의도 포함됐습니다. 한국인 정당·사회단체와 협의하여 통일임시정부를 수립하고, 미국과 소련이 참가하는 미소공동위원회가 임시정부와 협의하여 최고 5년에 걸친 신탁통치를 실시한 이후 한국을 독립시킨다는 내용이었습니다.

　그런데 미소공동위원회란 모스크바 삼상회의 결정에서 "조선을 10년간 신탁통치 하자"는 미국 측의 제안이 거부되면서 만들어진 것이었어요. 즉 "조선인으로 구성된 민주정부를 즉각 수립하고 미소공동위원회는 단지 이것을 원조, 후견하고 그 기간도 5년 이내로 하자"고 한 소련 측의 제안을 기초로 하여 탄생한 것이었죠. 어쨌건 1946년 6월 서울에서 열린 제1차 미소공동위원회는 신탁통치를 반대하는 정당·사회단체를 협의대상에 넣을 것인가를 두고 논쟁을 벌이다가 끝내 결렬됐습니다.

　미소공동위원회가 결렬되자 미군정은 좌익 진영에 대대적인 공격을 감행했습니다. 경찰은 좌익 활동가들을 검거했고 대동청년단 등 극우파 청년단체들은 테러를 일삼았죠. 또한 미군정은 좌우합작을 추진하여 좌익 진영 내부의 분열을 자극했어요. 미국의 냉전정책이 본격화한 것입니다. 이에 대해 조선공산당은 1946년 7월 하순 이른바 신新전술을 제시합니다. 그것은 미군정의 탄압에 대한 정당방위의 역공세로 요약됩니다. 곧 미국과 미군정에 대해 과거의 우의관계를 지속하지만, 동시에 미국의 약속(독립과 민주개혁)과 배치되는 반동정책에 대해서는 용인할 수 없으며, 정치적 시위와 대중적 총파업을 통해 미군정을 압박하여 미소공동위원회를 재개시키려는 방침이었죠(김남식·심지연, 1986: 449). 그리고 그 배경은 미군정이 해방 후 1년이 넘도록 노동자와 민중이 요구한 인간적인 생존권과 생활권을 무시하고, 지주와 자본가를 위한 억압체제를 강화함으로써 민중의 욕구불만이 급격히 높아지고 다양한 투쟁이 전개된 데 있었습니다.

이런 상황에서 미군정에 의해 추진된 좌우합작은 생활고의 가중과 군정 관리들의 부정부패로 민중들의 불만이 고조되고 좌익 진영의 대중 장악력이 큰 성과를 거둔 것에 대응하기 위한 것이었습니다. 그러나 좌우합작은 결국 실패했고, 1947년 5월에 열린 제2차 미소공동위원회도 10월 17일 미국 대표의 휴회 제안과 함께 완전히 결렬됐어요. 이후 미국은 좌익 세력을 지속적으로 탄압하는 한편, 이승만 세력을 앞장세워 남한 단독정부 수립을 추진합니다. 유엔 감시 아래 남한 총선거를 실시하여 정부를 수립하려 한 것이죠. 소련은 이러한 행동이 미국과 소련 사이 협정을 위반한 것이라고 반대했고, 미·소 양군이 동시 철수한 후 조선 민족 스스로의 힘으로 장래 문제를 결정하도록 하자고 제안했습니다. 그러나 이미 냉전전략에 따른 남한 단독정부 수립을 확고한 목표로 설정한 미국은 당연히 이를 거부했습니다.

사태가 이렇게 진행되자 좌익 진영은 물론이고 김구(1876~1949), 김규식(1881~1950) 등 우익 진영 일부까지 남한 단독 총선거를 반대하고 남북통일 협상에 나섰어요. 그러나 남북협상은 별다른 성과를 거두지 못하고 한민당과 이승만 세력들은 미군정의 지원 아래 조속히 남한 단독정부를 수립할 것을 강력히 요구했죠. 이러한 과정을 거쳐 좌익 진영은 1948년에 들어 미군정을 제국주의 세력으로 공식적으로 규정하고, 유엔 한국임시위원단 활동을 반대하는 2·7 구국투쟁에 나섰습니다. 그리고 1948년 4월 19일, 평양에서는 남북 정당 및 사회단체 대표자연석회의가 열려, 남한 단독선거 저지와 민족자주통일 정부 수립에 관한 내용을 결정했습니다. 그러나 이 결정은 별다른 영향력을 발휘하지 못했죠.

결국 미군정과 우익 세력은 5월 10일 남한 단독정부 수립을 위한 총선거를 강행했습니다. 좌익세력은 4·3 제주항쟁과 5월 총파업 등으로 대항했지만,

신탁통치 찬반 시위 모습

미군정의 대대적인 탄압에 밀려 대세를 되돌리지는 못했습니다. 결국 남한에는 1948년 8월 15일 대한민국 정부가 들어섰고, 북한에서는 8월 25일 총선거를 거쳐 9월 9일 조선민주주의인민공화국 정부가 출범했습니다.

생활난의 가중과 미국의 원조물자

1945년 8월 15일 해방으로부터 3년은 정말로 격렬한 정치적 대립이 사회를 뒤흔들고, 내일을 짐작할 수 없을 만큼 정치적 격랑이 요동쳤던 시기였습니다. 그리고 경제상황 또한 말로 표현하기 어려울 만큼 어렵고 혼란스러웠죠. 무엇보다 가난과 배고픔이 가장 큰 문제였어요. 모든 산업이 일제의 전쟁을 위해 편성되어 있던 군수경제체제를 급속하게 평화적이며 자주적인 경제체제로 바꾸기는 매우 어려운 일이었습니다. 게다가 기업의 기술자나 관리인을 차지하고 있던 일본인들이 제 나라로 떠나면서 공장 문을 닫거나 작업을 단축하는 경우가 많았습니다.

해방 2년 후인 1947년 3월 당시, 남한에서 조업 중인 사업장(전매, 국영업체 제외)은 4천5백여 개로, 1943년의 1만 65개와 비교하면 55.3%가 감소한 것이었습니다. 노동자 수도 1943년 25만 5,393명의 47.5%인 13만 3,979명에 지나지 않았습니다. 노동자 수가 많이 감소한 분야는 토목건축, 인쇄제본, 화학공업, 금속공업의 순이었지만, 광산이나 운수업도 사정이 별로 나을 것이 없었죠. 1944년 말 국내의 노동자 총수는 212만 2천여 명이었는데 1946년 11월 당시 남한의 실업자 총수는 110만 2천 명으로 그 중 57.8%가 전재戰災로 인한 실업이었고, 42.2%는 기업의 도태나 조업단축에 의한 실업이었습니다(김낙중, 1982: 52). 이들 실업자 가운데는 일제 말기 근로보국대라는 이름으로 강제로 끌려와 일하다가 해방이 되자 사업장을 탈출한 노동자들이 상당수 포함되어 있었다고 합니다(안태정, 2001: 28~33).

이런 기업의 휴업과 조업단축은 심각한 생활물자 부족과 물가폭등을 불러

왔습니다. 더군다나 일본인들이 귀국하기 직전에 일제가 돈을 마구 찍어냈고, 미군정도 재정상의 필요를 충당하기 위해 조선은행권을 남발했기 때문에 물가는 천정부지로 치솟았죠. 이에 따라 노동자의 실질임금은 폭락을 거듭했어요. 물가지수는 1936년을 100으로 볼 때 1944년 241, 1946년 7월 1만 2,806, 1947년 12월에는 5만 8,305에까지 이르렀습니다. 또한 실질임금은 1937년을 100으로 할 때 1944년 93.1, 1946년 7월 54.6으로 줄었으며, 1947년 12월에는 29.3으로 떨어졌습니다.

미군정은 이러한 인플레이션 위협과 경제적 혼란을 수습하기 위해 점령지역 긴급구호원조GARIOA: Government and Relief in Occupied Area를 제공했습니다. 이 원조를 통해 들어온 것들은 식료품, 농업용품, 피복, 시설유지용품 및 의료품 등으로 주로 소비재였죠. 이러한 원조물자는 식량결핍의 해소와 질병구호에 어느 정도 공헌했습니다. 또한 물량공급 확대와 판매대전 회수를 통하여 인플레이션 수습에도 나름대로 도움을 줬죠. 그러나 그것은 일제의 식민지배에서 비롯된 파행적 경제구조를 개선하는 데는 아무런 도움을 주지 못했어요. 즉, 남북분단으로 자연자원, 공업시설 그리고 시장이 분할됨으로써 일제가 물려준 파행적 산업구조가 더욱 심해졌지만, 미국의 원조는 이를 개선하는 것이 아니라 오히려 더 왜곡시켰다는 것입니다. 결국 미국의 막대한 원조는 생산을 확대시키지 않고 국민들의 소비 수준만을 높였으며, 소비구조를 대외의존적으로 만드는 단초가 됐죠.

또한 원조물자의 국내시장 범람으로 민족기업의 맹아가 싹트고 재기할 수 있는 기회를 잃어버리게 됐습니다. 원조물자가 국민경제의 시장기반을 잠식했기 때문이죠. 이는 당시 국내 주요산업이었던 섬유, 제분공업의 사례를 살펴봄으로써 확인할 수 있었습니다. 미군정은 섬유공업 원료인 면화, 생사, 대마大麻 등의 생산정책을 실시하지 않고, 미국에서 과잉생산된 원면을 해소하기 위해 이를 남한으로 대량 수입했죠. 그 결과 한국 농업에서 면업은 몰락의 길을 걷게 됐고, 면방직공업은 미국에 의존하는 구조로 재편되면서 공업과 농업의 가장 중요한 분업관계가 파괴됐습니다. 제분공업 분야에서는 해방 후 식량난을 기반으로 지방에서 소규모 공장이 3백여 개나 출현해 성장하고 있었습니다. 그런데 소맥이 원조물자로 공급됨에 따라 이 공장들은 대부분 도태되어 버렸죠. 이러한 사태는 섬유와 제분뿐만 아니라 다른 분야에서도 광범위하게 일어나는 현상이었습니다.

또한 미군정은 일본인들이 남겨놓은 재산, 즉 적산敵産을 처리하는 과정에서도 실패를 거듭했어요. 미군정은 남한공업의 대부분인 귀속재산을 노동자와 농민을 비롯한 민족 세력의 요구를 압살하고, 친親제국주의 세력에게 불하했습니다. 게다가 이것이 격심한 인플레이션 속에서 가치 이하로 불하된 까닭에 일종의 원시적 축적의 방편으로 이용됐죠. 그리하여 '관료독점자본'이 형성되는 원초적 계기를 제공했습니다. 조선방직 대구공장을 예로 들어 설명해 보겠습니다. 그 공장은 1947년 당시 시가 30억 환이었는데 불하할 때는 해방 전의 시가인 7억 환으로 값이 매겨졌고, 미군정은 실제로는 이를 3억 6천만 환에 불하했죠. 특혜는 여기서 그치지 않았습니다. 대금을 15년 동안 나누어 갚도록 조치했던 것입니다(이내영, 1987: 76~77). 이렇듯 엄청난 규모의 생산시설이 미군정에 접수되어 애초부터 생산에 뜻이 없던 세력에게 불하되자, 이것이 경제의 식민지적 파행성, 남북분단으로 인한 어려움과 결부되어, 해방 직후 조선경제는 만성적인 생산부족과 인플레이션을 겪을 수밖에 없었습니다.

농지개혁 역시 불철저하게 시행됐습니다. 우선 지주들의 압력에 의해 실시 시기도 상당 기간 지연되어 한국전쟁 직전에야 이뤄졌죠. 그리고 그 형태도 북한의 무상몰수 무상분배와 달리 유상몰수 유상분배였습니다. 이러한 조건 속에서는 농민들이 자본주의적 자작농으로 전환되는 것을 기대할 수 없었죠. 땅을 불하받은 농민들은 현물형태로 땅값을 상환해야 했습니다. 그리고 임시토지소득세법과 양곡관리법의 발동으로 조세부담이 늘어났고, 게다가 생산가 이하로 양곡매상에 응하여야 했기 때문에 농업자본을 형성할 수 없었 었죠. 그러나 이러한 가운데서도 지가증권이 적산의 불하대금으로 사용되면서 토지자본의 산업자본화가 이루어졌습니다. 물론 극심한 인플레이션과 특권경제 때문에 중소 지주는 도태됐고, 도시의 상인과 관료 및 구체제 연고자 등이 산업자본의 물적 기반을 장악했죠.

결국 해방 후 3년간의 미군정을 통해서 자리를 잡은 것은 대일종속과 근본적으로 별반 다를 것 없는 대미종속적 경제구조였어요. 미군정의 귀속재산 관리 과정은 일제 치하에서 활약했던 매판 자본가계급이 예속적인 관료독점 자본가계급으로 성장할 수 있도록 숨통을 틔워주는 과정이었습니다. 또한 지극히 정치 편향적이며 반공을 위한 봉쇄적 성격을 지닌 농지개혁은 반#봉건적 토지소유를 폐지하기는커녕 온존·강화시켰고, 새로운 내외독점자본의 지배체제 구축에 일익을 담당했습니다. 결국 "해방 후의 미군정 통치는 일제하에서 형성된 식민지 경제구조를 청산하고 한민족의 내일을 위한 자립적 경제구조를 마련하는 변혁기가 아니라, 지난날의 식민지 경제구조를 그대로 온존한 채 미국경제와 다시 접합시키기 위한 조정의 과정이었다"고 이야기 할 수 있을 것입니다(박동섭, 1972: 140).

이처럼 일제 식민지배가 심어놓은 경제체제의 파행성은 온전히 보존되어 자립경제 형성을 위한 발걸음을 묶어두고 있었습니다. 그리고 그 속에서 해방 직후 한국 노동자들은 실업의 홍수에 휘말린 채 악성 인플레로 인한 혹독한 생활고를 겪어야만 했죠. 그러나 정치적, 사회적으로는 해방감과 자유로움이 충만해 있었고, 이러한 조건을 배경으로 1930년대 이래 일제의 탄압으로 지하로 잠복했던 노동운동이 폭발적으로 소생하게 됩니다.

2. 조선노동조합전국평의회의 결성과 노동운동의 고양

전평의 조직구조와 이념

일제로부터 해방된 후 3주 넘어 남한에 들어온 미군이 군정을 선포하자, 앞으로 다가올 독립국가 건설에 있어서 대중적 조직기반의 중요성을 재빨리 인식한 좌익 세력들은 앞을 다투어 노동조합을 조직하기 시작했습니다. 일제 하에서 감옥을 제집 드나들 듯하며 비합법 지하운동을 했던 노동운동가들이 주도했죠. 노동조합 결성은 전국 각지의 사업장에서 우후죽순처럼 매우 빠르게 진행됐습니다. 11월 초하루에 조선광산노조가 결성됐고, 다음날에는 금속, 철도, 출판노조가, 3일에는 섬유, 토건, 화학, 봉급인, 식료, 목재, 전기, 조선 분야에서 노조가 속속들이 결성됐습니다.

그리고 11월 5일과 6일, 서울 중앙극장에서 전국적인 중앙조직이 결성됐는데, 이것이 바로 조선노동조합전국평의회(전평)였어요. 이날 대회에는 남북한을 합쳐 1,194개 노조, 50만여 명의 조합원을 대표한 505명의 대의원이 참석했습니다. 전평은 금속, 섬유, 토건, 통신, 철도, 화학, 전기, 출판, 교통, 식료, 목재, 조선, 어업, 일반봉급자, 해원동맹 등 16개의 산별노조로 구성됐고, 그 산하에 도시마다 각 지부를 두었으며, 공장에는 분회와 반을 두었습니다. 그리고 지방에는 11개의 평의회를 두었죠. 1946년 2월 당시 지부 수는 35개, 분회 수는 1,676개, 전체 조합원 수는 57만 4,485명이었다고 합니다. 전평은 '결성대회 선언'에서 산업별노조 체계와 전국평의회를 강화하고, 광범한 대중운동을 통해 민족통일전선을 형성하며, 진보적 민주주의 정부를 수립한다고 밝혔습니다. 또한 생산관리라는 중대한 책임과 역할을 전평이 하지 않으면 안 되며, 조선의 산업재건과 건전한 발전에 공헌할 것임을 분명히 했습니다. 전평이 발표한 〈일반행동강령〉과 〈실천요강〉은 다음과 같습니다.

〈 일반행동강령 〉

1. 노동자의 일반적 생활을 보장할 최저임금제를 확립하라.
1. 8시간 노동제를 실시하라.
1. 성·연령·민족의 구분을 불문하고 동일노동에 동일임금을 지급하라.
1. 7일 1휴제와 연 1개월간의 유급휴가제를 실시하라.
1. 부인노동자의 산전 산후 2개월간 유급휴가제를 실시하라.
1. 유해위험작업은 7시간제를 확립하라.
1. 14세 미만 유아노동을 금지하라.
1. 노동자를 위한 주택, 탁아소, 오락실, 도서관, 의료기관을 설치하라.
1. 부인노동자를 위한 공장설비(탁아소, 수유소, 환착소換著所 등)를 고용주 부담으로 즉시 실시하라.
1. 노동자의 이익을 위한 단체계약권을 확립하라.
1. 공장폐쇄, 해고와 실업은 절대 반대한다.
1. 일본 제국주의자와 매국적 민족반역자 및 친일파의 일제 기업을 공장위원회(관리위원회)에서 보관하고 노동자는 그 관리권에 참여하라.
1. 실업, 상병, 폐질 노동자와 사망자의 유족생활을 보장하는 사회보험제도를 실시하라.
1. 착취를 본위로 한 일체의 청부제를 반대하라.
1. 언론, 출판, 집회, 결사, 파업, 시위의 절대 자유
1. 농민운동을 절대 지지하자.
1. 조선민주주의인민공화국을 지지하자.
1. 조선의 자주독립 만세
1. 세계노동계급 단결 만세

〈 실천요강 〉

① 조선의 완전독립 즉 친일파 민족반역자를 제외한 진보적 민주주의에 입각하는 민족통일 전선정권의 수립에 적극 참가.
② 민족자본의 양심적인 부분과 협력하여 산업건설을 함으로써 부족공황, 악성인플레의 극복.
③ 이와 같은 운동을 통해서 노동자의 이익을 옹호하고 노동자대중을 교육 훈련하여 자체 조직을 확대 강화한다.

결성대회에서 전평은 위원장에 허성택(1908~1959), 부위원장에 박세영(1909~?), 지한종, 서기국, 한철 등을 선출했고, 조직부, 산업건설부, 선전부, 실업대책본부, 부인부, 신문사 등에 간부를 선출했습니다. 전평이 노동조합의 핵심부서인 쟁의부를 두지 않고 산업건설부를 둔 것은 선언에서 강조한 바와 같이 생산관리와 산업재건의 중요성을 감안한 결과였죠. 이 밖에 전평은 명예의장에 박헌영(1900~1955), 김일성(1912~1994), 레온 주오(세계노동조합총연맹 서기장, 1879~1954), 마오쩌둥(1893~1976) 등을 추대함으로써 스스로의 성격과 위상을 분명히 했습니다.

전평의 결성에 대해 미군정은 처음에는 방관하는 태도를 취했어요. 전평도 가능한 미군정을 자극하지 않으려 했죠. 해서 전평 결성 직후에는 별다른 대립이나 갈등이 나타나지 않았습니다. 당초 미군정은 남한에서 실시할 노동정책의 방향을 미리 준비하지 않았고 그때그때 필요에 따라 결정했어요. 그러나 무한대로 미군정을 반대하는 투쟁까지 허용한 것은 아니었으며, 노동정책의 결정 기준은 노동자 권익옹호보다는 사회적 안정을 유지하는 데 두어졌습니다. 따라서 미군정의 노동정책 속에는 노동기본권을 제약하는 독소조항이 숨겨져 있었죠.

그 대표적인 예가 1945년 10월 30일 공포한 군정법령 제19호였습니다. 이 법령은 각 개인의 취업 자유를 보호한다는 명목으로, 취업의 자유를 방해하고 공동행동 침가를 호소하는 행동은 노조에 의한 것이든 파업단에 의한 것

조선노동조합전국평의회 창립대회

이든 모두 불법이라고 규정했어요. 그리고 취업에 방해를 가져오지 않는 쟁의라고 하더라도 노동조정위원회의 강제중재에 따라야 한다고 밝혔습니다. 이는 결국 노동조합의 쟁의행위를 자의적으로 제한하거나 사실상 금지시키는 것이었죠. 이러한 규정들은 언제든지 미군정이 전평을 공격할 때 활용될 수 있는 장치들이었습니다. 그리고 미국의 냉전정책에 따라 미군정이 사회주의 세력에 적대적인 경향으로 나아가면서, 그 가능성은 현실의 모습으로 나타나기 시작했습니다. 그 대표적인 것이 전평이 주도하는 노동자 공장 자주관리운동을 금지시킨 것이죠.

전평과 미군정 사이의 대립은 제1차 미소공동위원회의 결렬과 조선정판사 위조지폐 사건[1]을 계기로 급속도로 격화됐습니다. 전평은 미소공동위원회가 어느 한 나라에 의한 반+식민지화를 방지하는 것이라고 판단했죠. 그리고 미소공동위원회를 통해 양국이 한국 민중 대표의 참가 아래 협조만 잘한다면, 조선의 완전한 해방을 추진할 민주주의 임시정부가 성공리에 수립될 수 있을 것이라는 기대를 갖고 있었습니다. 이것은 신탁통치를 반대하는 우익 진영 및 미군정과는 정면으로 대치되는 것이었어요. 마침내 미군정은 1946년 5월 15일 정판사 위조지폐 사건을 이유로 공산당 간부 10여 명을 체포함으로써 탄압을 노골화했고, 전평에 대해서도 적대적인 태도를 분명히 했습니다.

노동자 자주관리운동

해방이 되자 조선인 노동자들이 취한 행동은 일제 말 근로보국대로 끌려

---

[1] 1946년 5월 조선공산당이 당비를 조달할 목적으로 위조지폐를 만들어 시중에 유통시켰다는 죄목으로 기소된 사건입니다. 미군정청 공안부는 공산당 기관지 〈해방일보〉 사장 권오직과 이관술이 지폐를 발행하는 조선정판사의 사장 박낙종과 부사장 송언필 등에게 위폐제작 임무를 맡겼고, 박낙종의 지시를 받은 조선정판사 평판과장 김창선이 위폐를 인쇄했다고 발표했습니다. 이 사건으로 당 간부 등 16명이 체포 기소되었지만, 조선공산당은 이 사건과 관계가 없다고 성명을 발표했습니다. 어쨌는 이 사건을 계기로 미군정당국은 공산당에 강경책으로 돌아섭니다.

가 일하던 사업장에서 탈출하는 일과, 해산수당解散手當을 쟁취하는 일, 그리고 일제 자본가가 소유했던 회사와 공장을 접수하여 관리 운영하는 일이었습니다. 이른바 공장관리 또는 자주관리가 이것이죠. 해산수당 쟁취투쟁은 해방 직후 조선인 노동자들이 일본인 또는 일제에 빌붙은 회사 사장, 공장장 등을 감금하여 거액의 퇴직금을 받아내는 일이었습니다. 이 투쟁은 공장관리위원회가 결성된 이후 주요한 활동이기도 했습니다. 이 투쟁은 많은 사업장에서 성과를 거두었지만, 지급받은 금액을 개인에게 분배하면서 공장관리기금으로 활용하는 등의 형태로 발전시키지 못했으며, 미군정이 공장관리관을 파견하고 자금동결령을 내리면서 약화했습니다.

다음으로 공장 자주관리는 해산수당 쟁취투쟁과 마찬가지로 해방된 조선의 노동자들에게는 당연한 권리로 인식됐습니다. 일제 탄압 아래서 피땀 흘리며 일해 온 공장은 자신들의 것이라고 믿은 것입니다. 또한 생필품이 부족하여 당장 물건을 만들어 내야했던 것도 자주관리가 자연스럽게 진행될 수 있었던 조건이었죠. 해방과 함께 결성된 건준과 인민위원회는 노동자들이 공장을 접수하여 자주적으로 관리하도록 촉진했습니다. 1945년 11월 4일 당시 전평 산하 16개의 산별노조 등에 728개의 공장관리위원회가 구성돼 있었고, 관련된 노동자는 8만 8천여 명이었습니다. 이것은 당시 1,194개의 전평 분회 중 약 61%, 조합원 21만 7,073명의 약 41%가 공장관리위원회와 관련돼 있음을 의미합니다. 728개의 공장관리위원회 설치 사업장은 당시 사업체 1만 5,180개의 4.8%에 해당했고, 조합원 수는 전체 노동자 9만 31,442명의 9.4%에 해당됐습니다(안태정, 2007: 82). 자주관리는 노동자들이 자율적으로 하는 경우가 대부분이었으며, 더러는 양심적이며 진보적인 자본가들과는 노자 공동으로 관리하는 방식이나, 미군정의 협력을 받은 경우도 있었습니다.

그러나 미국이 냉전정책을 강화하고 미군정이 사회주의 세력에 대해 적대적인 경향으로 나아가면서, 자주관리운동은 장벽에 부딪혔어요. 미군정은 전평이 주도하는 자주관리운동이 수그러들지 않자, 당시 모든 혼란의 궁극적인 원인이 전평에 의한 공장의 접수와 이를 배후에서 이를 조종하고 있는 조선공산당에 있다고 생각하고, 그것을 압살하는 방향으로 나아갔죠. 미군정은 한국 노동자의 대중적인 운동이 전평으로 결집되고 있는 것을 목격하고, 초기에 취했던 일본인 재산 처리에 관한 정책을 수정했습니다. 1945년 12월 6일 군정법령 제33호를 공포하여 일본인의 재산은 군정청에서 임시로 소유하고, 한국인 가운데 적당한 관리자가 나타나면 그 경영을 맡긴다는 관리인제도를 신설한 것입니다. 이로써 노동자의 자발적인 공장 접수와 관리는 불법이 됐고, 전평과 미군정의 대립 갈등은 피할 수 없는 현실이 됐습니다.

원래 전평은 조선민족의 통일과 자주국가 건설은 외세가 아닌 전평이 담당할 수 있다는 판단 아래 노동자관리운동을 산업건설운동으로 전환시킨다는 방침을 갖고 있었어요. 그러나 미군정의 관리인제도를 통해 공장마다 친일파와 악덕 기업인이 관리인으로 등장해서 자주관리운동의 기반이 침해되자, 전평의 산업건설운동 방침은 근본부터 무너졌죠. 이에 전평은 미군정이 악덕 관리인과 비양심적인 기업인을 채용하여 산업부흥을 가로막고 있다면서 관리인 배척 투쟁을 전개했습니다. 이에 대해 미군정은 자신의 권리행사 방해는 용서할 수 없다고 위협했고, 노동자 자주관리운동은 1946년 8월 이후 거의 사라지고 관리인 배척투쟁마저도 1946년 9월 총파업이 탄압을 받자 소멸해갔습니다.

한편 전평은 1945년 말 미군정이 자주관리운동에 대해 제동을 걸자 1946년 초 쌀 획득 투쟁에 나서기 시작했습니다. 이는 미군정의 정책 실패로 인한 식량부족 상태 속에서 민중의 기본생활권을 확보하기 위한 것이었죠. 전평은 매일 1인당 백미白米 6홉 이상과 연료의 배급, 물자영단 보관물자의 시민에 대한 즉시 직접 배급, 실업자와 전재민戰災民의 구제, 적기 브로커와 간상배奸商輩의 배격을 구호로 내세우고, 지방과 지역마다 '쌀 요구회'를 조직했습니다(나카오 미찌코, 1984: 92~97). 이러한 쌀 획득 투쟁은 노동자대중의 일상적인 이익에 기초를 둔 조직적 동원을 통해 민중적 정권을 실현한다는 전평의 기본노선에 따라 전개된 것이었죠.

대한노총의 등장과 반공투쟁

전평이 결성되고 사회주의 세력의 힘이 갈수록 강대해지자 이에 반대하는 우익 진영에서도 그 대응책을 서두르기 시작했습니다. 특히 전평이 막대한 조직력을 동원해 모스크바 삼상회의의 신탁통치 결정을 지지하는 시위를 벌이자, 그때까지 대중적인 기반이 없었던 우익 진영에서도 노동자조직의 필요성을 절감했죠. 이들은 먼저 1945년 11월 2일 난립 상태에 있던 청년단체들을 결집하여 대한독립촉성전국청년총동맹을 결성했습니다. 이 조직은 총재 이승만(1875~1965), 부총재 김구(1876~1949), 위원장 전진한(1907~1972)을 임원으로 선출하고, 노동자 조직화에 착수했습니다. 그 결과 용산역 부근에 있는 우마차 인부들을 모아 우마차노동조합을 결성할 수 있었죠. 이 노조는 청년동맹의 청년부 차장 홍윤옥의 권고로 김구金龜라는 청년이 만든 것입니다. 김구는 자기 아버지가 경영하는 공장의 노동자들이 자주관리를 요구하자 상담차 미군정청 노동부를 찾아갔다가, 미군정청 간부의 권유와 지도를 받아 노조를 결성한 것이었죠.

이들은 다시 미군정청과 협의 속에 전평에 대항하는 조직으로서 대한독립촉성노동총연맹(대한노총)을 1946년 3월 10일 결성했어요. 서울시 천교당에서 열린 대한노총 창립대회에는 용산공작소, 경성철도공작소, 경성전기 등 15개 직장에서 45명이 참석했는데, 사실 이들은 노동자대표가 아니라 청년운동을 하던 사람들이었죠. 어쨌거나 이날 대회는 김구, 안재홍(1891~1965), 조소앙(1887~1958) 등 우익계 정치인들이 내빈으로 참석한 가운데, "민주 광복의 환희 속에서 모든 번잡한 이론을 타파하고 민주정치 속에서 만민이 갈망하는 균등사회를 건설하기 위해" 대한노총을 결성했다고 선언했습니다. 이날 채택된 강령은 다음과 같습니다.

〈 대한노총의 강령 〉
1. 우리는 민주주의와 신민족주의를 원칙으로 함.
1. 우리는 완전독립을 기하고 자유노동과 총력발휘로써 건국에 헌신함.
1. 우리는 심신을 연마하여 노동자로서 국제 수준의 질적 향상을 기함.
1. 우리는 혈한불석血汗不惜으로 노·자 간의 친목을 기함.
1. 우리는 전국 노동전선의 통일을 기함.

대한노총은 초대 위원장에 홍윤옥, 부위원장에 이일청, 김구를 뽑고, 고문에 이승만, 김구, 김규식, 안재홍, 조소앙 등 우익 지도자들을 추대했습니다. 대한노총은 결성하자마자 신탁통치를 반대하는 운동에 앞장섰어요. 그리고 전평 안에 제2조직을 만들어 전평을 파괴하고 견인하는 것에 총력을 기울였습니다. 그 일환으로 1946년 5월 12일 독립전취국민대회에 참석한 노동자들을 대상으로 조직화에 착수하여 철도 경성공장에 노조를 세웠는데, 이것이 전국철도노동조합의 기원이었습니다. 이후 대한노총은 미군정의 절대적인 지원과 우익 세력의 비호 아래 조직을 늘리면서, 전평의 투쟁과 활동을 분쇄하는 데 수단방법을 가리지 않고 나섰습니다.

미군정이 대한노총 조직 확장을 지원하는 방식은 경성전기회사에서 대한노총 경전노조를 유일 합법노조로 인정하기 위해 기명투표를 활용한 데서 노골적으로 드러납니다. 전평 산하 조선전기노조 경전지부가 이미 조직돼 있던 경성전기회사에 대한노총 경전지부가 생기자, 미군정은 전 종업원에게 전평과 대한노총 가운데 하나를 선택하는 기명투표를 하게 했습니다. 그런데 당시는 9월 총파업과 3월 총파업으로 전평 산하 노조원들이 수천 명씩 검거되는 상황이었어요. 그런 상황에서 공개적으로 선택하라는 것은 바로 대한노총의 경전지부를 선택하라고 강요하는 것에 다름 아니었죠.

미군정은 이러한 방법으로 해원노조, 부두노조 등에서 전평 소속의 노조들을 무너뜨리고 대한노총의 노조를 유일한 합법노조로 만들어 갔습니다. 이처럼 대한노총은 미군정과 우익 진영 인사들이 전평의 대중적인 기반을 무너뜨리고 자신들의 세력을 확장하기 위해 만든 것이었죠. 이 조직은 노동자들의 권익을 향상시키는 것보다는 전평 세력의 타도와 반공 및 우익 정치인 또는 단체의 하부조직으로서 역할을 했습니다.

전평의 총파업투쟁과 미군정의 탄압

노동쟁의의 격화 _ 8·15 해방 이후 남한은 정치·사회면에서 나름대로 자유로운 분위기가 형성되어 각종 정파들이 활발한 활동을 전개했습니다. 그러나 실업과 물가폭등이 근로민중들의 생활을 위협했고, 미군정 정책의 모순으로 많은 대립과 갈등이 표출되고 있었죠. 미군정은 1945년 9월 25일 일본인 소유 재산의 처분을 금지시키고, 남한 경제의 80%를 미군정 소유로 했습니다. 그리고 10월 5일에는 개혁 움직임을 원점으로 되돌려 소작료를 3·1제로 하고, 1946년 1월 25일에는 양곡의 강제수집이라는 일제하의 공출제도를 부활시켰습니다.

이러한 흐름에 대항하여 농민들이 1945년 12월 8일 전국농민조합총연맹(전농)을 결성했어요. 전농은 봉건제의 청산과 새로운 민주적 민족국가 건설을 지향했습니다. 전국 330만 명의 조합원과 239개 조합을 대표하는 대의원 576명이 참가한 전농 결성식에서, 농민들은 일제 친일파 소유지 몰수와 분배, 소작권 이동 금지 및 소작료 3·7제 실시, 정치조직과 행정조직에 농민대표 참가 등을 요구했습니다. 이후 농민들은 공출제를 기피하거나 소작료 납부 거부 등 저항을 벌이며 여러 가지 민중항쟁 때마다 격렬한 투쟁을 전개했죠.

학생운동은 신탁통치 문제에 대해서는 찬반양론이 갈렸지만, 식민지 교육의 철폐와 학원민주화에 대해서는 의견이 일치했습니다. 그 대표적인 것이 국립서울대학교 설립안 반대투쟁이었어요. 1946년 7월 13일 발표된 이 안은 학생과 교수들이 장악한 대학을 미군정이 접수하기 위한 의도를 품은 것이었습니다. 약 1년 동안 57개교 4만여 명이 동맹휴학을 하며 투쟁했지만, 결국 1천여 명의 학생과 380명의 교수들이 학교에서 쫓겨난 채 좌절됐죠.

노동자들은 한 치 앞을 볼 수 없는 정치적 격동 속에서 엄청난 물가폭등과 대량실업의 위협 아래 어려운 삶을 이어가고 있었습니다. 노동자들은 노동쟁의를 통해 생활난을 해결하고자 했습니다. 미군정청 조사에 따르면 1946년의 노동쟁의는 총 170건에 5만 7,434명이 참가했고, 1947년에는 총 134건에 3만 5,210명이 참가했습니다. 노동자들의 요구조건은 임금인상, 노동시간 단축, 감독자의 배척, 노조승인, 휴일임금 지불, 체불임금 지급 등이었으며, 해고 반대도 큰 비중을 차지하고 있었죠.

이 가운데 전평이 주도한 주요한 노동쟁의로는, 1945년 10월 친일파 박흥식(1903~1988) 사장을 반대한 화신백화점 쟁의, 같은 내용의 1945년 10월의 남전 대구 지점 쟁의, 1946년 5월 노동절 기념일 대체근로를 이유로 제기된 인천 동양방직 노동자의 파업, 경전 전차승무원 파업 등이 있었습니다. 미군정이 전평에 대해 적대적인 정책을 펴기 전에는 비교적 요구조건을 관철하는 경우가 많았어요. 그러나 미군정이 전평에 대해 적대적인 태도로 변화하면서, 노동자들의 요구조건 쟁취가 몹시 어려워졌죠. 그리고 자주관리 금지에 대한 투쟁, 쌀 획득 투쟁 등을 둘러싸고 갈수록 격화됐던 미군정과 전평의 갈등은 마침내 1946년 9월 총파업으로 폭발합니다.

9월 총파업 _ 전평 총파업의 첫 포문은 철도 노동자들이 열었습니다. 당시 철노 노동자들은 강력한 조직력을 갖고 있었지만, 동시에 열악한 노동조건에

전평의 9월 총파업의 도화선이 된 철도 노동자들의 투쟁 모습

시달리고 있었죠. 그런데 1946년 9월 1일자로 월급제가 일급제로 바뀌고 후생복지조건이 악화하는 사태가 발생했고, 이에 서울 철도국 경성공장 노동자 3천여 명이 9월 13일 노동자대회를 열고 다섯 가지 요구조건을 미군정 당국에 요구하며 태업에 돌입했습니다. 이들은 일주일 안에 성의 있는 답변이 없으면 파업에 돌입하겠다고 결의했죠.

노동조합이 제시한 요구는 ①종래대로 점심밥을 줄 것 ②3년 이상 근무한 종업원에게 철도 전구간의 승차권을 교부할 것 ③일급제를 폐지하고 월급제를 실시할 것 ④소두 한 말당 85원으로 정해진 새로운 쌀값에 의해 임금을 인상할 것(파업 이전 임금은 쌀 값이 38원일 때의 임금) ⑤경노동에 종사하는 노동자에게는 1일 4홉, 중노동에 종사하는 노동자에게는 1일 5홉의 식량을 배급할 것 ⑥운수부 직원에 대해 같은 대우를 해줄 것 등이었습니다.

그러나 노동자의 요구에 미군정 당국은 아무런 회답도 주지 않았죠. 서울지구 철도 노동자들은 9월 23일 미군정 당국에 다시 진정서를 제출했습니다. 그런데 미국인 운수부장이 "인도 사람은 굶고 있는데 조선 사람은 강냉이를 먹으니 행복하다"고 폭언을 하며 노동자들의 진정을 무시해버려 노동자들의 분노를 북돋았죠. 이러던 중 철도국 산하의 부산, 전남지구의 공장에서도 경성공장의 결의에 호응하여 똑같은 요구조건이 제출됐고, 9월 23일에는 부산 철도공장 노동자들이 파업을 시작했습니다. 이후 철도 노동자들은 남조선 철도종업원 대우 개선 투쟁위원회를 만들었고, 9월 24일에는 전평의 주도 아래 남조선총파업투쟁위원회를 결성했습니다. 남한의 혈맥인 철도가 일대 혼란에 빠져든 것입니다.

미군정 장관 러치A.L.Lerche는 9월 25일 담화문을 발표하여 파업에 강력히 대처할 것임을 밝혔습니다. 그러나 경성 철도공장 노동자들은 시위행진을 진행했죠. 또 기관구 1천여 명의 노동자들은 직장에서 농성을 하고 자위대를 조직하는 등 삼엄한 동정파업을 개시했습니다. 26일에는 파업을 계속하자는 쪽과 합법적인 투쟁을 하자는 쪽으로 의견이 갈리는 일이 있었습니다만, 결국 파업 계속론이 우세하여 파업을 지속했고, 27일에는 각 산별노조가 동정파업에 들어갔습니다. 이렇게 총파업이 본격화하면서 노동자들의 경제적 요구는 정치적 쟁점으로 발전했어요. 남조선총파업투쟁위원회는 9월 26일 '총파업 선언서'를 발표하고 다음과 같이 요구했습니다.

1. 쌀을 달라. 노동자와 사무원, 모든 시민에게 3홉 이상 배급하라!
1. 물가등귀에 따라 임금도 인상하라!
1. 전재민, 실업자에게 일과 집과 쌀을 줄 것!
1. 공장 폐쇄, 해고 절대 반대!
1. 노동운동의 절대 자유!
1. 일체의 반동 테러 배격!
1. 민주주의적 노동법령을 즉시 실시할 것!
1. 민주주의운동의 지도자에 대한 지명수배와 체포령을 즉시 철회하라!
1. 검거, 투옥 중인 민주주의 운동가를 즉시 석방하라!
1. 언론, 출판, 집회, 결사, 시위, 파업의 자유를 보장하라!
1. 학원의 자유를 무시하는 국립대학교안을 즉시 철회하라!
1. 해방일보, 인민일보, 현대일보, 기타 정간된 신문을 즉시 복간시키고 그 사원을 석방하라!

총파업은 서울을 비롯하여 전국의 주요 도시와 지방의 60여 개 군으로 확산됐습니다. 남한의 모든 산업이 10여 일간 완전 마비상태에 빠졌고, 대중적 봉기에 참가한 민중들의 숫자는 110여만 명에 이르렀죠. 그러나 미군정은 전평의 요구를 단호하게 거절하고 9월 29일 종업원의 취업을 요구했어요. 그리고 대한노총은 9월 26일 40여 개의 우익 청년단체들이 결성한 파업대책위원회와 함께 전평파업대책위원회를 만들어 파업파괴공작에 들어갔습니다.

9월 30일, 미군정은 탱크를 앞세우고 군경 3천여 명과 대한노총 및 우익 청년단체 소속 2천여 명을 동원하여 용산 철도공작창에서 농성 중인 파업단을 습격했습니다. 이 습격으로 간부 16명과 조합원 1,200명이 검거됐고, 2명이 사망했죠. 이후에도 미군정과 대한노총 등은 전평 중앙본부를 습격하여 파괴했고, 많은 중앙간부를 연행, 구속했습니다. 그리고 10월 14일 노동자들의 요구를 대한노총이 그대로 제시하고 미군정이 받아들이는 식으로 해서 파업이 마무리됐습니다. 서울의 전평 총파업은 이렇게 끝났습니다.

그러나 철도파업에 대한 동정파업은 전국적으로 계속 확대되고 있었어요. 9월 28일부터 10월 초에 걸쳐 남한 일대의 운수, 통신, 기타 각 산업기관 상당수가 마비상태에 빠졌고, 학생들도 동맹휴학에 들어가는 등 사회적인 투쟁 열기는 계속되고 있었죠. 특히 10월 1일 대구에서는 40여 개의 공장 노동자들이 요구조건을 내걸고 동정파업에 돌입했습니다. 그리고 학생, 시민 등 1만여 명이 철야 데모를 벌이다가 경찰의 발포로 폭력충돌이 발생했습니다. 이 충돌로 수많은 사상자가 발생하자, 미군정이 계엄령을 선포하기에 이르렀죠. 그러나 그 뒤로도 이러한 봉기는 주로 경찰서, 경찰관을 습격하는 형태로, 11월까지 경상도에서 전라도, 충청도로 퍼져 나갔습니다. 이것이 바로 '10월 봉기'입니다.

이와 같이 파업과 시위를 통한 민중항쟁이 전국적으로 확산된 것은 전평이 주도한 노동운동에 대해 미군정이 노골적으로 탄압한 데 대해 전평 조직들이 모든 역량을 동원해 싸웠기 때문입니다. 노조원이 아닌 노동자, 농민들도 상당수가 전평의 저항투쟁에 동조했죠. 이는 그만큼 당시 서민들의 생활이 어려웠기 때문이었습니다. 특히 양곡의 강제공출제도는 농민봉기의 직접적인 원인이 되기도 했죠. 또한 거의 자연발생적으로 전국에 설립된 인민위원회를 미군정 당국이 무시했던 것에 대한 불만도 저항이 확대되는 데 크게 작용했습니다. 인민위원회를 건설한 건준 세력은 일제 때 독립운동을 하던 사람들이었는데, 이러한 건준을 탄압하고 오히려 일제강점기에 일본 제국주의의 앞잡이로 민중을 탄압하던 경찰과 조선총독부의 행정조직 및 관리들을 그대로 유지하고 있는 데 대한 불만이 극도로 높아졌던 것입니다.

3월 총파업과 전평의 불법화 _ 9월 총파업이 미군정과 대한노총의 강력한 탄압으로 실패하자 전평은 1947년 3월에 제2차 총파업을 단행했습니다. 이때의 요구조건은 경찰간부 처단, 경찰의 민주화, 테러 방지, 실업 방지 및 생활 확보, 구속된 좌익 지도자 석방 등이었습니다. 그러나 파업을 하게 된 실제 이유는 미군정이 대한노총을 옹호하고 전평을 타도하려는 방침을 고수하고 있는 데 대한 반발이었죠. 전평은 1947년 3월 22일 아침 서울출판노조를 필두로 24시간 시한부 총파업에 돌입했어요. 철도, 전기 등의 분야에서 파업이 일어났고, 부산, 대구 등 남한의 대도시 노동자들은 전평의 지시에 따라 일제히 파업을 전개했습니다.

파업이 전국적으로 확산되자 미군정 장관은 사전통고 없는 파업은 불법이며 단호히 처벌하겠다고 선언하고, 대대적인 검거에 들어갔습니다. 이렇게 전국에서 검거된 인원은 3월 28일 당시 2천 명을 넘어섰습니다. 한편 이런 어수선한 분위기 속에서 세계노련WFTU대표들이 3월 30일 서울을 방문하여 한국 노동운동의 실태를 조사했습니다. 미군정의 폭력적인 탄압을 목격한 이들은 미군정의 노동정책을 비난하는 한편, 전평을 한국 노동운동의 중심단체로 인정했죠.

그러나 미군정은 1947년 6월 8일 "정치색을 띤 노동조합은 정당한 단체로 인정하지 않겠다"고 선언하며, 전평의 합법성을 정식으로 부인했어요. 미군정의 이런 조치는 미국이 한국 문제의 유엔 상정을 결정하고 미소공동위원회를 결렬시키는 과정에서 이루어진 것이었죠. 이러한 미군정의 선언 후 1947년 8월에는 좌익 진영 사회단체 간부들에 대한 대량 검거가 이루어졌습니다. 전평은 이제 비합법조직으로서 지하로 들어가 투쟁할 수밖에 없게 됐죠.

2·7 구국투쟁과 5·8 총파업 _ 전평은 1948년 2월 7일 또다시 총파업을 단행했습니다. 남한만의 단독선거를 노리는 유엔 한국위원단의 방한을 반대했던 이 투쟁은 '2·7 구국투쟁'으로 일컬어졌습니다. 이 투쟁은 식민지화와 조국 분단정책에 대한 전국적 반대의 의미를 지니고 있었죠. 이 투쟁에서 남로당과 전평은 유엔 한국위원단 반대, 남조선 단독정부 수립 반대, 미소 양군 동시 철수, 이승만·김성수 등 친일파 타도, 노동법과 사회보험제도 실시, 임금 2배 인상, 토지 무상분배 등 9개항의 요구를 제시했습니다.

2·7 총파업투쟁에 대해 경찰은 "전국에 걸쳐 인민봉기(폭동) 70건, 시위 데모 158건, 봉화 204건, 파업 30건, 동맹휴학 25건을 수반했고, 지령문 41건, 방화 4건, 사망 35명(경찰 등 7명, 파업자 28명), 부상 133명(경찰 등 98명, 파업자 28명)이며 8,479명이 체포되어 2,279명이 송청됐다"고 발표했습니다(한국노총, 1979가: 342). 미군정의 탄압으로 인해 이전 투쟁 때보다는 그 세가 약화되기는 했지만, 2·7 투쟁 또한 전국적으로 격렬한 소용돌이를 일으켰던 것이 분명합니다. 특히 제주도에서는 2·7 투쟁이 3·1절 기념행사에서의 충돌로 이어져 끝내는 5·10 단독선거를 반대하는 제주 4·3 봉기로 분출됐죠. 아주 오랜 침묵 이후에야 그 전모가 드러났던 4·3 봉기는 미군정의 잔혹한 진압작전으로 인해 수많은 민중들의 생명을 앗아간 사건이었습니다.

전평은 이렇게 세 차례의 총파업과 미군정의 대대적인 탄압을 거치면서 붕괴 직전에 몰렸습니다. 그럼에도 남한 단독총선거를 반대하기 위해 남조선 단선단정 반대투쟁 총파업위원회를 구성하여, 선거일인 1948년 5월 8일 총파업투쟁에 나섰죠. 여기서 전평은 미국 및 미군정을 명백한 제국주의로 규정하고, 유엔을 이들 제국주의의 하수인으로 규탄했으며, 이승만과 김성수 등 우익계열을 제국주의와 야합한 매판 반동세력으로 매도했습니다.

이러한 정치적 요구조건을 제시한 총파업은 이전의 투쟁과 마찬가지로 전국 규모의 폭동으로 전개됐어요. 그러나 경찰, 청년단체, 대한노총의 기민한 진압작전에 의해 분쇄됐죠. 이후 인민공화국을 지지하고 미군 철수를 주장하는 투쟁은 11월 30일 2시간 총파업으로 나타났습니다. 이날 서울, 인천, 대전, 청주, 부산, 대구, 단양, 제천 등 8개 시군에서 파업한 공장과 기업체는 304개소였고 노동자 5만 명이 참가했으며 104개 학교가 동맹휴학을 했습니다. 시위는 314개소에서 15만 3,412명이 참가했고, 살포된 전단 수는 모두 211만 3,550장이었습니다(김영곤, 2005: 464).

이렇게 전평은 격동의 해방정국을 주도한 최대의 대중조직으로 출발해서, 미군정과의 정면대결을 거쳐 1948년 5·8 투쟁을 끝으로 사실상 소멸했습니다. 전평이 주도한 파업 가운데서 최대 규모였던 9월 총파업은 처음에는 철도 노동자들의 경제투쟁으로 시작됐죠. 그러나 미군정은 그 파업을 노동자들의 생활개선투쟁으로 받아들이지 않고, 자기들과 대립되는 전평 세력에 의한 정치적 파업으로 간주하고 무조건 탄압을 가했습니다.

당시 미군정은 남한을 자신들의 새로운 시장권으로 편입시키려 했고, 남한에 소련을 견제할 수 있는 친미정권을 세우려고 했어요. 그런데 전평이 철저히 반미적인 성격을 가지고 민족자주노선을 관철하려고 했기 때문에 미군정이 극렬한 탄압책으로 나온 것이었죠. 미국의 냉전정책에 따른 미군정의 이와 같은 조치는 가까운 일본에서도 나타났습니다. 일본의 미군정은 일본산별회의가 주도한 총파업투쟁을 좌절시키고, 이른바 레드퍼지[2]를 통해 진보세력을 괴멸시키고 노동운동을 분열시킨 끝에 일본 노동운동을 결정적으로 약화시켰던 것입니다.

전평은 일제강점기 노동운동의 성과를 총결산한 것이었습니다. 1930년대 이후의 혁명적 노동조합운동의 전통을 계승 부활시켜 해방공간이라는 유리

2 　레드 퍼지(Red Purge)는 1950년 6월 한국전쟁을 전후하여 일본의 맥아더 군정은 공산당 활동을 금지하고 시위 집회를 막는 한편, 공공기관, 민간기업의 노조 간부나 조합원 1만 2천여 명을 공산당원이나 동조자라는 이유로 해고 추방한 사태를 말합니다.

한 정세 속에서 빠르게 조직을 건설할 수 있었습니다. 그리고 민족해방의 감격과 좌우 대립의 격동 속에서 조선 노동자계급의 요구를 결집하고 폭발시킴으로써, 새로운 자주민족국가의 건설을 주도하고자 했죠. 전평은 조선공산당의 영향을 받고 있었지만 그에 대한 노동자들의 지지는 절대적이었습니다. 전평은 노동자계급의 자주성과 전투성을 유감없이 발휘했고, 끝내는 총파업을 통해 미군정에 저항했지만, 민족자주와 노동계급해방의 웅대한 꿈은 결국 좌절되고 말았습니다.

훗날 전평이 실패한 이유를 당시 전평 간부는 이렇게 설명했습니다. 미군정을 해방군, 진보적 민주주의 세력으로 잘못 판단하여 협조관계를 유지함으로써 노동자대중의 혁명적 열기를 결집시키지 못했다는 점, 일제 후반기 전위조직과 대중조직의 운동이 구분되기 어려웠던 시기의 타성에서 벗어나지 못하고 대중의 정서와 요구와 의지 등으로부터 괴리된 정치투쟁으로만 치달았다는 점, 초기 경제투쟁과 자주관리운동에서부터 철저히 대중적 조직기반을 강화하여 운동역량을 축적해 나가지 못한 채 미군정의 탄압에 총파업으로 맞서다가 괴멸했다는 점 등입니다(한국노동사회연구소, 2004: 160~163).

그러나 전평의 실패는 과오이기도 하지만 당시 운동역량의 한계라고 볼 수도 있을 것입니다. 오랫동안 일제의 탄압에 시달려온 데에다가 매우 빠르게 변화하는 나라 안팎의 정세 속에서, 냉정하고 과학적인 판단을 하기는 쉬운 일이 아니었겠죠. 뿐만 아니라 미국의 세계 지배전략과 그로부터 형성되어가는 냉전질서는 우리 민족의 소박한 꿈을 결코 허용할 수 없는 잔혹성을 그 본질로 하고 있었습니다.

제4장

대한민국 정부수립 후의 노동운동 (1950년대)

1. 이승만 친미정권의 등장과 남북분단의 고착
2. 원조경제와 관료독점자본의 형성
3. 대량실업과 열악한 생활조건
4. 노동운동의 이중 구조
5. 4·19 혁명과 밑으로부터 노동운동의 성장

탱크를 몰고 나왔던
함경도 어부의 아들인 미소년과
지리산 기슭 농군의 아들로 태어난
김 일병이
어떻게 해서
한 무덤 속에 나란히 누웠는지
아는 사람은 없다
(……)
남북의 두 젊은이는
통일된 삼천 리 강토 위에서
평등하게 자유로이 살고 있다
이 허술한 언덕
잡초 우거진 남녘 기슭에
누가 억울한 두 전사자의 시체를
함께 묻어줬는지
잘은 모르지만
여기를 지나는 이는
죽어도 비로소
형제의 우애를 굳게 맹세한
젊은 남북 전사의 가엾은 넋 앞에
다만 머리를 숙이고
깊은 생각에 잠기는 것이었다

(김규동 '하나의 무덤' 중에서)

1. 이승만 친미정권의 등장과 남북분단의 고착

1945년 8월 15일 일제 식민지에서 해방된 후 외세의 지배를 벗어나 민족자주국가를 건설하려던 노력은 미국의 한반도전략의 변화에 따라 좌절됐습니다. 미국의 전략이란 한반도에 자신들이 원하는 정권을 세우는 것이 불가능할 바에는 남한 반쪽 땅에라도 자기들이 원하는 정부를 세우는 것이었죠. 이를 위해 미군정은 남한 민중들의 거센 저항을 폭력적으로 진압한 끝에 드디어 1948년 5월 10일 남한지역의 정부 수립을 위한 총선거를 실시합니다. 이 선거를 통해 유권자 총수의 75%가 투표에 참가하여 198명의 국회의원을 선출했고, 이승만을 비롯한 우익계 인사들과 지주계급으로 구성된 한국민주당(한민당) 계열의 주도하에 제헌의회가 출범했습니다. 그리고 8월 15일에는 이승만을 대통령으로 한 대한민국 정부가 수립됐습니다. 북한 또한 1947년 11월 헌법 제정에 착수했으며, 1948년 4월에 초안을 채택하고, 그해 9월 8일 최고인민회의를 구성한 뒤 이를 확정했습니다. 이로써 토착인구의 비례에 따라 국회를 구성하고, 이 국회로 하여금 독립된 통일정부를 수립하게 한다는 유엔총회의 결정이 결국 실현되지 못하고, 한반도는 전쟁의 씨앗을 잉태하면서 민족분단의 길을 걷게 된 것입니다.

대한민국 초기 남한의 지배권력은 이승만과 한민당이었습니다. 한민당은 친미적 성향, 반공주의 이데올로기와 보수적 이념을 표방하며, 친일관료층, 기독교계 세력, 상인·금융가 등의 후원 속에 급격히 성장했습니다. 미군정은 이승만과 한민당을 남한에서 유일한 동맹 세력으로 보고 군정 초기부터 지원함으로써 협력관계를 발전시켰습니다.

남과 북에 수립된 두 개의 정권은 제각기 자신이 "한반도의 유일 합법정부"라고 주장했어요. 대한민국은 북한 지역을 반국가단체가 불법으로 점거하고 있는 실지失地로 간주하여, 이 실지의 회복을 통일과 동일시했으며, 북한은 서울을 통일 조선의 수도로 간주하고, 이 실지의 회복이 곧 통일이라고 생각했습니다. 바꾸어 말하면 남북한은 서로 자기 측의 체제와 통치를 상대에게 확대한다는 것, 상대방의 붕괴 또는 소멸이라는 조건하에서만 통일을 이루려고 했던 것이죠. 이를 위해 남과 북은 미국과 소련으로부터 군사·경제적 지원을 받아내는 데 여념이 없었으며, 그 필연적 결과가 1950년 6·25 한국전쟁이라는 동족상잔同族相殘의 비극이었습니다. 남쪽에서는 단독정부 수립을 강행한 이승만 대통령이 무력 북진만을 유일한 민족통일로 주장했고, 북쪽에서는 북반부 민주기지론에 따라 무장력을 강화하고 남반부 해방을 위해 투쟁하는 것은 조선 공산주의자들의 당연한 의무로 주장했으니, 양자의 전쟁은 어찌 보면 필연적 귀결이었던 셈이죠.

  1950년 6월 25일 북한의 총공세로 시작된 한국전쟁은 소련의 제의로 1953년 7월 27일 휴전협정이 맺어질 때까지 약 3년 한 달 동안 계속됐습니다. 한국전쟁이 초래한 결과는 실로 참혹한 것이었죠. 전쟁은 400~500만 명에 달하는 인명피해를 남겼는데, 이것은 당시 남북한 인구 3천만 명의 약 6분의 1이 전쟁으로 피해를 입었음을 뜻합니다. 500만이 넘는 전재민, 농촌경제의 완전파괴로 인한 인구의 도시집중, 그리고 1천만 명에 달하는 이산가족의 발생 등등 그것은 살아 있는 사람들 모두에게 견디기 어려운 삶을 강요했습니다.

  전쟁은 물적 피해도 컸지만 남한 사회에 커다란 악영향을 끼쳤죠. 전쟁은 그 이전 잠정적인 분단 상태에 놓여 있던 남북한 사이를 완전히 다른 두 사회로 만들어 버렸습니다. 전쟁으로 인한 분단은 정치, 경제, 군사 등 모든 분야, 개인과 집단의 모든 것을 갈라놓았습니다. 또한 전쟁은 강력한 독재체제를 완성시켜 주었습니다. 권력은 전쟁을 거치면서 엄청나게 강화된 군, 경찰, 정보기구 등의 국가공권력을 통해 시민사회와 민중 부문에 맹목적인 충성을 강요했죠. 또한 극단적인 반공·반북·친미 이데올로기가 사회의 가장 중요한 운영원리이자 지배이데올로기가 되어, 최소한의 민주화운동이나 반독재투쟁 등 모든 정치적 움직임들은 봉쇄당했습니다. 요컨대 반공·반북·친미 이데올로기가 남한체제의 가장 중요한 존재근거이자 정당화의 외피가 된 것입니다.

그러나 이승만 대통령은 한민당 세력이 너무 커지는 것을 견제했고, 한민당은 이승만 대통령의 조각組閣에 불만을 가지면서, 양자는 1년도 안 돼 갈라졌습니다. 한민당은 1949년 2월 민주국민당으로 변신한 후 이승만에 대항하여 내각책임제 개헌을 추진했고, 이승만은 자유당을 조직한 후 1952년 5월 20일 총선거를 계기로 완전히 이승만·이기붕 체제를 확립했습니다. 그리고 전쟁 중에 이른바 '사사오입四捨五入 개헌'으로 집권 연장의 길을 마련함으로써 헌법질서를 유린했죠. 이승만 정권은 등장하자마자 권력의 안정을 위해 경찰·관료 및 군부에 막대한 재정을 투입하여 집중적으로 육성했어요. 대통령 이승만은 식민지시대 반민족 인사들을 중용하고, 귀속재산불하와 미국원조를 기반으로 상공계급을 장악했으며, 미국의 냉전전략을 배경으로 무수한 정적을 탄압하고 민족통일 세력을 제거했습니다. 이 때문에 이승만 정권은 처음부터 민중의 지지를 받지 못했고 날이 갈수록 온갖 억압수단을 동원하며 독재의 길을 걷게 됩니다.

그러나 억압이 있는 곳에는 늘 저항이 따르기 마련입니다. 결국 독재정권이 오래 지속될 수는 없었죠. 온 국민이 파산 직전의 상태로 몰리는 가운데 장기 집권의 길에만 집착하던 이승만 정권은 1960년 3·15 부정선거를 계기로 터져 나온 국민의 분노 속에서 종말을 맞이합니다. '피의 화요일', 4월 19일 혁명이 폭발한 것입니다. 4·19 혁명 직후 "배후에 공산당" 운운하며 마지막까지 권좌를 지키려했던 이승만 정권은 그토록 믿어왔던 미국마저 지지를 철회하자, 더 이상 버티지 못하고 제2인자 이기붕 일가의 자살과 이승만 자신의 하와이 망명으로 종말을 고했습니다.

2. 원조경제와 관료독점자본의 형성

　대한민국 정부 수립 후 가장 먼저 서둘러야 할 일은 배고픔을 해결하는 것과 일제의 유산을 정리 청산하는 것이었어요. 먼저 농지개혁은 반봉건 식민지체제에서 해방된 나라가 가장 우선적으로 해결해야 할 과제였습니다. 북한은 무상몰수 무상분배의 원칙을 가지고 철저히 농민 이익을 실현시키는 방향으로 농지개혁을 일찌감치 단행했죠. 그에 반해 이승만 정권은 미군정의 농지개혁정책을 이어받아 유상매수 유상분배 원칙을 도입하여 지주의 이익을 대변했습니다. 농민들은 농지를 분배받았지만 또다시 소작인으로 전락했고, 군소지주들 역시 대부분 몰락하고 말았습니다. 친일 봉건지주제와 소작제가 변형된 형태로 온존된 것입니다.

　이러한 행태는 귀속재산 처리에서도 나타났습니다. 귀속재산이란 적산敵産이라고 불리기도 한 일본인의 재산으로서, 당시 남한 총자산의 8할에 이를 만큼 방대한 것이었습니다. 미군정은 남한에 진주하자마자 3,551개에 이르는 사업체(제조업 2,354개, 광업 316개, 농림농산업 337개, 상업 서비스업 318개)를 접수했습니다(이대근, 1983: 415~416).

　미군정은 귀속사업체의 관리를 임명하고 1947년부터 불하하기 시작했습니다. 관리인은 대개 과거 일제강점기에 당해 귀속사업체의 한국인 종업원이거나 다른 연고자, 또는 그와 유사한 업종에 종사한 한국인 기업가, 아니면 영어나 일어 통역에 능숙한 자, 기타 정상배와 모리배들이었죠. 불하된 귀속사업체를 좀 더 자세히 살펴보면, 기업체 513건, 부동산 839건, 기타 재산 916건 등 2,268건이었고 이에 대한 당시 시가는 146억 원이었습니다. 미군정은 이를 해방 이전의 장부가격인 2억 4천5백만 원에 불하했습니다.

1948년 이후 귀속재산 처분은 한국 정부에게로 돌아왔고 1964년에 종결됩니다. 이승만 정권은 미군정이 불하한 결과를 그대로 인정했고, 나머지 귀속재산을 권력과 가까운 자, 식민지시대부터 연고를 갖고 있는 상공인, 식민관료 등 친미·친일 인사들에게, 실제 시장가격의 평균 62% 수준으로 책정된 가격에 불하를 했습니다. 그것도 급속한 인플레이션 속에서 최고 15년까지 분납을 인정하는 조건이었죠(변형윤, 1983: 210). 따라서 연고권을 둘러싸고 관권과의 결탁에 의해 특권적 불하, 특혜적 융자 등이 공공연하게 이루어질 수밖에 없었습니다. 이것이 재벌 형성의 기초를 이루게 됐죠.

농지개혁과 귀속재산 처리의 왜곡은 미국원조와 결합하여 한국경제의 파행성과 예속성을 한층 깊게 했을 뿐만 아니라, 지배권력의 부정부패 구조를 정착시켰습니다. 미국은 해방 후 인위적 분단으로 인해 일제 식민지배가 물려준 파행적 산업구조가 온존된 상태에서 막대한 무상원조를 제공했습니다. 미국의 원조는 주로 소비재 중심의 긴급구호였어요. 1948년부터는 사회간접자본 제공 등 부흥원조를 계획했으나, 실제는 소비재 및 원자재가 주종이었으며 한국전쟁 이후에도 마찬가지였습니다. 이러한 원조는 긴급구호에 기여했지만 생산정책을 동반하지 않은 채 소비구조를 왜곡시켰을 뿐 아니라, 국민경제의 시장기반을 상실케 했습니다.

한국전쟁을 거친 후 미국의 원조는 크게 늘어났습니다. 1945~61년 사이에 원조 총액은 31억 9천 9백만 달러로, 해당 기간 연평균 국민총생산액GNP의 12%, 연평균 총수입의 73%를 차지하는 막대한 것이었죠. 한국전쟁 이후 1961년까지의 원조 총액은 약 23억 달러에 이르렀습니다. 또한 1957년과 1958년에는 GNP에 대한 원조액의 비율이 각각 22.9%, 16.9%에 이르렀고, 재정규모에 대한 비율은 50%를 넘어섰습니다(김대환, 1976: 112).

한편, 미공법PL 408호에 의한 잉여농산물의 무상원조는 1956년부터 시작됐습니다. 원조는 상당히 많은 부분이 경제원조였지만(FOA·ICA 원조 등), 실제

경제적 효과는 미약했던 반면 군사적 성격이 강했어요. 또한 원조 금액의 관리방식, 즉 대충자금對充資金의 운영과 배분은 그 범위가 크게 제약되어 대부분이 국방세를 비롯한 비경제적 비용에 충당됐습니다. 따라서 대충자금을 통한 경제원조는 군사원조의 기능을 수행한 데 불과했죠.

또한 미국의 원조는 시설재(19%)보다는 소비재(81%)에 치중되어 있었습니다. 미국은 자기 나라 안에서 남아도는 소비물자를 제공했고, 그것은 앞으로도 자기 나라의 상품 판매에 유리한 시장 형성을 노린 것이었죠. 그 결과로 한국의 재생산 구조는 뒤틀리게 됐습니다. 그 사례가 잉여농산물의 원조입니다. 한국에 도입된 잉여농산물은 곡물 값을 폭락시켜 농가경제를 파탄으로 몰아넣어, 당시 한국 산업화의 주력이었던 삼백공업(밀가루, 면방직, 설탕)의 원료인 국내의 밀, 면화생산을 도태시켰죠. 이에 따라 농촌은 고사枯死 상태에 빠지고 만성적인 가난에 허덕이게 됐어요. 급기야는 노동자들이 농촌을 떠나 도시로 몰려들어 경쟁적인 저임금 노동력의 공급원이 됐죠.

또한 공업 부문은 원료가공형 소비재 공업만을 발달시켰습니다. 그것도 귀속재산 처리와 마찬가지로 몇몇 정치권력과 가까운 특권층이 지배하면서 외국원조 등 모든 이권까지 독점했기 때문에, 힘없는 중소기업은 성장할 수가 없었죠. 1962년 중소기업은행이 실시한 '광공업사업체 조사보고'에 의하면, 전체 제조업의 1%도 되지 않는 독과점 기업그룹이 제조업 총생산의 약 33%를 차지했으며, 부가가치는 약 50%를 차지하고 있었습니다. 업종별로 보면 제분은 전체 기업체 58개 중에 2개의 대기업이 총 출하액의 10%, 제당은 44개 업체 중 2개의 대기업이 49%, 비누는 98개 중 1개의 대기업이 총 출하액의 9.6%를 각각 독점하고 있었죠. 합판·타이어·튜브·시멘트·고무신 등에 있어서도 상당한 집중이 이루어지고 있었습니다.

이런 과정에서 만들어진 관료독점자본은 1개 산업의 과점적 지배자로 그친 것이 아니라, 정책적 지원을 독점함으로써 여러 산업에 걸쳐 외형적으로는 독립되어 있지만 실질적으로는 동일한 자본에 의해 소유되어 있는 '재벌'을 형성했어요. 이들 독점자본들은 외국원조를 기초로, 정부의 도입 원자재에 대한 실수요자 할당, 원조에 의한 기계설비 도입, 비현실적 공정 환율 및 재정 금융상의 막대한 지원 등을 바탕으로 막대한 부를 축적했고, 정경유착을 통해 부정부패를 만연시켰죠.

이와 같이 이승만 정권하의 원조경제는 관료독점자본을 형성하고, 대기업과 중소기업, 공업과 농업의 파행적 구조와 대외의존성을 가져왔습니다. 그 결과로 중소 영세기업들은 쇠퇴의 길을 겪었습니다. 또한 PL 480호의 잉여농산물로 인해 농업은 국내 산업과 단절된 채 정체를 반복하면서, 소농은 분해되어 도시의 노동자로 이전됐죠. 식량원조를 기반으로 하는 농산물 저가격 정책이 농업의 정체를 촉진했을 뿐만 아니라, 도시의 과잉노동력과 저임금의 노동조건 형성에 영향을 준 것입니다.

그런 상황에서 1957년 불황이 도래하고 시설과잉이 두드러져 공업의 성장률은 급격히 둔화되기 시작했습니다. 불황의 여파는 1950년대 말부터 독점자본에도 파급되어, 국내 소비의 위축에 대비되는 시설과잉으로 자본축적은 위기에 봉착했습니다. 특히 1950년대 말 미국 원조가 삭감되어 소용원자재의 공급이 감소됨으로써, 과잉시설의 피해가 더욱 심화됐죠. 경제기획원이 발표한 1961년도 주요산업의 가동률 조사에 의하면, 제당·제분·방직업의 가동률은 각기 26.1%, 23.3%, 49.2%까지 떨어졌습니다(동아일보, 1961. 12. 7). 1960년의 4·19 혁명은 바로 이런 경제구조상의 모순과 불황이 민중의 삶을 위협하면서 폭발한 것이었죠.

3. 대량실업과 열악한 생활조건

해방 후 우리나라는 미국과 유엔으로부터 많은 원조를 받았습니다. 그러나 원조의 내용은 소비재가 대부분이었고 그마저 권력과 밀착한 독점자본과 특권층이 독차지했습니다. 새로운 산업은 성장하지 못했고, 산업의 80% 이상을 차지한 농업경제는 몰락하여 농민들을 도시로 내몰았습니다. 인구는 늘어났지만 취업자는 늘지 않고 실업자만 급증했죠. 5인 이상 사업체의 종업원 수는 1949년에 26만 6천 명이었는데, 1955년에는 25만 5천 명, 1957년에는 24만 5천 명, 1960년에는 23만 5천 명으로 오히려 줄어들었습니다. 한편, 완전실업자의 수는 종업원 수보다 많아, 1957년 27만 7천 명에서 1960년 43만 4천 명으로 크게 늘어났습니다.

이러한 고용 상황에서 노동자의 생계는 곤궁할 수밖에 없었어요. 1952~58년 사이 노동자의 총수입 중에서 차입금 비중은 연평균 14%나 됐습니다. 임금이 가계총수입의 50%라는 사실에 비추어 보면 대부분의 노동자가 얼마나 심각한 적자가계를 이어가고 있었는지 알 수 있을 겁니다. 엥겔계수(가계의 전체 소비지출 가운데 음식물 비용이 차지하는 비중)는 41~64%이었죠. 보건사회부가 1957년 전국 101개 사업체 3만 7,909명의 생활실태를 조사한 바에 의하면, 노동자들의 월평균 수입은 2만 153환인데 생활비는 4만 509환이었고, 그 가운데 32.5%인 1만 3,178환이 적자였습니다(한국노총, 1979: 433).

열악한 조건은 노동시간과 작업환경에서도 마찬가지였습니다. 1953년 노동관계법이 제정됐지만, 1일 평균 10시간 이상의 근로를 강요하는 사업체가 대부분이었고, 시간외 근무수당 지급 등 여러 가지 노동력 보호를 위한 제도는 전혀 시행되지 않고 있었죠. 위험하고 불결하기 짝이 없는 작업장과 있으나 마나 한 의료후생시설 아래서, 산업재해는 개선되는 것이 아니라 매년 늘어나거나 답보상태에 있었습니다.

그럼에도 노동자보호정책은 전무하다고 할 정도로 빈약했습니다. 1953년 제정된 노동관계법은 거의 시행되지 않았죠. 미국 원조와 국가권력의 특혜로 자본을 축적하는 기업의 입장에서는 노동력 보호나 노무관리에 관심을 가져야 할 이유가 없었던 것입니다. 이와 같이 1950년대의 노동자들은 열악하기 그지없는 조건 아래 혹사당하면서도, 실업자의 홍수 속에 직장이 있다는 사실만으로 안도하고 임금체불을 감내하면서까지 직장을 지키고자 했습니다. 거기다가 독재정권과 사용자의 무자비한 억압이 노동자들의 권리행사를 짓누르고 있어, 노동운동이 발전할 수 있는 여지는 거의 없어 보였죠. 그러나 노동자들은 오직 굴종만을 미덕으로 삼지는 않았어요. 노동자들은 비상시국인 전쟁 중에도 노동쟁의를 벌이고 권력과 자본의 억압에 맞서 노동조합을 만들고 지키며 과감한 투쟁을 전개했습니다.

4. 노동운동의 이중구조

대한노총의 조직 확대 투쟁과 파벌싸움

1945년 8월 민족해방과 함께 노동운동을 주도했던 전평이 미군정의 탄압으로 위축되자, 대한노총은 전평 조직을 파괴하고 자기 조직으로 재편성했습니다. 그 결과로 1947년 9월 당시 전체 262개 노조 5만여 조합원 가운데, 전평 산하 노조는 13개 2,400여 명에 불과하고 대한노총은 221개 노조에 3만 9,000명 이상이었습니다(김낙중, 1982: 90).

이렇게 하여 1948년 대한민국 정부 수립과 함께 대한노총은 남한의 유일한 합법적 전국조직이 됐습니다. 대통령 이승만은 전평을 타도한 대한노총의 공로를 기려 대한노총 위원장 전진한을 초대 보건사회부 장관에 임명했습니다. 그러나 당시 노동자들은 열악하기 그지없는 노동조건에 거의 무권리 상태에 놓여 있었습니다. 1949년 6월 말 당시 대한노총에는 단위노조 683개에 12만 8천여 명의 조합원이 가입했지만, 단체협약을 체결한 노조는 단 2개에 지나지 않았죠. 노동자의 기본권리를 확보하기 위해서는 또 다른 투쟁을 전개할 필요가 있음을 말해주는 것이었습니다.

대한노총의 조직화 싸움은 대한민국 정부 수립 직후 시작됩니다. 그 대표적인 사례가 철도연맹과 조선전업노조의 결성투쟁이었습니다. 철도연맹은 1947년 1월 대한노총 운수부연맹으로 출발하여, 전평의 총파업을 파괴하는 데 큰 공로를 세웠죠. 그러나 정부 수립 후 교통부는 철도종업원을 공무원으로 간주하여 노동조합운동을 제거하려 했습니다. 교통부는 1948년 11월 대한노총 운수부연맹이 사회부에 단체교섭권 공인신청을 내자, 이를 보류하도록 하고 국가공무원법 제정을 서둘렀습니다. 이들이 준비 중인 공무원법 제

35조에서는 공무원의 정치활동과 공무 이외의 집단행동을 금지했죠.

이에 운수부연맹(1949년 3월 철도연맹으로 이름을 바꿈)은 이승만 대통령에게 노조인정을 해달라고 탄원서를 내고, 국회를 통한 국가공무원법 수정을 시도하는 활동을 벌였습니다. 그렇지만 결국 법안은 통과됐고 이승만 대통령은 1949년 8월 이를 공포했어요. 철도연맹은 졸지에 폐쇄의 위기에 몰렸죠. 이후 교통부는 거추장스러운 철도연맹을 제거하기 위한 구체적 방편으로 교통부 안에 현업원조합을 조직하기 시작했습니다. 철도연맹은 현업원조합 현수막을 제거하는 등 강하게 반발하고, 이승만 대통령에게 반공투쟁에 공로가 큰 점을 들어 노조인정을 탄원했어요. 그러자 이승만 대통령은 1949년 9월 교통부에 현업조합원 간판을 떼고 조직사업을 중단하라고 명령했고, 이를 계기로 교통부는 철도연맹을 인정하게 됐습니다.

정부 산하 귀속기업체인 조선전업 노동자들은 정부 수립 후 노조의 필요성을 절감한 끝에 1949년 1월 6일 노조결성준비위원회를 만들고 회사에 통보해 협조를 요청했습니다. 그러자 당시 조선전업 사장 서민호는 종업원이 준공무원인 국책회사 소속이라는 점을 들어 노조를 부정했습니다. 노조대표들은 사장을 만나 설득하려 했으나, 오히려 사장은 이들을 감시·위협하고, 종업원들을 공공연히 협박하며 노골적으로 노조결성을 방해했죠. 이에 노동자들은 1949년 2월 12일 대한노총 회의실에서 전체 200명 중 180여 명이 모여 결성대회를 개최했습니다. 그러자 회사는 주동자들을 대거 해고·전출시키고, 귀속기업체에는 노조결성을 못하게 조처해달라고 상공부에 건의했습니다.

이에 노조는 2월 29일 노동쟁의 돌입 결정서를 회사에 전달했고, 대한노총은 투쟁위원회를 만들어 노조를 지원했습니다. 그러나 회사는 사회부의 행정조정을 거부하고, 중앙노동위원회의 노조인정과 징계취소 판정마저 거부해 버렸습니다. 노조는 5월 10일 중앙노동위원회 판정을 받아들이지 않으면 5월 14일 경인시구 일대에 1시간 단전파업에 돌입한다고 선언했습니다. 정부

이승만 대통령(앞줄 오른쪽 네 번째)과 대한노총 산별위원장들

에서는 부처마다 의견이 엇갈리고 여론이 들끓었어요. 결국 이승만 대통령이 5월 15일 오전 노사 양측 대표와 정부 관계자를 불러 모아놓고 노조결성을 승인했습니다. 노조는 곧 단전파업을 중지하고 회사도 징계조치를 철회했죠.

이런 한편에 대한노총은 대한민국 정부 수립 직후부터 분쟁에 휘말리기 시작했습니다. 그 직접적인 촉발점은 초대 보건사회부 장관에 임명된 전진한 위원장의 유임 문제였어요. 1948년 8월 26~27일 열린 대한노총 임시전국대의원대회는 조직 이름을 대한노동총연맹으로 바꾸고 규약과 강령을 개정한 다음, 전진한 위원장의 유임 문제를 둘러싸고 찬성과 반대의 두 파로 분열됐죠. 논쟁은 난투극으로 발전하고 김구 등 유임 반대파는 혁신위원회를 구성하여 다수파인 전진한 집행부와 대립합니다. 그러던 중 1948년 12월 전진한이 이승만 대통령과 정치적으로 결별하고 장관을 그만두었습니다.

한편, 전진한 위원장은 1949년 3월 25~26일 대한노총 제3차 정기대의원대회에서 진행된 위원장 선거에서 떨어졌습니다. 하지만 4월21~22일 별도의 대회를 열어 자신을 위원장으로 하는 집행부를 구성했죠. 이렇게 대한노총은 '3월 대회파'와 '4월 대회파'로 분열되어 사사건건 싸움을 벌이다가, 1949년 노동절 행사까지 치르지 못하기에 이릅니다. 이 파벌싸움은 1949년 7월 대통령 이승만의 조정으로 겨우 수습되지만, 그것은 어디까지나 미봉책에 불과했죠. 그런 속에서도 대한노총은 노동자들을 동원하여 이승만 정권을 지지하는 활동을 벌였습니다. 그렇지만 일선의 노동자들은 철도와 조선전업처럼 정부를 상대로 싸워 노조를 확보하는가 하면, 광산연맹의 경우 체불임금 지급과 임금인상을 요구하는 활동을 전개하고 있었죠.

노동쟁의의 격화와 노조민주화투쟁

1950년 6월 25일 일어난 한국전쟁은 그렇지 않아도 어려운 노동자들을 더욱 비참한 상태로 몰아넣었고 노동운동의 정상적인 발전을 차단합니다. 노동자들은 군대에 끌려가거나 군사작전의 뒷바라지를 해야 했고, 직장을 잃어버린 채 피난민의 대열에서 방랑생활을 했거나, 천행으로 직장을 가진 사람들은 전시 수요에 응하기 위해 힘겨운 장시간노동을 수행하지 않으면 안 됐죠. 그러나 아무리 전쟁 중이라도 견디기 어려운 한계에 도달하면 노동자들은 언제든지 자신의 요구를 드러내고 개별적 또는 집단적으로 투쟁에 나섰습니다. 1951년 12월의 부산 조선방직 쟁의, 1952년 2월 석탄공사 산하 광산 노동자들의 쟁의와 7월 이후의 부산부두 노동자들의 파업 등이 대표적인 사례입니다. 조선방직 노동쟁의는 당시 노사관계의 실상과 노동운동의 현주소를 극명하게 보여주었을 뿐 아니라, 노동법 제정의 계기를 제공했습니다. 또한 광산과 부두 노동자들은 저임금으로 인한 생활고를 견디다 못해 노동쟁의를 일으켜서 전시하의 삼엄한 상황에도 승리를 거두었고, 특히 부두 노동자들은 미군을 상대로 두 차례나 파업을 단행하는 과감성을 보였습니다.

1953년 7월 한국전쟁이 휴전으로 끝나고 노동관계법이 제정됐습니다. 그러나 아직 우리나라에는 노동자가 적었고, 정치적으로도 이승만 대통령의 독재정치 아래 사용자의 횡포가 심하여 노동법이 노동자 보호의 제 기능을 발휘하기는 어려운 상태였습니다. 그럼에도 노동자들은 적극적으로 노동조합을 조직하고 노동쟁의를 일으켰으며, 나아가 어용 노동조합의 민주화를 위해 치열한 투쟁을 전개했죠.

먼저 노동자들은 노동조합을 열심히 조직하여 권력과 자본에 대응하고자 했습니다. 그 결과 1953년 4월부터 1960년 4월에 이르는 동안 5인 이상 사업체의 종업원 수가 감소하고 있음에도 노동조합 수는 현상을 유지하거나 증가하고 조합원 수는 크게 증가했습니다. 노동조합 수는 1955년에 562개에서 1958년 634개, 1959년 558개였고, 조합원 수는 1955년 말 20만 5,511명이던 것이 1957년 24만 8,507명, 1959년 28만 438명으로 계속 증가했습니다. 또한 노동쟁의도 1953년 9건에서 1959년 95건으로 10배 이상 급증하고, 참가인원은 2,271명에서 4만 9,813명으로 20배 이상 크게 늘어났습니다(김낙중, 1982: 186~189).

노동자들은 주로 임금인상, 체불임금, 해고반대 등 절박한 생활상 문제를 해결하기 위해 노조를 조직하거나 쟁의를 일으켰어요. 노동자들은 대한노총이 정치권력에 눌리고 파벌싸움만 일삼는 통에 직장단위로 고립됐지만, 투쟁은 날이 갈수록 치열한 양상을 띠었습니다. 그때마다 회사 측은 정치권력을 등에 지고 노동자들을 탄압했고, 어용노조를 만들어 노동자들의 저항을 봉쇄하려 했습니다. 노동자투쟁은 처음에는 개별 사업장에서 전개되다가, 이후 상급조직인 산업별·지역별 조직과 대한노총이 개입하고, 그 과정에서 부정부패, 협잡과 야합의 행태가 폭로되면서 어용노조 반대투쟁으로 발전하는 경우가 많았습니다. 그 대표적인 사례가 대구 대한방직 노동쟁의였죠.

대한방직 대구공장은 자유당 재정부장 설경동이 권력층과 결탁하여 1955년 말 헐값에 인수받은 회사입니다. 설경동은 공장을 인수받자마자 노동자 2,600명을 경영합리화라는 명목으로 전원 해고했고, 이 중 자기와 가까운 200명만 다시 고용하여 어용노조를 만들었습니다. 더구나 채용한 노동자를 인간 이하로 다루면서 수시로 해고하는 횡포를 계속 부리자, 전체 노동자들은 더 이상 참을 수 없어 어용노조 간부를 쫓아내고, 새 간부를 선출하고 쟁의에 들어갔습니다. 설경동은 노동자에 대해 폭행, 해고, 구속 등 횡포를 저지르면서, 국회·보건사회부·중앙노동위원회의 조정안까지 무시하고 노동자들을 탄압했습니다. 또한 대한노총은 회사가 만든 어용노조를 인정하여 노동자들을 궁지로 몰아넣었죠. 해고 노동자 1백여 명은 숱한 시련을 겪었지만 좌절하지 않고 법정투쟁을 전개한 끝에, 1960년 4·19 혁명 후 승리를 쟁취했습니다.

이 밖에도 많은 투쟁이 일어났어요. 1954년에는 대한석탄공사 노동자의 임금인상 파업, 부산 미군부대 한국인 종업원의 임금인상 파업, 하역 노동자의 임금인상 파업, 서울자동차노조의 8시간 노동제 요구파업, 대구 내외방직 임금인상파업, 조선전업노조와 철도노조의 임금인상쟁의 등이 일어났고, 1955년에는 남선전기 노조결성투쟁, 석탄광 노동자의 임금인상쟁의가 있었죠. 1956년 삼척시멘트 노동자들의 체불임금 지급 요구투쟁, 1957년 인천부두 노동자들의 부당해고 반대투쟁, 밀양 한국모직 노동자들의 부당해고와 임금체불 항의투쟁, 1958년 부산의 대한조선공사 노동자들의 7개월 분 임금체불 확보투쟁 등이 이어졌고, 1959년에는 섬유노련이 노동시간 단축 쟁의를 제기하여 8시간 노동제의 실시를 승인하는 단체협약을 체결했습니다. 그리고 부산에서는 임금인상을 위한 부두노조의 쟁의와 단체협약의 체결을 요구한 택시노조의 쟁의가 일어났습니다.

이처럼 1950년대 노동자들은 원조경제와 독재정권의 억압이라는 척박한 조건을 뚫고 밑으로부터 처절한 투쟁을 전개했습니다. 그러나 대한노총은 이승만의 권력기반이 되어 충성경쟁과 주도권 쟁탈을 둘러싼 싸움에 몰두하고 있었죠. 대한노총은 이승만 개인의 권력유지 및 연장을 위해 개헌반대 궐기대회(1950. 2.19)를 개최하는가 하면, 1955년 12월에는 사사오입 개헌에 따른 이승만의 대통령 출마 지지를 위해 우마차 시가행진을 벌이기도 했습니다. 마지막에는 아예 자유당의 기간단체가 됐죠. 1960년 3·15 부정선거 때는 이승만과 이기붕을 지지하기로 결의하는 행동방침을 산하조직에 시달했고, 정부에 건의하여 5월 1일 노동절을 대한노총 창립일인 3월 10일로 바꾸기도 했습니다. 대한노총 간부 가운데는 기업주와 결탁하여 노동자들을 억압하는 어용 노동귀족의 행태가 빈번하게 나타났고, 대한노총 조직싸움에 개별기업 노동쟁의가 악용되어 노동자들이 고통을 겪기도 했습니다.

대한노총의 이러한 어용성과 부패에 대해 노동자들은 환멸을 느꼈어요. 그리고 기업주 및 권력층에 대한 저항 과정에서, 대한노총 간부들에 대한 투쟁도 아울러 벌여나가기 시작했습니다. 부두 노동자들은 일찍이 한국전쟁 중에 십장과 반장의 중간착취에 반대하는 투쟁을 벌였고, 1958년 10월 이후에는 대한노총 위원장과 부두노조 위원장을 겸직하고 있는 김기옥과 그 일파의 부정부패에 맞서 치열한 투쟁을 벌였습니다. 김기옥은 폭력배와 경찰을 동원하여 노동자들을 억압했지만, 4월 혁명 후 축출됐죠. 섬유 노동자들도 어용노조에 반대하여 치열한 투쟁을 벌였습니다. 부산 조선방직투쟁에서 대한노총의 배신으로 수많은 간부 및 동료들을 잃었던 노동자들은 1956년 노조 위원장의 부정을 폭로하여 사퇴시켰고, 1958년 10월에는 회사와 어용간부들의 보복을 무릅쓰고, "노동자의 권익을 보호하자"는 구호 아래 새로운 노조 결성을 시도했습니다. 1959년 6월에는 1억여 환이나 되는 임금을 체불했는데도 기업주만 두둔하는 어용노조 간부들을 축출하기 위한 투쟁을 진행했죠(김낙중, 1982: 246).

이렇게 대한노총의 횡포와 어용간부의 비리에 대한 투쟁이 확산하는 가운데, 대한노총을 거부하려는 움직임이 나타나기 시작했습니다. 그 진원지는 노동쟁의가 빈발했던 대구였어요. 대한방직 등 노동쟁의 과정에서 대한노총의 배신과 정부권력의 불법적인 개입으로 시련을 겪었던 노동자들은 대한노총 경북지구와 별도로 대구지구 노동조합연맹을 만들고, 이를 모체로 하여 대한노총에 대항하는 조직체로서 전국노동조합협의회(전국노협)를 결성했습니다. 전국노협은 1959년 10월 26일 서울 태화관에서 14개 노조 대표 21명이 참석한 가운데 결성됐습니다.

이들은 취지문에서, 한국 노동운동의 발전과 정상화를 위해서는 단위노조의 민주화를 통한 노동조합으로서의 주체성을 확립해야 함에도, 대한노총은 밑으로부터의 민주화를 억압하고 독재와 부정 비리를 자행함으로써 그 정당성을 상실했다고 규정했습니다. 그리고 "새로운 전국단체를 구성하여 실지행동(實地行動)과 일상적인 투쟁을 통해 현 노총과 대결할 것"이며, 철저한 "민주적 조합운동"을 통하여 노동자의 이익대변과 이 땅의 민주발전에 기여하겠다고 다짐했습니다. 또 선언에서는 "노동자의 권익을 짓밟는 기업주와 그

주구 및 노동 브로커들과의 가차 없는 투쟁"을 벌이고, "노동관계에 있어서 봉건잔재와 관료적인 일체의 요소를 타파"할 것이라고 밝히고, 강령에서는 "민주노동운동을 통하여 국민경제 발전과 노자평등의 균등사회 건설, 민족의 주권을 확립"할 것이라고 제기했죠(한국노총, 1979가: 488~490).

전국노협 결성은 대한노총의 파벌싸움과 관계있는 간부들이 포함되어 있기는 하지만, 새로운 민주적 노조를 지향한다는 점에서 많은 관심을 끌었고 조직을 동요시켰습니다. 당시 전국 541개 단위조합 중에서 311개 조합이 대한노총에서 탈퇴하고 전국노협에 참가할 의사를 나타냈으며, 산하 조합원 수는 전체 27만 중에서 14만 명에 이른다고 전국노협은 주장했죠. 대한노총에서는 사무총장이 노총 위원장의 부패 타락상을 폭로한 장문의 성명서를 발표하고 사퇴했습니다. 그러나 전국노협은 대한노총과 자유당 정권의 억압 아래 자유로운 활동을 할 수가 없었어요. 하지만 1960년 4·19 혁명 이후 노총 통합 과정에서 수적으로는 열세임에도 도덕적 우월성을 배경으로 주도적인 역할을 하게 됩니다.

부산 조선방직 노동쟁의

부산 조선방직 주식회사는 일제 때 일본 가네보 자본이 세운 공장으로, 해방 후에는 귀속사업체가 됐습니다. 이 공장은 다른 지역의 공장들이 모두 전쟁에 휩쓸려 가동 불능 상태인 데 반해, 전쟁의 피해를 입지 않은 채 남한에서 소비되는 방직제품의 대부분을 생산하고 있었습니다. 1951년 85억 원의 순이익을 냈고, 종업원 6천여 명이 일하고 있는 남한 최대의 방직공장이었죠. 그런데 이 회사에서 오래 일해 온 노동자들이 귀속재산 불하를 받기 위해 노력하고 있던 중, 몇몇 관리인 간부들이 사기·배임·횡령 혐의로 재판에 회부됐습니다. 그러자 정부는 1951년 9월 5일 후임 관리인으로 전 동화백화점 관리인 강일매를 임명했죠. 그 근거는 1949년 12월 19일 제정된 귀속재산처리법이었습니다. 이 법은 "귀속재산은 합법적이며 사상이 온건하고 운영능력이 있는 선량한 연고자, 종업원에게 우선적으로 매각한다"고 규정되어 있었습니다. 강일매는 이승만 대통령이 감옥에 있을 때 옥리인 그의 부친이 잘 보살펴주었다는 점 때문에 이승만 대통령과 친분이 두터웠다고 합니다(한국노총, 1979가: 360).

조선방직 관리인으로 임명된 강일매는 방직공장 경험이 전혀 없었어요. 게다가 동화백화점을 경영하는 과정에서 대량해고와 혹사, 인권유린을 일삼는 등 평판이 좋지 않았기 때문에 회사 종업원들은 강일매의 취임 반대운동을 벌였죠. 그러나 이승만 대통령은 예정대로 강일매를 사장으로 임명했습니다. 강일매는 사장으로 오자마자 본사와 공장을 분리한다는 구실로 120명을 채용하고 20년 이상 장기 근속한 직공들을 해고하는 한편, 정부가 정한 임금을 지급하지 않았습니다. 거기다가 노동자들에게 모욕적인 언사와 무시히는 태도를 보일 뿐 아니라, 노조 임원 선거에서 자기 추종자를 당선시키려다 실패합니다. 그러자 강일매는 노조에 대해 혹독한 탄압을 가하고, 급기야는 노조 핵심간부들을 해고시키기에 이르렀습니다.

이에 노동자들은 1952년 12월 15일부터 "강일매 사장 물러가라"는 플래카드와 벽보를 붙이고 쟁의에 들어갔습니다. 강일매는 경찰과 폭력배를 동원하여 노동자들을 무자비하게 탄압했고, 이승만 대통령이라는 배경을 믿고 대한노총 위원장과의 교섭도 거부했어요. 이에 대한노총에서는 조선방직쟁의위원회를 구성하고, 강일매의 파면 등을 내용으로 하여 사회부에 쟁의조정을 신청했습니다. 여직공 1천여 명은 국회의사당 앞까지 몰려가 시위를 하고 국회에서는 진상조사단을 구성하기에 이르렀죠. 이때 상공부에서 강일매 및 전무들을 출근 정지시키고 해고된 종업원을 복직시키겠다고 약속하여 노동자들은 쟁의행위를 중지했습니다. 그러자 정부는 강일매를 다시 유임시키고 경찰은 노조간부들을 구속시켜 버렸죠. 이승만 정권에 완전히 우롱당한 노동자들은 분개하여 다시 투쟁에 돌입했고, 대한노총은 3월 3일에 24시간 시한부파업을 하기로 결정했습니다. 그러자 국회는 강일매의 퇴임과 노총의 파업 중지 촉구를 결의했죠.

하지만 정부는 결국 국회의 결의를 무시했고, 강일매는 대한노총 파벌싸움을 이용하여 어용노조를 조직하여 탄압을 강화하는 한편, 경찰로 하여금 많은 노동자들을 체포 및 구속하도록 했습니다. 마침내 대한노총 전진한 위원장은 조선방직 노동자들의 총파업 돌입을 지시했고, 세계 각국 노동단체에 이 사건을 호소할 것이라고 선언했습니다. 하지만 이승만 대통령은 조선방직 쟁의에 대해서 "일하기 싫은 자는 떠나라"는 위협경고 성명을 발표하여 탄압을 정당화시켜 주었습니다. 노동자들은 이에 굴하지 않고 3월 12일에 일제히 파업에 들어갔죠.

그러나 경찰의 강경한 탄압과 이승만의 경고, 어용노조의 준동에 위협을 느낀 대한노총 위원장 전진한은 파업을 취소하고 직장에 복귀할 것과 국제기관에 대한 호소도 보류하겠다고 선언했어요. 노동자들은 아무런 성과도 얻지 못한 채 3월 13일 오전 7시 작업에 복귀했죠. 현장에서는 피비린내 나는 보복이 자행됐습니다. 경찰은 26명을 구속했고 회사는 6백여 명의 여공들을 길거리로 내쫓았습니다. 이렇게 하여 조선방직 노동쟁의는 3개월 만에 노동자들의 참담한 패배로 끝나고 말았습니다.

그러나 조선방직 노동자들의 투쟁은 노동자들의 처참한 실태를 사회에 고발했고, 노동자의 기본권 보장에 관한 사회적 인식을 새롭게 함으로써 노동입법의 중요성과 필요성을 고양시켰죠. 이에 따라 1952년 12월 국회에서는 노동조합법, 노동위원회법, 노동쟁의조정법 제정이 긴급동의로 상정됐고, 다음 국회 회기인 제14회 정기국회에서 노동조합법(1953. 1.27) 노동쟁의조정법(1953. 1.30)에 이어, 1953년 4월 15일에는 근로기준법이 통과됐습니다.

5. 4·19 혁명과 밑으로부터 노동운동의 성장

4월 혁명과 사회·통일운동의 고양

　1945년 해방을 맞고 1948년 대한민국 정부가 수립됐지만, 민중들은 엄혹한 자유당 독재정치와 보릿고개로 상징되는 혹독한 가난을 겪어야 했습니다. 미국의 원조물자가 물밀듯이 들어왔지만 농촌은 몰락하고 소비재 중심의 공업은 자유당 독재정권과 밀착한 소수 재벌들이 독차지하여 배를 불리고 있었습니다. 농민과 중소영세기업은 몰락했고 노동자들의 절박한 생활보장 요구는 번번이 차단됐죠. 그나마 오던 미국의 무상원조도 1950년대 후반 불황이 오면서 줄어들었어요. 이에 따라 이승만 독재정권은 급격히 흔들렸고 민심은 멀어져 갔습니다. 이승만 정권은 급기야 3·15 부정선거라는 엄청난 불법행위를 통해 정권을 유지하려고 했습니다. 하지만 오히려 이를 계기로 터져 나온 4월 혁명의 분노 속에서 4월 26일 권좌에서 물러나게 됐죠.

　4월 혁명은 친미 반공주의의 낡은 권위주의를 청산하고 백성이 주인이 되는 새로운 시대를 향한 국민적 열망이 분출한 것이었습니다. 또한 4월 혁명은 경제적인 측면에서 1950년대에 전개된 소비재공업 중심의 대외 의존적 관료적 공업화, 그리고 그것이 파생시킨 농업·노동·중소기업 문제의 확대와 그 심화가 정치적인 측면에서 폭발적으로 노출된 것이기도 했습니다. 이런 점에서 4월 혁명은 심화된 대외의존성을 극복하여 자립경제를 달성하고, 이를 기초로 자립적 경제발전을 도모할 수 있는 정치적 조건 형성의 계기를 마련한 것이었죠. 그러나 4월 혁명의 성과는 투쟁의 동력이었던 일반 민중에게로 돌아가지 못하고, 한민당의 후신인 민주당에게 넘어갔습니다.

4.19 부정선거를 규탄하는 시민과 학생들

4월 혁명으로 새 헌법이 만들어졌고, 이 헌법에 따라 1960년 7월 29일의 총선거에서 윤보선을 대통령으로 하고 장면을 내각 수반으로 하는 민선 정부가 탄생했습니다. 하지만 이 민선정부는 결코 혁명정부가 아니었어요. 4월 혁명에서 분출된 민중의 열망이 실현될 수 있을지는 매우 불투명했죠. 4월 혁명의 기대 속에 등장한 민주당 정권은 단지 제도정치권 내에서만 이승만에 대한 반대 세력이었을 뿐, 그 뿌리나 친미반공의 노선에서는 조금도 다를 바가 없었던 것입니다. 실제로 기대했던 민선정부는 이승만 정권과 조금도 다를 바 없는 친미반공노선을 내세웠습니다. 그리고 생활조건 개선과 민족통일에 대한 민중의 열망을 저버리고 신파와 구파로 분열하여 권력장악을 위한 암투에 몰두했죠.

마침내 민중은 스스로를 조직화하면서 투쟁에 나서기 시작했어요. 이와 함께 사회대중당, 한국사회당, 사회혁신당 등 진보적 세력들이 민중의 정치적 진출에 힘입어 자주적인 평화통일을 지향하는 활동을 전개하며, 반민주악법 철폐투쟁, 한미행정협정 반대투쟁 등을 조직해 나갔습니다. "오라 남으로! 가자, 북으로! 이 땅이 뉘 땅인데 오도 가도 못하느냐!"라는 구호 속에 통일운동은 급속히 확산되어 갔고, 1961년 5월 20일 판문점에서 남북한의 20만 학생 회담을 개최하기로 확정하기도 했습니다.

이와 같이 민중의 생존권을 수호하고 반외세 민족자주 평화통일을 달성하기 위한 투쟁이 전개되어 억압적인 반공체제에 일대 균열이 나타나게 되자, 지배 세력은 다시 반격을 준비합니다. 그 중심에는 미군정을 통해 안정적인 지배권을 확보하고자 했던 미국이 있었죠. 친미보수 세력과 독점자본 세력들은 노동자, 학생을 비롯한 민주 세력들을 자기들을 위협하는 세력으로 간주하고, 민주주의의 과도기적인 과정을 '망국적 혼란'으로 연일 몰아붙였습니다. 특히, 보수 세력은 어용적인 언론을 통해 민주 세력이 사회혼란을 일으킨다는 선전을 했습니다. 바로 이 틈을 타고 반공정책 아래 성장을 서둘렀던 군부가 정권찬탈의 야욕을 드러냈죠. 1961년 5월 16일 군사쿠데타가 그것이었습니다. 5·16 군사쿠데타는 4월 민주주의혁명을 부정한 역사의 반동이었습니다.

밑으로부터 노동운동의 폭발과 확산

1960년 4월 혁명이 일어나고 독재정권이 물러가자, 그전까지 억눌려 있던 노동자들은 스스로의 요구를 분출하기 시작했습니다. 노동운동은 자율성이 증대하고 대중투쟁이 발전하면서 완연하게 활기를 띠었죠. 노동운동은 노조민주화투쟁, 조직 확대와 전문·지식인들의 노조결성, 노동쟁의 격화 등 크게 세 가지 방향으로 진전됐습니다.

먼저 4월 혁명과 함께 노동자들이 먼저 요구한 것은 과거 자유당 독재정권과 자본에 기생했던 어용노조의 타도였어요. 어용노조 축출투쟁은 거의 모든 분야에서 일어났고, 이 중 가장 격렬했던 건 부두 쪽이었습니다. 부두는 오래 전부터 수많은 비리와 부패로 노동자들의 원한이 서린 곳이었죠. 이미 자유당시대 때 어용노조 반대투쟁이 세차게 일기도 했습니다. 1960년 4월 23일 대한노총 김기옥 위원장(부두노조 위원장)은 혁명의 기세가 심상치 않음을 눈치 채고, 지난 과오를 청산하고 민주노동운동을 해나가겠다는 성명을 발표했습니다. 하지만 부산부두 노동자들은 어용노조 간부 타도를 외치며 노조회관을 점령했고, 시위를 벌이면서 노조간부의 총사퇴를 요구했습니다. 노동자들의 어용노조간부 퇴진투쟁은 시위, 농성 등의 형태로 인천, 군산, 목포 등지로 확산됐고, 부두노조는 김기옥 위원장 사퇴와 함께 전면적으로 개편됐죠.

철도노조와 경성전기노조에서도 자유당시대의 집행부가 물러가고 새로운 지도부가 들어섰어요. 자유당 시절, 커다란 사회적 물의의 대상이 됐던 대구 대한방직 등에서도 해고자가 복직되고 어용노조가 물러갔습니다. 또한 각 지역에서도 새로운 시도가 나타났습니다. 1960년 8월 대구 노동자들은 노동조합대구시연맹이라는 지역독립노조를 결성했습니다. 여기에는 지역업종노조인 건설공노조, 수리조합노조, 복장노조, 대구시청노조, 다방종업원노조, 이용사노조 등과 기업별노조인 제일모직, 남선경금속, 동신병원, 동촌비행장, 조선기업, 풍국주정, 자동차노조 대구지부 등 20여 개가 참가했다고 합니다 (한국노동사회연구소, 2004: 177).

그러나 기존 어용 세력의 반발은 완강했습니다. 그리고 "전국적으로 오랜 세월을 두고 형성된 뿌리 깊은 조직과 인적 유대"로 인해 어용노조 청산은 어려움에 봉착했죠. 그 때문에 철도, 체신, 전력, 전매, 광산 등의 노조에서는 확실하게 조직개편이 이루어지지 않았습니다(한국노총, 1979가: 492). 또한 섬유산업 등의 사기업처럼 "비교적 정치성을 노출시키지 않고 다만 기업주와 결탁되어 일해온 데 불과한 어용노조의 경우에는 거의 민주적 개편이 이루어지지 않았고", 더러 임원들이 바뀌어 조직개편이 된 듯한 곳도 있지만, 진정으로 민주적 개편이 이루어지지는 못했습니다(김낙중, 1982: 267~268). 그럼에도 4월 혁명 후의 민주적인 사회 분위기는 노동자들의 민주의식을 어느 때보다 앙양시켰으며, 어용성을 탈피하지 못한 노조간부들도 조합원의 권익을 위해 나서지 않으면 안됐죠. 그에 따라 노동쟁의가 많이 일어나기도 했습니다.

다음으로, 노동자들은 많은 새로운 조직을 만들어냈습니다. 1960년 한 해 동안 노동자들은 388개의 노조를 만들었으며 그 결과로 노조 수는 1959년 558개에서 914개로 늘었습니다. 조합원 수도 28만 438명에서 32만 1,097명으로 급증했죠(한국노총, 1979가: 495). 이들 신규노조는 대부분 중소 영세기업에서 만들어졌으며, 이전과는 다른 새로운 특징을 드러냈어요. 교직원과 은행원, 신문사에서의 노조결성이 그것입니다.

〈 교원노조 결성투쟁 〉

교원노조 결성투쟁은 1960년 5월 7일 대구 시내 중고등학교 및 초등학교 교원들의 노조 결성에서 시작됐습니다. 교원노조 결성은 서울, 부산으로 급속히 확산됐고, 5월 22일에는 한국교원노조연합회라는 전국적인 조직으로 발전했습니다. 서울대 문리대 강당에서 초중고 교사와 대학 교수 3백여 명이 참가한 이날 대회에서, 참석자들은 교원의 경제적 사회적 지위 향상과 학원의 자유와 민주화를 위해 투쟁한다는 강령을 채택하고, 외부 압력과 부정부패한 어용학자의 배격, 부당한 해고와 해직 반대, 자율적 노사협조에 의한 민주적 학원 건설을 위해 노력하며, 단체행동권 확보와 학원 내 집회·연구·토론의 자유 확립을 위해 투쟁할 것을 결의했습니다. 그러나 정부는 교원노조가 국가공무원법과 교육공무원법을 위반한 것이라고 하면서 5월 29일부터 해체를 지시했습니다. 이에 전국노협은 교원노조의 투쟁을 지원하기 위해 6월 29일 문교부 장관을 노동조합법 위반으로 검찰에 고발하고, 공무원노조들은 공동투쟁위원회 구성을 결의했으며, 대한노총 통합 선언에서도 교원노조의 합법성 쟁취를 위해 투쟁할 것을 분명히 했죠. 그럼에도 정부는 교원노조 결성의 진앙지인 경북 지역 초중고 교원 4백여 명을 전근 발령시키는 보복조치를 취했습니다. 교원노조는 곧 바로 부당한 인사조치 철회를 요구하는 농성과 대규모 집회 시위를 감행하고, 총사퇴 결의와 서명운동을 전개했으며, 대구고등법원으로부터 전근발령처분의 집행정지 가처분 결정을 받아냈습니다.

사태가 이에 이르자 장면 정권은 교원노조를 교원연합회 또는 교원조합으로 하고, 단결권은 인정하고 단체행동권은 금지한다는 타협책을 모색하는 한편, 어용단체인 대한교육연합회를 개혁하는 대신 교원들의 노동조합운동을 차단하는 노동조합법 개정안을 국회에 제출했습니다. 이러한 정부의 방침에 분개한 교사들은 전국 곳곳에서 대규모 시위와 단식농성투쟁으로 맞섰고, 대구에서는 중·고등학교 학생 1만 4천여 명이 단식투쟁으로 쓰러지는 스승이 늘어가는 데 분개하여 "스승 없이 학원 없다"고 외치며 대구역 광장에서 단식농성을 벌이기도 했습니다. 그러나 정부 당국은 교원들의 요구를 완강하게 거부하면서 교원들을 회유하려고만 들었죠. 이런 치열한 공방전 가운데서 교원노조는 1960년 12월 11일 제4차 전국대의원대회에서 교원노조의 인정을 요구하는 한편에 법정수당 지급을 요구하는 투쟁을 시작했습니다. 교원노조의 투쟁은 1961년으로 이어졌습니다. 그러나 교원노조는 민주당 정부의 완강한 반대에 부딪혀 끝내 합법성을 확보하지 못한 채 1961년 5·16 군사쿠데타 후 엄혹한 탄압을 받게 됩니다. 교원노조는 그로부터 30년째인 1989년 전국교직원노동조합 결성으로 재연되어, 1천5백여 명의 희생자를 낸 치열한 투쟁 끝에 1999년에야 합법성을 쟁취하게 됩니다.

이들 새로운 분야의 노조결성은 제조업, 운수업 노동자 중심에서 사무전문직까지 노동조합운동의 지형을 크게 넓혀주었습니다. 더욱이 이들은 한결같이 일체의 부당한 외부 간섭을 배격하고 민주적 운영을 다짐했어요. 교원노조는 학생들 앞에 자유당 독재정권의 주구 노릇을 해온 것을 반성하고, 학원의 민주화와 자유화 그리고 교원의 권익옹호와 지위향상을 위해 나선 것이었습니다. 또한 1960년 6월 1일 조흥은행을 필두로 결성된 은행노조들은 일체의 부당한 외부의 간섭을 배격하고 금융질서의 정화와 금융민주화에 기여할 것을 다짐했고, 전국조직을 만드는 데 하향식의 비민주적인 방식을 버리고 각 은행 조합원들의 의사를 물어 결정하는 민주적인 상향식 방식을 채택했습니다. 이 가운데 교원노조 결성 과정은 노동운동의 정당성과 민주당 정권의 본질을 적나라하게 드러낸 투쟁이었으나, 끝내 성공을 거두지 못한 채 1961년 군사쿠데타와 함께 참혹한 탄압을 받죠.

한편, 노동자들은 4월 혁명의 기운을 타고 활발하게 노동쟁의를 제기했습니다. 노동쟁의는 1959년 95건 4만 9,813명에서 1960년에는 227건 6만 4,335명으로 급증했습니다. 1960년 4월부터 1961년 5월까지의 1년 1개월간 노동쟁의가 282건이나 일어났고 동맹파업도 훨씬 많아졌습니다. 노동쟁의의 원인은 여전히 임금관계와 해고반대가 가장 많았죠. 이것은 혁명적인 정세에서도 노동자의 생활권이 제대로 보장되어 있지 않음을 드러낸 것이었습니다. 다음으로 노조인정에 대한 요구가 매우 많았는데, 어용노동조합에 대한 민주화의 요구와 새로운 노조결성에 대한 보장 요구가 중심을 이루었습니다. 노동자들은 법률상 정해진 절차를 무시하고 쟁의를 벌였으며, 파업, 태업, 농성, 그리고 가두시위를 많이 벌였습니다. 노동자의 가두시위는 4월 19일부터 9월 30일까지 458건에 22만 3,475명이 참가했죠. 규모가 큰 주요한 노동쟁의로는 극동해운을 상대로 임금인상을 요구한 해원노조의 76일간 파업, 방직공장 노조들의 연이은 어용노조 청산과 임금인상 요구파업, 대구 제일모직에서의 노조결성 보장을 요구하여 벌인 파업과 농성투쟁, 철도노조의 임금인상을 요구하는 단계별 시한부파업, 부두노조의 정부를 상대로 한 임금인상 요구파업 등이 있었습니다. 이는 대체로 노동자의 승리로 매듭지어졌습니다.

노조민주화투쟁, 신규 노조의 급증, 노동쟁의의 활성화를 중심으로 하는 노동운동의 새로운 흐름은 노동조합의 전국중앙조직인 대한노총의 재편 요구로 연결됐습니다. 독재정권의 앞잡이라는 비난과 불신을 받아온 대한노총은 존립 자체가 위협받는 상황에 있었기 때문에 개편을 서두르지 않으면 안 됐죠. 4·19 혁명이 폭발하자 4월 23일 대한노총은 자유당과의 결별을 선언하는 것으로 혁명정세에서 비껴나가고자 했으나, 4월 26일 이승만 정권의 붕괴로 지위 유지가 불가능하게 됐습니다. 대한노총 위원장과 경전노조 위원장, 철도노조 위원장 등 대한노총의 지배권을 쥐고 있던 간부들이 사퇴했고, 각급 조직의 개편 결과로 대한노총 간부들은 몰락했으며, 사실상 대한노총의 중앙조직은 기능이 마비됐죠. 이런 가운데 일부 대한노총 간부들이 사태수습을 위해 전국대의원대회를 8월 7~8일에 개최한다고 공고했으나, 산하노조의 반응은 냉담했고 대의원대회 소집 기도는 좌절됐습니다.

이에 반해 1959년 결성된 전국노협(의장 김말룡)은 노동자들의 어용노조 축출투쟁과 민주적 개편 요구에 힘입어 영향력을 확산시켜가고 있었어요. 이러한 상황 변화를 반영하여 대한노총과 전국노협 사이에 조직통합 논의가 진행됐죠. 마침내 1960년 11월 25일 교통부 부우회관部友會館에서 전국적인 노조통합대회가 개최됐습니다. 이날 참석한 대의원은 723명인데 대한노총 계열이 439명, 전국노협 계열이 86명, 무소속 198명이었습니다(한국노총, 1979가: 496). 이날 대회에서는 "민주적인 노동운동을 통하여 노동자의 인권 수호와 경제적 사회적 지위 향상을 위한 공동적인 투쟁의 선봉이 된다"는 등의 기본강령과 행동강령을 채택했으며, 정회를 거듭하는 우여곡절 끝에 명칭과 지도체제를 결정했습니다. 이에 따라 노조 명칭은 한국노동조합총연맹(한국노련)이 됐고, 지도체제는 운영위원회라는 이름의 집단지도체제로 결정됐습니다. 그러나 임원 선출에 이르러 조직들 간 대립이 노골화했죠. 결국 11월 30일 운영위원회에서 겨우 임원진을 구성했지만, 제대로 활동을 하지 못한 채 1961년 5월 16일 군사쿠데타로 또 다시 단절되고 말았습니다.

 이와 같이 1950년대는 민족분단과 민족상잔의 전쟁과 보릿고개로 상징되는 빈곤의 시대였습니다. 이 어려운 상황에서 노동자들은 생존 그 자체를 위해 싸울 수밖에 없었습니다. 투쟁의 무기로서 노동조합이 조직되지만 해방 후 전평의 자리를 미군정과 이승만 정권의 비호 아래 탈취한 대한노총은 기업별노조체계 위 파벌싸움에 파묻혔습니다. 민족자주와 계급해방의 노동운동 이념은 철저하게 거세되고, 독재권력 유지를 위한 친미·반공주의가 노동자들과 국민들에게 강요됐습니다. 그러나 권력의 횡포는 4월 혁명으로 응징됐고, 시민들은 새로운 역사 전환의 계기를 스스로 마련했습니다. 그러나 노동운동은 밑으로부터 재활의 기회를 잡았음에도 더 이상 성장하지 못하고 군사정변이라는 반동의 사슬에 갇히게 됩니다.

제5장

개발독재시대 노동운동
(1960년대)

1. 5·16 군사쿠데타 발발의 배경
2. 노동자계급의 양적 성장과 저임금구조
3. 노동조합운동의 단절과 부활

새벽

남들이 다 잘 때
새벽같이 일어나
일터로 향한다
컴컴한 새벽길
누가 골목에서
뛰쳐나올 것만 같다
이렇게 뛰며 살아가는데
언제까지 계속
뛰어야 할까

(『실천문학』(4권)의 어느 '무명인'이 쓴 시)

1. 5·16 군사쿠데타 발발의 배경

군부집단의 정권 장악

1961년 5월 16일 이른 새벽, 서울 한강 인도교 부근에서 요란한 총성이 울렸어요. 이어 라디오에서 "백척간두에 선 조국을 구하기 위해 군부가 혁명에 나섰다"는 소식이 흘러나왔습니다. 그 우두머리는 육군 참모총장 장도영이었지만, 실제는 소장 박정희였죠. 군인들은 계엄령을 발동하여 정부기관과 언론사들을 장악했고, 시내 곳곳에 삼엄하게 진을 쳤습니다. 군사쿠데타가 발발한 것입니다. 이날은 '남북 학생회담 환영 및 통일촉진 궐기대회'가 열린 지 사흘째 되는 날이었습니다. 5월 13일 열린 이 대회에서 군중들은 "가자 북으로! 오라 남으로!"라는 구호를 소리 높이 외쳤고, 5월 20일에는 판문점에서 학생회담을 개최할 것이라고 발표한 바 있었습니다. 그런데 갑자기 군인들이 나타나 총칼로 세상을 얼어붙게 만들어버린 것입니다.

이 무렵 미국은 세계 지배전략을 전환하고 있었습니다. 달러 위기와 신흥독립국의 반미 경향, 그리고 사회주의 세력의 성장이라는 조건 변화가 기존 방식을 통한 세계 지배를 어렵게 만들었기 때문이죠. 그 전략 변화의 내용은 핵무기를 배경으로 동맹국에 보다 튼튼한 반공정권을 세우고, 중국과 소련 간의 분열을 촉진시키는 한편, 후진국 무상원조를 줄이고 차관에 의한 경제개발을 촉진시켜 사회주의 침투를 막는다는 것이었죠. 5·16 군사쿠데타는 바로 이런 미국의 세계전략 변화 속에서 일어난 것이었죠. 4·19 혁명 후 한국 안에서 빗발치고 있던 민주화와 민족통일에 대한 요구는 미국의 입장에서는 부담스러운 것이었습니다. 그리고 무상원조를 차관으로 바꾸어 경제개발을 추진하고, 한·일 간 국교를 맺어 한국 방위비를 일본 부담으로 옮긴다는 미국의 전략을 관철하기 위해서라도, 한국에 보다 강력한 친일정권이 수립될 필요가 있었습니다.

별다른 저항을 받지 않고 권력탈취에 성공한 쿠데타 군은 "반공을 국시의 제1의로 삼고 …… 절망과 기아선상에서 허덕이는 민생고를 시급히 해결한다"는 등의 혁명공약을 내세우며 전권을 휘두르기 시작했습니다. 군부정권은 정당·사회단체를 모두 해산시켜 정적들의 손발을 묶거나 제거했습니다. 그리고 부정축재자를 잡아들이고 농어촌 고리채를 정리하며 깡패를 소탕하는 등 민심에도 부응하는 듯했죠.

그러나 군부정권의 속셈은 곧 드러났어요. 일본 제국주의 정부의 군인이었던 다카키 마사오高木正雄, 즉 박정희(1917~1979)가 경쟁자들을 제치고 드디어 군부정권의 수뇌로 나섰습니다. 그리고 오랫동안 민족통일과 민주화를 위해 활동해온 혁신 세력에 대해서는 엄혹한 탄압을 가한 반면, 부정축재자에 대해서는 정치자금을 받고 타협했죠. 또한 미국이 요구하는 근대화정책에 따라 경제개발 5개년 계획을 수립하고, 한일회담을 급속하게 추진했습니다. 군정은 2년 반이나 지속됐습니다. 그리고 당초 공약과는 달리 군부는 민정이양이라는 형식을 거쳐 정권연장을 밀어붙였죠. 이를 위해 군사정권은 3분 폭리사건[1], 4대 의혹사건[2] 등 숱한 비리와 협잡을 통해 자금을 마련하여 민주공화당을 창설했습니다. 군부정권의 이러한 야욕에 대해 야당과 학생운동이 격렬히 반발했지만 역부족이었죠.

이후 군사정권은 국민투표로 개헌안을 확정했고, 1963년 10월 15일 대통령선거에서는 박정희가 윤보선을 15만 표 차이로 제치고 대통령에 당선됐

---

1 3분(三粉) 즉 밀가루, 시멘트, 설탕의 3대 분말제품을 생산하던 삼성 등 재벌 계열사들이 유통 과정을 조작해 폭리를 취한 사건입니다.

2 5·16 군사쿠데타 뒤 군사정권 아래서 일어난 네 가지 부정부패사건으로 증권파동, 워커힐 사건, 회전당구기(파친코) 사건, 새나라자동차 사건을 말합니다. 증권파동은 1961년 주식시장 육성책을 이용하여 중앙정보부가 정치자금 마련을 위해 주가를 폭등시킨 사건입니다.

습니다. 또한 11월 26일 총선거에서는 민주공화당이 압승을 거두었어요. 이렇게 하여 남한은 군사쿠데타로부터 2년 6개월여 만에 선거라는 요식행위를 거쳐 군복만 벗은 군인들의 세상이 됐죠. 그리고 이것이 대통령 박정희를 정점으로 1963년 12월 17일 출범한 제3공화국입니다.

박정희 정권이 내세운 통치의 명분은 국가안보와 경제개발이었어요. 경제개발로 힘을 길러 남북통일을 하자는 것이었죠. 그리고 남한 사회의 모든 체계와 가치를 이 두 가지 명제에 따라 편성하도록 강요했습니다. 정치체제는 자유민주주의를 표방했지만 군부의 권위주의와 공작정치에 의해 국민의 기본권은 속절없이 유린됐습니다. 또한 행정체계 안에는 민주성보다는 효율성과 추진력이 그 원리로서 자리 잡았죠.

이를 전체적으로 감독하고 통제하는 기관이 중앙정보부였습니다. 군사쿠데타 직후 창설된 중앙정보부는 무소불위의 권력을 휘두르며 정권을 창출했고, 반대 세력을 분열시켜 압살했습니다. 당시 거기에 사용된 제도적 장치가 아직까지도 뿌리를 이어가고 있는 국가보안법과 반공법입니다. 다들 잘 아시다시피, 무수한 정적과 진보 인사들이 이 제도의 제물이 됐죠. 그러나 아무리 짓누른다고 해도 저항의 외침을 완전하게 막을 수는 없는 것이어서, 박정희 군사정권의 권력지배는 학생운동으로부터 끊임없는 도전에 직면했습니다. 학생운동은 이미 군정시대부터 쿠데타 권력의 허구성을 견제했고, 한일회담 반대투쟁, 6·8 부정선거 반대투쟁을 거쳐, 1969년 삼선개헌 저지투쟁에 이르기까지, 박정희 정권의 반민족성과 반민주성을 폭로함으로써 정권의 정통성을 위협했습니다.

노동배제의 경제개발전략

박정희 군사정권은 지금도 우리 귀에 익숙한 5개년 계획과 조국 근대화라

5.16 군사 쿠데타를 일으켜 권력을 잡은 박정희 소장(앞 줄 가운데)

는 이름을 내걸고 경제개발을 추진했습니다. 경제개발은 1965년 6·3 사태[3]로 대변되는 국내의 거센 반대투쟁을 누르고 한일 국교를 재개한 후, 한국에 일본 자본이 급격하게 진출하면서 본격화됐습니다. 공업화를 주축으로 경제 규모가 해마다 평균 9%씩 성장했죠. 거대한 공장이 들어서기 시작했고 도시는 비대해졌습니다. 전통적인 농업경제가 급격히 공업사회로 변화한 것입니다.

이 눈부신 '성장'을 관변학자들은 '한강의 기적'이라고 칭송했어요. 그러나 경제개발은 일본과 미국에서 자본과 원자재 및 기술을 들여와 대기업의 주도 하에 국내의 값싸고 질 좋은 노동력으로 가공하여 수출하는 방식이었고, 이는 농업과 광업 등 기초산업을 희생시키고 공업화를 추구하는 불균형 성장전략에 따른 것이었습니다. 이에 따라 농산물의 낮은 가격과 저임금이 경제개발의 필요조건으로 됐죠. 그리고 경제개발전략에서 소외된 농촌경제는 피폐를 거듭하여 대량의 이농이 일어났습니다. 또한 경제성장이 이루어질수록 해외의존도는 높아졌습니다. 그리고 국내에서는 각종 특혜에 의해 독점화가 급속하게 진전되어 소득불균형이 확대 심화됐습니다.

결국 박정희 정권의 경제개발이 지닌 이러한 모순들은 시간이 흐르면서 두드러졌고 경제성장은 장애에 직면했습니다. 우선 국제통화체제가 동요하는 가운데 생산과잉에다 수출이 잘 안 돼 외국 빚을 갚기가 어려워지면서, 외국차관 도입이 불가능해졌습니다. 국내에서 부실기업들이 속출했죠. 이러한 부실기업 사태는 경제성장을 위기로 몰아넣는 결정적인 문제였어요. 또한 농어촌 피폐화로 인한 이농의 급증과 생필품 가격 폭등으로 서민대중의 생활난이 가중됐고, 빈부격차와 부정부패로 인한 사회적 불만이 고조됐죠. 거기다가 베트남전쟁이 미국에게 불리해지면서 수입이 줄어들었습니다. 그러나

---

[3] 1964년 3월 24일 이후 "굴욕적인 한일회담 반대"를 외치는 학생시위가 발생하여 전국적으로 확산되자 6월 3일 박정희 정권은 서울시 전역에 비상계엄령을 선포했습니다. 계엄령은 7월 29일 해제될 때까지 국민기본권을 철저히 봉쇄했습니다.

박정희 정권은 사면초가의 위기에 몰린 속에서도 국가안보와 경제개발의 가속화를 명분으로 '삼선개헌'이라는 또 하나의 쿠데타를 감행했어요. 그리고 1971년 12월 6일 국가비상사태를 선포한 데 이어 12월 27일 국가보위에 관한 특별조치법을 제정 공포하여, 박정희 1인 독재의 광폭한 유신시대를 연출하기에 이르렀습니다.

이러한 박정희 정권의 권위주의 정치와 경제개발정책 아래서 노동운동은 커다란 변화를 강요당했습니다. 바로 노동조합 재편성과 노동관계법 개정을 통한 강력한 노동통제체제의 수립이었죠. 군사정권은 군사쿠데타 후 우선 노동조합을 해산시켰고, 이후 3개월 만에 자신의 의도에 따라 중앙집권적인 산별노조를 만들도록 지시했습니다. 이 과정에서 노동자들의 자주적 참여와 민주적 결정은 철저히 배제됐고, 경쟁적인 노조 조직화도 일체 허용되지 않았습니다. 또한 반공주의와 정치적 중립원칙이 기본방향으로 제시됐습니다. 이것은 위로부터의 획일적인 통제와 질서를 특징으로 하는 군부집단의 권위주의적 속성이 반영된 것이었죠. 뿐만 아니라 경제개발의 가속화와 함께 나타날 수밖에 없는 밑으로부터의 저항을 조직적으로 통제하고 봉쇄하기 위한 도구, 즉 노동자에 의한 노동자의 통제를 노린 것이기도 했습니다.

이어 군사정권은 1964년 노동관계법을 개정하여 노동통제체제를 갖추고자 했습니다. 특히 개정된 노동관계법은 전반적으로 노동조합의 조직과 운영에 대한 국가권력의 개입과 노동쟁의를 무력하게 만들 수 있는 장치들을 갖추고 있었죠. 노조설립 허가주의, 행정관청의 노조해산 및 결의의 취소 변경 명령권, 노조 정치활동 금지, 복수노조 설립 금지, 노사협의회 설치, 공익사업의 범위 확대, 노동쟁의 사전 적법판정, 노동쟁의에 대한 긴급조정권 등이 그 예였습니다. 이들은 노동문제를 발생 원인으로부터 해결하려고 한다기보다는 경제발전을 위하여 노동자를 희생시키고 노동운동을 억제하려는 것이라고 비판받았습니다. 법률을 통한 노동운동 통제는 1970년 1월 1일 '외국인

투자기업의 노동조합 및 노동쟁의조정에 관한 임시특례법'을 통해 더욱 강화 됐습니다.

  박정희 정권의 노동통제정책은 조직노동자의 정치적 배제 및 탈정치화, 그리고 경제적 동원이라는 두 가지 제도적 장치를 바탕으로 이루어지고 있었습니다. 다시 말해, 노동조합을 국가권력의 의지에 따라 위로부터 통제가 가능한 조직이 되도록 만들고, 노동관계법을 통해 정치조직 또는 정치투쟁이 성장할 수 없도록 원천봉쇄하는 한편, 경제성장을 위해 노동력을 최대한 동원할 수 있는 체제로 이끌어 가려 한 것입니다. 그리고 이러한 박정희 정권의 노동운동에 대한 법률과 제도를 통한 규제는, 1971년 12월 6일 비상사태 선언에 이어 12월 27일 제정 공포된 국가보위에 관한 특별조치법, 그리고 1972년 10월 유신 독재체제를 구축함으로써 그 정점에 이르게 됩니다.

2. 노동자계급의 양적 성장과 저임금구조

임금노동자의 급증

군사정권의 경제개발계획 추진에 따라 1960년대 전체 취업자와 임금노동자는 급격히 늘어났습니다. 1963년 766만 2천 명이었던 취업자 수는 1971년 1천만 명을 돌파했습니다. 또 같은 기간 동안 상시 임금노동자는 93만 4천 명(12.2%)에서 147만 8천 명(23.0%)으로 늘었고, 임시 및 일용직 노동자를 포함한 전체 노동자 수도 241만 2천 명(31.5%)에서 395만 5천 명(39.3%)으로 크게 증가했죠. 산업별로는 농림어업이 63.1%에서 48.4%로 낮아진 데 비해, 광공업은 8.7%에서 14.2%로, 사회간접자본 및 기타 서비스업은 28.2%에서 37.4%로 그 비중이 높아졌습니다. 그 결과 농가, 비농가 취업자의 비율은 1963년 64.5대 35.5에서 1971년에는 49.9대 50.1로 역전됐습니다.

이렇게 임금노동자가 급격하게 늘어난 것은 국가의 공업화로 농촌이 피폐해지면서 삶의 터전에서 떠난 농민들이 도시 부문으로 들어온 데서 비롯된 것이었습니다. 농촌경제는 농업부문에 대한 투자 부진과 농산물 저가격정책으로 파탄 위기에 직면해 있었고, 농가소득은 도시근로자 소득에 비해 매년 낮아지고 있었죠. 이 때문에 많은 농민들이 농촌을 떠났습니다. 특히 경지 규모가 영세한 농촌 가구들 사이에서는 생존 가능한 범위보다도 낮은 소득 때문에 가족 전체가 농촌을 버리고 도시로 떠나가는 솔거率去형 이농이 나타났죠.

그 결과 도시는 비대해져 1970년 당시 도시 인구의 비중은 전체 인구의 43.0%나 됐어요. 특히 서울 인구는 1963~70년 사이에 전체 인구의 9.8%에서 17.6%로 2배 가까이 늘어났습니다. 부산, 대구를 포함한 대도시 인구 또한 17.2%에서 27.0%로 급증했죠. 도시로 들어온 노동력 인구는 그 상당수가 상용노동자로 흡수됐습니다. 그러나 직장도 소득도 불안정한 불완전취업자들 역시 많아졌는데, 이들은 거대한 판자촌을 형성하여 불안한 삶을 이어가고 있습니다. 판자촌은 서울의 경우 1961년에 8만 8,440호에서 매년 10~15%씩 증가하여 1964년 11만 6,200호, 1966년 13만 6,600호, 1970년 18만 7,500호에까지 이르렀습니다(隅谷三喜男, 1976: 66~67).

저임금의 논리와 노동자 생활상태

경제개발계획은 저임금과 장시간노동을 정착시키고 상대적 빈곤을 갈수록 심화시켰습니다. 경제개발은 외국에서 빚을 얻어 와서 그 자본금으로 상품을 만들어 수출하는 방식이었습니다. 따라서 경제가 성장하면 할수록 빚을 더 많이 들여와야 했고, 이를 갚기 위해서는 수출 증대에 매달릴 수밖에 없었죠. 그러나 수출이 잘 안되면 빚을 갚기 위해 다시 빚을 들여와야 했고, 이러한 악순환의 구조가 한국경제 안에 자리를 잡았습니다.

이러한 조건 속에서 한국정부는 자원 부족과 뒤떨어진 기술력을 보강하기 위해 노동자에게 주는 임금을 줄이고 노동시간을 늘려 싼값으로 상품을 수출하는 정책을 펼쳤고, 싼 임금을 위해서는 생활필수품인 쌀값을 잡아두지 않으면 안 됐습니다. 따라서 노동자는 항상 최저생계비에도 못 미치는 낮은 임금으로 살아야 했죠. 그리고 수지를 도저히 맞출 수가 없어서 농촌을 떠난 농민들은 도시로 몰려들어, 노동력의 공급과잉 상태를 만들었습니다. 그리고 그만큼 자본가들은 많은 초과이윤을 얻을 수 있었고, 정부의 각종 금융, 조세상의 특혜와 어울려 엄청난 자본축적을 이루게 됐습니다.

이렇게 노동자들은 높은 경제성장 속에서도 한계 이하의 저임금과 장시간 노동 그리고 열악한 작업환경 속에서 겨우 생존을 유지하며 생활했습니다. 노동자들은 경제성장 성과에 대한 사회적 배분에서 철저히 소외됐고, 임금은 노동력의 재생산 그 자체마저도 어렵게 할 만큼 낮은 수준에 머물고 있었죠.

경제 성장 결과로 나타난 노동자 몫(피용자보수율)은 1959년 38.2%에서 1964년 28.4%까지 하락했습니다. 1969년에 이르러서야 비로소 1959년 수준을 회복하는 정도였죠.

노동소득분배율이 낮은 것은 노동자의 실질임금이 노동생산성 증가분을 크게 밑도는 데서 기인한 것이었습니다. 곧 1960~69년간 제조업 노동자의 명목임금은 연평균 17.4%나 상승했지만 소비자물가가 13.4% 상승했기 때문에 실질임금은 연평균 3.4% 증가에 그쳤습니다. 이것은 같은 기간의 연평균 경제성장률 8.6%의 절반에도 크게 못 미치는 수준이었죠. 이에 비해 노동생산성은 실질임금 상승률을 3배 가까이 웃도는, 연평균 12.6%나 증가하고 있었습니다(이원보, 2004: 92).

이렇게 노동자들은 소득분배에서 소외됐을 뿐만 아니라 생존 그 자체를 위협하는 기아임금에 허덕이고 있었어요. 도시 노동자의 생계유지를 위한 소비지출 중 음식물 비용의 비중을 나타내는 엥겔계수는 1960년 이후 계속 증가했고, 1964년에는 60.5%라는 절대 빈곤수준을 나타냈으며, 1971년까지도 41.4%라는 높은 비율을 보였죠. 이 같은 절대적 빈곤상은 생계비는 고사하고 음식물 비용에도 모자라는 극도의 낮은 임금수준에서 비롯된 것이었습니다. 광업 노동자의 월평균 임금은 1960년 3,300원에서 1971년 1만 8,389원으로 5.6배 올랐고, 제조업 노동자들의 임금은 같은 기간에 2,330원에서 1만 7,349원으로 7.4배 정도 올랐습니다. 그러나 광공업 임금은 1960년대 내내 생계비의 32.2~56.5% 수준에 불과했습니다. 제조업도 이와 마찬가지여서 22.7~53.3% 수준에서 맴돌았죠(이원보, 2004: 94).

저임금 상태는 중소영세기업의 경우 더욱 심했습니다. 그야말로 스스로를 마멸시키는 기아임금이라 할 만큼 비참한 것이었고, 성별, 직종별, 학력별 격차에 의해 저임금구조는 갈수록 커졌죠. 1960년대 중반 한국은행은 이렇게 지적했습니다. "임금이 크게 상승했다는 1967년에도 제조업 노동자의 93%,

광업 노동자의 88%가 당시 조사년도의 실태생계비 2만 1,370원에 크게 미달하는 임금을 받고 있으며, 특히 제조업 노동자의 70%, 광업 노동자의 50%가 식료품비 9,180원에 미달하는 임금을 받고 있다"(한국은행, 1967: 30). 당시 관영신문이었던 〈서울신문〉은 "일당 100원 여공백서"라는 제목의 기사에서 여성노동자의 저임금 실태를 이렇게 보도했습니다(서울신문, 1968.6.28).

여직공은 고달프다. 요즘 영등포 공장 지대엔 여직공들의 가난을 비관한 자살이 잇따랐다. 지난 25일 하오 6시쯤 서울 영등포구 양화 돌산의 높이 30미터의 절벽 바위 위에는 때 묻은 고무신 두 켤레가 나란히 놓여 있었다. L제과 여직공 윤예순(20)양과 김만재(20)양이 생활고를 비관, 절벽 위에서 함께 투신, 윤 양은 현장에서 숨지고 김 양은 중상을 입은 것이다. 이들 두 여공이 자취를 하던 영등포구 당산동 6가 최 씨 집 다락방에는 꾸겨진 백지에 '120원'을 수없이 써 놓은 낙서 3장이 남았을 뿐 아무 말을 남기지 않았다.

충남 청양이 고향인 윤 양과 충남 당진이 고향인 김 양은 다 같이 지난 2월 L제과에 취직이 됐었다. 그들이 받은 일당 120원의 급료로는 월세 600원짜리 싸구려 다락방에서 자취를 했어도 흔해 빠진 기성화 한 켤레 살 수 없었다. 국내 일류메이커인 B방적의 4천5백여 명, H제과의 3천여 명, L제과의 2천여 명, K방적의 3천여 명 등 대·중소기업에 취업하고 있는 여공은 서울에만도 5만을 넘는 것으로 추산된다. 이들이 받는 초임은 일당 100원선, 6개월이 지나면 120원 정도다. 3년이 지난 숙련공의 경우 잔업수당과 특근수당을 합쳐 월 7천 원 선. 이것은 알려진 톱 메이커들의 경우이고, 중소기업은 대부분 일당 70~80원 선 안팎의 실정이다. 월 3천5백 원을 받는 H제과의 송모 양(19)의 말을 들어보면 월간 최소한의 숙식비가 약 3천 원, 옷가지라도 사 입고 몇 백 원씩이라도 저축을 하자면 야근 특근을 해야 한다. 그래서 하루 평균 10~16시간의 격무를 치르다 보니 여공 대부분의 건강이 말이 아니라는 것이다. 노조가 결성되어 있는 대회사들은 그런대로 형식을 갖추고 있는 편이지만 중소기업의 경우는 말이 아니다. 동대문구 관내의 보세가공 무역회사인 B산업은 여직공을 뽑아 견습 기간을 두고 견습 기간 동안 월 500원씩을 교육비 조로 오히려 거두어들이고 있다. 특근시간 체크는 제멋대로이고 봉급은 한두 달씩 미루고 있다.

이렇게 생존비에도 모자라는 저임금 때문에 노동자들은 가족 전부가 일터에 나가야만 했어요. 상대적 과잉노동력이 광범하게 존재하는 상황에서 연소노동자와 여성노동자들은 낮은 임금이라도 받고 일해야 했고, 낮은 임금을 보충하기 위해서는 장시간노동을 감수할 수밖에 없었습니다. 또한 가구주들도 적자 가계를 메우기 위해 잔업과 특근을 마다할 수가 없었죠.

사용자들은 이러한 조건을 이용하여 보다 많은 이윤을 축적하기 위해 장시간노동을 강요했습니다. 한국 제조업 노동자들의 주당 노동시간은 1963년 50.3시간에서 매년 증가하여 1969년에는 56.3시간을 기록했습니다. 이 같은 노동시간은 당시 유럽 선진국들의 주당 42시간대에 비하면 무려 10~16시간이나 긴 것이었으며, 필리핀, 싱가포르, 태국 등 아시아 다른 국가 노동자들의 노동시간과 비교해 봐도 10시간 정도 긴 수준이었죠.

한편, 산업재해와 직업병도 해마다 증가하여, 저임금노동에 시달리는 노동자들의 생명과 건강을 위협하고 있었습니다. 산업재해자 숫자가 1964년 1,489명에서 1971년 4만 4,545명으로 7년 사이에 약 30배나 늘어난 것입니다. 이 가운데 사망자 역시 같은 기간에 33명에서 693명으로 21배나 급증했죠. 10일 미만 치료를 요하는 경우나 행정당국에 신고를 기피하는 경우까지 합하면 그 수는 훨씬 많았을 것입니다.

직업병도 공식 통계와는 달리 날로 심각해지고 있었습니다. 노동청이 1970년 8월부터 12월까지 서울 영등포에 있는 75개 사업장을 대상으로 작업장 유해환경조사를 실시한 결과, 조사대상 근로자의 78.7%가 직업병에 걸려 있었습니다. 또한 이 조사에 따르면 화학제품공장 17개, 고무공장 5개, 인쇄소 5개 등 9개 업종 75개 공장에는 벤젠, 톨루엔, 트리클에틸 등 유해용품이 허용치의 10~12배를 초과했습니다. 이로 인해 조사대상 중소기업 노동자의 46.1%가 약물중독 증세를 보였고, 17세 미만의 연소근로자 50%가 벤젠중독으로 중추신경 장애, 골수기능 마비, 백·적혈구 감소 현상을 보였습니다(산업

경제신문, 1971.1.8).

    상황이 이러했음에도 자본가들은 1960년대 내내 노동조건 하락을 요구했어요. 1965년 대한상공회의소는 생리 유급휴가 삭제, 산전·후 유급휴가 60일을 40일로 단축, 연장근로시간을 1주일 60시간에서 72시간으로 확대, 시간외수당을 50%에서 25%로 인하, 상시고용 50명 이하의 사업장에는 근로기준법 적용 배제, 노동법 위반업체에 대한 검찰의 강권발동 금지, 수출산업 기업들은 상대국의 신용장이 도달하면 쟁의 보류, 노동쟁의의 일방 중재신청 허용 등을 요구했습니다. 1968년 전국경제인연합회는 근로시간의 연장과 유급휴가제의 단축 내지 폐지 등을 골자로 하는 노동법 개정안을 국회에 제출했습니다.

    1968년 12월과 1969년 2월에는 전국경제인연합회와 대한상공회의소가 또다시 노동법 개정을 들고 나왔습니다. 그 주요 내용은 시간외·야간·휴일근무 수당 인하, 부녀 및 연소노동자의 노동시간 대폭 연장, 유급휴일의 대폭 축소, 귀책 근로자의 퇴직금 지급 제외, 산전·산후 휴가 축소, 부당노동행위 구제명령 및 노동쟁의 중재재정의 효력 제한 등과 생산성임금제의 실시였습니다. 자본가 집단의 이러한 계속적인 노동법 개정 공세는 노동조합의 강력한 반대와 여론의 냉담한 반응으로 대부분 무산됐죠.

    이제껏 살펴본 것처럼 1960년대 경제개발은 임금노동자의 급격한 증가를 가져 왔습니다. 이는 노동운동에 유리한 조건을 조성할 수도 있었죠. 그러나 농촌의 과잉노동력과 도시의 불완전취업자가 광범하게 존재했고, 노동운동의 중심이라 할 수 있는 제조업 노동자의 비중은 15%를 넘지 않았습니다. 더욱이 강력한 독재정권과 탐욕스러운 자본가들이 저임금 장시간노동을 기반으로 추진했던 선 성장 후 분배 정책은 노동운동의 조건을 더욱 열악하게 만들었습니다.

3. 노동조합운동의 단절과 부활

노동조합의 해산명령과 위로부터의 재편성

1960년대 노동운동은 1961년 5·16 군사쿠데타에 의한 단절의 비극에서 출발했습니다. 군사정권은 쿠데타 후 노동쟁의를 금지시키고 임금을 동결했죠. 그리고 4월 혁명 후 열심히 투쟁하던 교원노조 운동가들을 대거 검거하여 혹독한 고통을 가했고, 5월 23일에는 다른 사회단체와 함께 노동조합에 해산명령을 내림으로써, 1960년 4월 혁명 후 고양됐던 노동운동을 일거에 단절시켰습니다.

그런데 이로부터 3개월 후인 8월 3일, 군사정권은 근로자의 단체활동에 관한 임시조치법을 공포하여 노조 재건을 지시했어요. 자신들이 지명한 9명의 노조간부들이 중심이 되어 산별노조를 만들라는 것이었죠. 이에 따라 지명받은 간부들은 중앙정보부에서 훈련을 받은 후 한국노동단체재건조직위원회(재건조직위원회)를 발족시키고 조직에 착수했습니다. 9명의 재건조직위원은 이규철(철도), 한기수(광산), 이광조(외기), 조창화(전력), 김광수(섬유), 조규동(체신), 안강수(운수), 최재준(해상), 김준호(금융) 등입니다. 이들은 4월 혁명 후 철도노조 위원장을 지낸 이규철을 제외하고는 대부분 과거 노조연맹체의 사무국장이나 단위노조 위원장, 분회장 출신 간부들이었죠.

이들은 군사정권이 지정한 산업별 단일노조방식을 채택하고 빠른 속도로 노동조합을 재조직하기 시작했습니다. 그리하여 1961년 8월 8일부터 25일까지 철도, 섬유, 광산, 외기, 체신, 운수, 해상, 금융, 전매, 화학, 금속 등 11개 산업별노조가 일사천리로 결성대회를 가졌고, 8월 30~31일에는 한국노동조합총연맹(한국노총)을 출범시켰습니다. 이후 전력, 부두, 연합, 출판에서 노조가 결성됐고, 자동차노조가 운수노조에서, 관광노조는 철도노조에서 분리돼 독립적인 산별조직이 되어, 1970년 산별노조는 모두 17개가 됐습니다.

이처럼 노조 재조직은 철저하게 군사정권의 계획과 지시에 따라 몇몇 간부 출신들에 의해 이루어진 것이었죠. 그러나 그 과정은 결코 순조롭지가 않았습니다. 군사정권은 재조직 과정에서 4월 혁명 후 새로운 노동운동의 주도권을 쥐고 있던 전국노협 세력을 완전하게 배제함으로써 거센 반발을 불러일으켰습니다. 김말룡을 대표로 하는 전국노협 세력은 재건위원회를 자주적이고 민주적인 조직이 아니라고 비판하고, 곧바로 전국노동단체재조직연락위원회(연락위원회)를 구성했습니다. 또한 전력, 부두, 출판, 연합 등 재건된 4개 조직은 원래 계획대로 결성대회를 치르지 못했고, 광산, 전력, 외기, 금융 등의 노조에서는 군사정권이 승인한 간부가 위원장에 선출되지 못하는 사태가 벌어지기도 했습니다. 이러한 움직임들은 결국 군사정권의 강력한 억압으로 눌리고 말지만, 군사정권을 향한 반발이 얼마나 뿌리가 깊은지를 나타내고 있었습니다.

한편, 1963년 들어 정치활동이 재개되자 전국노협 세력은 "관제어용화한 한국노총은 노동자 위에 군림하여 억압하고 있으므로 법의 심판을 받아야 한다"고 주장하며 법원에 한국노총 결성대회 무효소송을 제기했습니다. 그리고 1963년 2월 17일에는 3백여 명의 발기인들이 모여 가칭 한국노동조합총연합회(한국노련) 결성준비위원회를 개최한 후, 조직화사업을 벌이기 시작했죠. 이들은 조합 명칭을 내걸고 조합비를 징수하며 기존 노조로부터의 탈퇴할 것을 선동하면서 조직을 확대해 나갔습니다. 또한 독자적으로 근로자의 날 기념식을 갖고 군정당국과 한국노총을 맹렬히 비난했습니다.

한국노총과 군정당국이 가만히 있을 리가 없었죠. 한국노총은 김말룡을 출판물에 의한 명예훼손죄로 고소했고, 군정당국은 포고령 제6호에 의해 허가된 노조 이외에는 존속할 수 없다며 한국노련을 위협했습니다. 그리고

1963년 한국노련 결성준비위원회 출범식

1963년 4월 17일 개정된 노동조합법 가운데 노조설립 신고제와 복수노조 금지 규정을 근거로, 한국노련 계열의 단위조직 간부들을 불법노조활동 혐의로 연행 구속했습니다. 이렇게 군사정권의 탄압이 가중되고 법원 소송이 기각되자, 한국노련의 저항은 급격히 약화됐습니다.

이 무렵 한국노총 내부에서는 가칭 민주노동당 파동이 일어나면서 자주성과 민주성의 문제가 제기됐어요. 1963년 정치활동이 허용되자 광산노조 위원장 김정원 등 8명의 산별노조 대표들이 노동자정당을 만들어서 의회에 진출하자는 주장을 펴면서, 1월 11일자 신문에 가칭 민주노동당 창당발기준비위원회 이름으로 정당 발기 취지문을 발표한 것입니다. 이들은 한국노총이 여당에 기울어져 이용물이 되고 있다고 비난하고, 지금이라도 이러한 정객들과 손을 끊고 본연의 자세로 돌아가야 한다고 촉구했습니다. 그리고 만일 노총이 이에 불응하면 독자적인 창당도 불사할 것이라고 선언했습니다(한국노총, 1963: 211~212). 이에 대해 한국노총과 군정당국은 거센 압박을 가했고 김정원 위원장은 무기정권 처분을 받았죠. 그러자 대부분의 산별노조 위원장들이 투항하고 말았습니다. 결국 김정원 위원장 혼자 고립된 채 민주노동당 창당은 좌절됐습니다.

이와 같이 1961년 8월 이후 노조의 재조직은 철저하게 군사정권의 계획과 지시에 따라 이루어졌습니다. 그리고 그 특징은 과거에 있었던 노동조합들을 규합하여 산별노조를 결성하는 방식으로 이루어졌다는 것입니다. 또한 노동자 스스로의 결단에 따라 아래로부터 이루어진 것이 아니라, 정치권력의 지시에 따라 소수 간부들에 의해 위로부터 조직된 것이었죠.

군사정권은 노조 재조직화가 과거의 파벌싸움과 분쟁을 막기 위한 것이라고 했지만, 한국노총과 산하조직 내부에서는 주도권 쟁탈을 위한 파벌싸움이 끊임없이 벌어졌습니다. 노조 내부의 조직민주주의는 형식에 그쳤고 조합원이 노조활동에 참여할 기회는 거의 주어지지 않았죠. 조합원총회는 대의원내

회가 대신했고, 각종 선거제도는 소수 간부만이 참가할 수 있는 간접선거로 채워졌습니다. 단체교섭은 기업별로 소수 간부가 참여하는 수준에서 끝났고 조합원이 참여할 수 있는 거라고는 고작 쟁의행위 가부투표 정도였습니다. 단체협약 체결권, 단체행동 결정권은 산별노조가 장악하고 있었습니다. 결국 이러한 산업별노조는 무늬만 산별일 뿐, 정치권력의 지시에 의해 과거의 조직을 위로부터 재편한 것으로, 조직은 중앙집권적 형태를 취하면서도 단체교섭은 기업별로 분산된 기형적인 조직이었던 것입니다.

그러나 이러한 조직체계의 한계에도 노동자들은 열심히 노동조합을 결성하고 노동조합에 참가했습니다. 노조 규모는 1961년 10월 말 당시 14개 산별노조, 172개 지부에 조합원 수는 9만 6,831명이었고, 그 다음 해인 1962년 8월 말에는 14개 산별노조에 지부와 분회는 각기 279개, 1,526개로 불어났으며, 조합원 수는 17만 6,165명을 기록했습니다. 그리고 1965년에는 36만 6,973명으로 1960년 8월 수준인 388개 노조 32만 1,097명을 넘어섰죠. 그리하여 1971년 8월 말에 이르러서는 산별노조는 17개가 됐고, 지부는 437개, 분회는 2,995개에, 조합원은 49만 3,711명에 이르렀습니다. 1962년에 비교하면 지부 수는 56.6%, 분회는 96.3% 늘어났고, 조합원 수는 2.8배가 증가한 셈이었습니다(한국노총, 1972).

이와 함께 조합원 가운데 광공업 부문이 1962년 5만 8,385명에서 1971년에는 16만 6,676명으로 급증하여, 노동조합운동의 주력부대로 성장하고 있었죠. 조직률도 1963년 9%에서 1971년 13%까지 상승했습니다. 그러나 조직률의 증가는 전체 노동자의 증가 속도에 비해 매우 더뎠고, 조직화는 노조의 노력보다는 현장노동자들이 직접 나서는 것이 보통이었습니다. 이 때문에 특히 대기업의 조직률이 극히 낮았죠.

노동쟁의의 폭발과 성격

　1960년대 노동운동은 군사정권이 선 성장 후 분배를 기조로 경제개발전략을 저돌적으로 추진하는 속에서 전개됐습니다. 경제개발은 저임금과 장시간 노동을 자본축적의 원천으로 하며 추진됐던 것으로, 노동자의 빈곤화는 필연이었죠. 그러나 이에 대해 문제제기와 투쟁을 하기에, 군사정권 시절의 노조 조직들은 노동조합의 생명인 자주성과 민주성에 결정적인 흠을 갖고 있었어요. 노동관계법은 노동기본권을 제한하고 경제개발에 노동자를 동원하기 위한 내용으로 개정됐고, 권력의 비호를 배경으로 자본가들의 전근대적인 노무관리와 부당노동행위가 1960년대 내내 이어졌습니다. 1960년대 노동자들의 투쟁은 이런 어려운 제약조건을 뚫고 치열하게 전개됐습니다.

　1960년대 노동운동은 대체로 군사쿠데타가 발생한 1961년 5월 16일부터 1963년 4월 27일 노동관계법이 개정 공포되기 전과 그 후로 나눌 수 있습니다. 군사정권은 쿠데타 직후 모든 노조활동과 노동쟁의를 금지시켰고, 교원노조 간부들을 대거 검거 및 구속했습니다. 노동조합은 해체상태에 놓였으며, 이후 23개월 동안 노조결성도, 단체교섭도, 단체협약 효력도 일체 정지돼 버렸죠. 계엄령을 빙자한 사용자들의 억압과 일방적인 명령 아래 노동조건은 여지없이 하락했습니다. 경기침체와 물가폭등이 가계를 위협하는 상황에서 임금체불·해고·전출·직장폐쇄 등이 빈발했죠. 노동자들은 혹심한 착취와 억압에 견디다 못해 진정·고발·탄원과 같은 방식으로 저항했지만, 가중된 생활고와 무권리 상태의 참담한 현실은 계속 이어졌습니다.

　이 시기에 군사정권은 자신이 지명한 자들을 통해 노동조합을 하향식으로 재조직했고, 그에 따라 국내 유일의 전국적 산업별노조와 한국노총이 탄생했습니다. 비록 군사정권에 의해 주어진 것이기는 했지만, 어쨌거나 노동조합 재편성을 통해 노동운동은 재출발의 계기를 맞게 된 것입니다. 그러나 이 시기는 노동조합 활동이 전면 금지된 상황이었어요. 노동조합은 군사정권의 엄호를 배경으로 조직내부의 분쟁과 혼란을 제어하고 조직체계를 갖추는 데 주력했습니다.

쿠데타 후 군사정권의 탄압에 눌려 있던 노동자들의 분노와 불만은 1963년 4월 개정된 노동관계법이 공포되고 합법적인 노동조합 활동이 가능해지자, 폭발적인 노동쟁의를 통해 분출되기 시작했습니다. 1963년 8개월 동안 노동쟁의 89건에 16만 9천여 명이 참가했고, 1971년에는 101건에 11만 5,934명이 참가하여, 1963년부터 1971년까지 총 921건에 138만 8,584명 참가를 기록했습니다. 연평균으로 치면 112건에 15만 4,287명의 노동자가 참가한 셈이었죠. 노동쟁의는 건수와 참가인원 수 측면에서 일정기간 동안 고양됐다가 침체하고 다시 고양되는 양상을 되풀이했죠.

시기별로는 초반에 공공부문과 외국기업노조 노동자들이 주도하다가, 후반에는 제조업 노동자들이 중심에 섰어요. 노동쟁의는 날이 갈수록 규모가 커지고 완강하게 투쟁하는 모습을 보였습니다. 이것은 노동자당 파업기간이 1966년 1.32일에서 1967년 3.59일, 1969년 5.36일, 1970년 16.65일로 매년 늘어나는 데서 잘 나타납니다(한국경영자협의회, 1972: 44).

노동쟁의의 재개는 노동관계법이 공포되기 전인 1963년 1월 서울 미왕산업 노동자들이 해고자 복직, 체불임금 지급, 임금인상 등을 내걸고 쟁의발생을 신고한 데서부터 시작됐습니다. 이 쟁의는 노조와 정부 사이에 쟁의권 부활 논쟁을 일으켰고, 정부와 회사의 탄압이 가해졌지만 결국 노동자들이 완강한 투쟁 끝에 승리했죠.

이후 노동쟁의가 봇물처럼 터져 나왔습니다. 산별노조들은 거의 매년 임금인상, 노동조건 개선을 내세워 노동쟁의를 일으켰고, 개별 사업장들에서 치열한 투쟁들이 벌어졌습니다. 당시 굴지의 대기업이었던 럭키화학과 금성사, 그리고 근신산업 노동자들은 노조결성투쟁을 전개했고, 고려석면, 삼화제분, 서울시 청소노동자들은 임금인상과 노동조건 개선을 요구하며 노동쟁의를 제기했습니다. 1964년에도 철도노조의 생활급 확보를 위한 쟁의를 비롯하여, 산별노조들의 노동쟁의 발생이 줄을 이었고, 서울 양화점, 성주 옥동 탄광, 연예인, 마산방직, 조선방직 등의 노조들이 파업을 벌였습니다.

1965년에는 외기노조가 노조결성과 노동조건 개선을 둘러싸고 주한미군과 충돌하면서, 한미행정협정 개정 문제를 제기하기도 했죠. 그리고 서독 광부들과 남태평양 원양어선 노동자들도 투쟁에 나섰으며, 고려석면, 한국판유리, 동신화학 노동자들이 사용자의 횡포에 맞서 격렬한 투쟁을 벌였습니다. 주한미군의 황포에 대항하는 외기노조의 노동쟁의는 1966년으로 이어졌고, 아울러 그해에는 정부관리기업체의 임금인상 공동쟁의, 주한 일본인상사 8개사 연대투쟁이 벌어졌습니다.

1967년에는 광산 노동자들이 정부의 주유종탄(主油從炭: 석유를 주요 원료로 연탄을 보조 원료로 전환함) 정책에 맞서 전국 각지에서 격렬한 시위투쟁을 벌였습니다. 또한 전남제사, 강화도 심도직물, 동양기계 노동자들은 휴폐업 반대, 노조결성 보장, 임금인상 등을 내걸고 투쟁했습니다. 1968년 시그네틱을 비롯한 외국인 투자기업에서의 노동쟁의가 빈발하는 가운데, 예나 지금이나 마찬가지로 외국자본과 정부는 자본 철수, 노조해산 경고 등 위협공세를 폈습니다. 또한 대한조선공사에서는 장기간에 걸친 파업투쟁이 전개되어 치열한 노사대립 양상을 보였습니다.

1969년 투쟁은 규모도 커지고 더욱 완강한 모습을 보였어요. 대한조선공사노조의 노동쟁의에 대해 정부는 노조간부 구속에 이어 사상 최초로 긴급조정권을 발동함으로써 노동쟁의를 파괴했습니다. 또한 섬유노조가 대한방직협회를 상대로 전국적인 총파업에 돌입하여 정부와 자본가들을 아연 긴장 속으로 몰아넣기도 했습니다.

이러한 일련의 노동쟁의에서 노동자들이 내건 요구조건은 절박한 생존과 권리확보 문제에 집중되어 있었습니다. 임금인상 요구는 연평균 67.3%에 이를 정도로 비중이 높았고, 임시급여의 요구까지 합하면 임금관련 요구는 연평균 72.1%에 이르렀죠. 그리고 노동조합의 요구들은 점차 노조활동 보장과 부당노동행위 중지, 단체협약 이행 등 권리확보 쪽으로 확대되는 경향을 보였습니다. 이 밖에 노동자들은 경기후퇴나 구조조정으로 인한 해고에 반대하는 투쟁을 벌이기도 했습니다만, 노동시간 단축 요구는 매우 적었어요. 이것은 음식물 비용 이하의 저임금과 팍팍한 실질임금 속에서 시달리는 노동자들의 처절한 몸부림을 반영하는 것이었죠.

그리고 이 요구를 관철하기 위해 노동자들은 허다한 법률적 제약을 허구화시킬 만큼 치열한 투쟁의지를 보였습니다. 1964~69년에 행해진 쟁의행위 가부투표에 노동자들은 87.6% 내지 96.7%가 참가했으며, 참가자 가운데 88.0%에서 99.3%까지가 쟁의행위 돌입에 찬성했습니다(박현채, 1971: 26).

이렇게 노동쟁의가 활발하게 전개되자 몇몇 산별노조는 산업별 또는 업종별 교섭을 추진해 나갔어요. 섬유노조, 해원노조, 자동차노조 등이 대표적인 경우였죠. 특히 섬유노조는 1969년 산업별 통일교섭에 대비하여 최저생계비에 의한 임금요구안을 만들어내기도 했습니다. 이 최저생계비 이론은 1970년대에 한국노총이 발전시켜 노동조합 임금정책의 기초를 이루게 됩니다.

그럼에도 노동쟁의의 결과는 열기에 비해 부진했고, 단체행동에 돌입하는 경우도 적었습니다. 임금 수준은 1960년대 말에 이르기까지 겨우 음식물 비용을 충당할 정도에 불과했습니다. 노동소득분배율 역시 그다지 개선되지 않았으며, 겨우 실질임금의 저하를 막고 있는 정도였죠. 그런데도 노동쟁의가 파업으로 발전한 경우는 1966~1971년 사이에 제기된 567건 가운데 9.8%인 66건에 그쳤습니다(한국노총, 1979가: 568). 물론 일단 파업에 들어간 노동자들은 강인하게 투쟁했지만, 요구조건이 일정 정도 충족되지 않았음에도 단체행동에 들어가지 않고 타협하는 경우가 많았던 거죠.

이와 같이 1960년대 노동자들은 군사정권이라는 권위주의 권력의 위세와

선 성장 후 분배의 경제개발정책의 압력 속에서, 임금인상을 중심으로 한 생존상의 절박한 요구와 권리 확보를 내세우고 줄기차게 노동쟁의를 제기했습니다. 노동쟁의에 대한 노동자들의 지지와 참여도는 거의 절대적이었죠. 노동조합 조직화도 착실하게 진전되고 있었습니다. 그럼에도 대부분은 불만족스러운 수준에서도 쟁의행위로 발전하지 못하고 타협으로 마무리됐습니다.

왜 그런 결과가 나온 것일까요? 쟁의행위의 일차적인 제약조건은 노동관계법상의 독소조항들이었습니다. 군사정권은 노동관계법 개정을 통해 정부가 필요하면 언제든지 노조활동에 개입할 수 있고, 공공부문은 공익사업이라 하여 노동쟁의를 불가능하게 만들어 놓았습니다. 민간기업의 경우에도 노동쟁의 절차를 장기간에 걸쳐 복잡하게 규정했을 뿐만 아니라, 중재나 긴급조정제도를 두어 필요하다면 언제든지 쟁의행위를 금지시킬 수 있는 장치를 구비하고 있었습니다.

게다가 자본가들은 합법적인 노동쟁의까지도 적대시하여 노조간부의 매수, 협박, 폭행, 단체교섭의 지연과 회피, 노조의 어용화 등 폭력적이고 원시적인 방법에서부터, '산학협동'이라는 이름의 여론조작술을 동원하여 노조의 요구를 무력화시키는 고도의 수법까지 실로 다양한 방법으로 노조활동을 봉쇄했습니다. 노동쟁의를 향한 자본가들의 중요한 무기는 직장폐쇄였습니다. 법률상 직장폐쇄는 사후적이며 방어적인 성격을 지니고 있었음에도 자본가들은 이를 공격적으로 활용했죠. 불법적인 직장폐쇄는 1965년 한국판유리, 1969년 대한조선공사 등에서 단행됐고, 가장 규모가 큰 것은 1969년 면방 노동쟁의 때였습니다. 사용자단체인 대한방직협회가 섬유노조 산하 3개 지부가 쟁의행위에 들어가자마자 전국 11개 사에서 직장폐쇄를 강행한 거죠.

여기에 국가권력이 개입하여 사용자의 힘을 뒷받침했어요. 정부의 개입은 노동자들의 체포, 연행, 구속, 시위 저지, 긴급조정권 발동, 노동쟁의 조정, 그리고 비공식적인 개입에 이르기까지 매우 다양했습니다. 국가권력은 사용자의 불법행위에 대해서는 매우 관대했지만 노동쟁의나 시위에 대해서는 극히 엄격했죠. 중요한 노동쟁의에 대해서는 긴급조정권을 발동하거나 중앙정보부나 경찰과 같은 비공식 기관의 조정을 통해 노동자들의 요구를 눌렀습니다. 1966~1971년에 일어난 노동쟁의 가운데 노동위원회를 통해 해결된 것은 전체의 29.8%에 그치는 반면, 행정관청의 비공식조정에 의하여 해결된 것은 67.1%나 됐습니다.

노동운동을 이처럼 묶어둔 제약에 대해, 한국노총은 반공주의와 노동조합주의를 노동운동의 기조로 삼아 대응했습니다. 반공주의는 집권세력에 대한 지지로 나타났습니다. 그리고 노동조합주의란 자본과 경영이 분리됐고 독점자본이 사회자본으로 전환하고 있는 상황 아래에서는 "노사협조로 생산성을 높여 분배원천을 키우고 사전협의-단체교섭-파업이라는 신중한 3단계방식으로 투쟁하여야 한다"는 것이었습니다(한국노총, 1967: 193~194).

한마디로 한국노총의 운동이념은 국가주의와 노사협조주의였던 거죠. 이러한 무딘 무기로 권력과 자본과 맞서기는 어려운 일이었습니다. 한국노총은 1963년 정부관리기업체 보수통제법 폐기투쟁, 1964년 노동법 개정투쟁, 1967년 주유종탄정책 반대투쟁, 1968년 자본시장육성법 반대투쟁 등 많은 제도·정책 개선투쟁에서 직접적인 대결을 선언했지만, 매번 구호에 그쳤습니다. 결국 임금인상과 노동조건 개선은 답보상태를 벗어나지 못했고, 정책과 제도의 개선 역시 한계만 드러냈습니다.

한국노총은 이처럼 노동자 요구가 막히자 1967년부터 정치적 중립 원칙을 버리고 직접적인 정치활동을 하겠다고 천명했습니다. 그러나 국가권력의 억압은 더욱 강화될 뿐이었죠. 박정희 정권은 오히려 외국인투자를 촉진한다는 명분 아래 외국인투자기업에 있어서 노동조합 및 노동쟁의에 관한 임시특례법을 1969년 12월 제정했습니다. 이 법은 외국인투자기업 노조를 노동청이 관리하고 노동쟁의는 곧바로 중재에 회부한다는 등의 독소조항을 갖고 있었죠. 한국노총은 이에 대해 "노동자의 기본권을 유린하고 노예노동을 강요하는 악법"이라고 비판하고, 전국노동자대표 노동기본권수호투쟁 궐기대회를 개최하는 등 강력히 반발했습니다. 그러나 박정희 정권은 이에 아랑곳하지 않고 여당 단독으로 국회에서 법안을 전격 통과시켰습니다. 한국노총은 마침내 정치활동을 선언하고 나섰지만, 다시 권력의 억압에 눌려 한국노총 위원장의 집권당 전국구 국회의원 진출로 끝나고 말았죠.

새로운 전환을 요구 받은 노동운동

1961년 5·16 쿠데타로 정권을 찬탈한 군사정권은 친미반공주의와 경제개발을 두 축으로 하여 권력을 휘둘렀습니다. 친미반공주의는 정치적 자유와 민족자주통일운동을 봉쇄했고, 경제개발은 외국 자본과 국내 저임금을 결합시켜 수출하는 선 성장 후 분배의 성장전략이었죠. 군사정권은 모든 사회의 가치체계를 여기에 맞추도록 강요했고, 노동운동 또한 예외가 아니었습니다.

군사정권은 쿠데타와 함께 4월 혁명 후 밑으로부터 고양됐던 노동운동을 단절시켰다가 23개월 만에 부활시켰습니다. 노조간부를 지명하여 자신이 정한 기준에 따라 위로부터 아래로의 하향식 방식으로 노동조합을 재조직하도록 지시했던 거죠. 그 결과로 산별노조와 한국노총체제가 출범했지만, 노동조합은 권력에 의해 기초가 놓여진, 자주성·민주성이 결여된 태생적 한계를 지니게 됐습니다. 활동 과정에서 보인 노동조합 운동기조도 반공주의와 친정부, 노사협조주의에 기울어져 있었습니다.

박정희 정권은 선 성장 후 분배의 경제개발전략을 수행하기 위해 노동관계법을 전면 개정하여 노동자들의 저항을 차단하고자 했어요. 이른바 배제와 동원의 노동정책이었죠. 또한 자본가들은 대기업 위주의 경제정책에 의존하여 막대한 이윤을 축적하면서 노동조합을 전면 백안시했습니다. 그럼에도 노동자들은 권력과 자본의 억압과 노동조합이 지닌 한계를 무색케 할 만큼 치

1969년 대한조선공사 노동자들의 대규모 파업

열한 노동쟁의를 통해 요구를 분출시켰죠. 그리고 노동자들의 요구는 최저생계비 이하의 저임금을 반영하여 임금인상이 주종을 이루었죠.

노동조합 수도 더디기는 했지만 착실하게 증가했습니다. 그러나 경제의 급속한 성장과는 반대로 노동자들의 저임금과 장시간노동 그리고 열악한 작업환경은 개선되지 않았고, 상대적 빈곤은 갈수록 심해졌어요. 특히 대다수 중소영세기업의 노동자들은 정부의 성장정책으로부터 배제되고 소외되어, 그야말로 스스로를 마멸시키는 노동에 시달리고 있었습니다.

박정희 정권은 경제성장을 위해 저임금-농산물 저가격정책을 계속 강행했고, 노동자와 농민의 일방적인 양보와 희생을 강요했습니다. 1960년대 말에는 경제성장이 장애에 부닥치자 형식에 그친 노동기본권마저 제한하려 했죠. 1969년에 제정된 외국인투자기업에서의 노동조합 및 노동쟁의에 관한 임시특례법은 노동운동에 대한 직접적인 규제를 알리는 신호탄이었습니다. 자본가들은 1970년 노동문제를 전담하는 한국경영자협의회(지금의 경총)를 구성하여 본격적인 노동운동 견제에 나서기 시작했습니다.

이와 같이 1960년대 노동자들은 저임금과 장시간노동으로 고도의 경제성장을 이룩했으면서도 최소한의 인간다운 생활도 보장받지 못한 채, 권력과 자본의 공세 앞에 노동기본권마저 위협당하는 처지로 몰려 있었어요. 그리고 한국노총으로 대변되는 노동운동은 막강한 권력과 자본의 공세 앞에 눌리는 모습을 보이고 있었죠.

그런데 이런 한계와 제약 속에서도 1960년대 말 노동운동에서는 몇 가지 변화가 일어나고 있었습니다. 예컨대 대한조선공사와 면방 노동쟁의에서처럼 노동자들이 대규모로 완강한 투쟁을 벌이기 시작했고, 심도직물 노조결성과 같이 종교계가 자본의 횡포에 맞서 노동자 보호와 지원에 나서는 일이 생겨나기 시작한 겁니다.

그러나 권력과 자본의 공세는 시간이 갈수록 거세졌어요. 그리고 노동운동은 이에 맞서 스스로를 전환시키지 않으면 안 되는 상황으로 내몰리고 있었습니다. 이러한 상황에서 1970년 11월 13일, 서울 평화시장의 젊은 노동자 전태일(1948~1970)이 근로기준법 준수를 절규하며 스스로 몸을 사르는 일이 일어났습니다. 전태일의 분신은 반反인간, 반反노동자적인 고도성장 신화의 허구성을 폭로했고, 한국노총을 정점으로 한 노동조합운동에 뼈아픈 자기반성과 변신을 요구했습니다.

그러나 노동조합운동은 권력에 의해 주어진 태생적 한계와 관성에서 벗어나지 못했고, 노동조합운동의 옆과 밑에서 일고 있는 변화의 가능성들을 간과했죠. 또 막강한 국가권력과 자본에 비해 노동운동의 역량은 아직 매우 취약했습니다. 결국 노동자들은 1971년 말 국가비상사태의 선포와 국가보위에 관한 특별조치법에 의해 노동기본권을 박탈당하는 위기상황을 맞게 됐고, 1970년 유신독재와 1980년대 중반까지의 전두환 독재정권의 탄압 아래서 숨막힐 듯한 암흑시대를 겪어야만 했습니다.

〈 국내 최초의 긴급조정권 발동을 가져온 대한조선공사 투쟁 〉

부산에 있는 대한조선공사는 국내 최대의 조선회사로 정부관리기업체였습니다. 지금의 한진중공업의 전신이죠. 1969년 7월 2일 대한조선공사지부(조공) 조합원 1,768명은 임금인상 등 9개 항의 요구조건을 내세우고 노동쟁의에 나섰습니다. 그리고 이 쟁의는 1968년 4월 이래 18개월 동안 여섯 번 파업에 이어 일곱 번째로 이루어진 것이었습니다. 노동조합이 내건 요구조건은 통상임금 56.87% 소급인상 등 10여 가지였습니다.

이에 7월 초 부산지방노동위원회가 임금인상 조정안(근로자위원 38%, 공익위원 38%, 사용자위원 25%)을 제시했지만, 회사 측은 이를 거부했고 노동조합은 8월 1일 전면적 파업에 돌입했습니다. 8월 4일 부산시장이 나서 노사교섭을 가졌지만 회사 측은 처음 주장을 되풀이 할 뿐이었습니다. 그리고는 파업 19일째인 8월 19일에 직장폐쇄를 단행했습니다. 노동자들의 분노가 폭발했습니다. 192명의 쟁의대책위원들이 단식농성에 들어갔고 1천8백여 명의 노동자와 그 가족 5백여 명은 8월 19일·밤부터 철야농성과 연좌데모를 벌였습니다. 회사는 농성장의 식수마저 끊어 버렸죠. 파업이 장기화하자 8월 29일 부산시장이 조정안을 냈습니다. 노조는 이에 동의했으나 회사 측은 이번에도 거부하고 퇴장해 버렸습니다. 금속노조는 9월 3일 회사 측을 공개 비판하고 전국 총파업 등 전면적인 투쟁대책을 수립하기로 결의했습니다.

그런데 쟁의 발생 2개월이 지나도록 중재안 하나 제시하지 않던 정부는 9월 18일 보사부 장관 명의로 긴급조정권을 발동했어요. 긴급조정권 발동은 우리나라 노동법 역사상 최초의 일이었습니다. 이로써 노동조합은 파업을 더 이상 계속될 수 없게 됐고, 회사는 긴급조정권이 발동된 그 날, 지부장 허재업, 쟁의부장 박인상 등 16명의 노조간부를 해고했죠. 중앙노동위원회는 즉각 조정에 나섰고, 회사 측은 20일부터 부분적으로 작업을 재개했습니다. 이에 대해 한국노총과 금속노조는 성명서를 내고, 그간 회사 측이 불법적으로 자행한 장기간의 직장폐쇄와 노조간부 해고, 조직파괴 등 노동기본권 침해를 규탄하는 한편, 정부가 긴급조정권을 발동하여 쟁의를 파괴한 데 대해 강력히 비난했습니다.

한편, 지부는 긴급조정에 응하기로 결의했고, 중앙노동위원회는 9월 27일 긴급조정을 시도했으나 실패하자 중재에 회부했죠. 이런 과정에서 현장에서는 조합원과 회사간부, 조합원과 비조합원 사이에 갈등이 일어났고, 회사는 이를 트집 잡아 폭행 및 기물파괴, 명예훼손, 업무방해, 폭언 등의 혐의로 지부장 허재업 등 12명의 간부들을 고발했습니다. 경찰은 노조간부들을 구속했습니다. 이에 금속노조는 10월 7일 부산에서 긴급중앙위원회를 열어 구속 중인 노조간부의 즉시 석방과 쟁의 기간 중 해고된 간부의 즉각 복직 등 4개 항의 요구조건을 내고, 이의 관철을 위해 전국적 총파업도 불사하겠다고 선언했습니다. 그러나 회사는 노조간부를 분열시켜 쟁의를 취하하게 만들고 10월 16일자 조간신문에 '노사분규를 끝내고'라는 노사공동 성명서까지 발표하게 했습니다. 이에 구속 중인 허재업 지부장은 쟁의취하 무효통고를 하고 새로운 협상을 요구했지만, 또 다시 회사의 분열공작에 말려 25일 당초의 요구에서 크게 후퇴한 수준에서 합의하고 쟁의를 취하하고 말았습니다.

이로써 조공 쟁의는 회사의 불법 직장폐쇄와 폭력적인 탄압, 정부의 긴급조정권 발동, 노조간부의 구속과 배신 속에 노동조합의 패배로 끝나고 말았습니다. 그러나 조선공사 노동쟁의는 숱한 제약조건 아래에서도 기업주의 일방적 억압과 국가권력의 직접 개입을 무릅쓰고 노동자들이 적극적으로 투쟁해가기 시작했음을 알리는 징표였습니다.

제6장
───

노동기본권 봉쇄하의 노동운동
(1970년대)

1. 혹한 속에 출발한 대망의 70년대
2. 임금노동자의 급증과 저임금구조의 심화
3. 억압의 사슬을 끊고 성장하는 노동운동
4. 폭압과 야만의 시대, 죽음으로 연 민주노조운동의 길

나는 돌아가야 한다.
꼭 돌아가야 한다.
불쌍한 내 형제의 곁으로
내 마음의 고향으로
내 이상의 전부인
평화시장의 어린 동심 곁으로.
생을 두고 맹세한 내가,
그 많은 시간과 공상 속에서,
내가 돌보지 않으면 아니 될
나약한 생명체들
나를 버리고, 나를 죽이고 가마
조금만 참고 견디어라
너희들의 곁을 떠나지 않기 위하여
나약한 나를 다 바치마
너희들은 내 마음의 고향이로다

(전태일 열사의 일기에서)

1. 혹한 속에 출발한 대망의 1970년대

유신 철권통치와 민주화투쟁

1970년 새해 벽두, 폭설이 내리고 서울 기온이 영하 20도 아래로 내려가는 혹독한 추위가 엄습해왔습니다. 그렇게 대망의 1970년대는 매서운 혹한 속에서 출발했죠. 29년 만이었다던 그 추위처럼, 박정희 정권은 1960년대 말 이후 엄습한 위기에 직면하여 엄혹한 종신독재의 길로 내닫기 시작했습니다. 박정희 정권의 위기는 무엇보다 경제성장 신화가 깨지면서 일어났습니다. 박정희 정권은 이를 삼선개헌이라는 쿠데타로 모면하려 했습니다만, 사태는 쉽게 호전되지 않았죠. 경제성장률은 곤두박질쳤고 사회적 저항은 더욱 거세졌습니다.

1970년 11월 13일 서울 평화시장 재단사 전태일이 근로기준법 준수를 절규하며 한 점 불꽃으로 산화했어요. 이를 계기로 노사분쟁과 학생시위가 급증했죠. 1971년 6월 28일 서울 시민아파트 주민 3천여 명이 서울시청 앞에서 시위를 벌였고, 8월 10일에는 광주대단지 3만여 명이 생존권 보장을 요구하며 격렬한 시위에 나서는 등 소상인, 도시빈민들의 생존권투쟁도 연이어 터져 나왔습니다. 또한 1971년 9월 15일에는 한진상사 베트남 파견노동자들이 수도 서울 한복판에서 방화시위를 벌였고, 대통령, 국회의원 선거를 전후하여 일어난 대학생들의 교련 반대투쟁, 동아일보 기자들의 언론자유 수호선언, 7월의 사법부 파동과 병원 수련의 파업, 대학 교수들의 대학 자주화선언, 가톨릭 주교단의 부정부패 빈부격차 추방운동, 실미도 특수부대원들의 난동사건 등이 이어졌습니다.

갈수록 격화됐던 이러한 사회적 저항은 야당 세력이 강력하게 도전할 수 있는 여지를 줬죠. 1971년 대통령 선거에 나선 신민당 김대중 후보는 새로운 안보 공약과 분배 공약을 내세워 박정희 군사정권을 거세게 공격했습니다. 결국 박정희 후보는 막대한 물량공세와 집권세력의 이점에도 열세에 몰렸다가, 지역감정을 불러 일으켜 겨우 1백만 표 차이로 대통령에 당선됐죠. 또한 총선거에서는 야당인 신민당이 개헌 저지선인 69석을 20석이나 상회하는 성과를 거뒀습니다. 이 밖에 집권 세력 내부에서도 차기 대권 쟁탈을 둘러싸고 계파들 간에 치열하게 암투가 벌어지고 있었죠.

세계 권력구조 또한 급격히 동요했고, 이는 한반도에 중대한 변화를 몰고 왔습니다. 베트남전쟁에서 패색이 짙어지자 미국은 1970년 2월 18일 아시아에서의 철수 등을 주요 내용으로 하는 '닉슨 독트린'을 발표했습니다. 그리고 8월 15일에는 달러와 금의 교환을 정지시키고 모든 수입상품에 대해 10%의 관세를 부과한다고 선언했습니다. 중국은 미국과의 관계 개선에 나서, 1972년 2월 17일 닉슨 대통령이 미국 대통령으로서는 처음으로 중국을 공식 방문하여 화해와 공존의 새 시대를 열었죠.

나라 안팎의 이러한 급격한 변화는 냉전의 최전방에 서 있는 한반도와 박정희 정권에게 중대한 변화를 요구했습니다. 미국이 미군철수를 감행하고 남북화해를 요구하기 시작한 것입니다. 박정희 정권은 1971년 8월 12일 남북이산가족 찾기 운동 제의에 이어, 1972년 7월 4일에는 "자주·평화·민족대단결을 통일의 3대 원칙으로 한다"는 역사적인 남북공동성명을 채택했습니다. 이것으로 박정희 정권이 권력지배의 명분으로 삼아왔던 선 건설 후 통일론은 설득력을 잃게 됐죠. 뿐만 아니라 반공법, 국가보안법 등과 같이 반공·국가안보에 이념적 기반을 두고 위세를 부려왔던 정보공작정치 등의 정권유지 수단도 명분을 잃을 위기에 몰렸습니다. 게다가 닉슨 독트린에 의한 국제 통화체제의 붕괴와 보호무역주의의 강화 때문에 박정희 방식의 경제개발 역시 치명적 약점을 드러냈습니다.

결정적인 위기에 직면한 박정희 정권은 파쇼적 통제체제로 내닫기 시작했어요. 박정희 정권은 1970년 벽두에 외국인투자기업의 노동조합과 노동쟁의를 규제하는 임시특례법을 공포했고, 1971년 12월 6일에는 국가비상사태를 선포하여 국가안보를 위해 자유의 일부를 유보할 결의를 가져야 한다고 강조했습니다. 박정희 정권은 비상사태 선언을 뒷받침하기 위해 12월 27일 국가보위에 관한 특별조치법을 전격 통과시켰죠. 이 법은 비상사태 상황에서 모든 정치·경제활동을 통제할 수 있고, 국민기본권을 유보시키고 단체교섭권 등을 규제할 수 있는 무소불위의 권력을 대통령에게 부여하는 것이었습니다. 그리고 1972년 8월 3일에는, 경제의 안정과 성장에 관한 긴급명령을 발동하여 위기에 빠진 독점자본을 구출해내려 했습니다.

이 같은 연이은 강압적인 조치를 거쳐 대통령 박정희는 7·4 남북공동성명이 발표된 지 3개월 만인 1972년 10월 17일, '10월 유신'이라는 이름으로 드디어 비상계엄을 선포했습니다. 국회를 해산하고 일체의 정치활동을 금지했죠. 이후 비상국무회의에서 유신헌법이 마련됐습니다. 그리고 1972년 11월 21일에는 유신헌법에 대한 의견표시를 봉쇄한 채 국민투표를 강행했습니다. 이어 12월 23일 통일주체국민회의에서 대통령으로 선출된 박정희는 12월 27일 유신헌법을 공포했고, 이 헌법에 따라 1973년 2월 27일 국회의원 선거가 치러졌습니다. 그리하여 마침내 박정희 1인을 정점으로 하는 유신독재체제가 출범하게 된 것입니다.

유신헌법은 삼권분립이라는 형식마저 전면 부정하고, 대통령 1인에게 모든 권력을 집중시켰습니다. 의회와 사법부는 총통이 된 대통령의 들러리였고, 여당은 친위부대에 지나지 않았죠. 유신체제를 합리화하기 위해 이른바 '한국적 민주주의'와 새마을운동을 동원했습니다. 유신독재정권은 중화학공업화를 통한 경제성장을 선언하고, 1980년대 초에 '1천 불 국민소득 100억 불 수출'을 달성하겠다는 장밋빛 청사진을 제시했죠. 그러나 유신체제는 줄범 두 달도 안 돼 곧바로 도전에 직면하게 됩니다.

1973년 4월 기독교인들이 민주회복과 언론자유를 촉구하며 시위를 추진했습니다. 그리고 8월 초 중앙정보부의 김대중 납치사건이 일어난 직후, 10월에는 서울대학교 학생들이 파쇼통치 중지의 요구를 내걸고 시위에 나섰죠. 이후 유신반대투쟁은 전국 각 대학과 지식인, 종교계, 언론계 등으로 확산됐고, 시위는 고등학생들에게까지 파급됐습니다.

유신독재정권은 혹독한 탄압으로 일관했어요. 정권은 긴급조치를 발동하여 대학 휴교, 학생들의 제적, 그리고 교수, 언론인, 종교인의 해직과 투옥 등 수단 방법을 가리지 않고 유신반대투쟁을 잔혹하게 탄압했습니다. 이들 탄압은 1973년 고려대학교 NH회 사건과 검은 9월단 사건(야생화 사건), 1974년 전국민주청년학생총연맹(민청학련) 및 인민혁명당(인혁당) 사건[1] 등으로 이어졌습니다. 그러나 이 같은 강경한 탄압도 유신반대투쟁을 잠재우지는 못했죠. 1974년 들어 학생들의 시위가 확산됐습니다. 언론계에서도 1974년 3월 동아일보 기자들의 노동조합 결성 이후 각 신문사의 언론자유 실천운동으로 발전했고, 정권의 압력으로 동아일보 광고 해약사태로까지 확대됐습니다. 한편 재야민주화운동은 9월 23일 민주수호국민협의회, 12월 25일 민주회복국민회의의 결성으로 독재정권에 저항했습니다.

1975년 2월 유신헌법에 대한 국민투표 후 학생 시위는 새 학기와 함께 재연됐습니다. 이에 정권은 1975년 4월 7일 긴급조치 제7호를 발동하여 고려대에 휴업령을 내려 투쟁을 잠재우려 했죠. 그러나 4월 11일 서울대 농과대 학생 김상진이 유신헌법 철폐를 요구하는 양심선언을 한 후 할복자살한 것을

---

1   1974년 4월 25일 중앙정보부장은 민청학련 사건의 배후에 인혁당이 있다고 발표했습니다. 이에 비상군법회의의 내란예비음모, 내란선동협의로 기소됐고, 6월 15일 이후 10개월간의 재판을 거쳐, 23명 중 8명은 1975년 4월 9일 대법원에서 상소가 기각된 직후 사형집행을 당했습니다. 세기의 '사법살인'으로 규정된 이 사건은 유신독재정권의 야만성을 적나라하게 드러낸 것으로, 2007년, 2008년 사법부의 재심에서 전원에게 무죄가 선고됐습니다.

계기로, 민주화투쟁은 다시 끓어오르기 시작했습니다. 유신정권은 마침내 5월 13일 '국가안전과 공공질서의 수호를 위한 긴급조치 제9호'를 발동했습니다. 긴급조치 제9호는 사실상 국민의 입과 귀와 눈을 모두 틀어막고 어떤 행동도 금지하는 파쇼적 탄압의 극치였죠. 그 이후 공개적인 시위투쟁은 크게 약화됐습니다. 하지만 1976년 3월 1일 민주구국선언, 1977년 3월 23일 민주구국헌장, 1978년 2월 24일 3·1 민주구국선언, 4월 12일 천주교정의구현사제단의 4월 선언이 잇따라 발표되면서, 반反유신투쟁은 여전히 박정희 군사정권을 압박했습니다.

이 와중에 유신체제의 동반자로 침묵을 지켜 오던 신민당 안에 1977년 4월 야당성 회복 동지회가 발족했고, 대학생들의 시위와 노동자와 농민의 저항이 격화했습니다. 재야민주단체와 청년학생들은 5월 12일 민주청년인권협의회를 구성했습니다. 또한 7월 5일에는 각계인사 4백여 명이 모여 민주주의국민연합을 결성했죠. 유신정권은 수단 방법을 가리지 않고 이를 억압했지만, 12월 12일에 실시된 총선거에서 야당이 여당 득표율을 앞지르는 등 유신독재정권의 위기는 한층 깊어져만 갔습니다.

1979년에는 초입부터 발생한 제2차 석유파동에 따라 한국경제는 파국으로 치달았고, 민중의 생활고와 빈부격차는 더욱 악화됐어요. 또한 유신철폐투쟁도 비등점으로 치닫기 시작했죠. 1979년 3월 1일 재야민주화운동 세력은 민주주의와 민족통일을 위한 국민연합을 결성했고, 언론인, 문인, 교수, 구속자 가족, 종교인 등이 각기 단체를 결성하여 유신철폐투쟁을 더욱 적극화했습니다. 유신정권은 여전히 강권으로 대응했어요. 하지만 7, 8월에 들어서서 유신정권에 치명적인 타격을 입히는 사건이 연이어 발생했죠. 가톨릭농민회 회원인 오원춘의 납치사건과 YH무역 노동자들의 신민당사 농성투쟁이 그것입니다. 오원춘 사건은 가톨릭교회와 박정희 정권의 대립을 촉진했고, YH무역 노동자들의 투쟁은 김경숙의 죽음을 계기로 유신정권의 잔혹한 탄압상을 드러냈을 뿐 아니라, 유신정권의 몰락을 가져온 기폭제가 됐습니다.

YH노조 여성노동자들의 투쟁에 대한 광폭한 진압을 계기로 야당과 재야 세력이 일제히 일어났고 학생시위도 격화됐습니다. 그러자 중앙정보부는 10월 9일 남조선민족해방전선 사건[2]을 발표하여 유신반대투쟁을 위축시키려 했습니다. 그러나 투쟁은 멈추지 않았죠. 야당 정치인들과 반유신투쟁의 지도자들을 제거할 기회를 호시탐탐 노리던 박정희 정권은 김영삼 신민당 총재를 제거하는 데 성공했습니다. 하지만 이를 계기로 부산에서 유신 철폐를 요구하는 대규모 시민항쟁이 폭발했어요. 부마항쟁이 시작된 것입니다. 부산의 시민항쟁은 마산, 대구로 확대됐고, 박정희 정권은 계엄령과 위수령을 발동했습니다. 유신독재정권과 민중의 정면대결은 막다른 골목으로 치닫고 있었죠. 그런데 그러한 급박한 상황 속에서 1979년 10월 26일 대통령 박정희가 서울 궁정동 안가에서 자신의 심복인 중앙정보부장 김재규(1926~1980)의 총탄에 맞아 피살되는 일이 일어납니다. 이로써 18년 동안 철권정치를 휘둘렀던 박정희의 야욕은 종말을 고하게 됐죠. 그러나 유신체제는 그 정점을 잃었을 뿐이었어요. 유신체제의 친위부대 신군부세력이 육군 소장 전두환을 중심으로 12월 12일 쿠데타로 권력 핵심에 진입하면서, 호시탐탐 권부 장악의 기회를 엿보고 있었습니다.

고도성장의 신화와 경제위기의 심화

1970년대 초에 도래한 박정희 정권의 정치위기는 성장률의 하락과 부실기업 사태로 집약되는 경제위기와 함께 했습니다. 경제위기를 맞은 박정희 정

---

2 중앙정보부는 1979년 10월9일, 10월 16일, 11월 13일 세 차례에 걸쳐 이 사건을 발표하고, 검거된 84명을 "자생적인 사회주의 국가 건설을 위하여 폭력적인 방법으로 적화통일을 기도한 대규모 반국가단체의 구성원"이라고 규정했습니다. 사건 관련자들은 잔혹한 고문과 폭행을 당하고 사형, 무기징역에서 장기형에 이르는 중형에 처해졌으나, 2006년 3월 13일 민주화운동 관련자 명예회복 및 보상 심의위원회는 이들의 유신독재정권에 저항한 민주화운동 관련자로 인정했습니다.

권은 차관과 직접투자 유치 및 수출 드라이브정책을 일층 강화했죠. 이를 위해 1969년에 수출자유지역설치법을 제정하여 외국인 직접투자에 대해 각종 특혜를 제공하는 한편, 급속하게 노동통제를 강화했습니다. 이어 1972년부터 제3차 경제개발 5개년 계획에 돌입했고, 1973년 초에는 중화학공업화전략을 선언했습니다. 또한 박정희 정권은 이러한 과정에서 기업의 자본축적을 보장하는 극약처방으로서, 1972년 8월 3일 경제의 안정과 성장을 위한 긴급명령 제15호, 이른바 '8·3 조치'를 발동했습니다.

이 조치를 통해 박정희 정권은 기업들이 안고 있는 사채를 동결했죠. 그리고 특별금융 제공, 대출금리 대폭 인하, 장기저리자금 대부, 법인세 소득세 인하, 공공요금의 인상 억제, 물가와 임금의 동결 등 기업이 필요로 하는 모든 요소에 특혜를 제공했습니다. 또한 사채 흡수를 위한 제2금융제도 신설, 기업공개촉진법에 의한 원활한 자금조달, 역금리제도 등을 채택하기도 했습니다. 이러한 조치들로 기업들은 일시적으로 위기를 모면했고, 경제는 회복 기미를 보였습니다. 그러나 노동자들의 기본권은 국가보위에 관한 특별조치법을 통해 완전히 봉쇄됐죠.

이와 같은 초법적 조치를 통해 자본의 위기는 일단 수습됐어요. 그렇지만 1973년 10월 제1차 석유파동으로 중화학공업화를 중심으로 한 경제개발계획은 다시 위기를 맞았습니다. 정권은 수출을 확대하고 기업을 살리기 위해 환율 인상, 수출금리 인하, 관세 감면대상의 확대, 종합무역상사제도 도입 등 적극적인 수출확대 조치를 단행했습니다. 그리고 중화학공업화에 소요되는 국내 자본을 동원하기 위해 국민복지연금제도를 도입하고, 농어촌 저축 장려운동을 비롯한 범국민적 저축운동을 추진하는 한편, 1973년에는 민간기업에 대한 재정 지원을 위해 국민투자기금법을 제정했습니다. 이러한 과정을 거쳐 이후 누적되는 국제수지 적자와 석유파동의 여파로 인한 경기침체는 중동건설 붐을 통해 벌어들인 외화로 극복했죠. 그리고 1976년 이후 경제성장률은 연평균 10%대를 훨씬 웃돌아 전례 없는 대호황을 맞았습니다.

이렇게 1970년대 한국경제는 전체적으로 고도성장을 기록했습니다. 경제성장률은 1970~79년 사이 연평균 9.6%를 기록했고, 특히 1976~78년에는 연평균 12.3%에 이르렀습니다. 이에 따라 같은 기간 동안 국민총생산액GNP은 2.3배가 늘었죠. 이런 높은 경제성장은 1970~79년 사이 연평균 17.8%에 달한 제조업의 급속한 성장에 기인한 것이었습니다. 산업구조상 제조업의 비중은 같은 기간에 20.8%에서 26.9%로 크게 높아졌고, 농림어업이 차지하는 비중은 26.9%에서 20.3%로 격감했습니다(이원보, 2004: 300).

양적인 성장은 무역부문에서도 명확하게 나타났습니다. 1970~1979년 사이 총수출액은 연평균 39.2%씩 증가하여, 1970년 8억 3,520만 달러였던 것이 1977년에 1백억 달러를 돌파했습니다. 그리고 1979년에는 150억 5,550만 달러를 기록함으로써 세계수출국 17위의 위치에 서게 됐죠. 수입액도 같은 기간에 매년 28.9%씩 증가하여, 1970년 19억 8,400만 달러에서 1979년에는 203억 3,860만 달러로 늘어났습니다.

이와 같이 1970년대 한국경제는 세계적인 불황에도 매우 빠른 속도로 성장했어요. 그 결과 유신정권이 내세웠던 "1980년대까지 100억불 수출, 1인당 국민소득 1천불 달성"이라는 목표가 앞당겨 달성됐습니다. 그리고 이것이 유신독재체제를 정당화하는 물질적 기초가 됐습니다. 그러나 이러한 경제성장은 단지 경제규모의 양적인 팽창이었으며, 한국경제가 지닌 구조적 모순과 취약점(대외의존성, 독점성, 불균형성 등)을 더욱 심화 확대하는 과정이었죠.

이러한 모순과 취약점은 1960년대의 경제개발 방식, 곧 외국 자본에서 부품과 자본을 들여와 국내의 저임금 노동력으로 가공 조립하여 해외에 내다 파는 외향적 수출주도 방식에서 비롯된 것이었습니다. 그리고 이는 중화학공업화를 추진하는 과정에서 더욱 커졌죠. 곧 중화학공업화에 의한 수출증대가 수입유발효과를 키워, 더 많은 외국 자본을 들여오는 악순환구조로 고착됐던 것입니다. 나라경제가 성장할수록 더 외국에 종속되는 모순에 깊이 빠져든 것이죠. 그 결과 1970~79년 사이 무역적자는 11억 4,800만 달러에서 52억 8,300만 달러로 5배가 늘었고, 해외 차관은 8억 5천만 달러에서 70억 7백만 달러로 급증했습니다.

박정희 정권이 추진한 중화학공업화는 노동집약적 소비재 부문에 집중되어 생산재 수입을 유발했기 때문에 무역수지 적자를 누적시켰습니다. 그리고 시장수요를 고려하지 않은 과잉중복투자 때문에, 대부분 수출시장을 확보하지 못하고 극심한 조업난에 허덕였죠. 뿐만 아니라 중화학공업 일부 업종은 선진국에서 사양산업의 길을 걷고 있거나 공해산업으로 지목되어 개발도상국들에 이전시키고자 한 업종들이었고, 이로 인해 생산의 효율성의 문제만이 아니라 공해의 증대로 인한 광범한 환경파괴가 야기됐습니다.

또한 이러한 고도성장은 독점재벌을 형성함으로써 국민경제의 균형발전을 파괴했고, 대외조건의 변화에 의해 쉽게 뒤흔들리는 구조의 기초를 놓았습니다. 독점재벌은 정권이 베풀어준 광범하고도 막대한 재정·금융상의 특혜를 통해 급속하게 성장했습니다. 1973~78년 사이 전체 부가가치 중에서 5대 재벌의 비중은 3.5%에서 8.1%로 늘었고, 10대 재벌은 5.1%에서 10.9%로 늘어났습니다. 또한 20대 재벌은 7.1%에서 14.9%로 증가하여 모두 2배 이상 증가했죠. 이러한 불균형 성장의 결과, 1978년 말 당시 10대 독점재벌의 계열기업 숫자는 럭키 47개, 대우 41개, 삼성 38개, 현대 33개, 쌍용 20개, 국제상사 24개, 선경 27개, 금호 19개, 삼화 30개, 한일합섬 8개 등으로 모두 312개나 됐습니다(사공일, 1980: 5~6).

그러나 재벌과 대기업들은 국내시장은 석권하고 있었지만, 세계시장에서의 경쟁력은 극히 취약했어요. 그래서 대부분 선진독점자본에 크게 의존했고, 때문에 국내 독점재벌의 형성은 국민경제를 체계적으로 선진국의 독점자본에 예속시키는 과정에 다름 아니었습니다. 게다가 수출 대기업에 대한 조세 금융상의 특혜는 국민의 조세부담을 가중시켰고, 화폐증발로 인한 물가폭등으로 저임금 노동자들의 가계를 항상 위협했습니다. 뿐만 아니라 재벌들이 부동산투기로 엄청난 부를 축적하면서, 노동자들의 내 집 마련의 꿈이 송두리째 무산되기도 했죠.

이와 같이 기업들은 수출증대를 위한 다양한 특혜와 지원을 바탕으로 이윤을 축적했습니다. 그리고 특히 수출 대기업들은 중소기업을 몰락시키면서 급성장했습니다. 그러나 특혜 자체가 이윤 축적의 모든 원천이 될 수는 없었죠. 그것은 기업들이 대부분 자본·자원·기술 등 주요 생산요소를 해외에 의존하고 있었고, 각종 지원이 이루어지기는 했지만 모든 수출산업이 경쟁력을 갖추고 있는 것은 아니었기 때문입니다. 이렇게 경쟁력이 없는 기업들도 수출을 감행할 수 있었던 데는 이유가 있었습니다. 다름 아닌 노동자들의 저임금과 장시간노동이었고, 이것을 가능케 한 저곡가정책이었습니다.

결국 1970년대 고도성장의 신화는 1960년대와 마찬가지로 저임금과 농산물 저가격을 자본축적의 필요조건으로 하는 불균형 성장을 근간으로 하는 것이었어요. 곧 외형적, 양적인 성장의 그늘 아래서 국민경제의 해외의존 심화와 재벌의 국내독점 심화라는 모순을 키우고 있었던 것입니다. 이러한 모순들로 인해 한국경제는 외부조건 변화에 쉽게 동요하는 구조를 형성했습니다. 실제 1979년 제2차 석유파동이 엄습했을 때 경기는 급격히 하강했고, 경제성장은 또 다시 중대한 위기를 맞았습니다.

이 시기 유신독재정치도 격동을 거듭한 끝에 박정희 대통령의 피살로 절체절명의 위기에 봉착하게 됐죠. 위기는 1980년 봄, 경제성장에서 소외된 민중들의 저항이 폭발함으로써 더욱 심화됐습니다. 그리고 이를 진압한 1980년 신新군부의 5·17 쿠데타는 위기를 민중들의 희생을 통해 봉합하려 했던 역사적 반동의 시작이었습니다.

노동기본권 없는 노사협조의 강제

박정희 정권은 1970년대 초의 위기를 극복하는 과정에서 노동운동을 직접 규제했습니다. 1970년 1월 1일 외국인투자기업 노동조합 및 노동쟁의조정에 관한 임시특례법의 공포 시행과 1971년 12월 6일 국가비상사태 선언에 뒤이은 12월 27일의 국가보위에 관한 특별조치법(국가보위법) 제정 등이 그것들입니다. 국가보위법은 제9조 1항에서 "비상사태 아래서의 근로자의 단체교섭권 또는 단체행동권의 행사는 미리 주무관청에 조정을 신청하여 그 조정결정에 따라야"하며, 이를 위반하면 7년 이하 징역에 처한다고 규정했습니다. 이로써 노동기본권의 핵심인 단체교섭권과 단체행동권을 원천 봉쇄했던 것입니다.

또한 박정희 정권은 1973년 3월과 1974년 1월에 노동관계법을 개정했습니다. 임금채권 우선변제와 근로기준법 적용범위의 확대 등 노동자들에게 유리하게 개선된 조항들도 몇 개 있긴 했습니다만, 집단적 노동관계법을 보면 기업별노조체계를 강요하고 노동쟁의를 제한하며 노사협의회를 활성화하는 등 통제를 더욱 강화하는 것이었죠. 결국 노동기본권은 봉쇄되고 노사협조만이 강조됐습니다. 노동자들은 산업역군이라는 미명 아래 "일은 시킨 대로 품삯은 주는 대로"의 무권리상태에 놓이게 됩니다.

정권은 노동자들의 저항을 막기 위한 행정조치들도 강구했습니다. 그 하나가 노동청이었죠. 노동청은 노동자보호와 인력개발을 표방했지만, 실제 노동정책의 원칙은 경제부처와 청와대에서 도맡았고, 노동청의 역할은 주로 행정적이고 기술적인 문제에 한정됐습니다. 사업장 또는 산업별 수준에서의 노사관계를 감시 통제하는 것은 중앙정보부 관할에 속했습니다. 그리고 임금지침의 설정과 같은 주요한 정책결정은 경제기획원에서 맡았으며, 생산성 향상이나 새마을운동에 관한 문제 등은 상공부의 몫이었죠(최장집, 1988: 222~223). 그리고 노사관계 문제는 치안대책의 대상이었어요. 이는 1963년 노동청 출범 이래 10명의 청장 가운데 7명이 경찰간부 출신이었다는 점에서 잘 드러납니다. 노동조합에 대한 감시와 통제는 주로 중앙정보부 몫이었지만, 노동청, 경찰, 보안사령부 등에서도 경쟁적으로 이루어지고 있었죠.

이런 한편에 정권은 임금, 노동조건을 국가보위법에 의한 조정결정으로 해결하도록 규정했습니다. 이 규정에 따르면 조정결정은 사전에 직권으로 하는 것이 원칙이었어요. 그러나 실상은 그 반대였습니다. 1972~1979년 행해진 1만 869건의 조정결정 가운데 직권조정에 의한 건수는 전체의 5.2%인 561건에 불과했죠. 그리고 노사합의를 거친 후 형식상 조정결정을 받은 것이 전체의 76.3%인 8,296건이었으며, 노사 간의 의견불일치에 대해 정부가 합의를 종용하여 해결한 합의조정이 18.5%인 2,012건이었습니다(이원보, 2004: 319). 이러한 통계는 조정결정의 절대 다수가 사용자의 요구가 반영된 노사합의였다는 사실을 말해줍니다. 게다가 직권조정결정의 내용도 생산성임금제를 그대로 채택함으로써, 자본가들의 이해를 철저히 반영하고 있었죠.

노동자를 자본의 요구에 순응하도록 만든 또 하나의 중요한 기제는 공장새마을운동이었습니다. 공장새마을운동은 노사 간 협조로 일체감을 조성하고 생산성과 소득의 향상을 통하여 국가발전에 기여하는 것을 목표로 했습니다. 또한 종업원의 자발적인 창의와 노력에 의해 품질 개선, 생산성 향상, 재해 예방 등 생산과 노동을 결합시키고, 상호예절의 존중과 상호부조의 협동정신을 함양함으로써 건전한 국민윤리의 기반을 확립한다는 것이었죠. 이에 따라 전국의 모든 일터에는 "공장 일을 내 일처럼 근로자를 가족처럼"이라는 벽보가 나붙었고, 각종 교육과 훈련 등을 통해 순종의 노동윤리가 강조됐습니다. 한국노총에도 새마을교육이 요구됐습니다.

이러한 공장새마을운동은 정부가 주도하여 노사 간의 대립적인 본질을 은폐하고, 봉건적·온정적·권위주의적 가족주의에 기초한 노사협조의식을 주입시키는 것이 본래 목적이었습니다. 공장새마을운동은 노동자들의 현실에서는 기업이 주도하여 노동시간을 연장하려는 노력이었고, 가뜩이나 열악한 작업조건 속에서 일하는 노동자들을 품질 및 생산성 향상운동에 무보수로 동원하기 위한 이데올로기에 지나지 않았죠.

정권이 추진한 이와 같은 배제와 동원의 정책은 기업의 탐욕스런 노무관리를 지속하게 만들었습니다. 독점대기업들에게는 노무관리와 기술혁신보다는 정부로부터 특혜를 받아내는 것이 훨씬 중요했어요. 이들은 가족 중심의 폐쇄적·배타적인 소유·지배구조를 개선할 이유도 없었고, 자금조달을 위해 주식이나 금융에 매달릴 필요를 느끼지도 않았죠. 그리고 중소영세기업들은 시장규모의 협소, 자본 자원의 부족, 기술의 낙후성 등으로 항시 낮은 이윤율에 허덕이고 있어서 노사관계를 거들떠볼 여유를 갖지 못했습니다. 그 결과 중공업 대기업에서는 군대식 노동통제가 성행했고, 수출가공산업 부문에서는 수많은 여성노동자들이 최악의 노동조건과 사용자들과 남성 중간관리자들의 야만적이고 폭력적인 통제 아래에서 죽음 같은 장시간노동을 감수하고 있었습니다.

이러한 조건 속에서 발생하는 노동자들의 저항에는 때와 장소를 가리지 않고 잔혹한 탄압이 동원됐어요. 노조결성이나 노사분규 주동자에게는 해고와 출근정지의 중형이 가해졌습니다. 그 밖에도 강등, 감봉, 폭행, 매수, 이간, 외출 금지, 집회 방해, 시말서 강요, 어용조직으로의 개편 강요, 허위 해산신고서 제출 등 노동자들의 저항을 짓누르기 위한 다양한 수법이 사용됐죠. 일부 노동자들은 때로는 '불순세력'으로 몰려, 사직당국의 엄중한 문초를 받기도 했습니다. 이에 견디다 못해 노동자들은 1970~79년 사이에 844건의 부당노동행위 구제신청을 노동위원회에 냈습니다. 하지만 이에 대한 구제율은 1970년 69.2%에서 매년 급격하게 떨어져서 1978년에는 25.9%까지 낮아졌습니다(한국노총, 1979: 133).

2. 임금노동자의 급증과 저임금구조의 심화

1970년대에는 경제의 급속한 성장에 따라 임금노동자 숫자가 크게 증가했으며, 그 내부 구성에도 많은 변화가 있었습니다. 취업자는 1970년 974만여 명에서 1979년 1,366만여 명으로 늘어났고, 실업률은 1979년 당시 3.8%로 완전고용에 가까운 상태였죠. 산업별로 살펴보면, 농림어업은 50.4%에서 36.5%로 줄어든 데 비해, 광공업은 14.3%에서 22.6%로 2배 가까이 급증했습니다. 또한 사회간접자본 및 기타서비스업도 35.2%에서 43.4%로 늘어났습니다. 임금노동자 수도 크게 늘어서, 1970년 378만 6천 명이었던 것이 1979년에는 648만 5천 명이 됐습니다. 취업자 가운데 임금노동자가 차지하는 비중은 38.8%에서 47.3%로 증가했죠. 또한 임금노동자 가운데 10인 이상 민간 사업체에서 일하는 노동자는 108만여 명에서 297만여 명으로 늘었고, 5인 이상 사업체의 경우는 215만여 명에서 321만여 명으로 50% 가까이 증가했습니다.

같은 기간 임금노동자의 업종별 비중 변화를 살펴보면, 제조업이 28.2%에서 43.3%로 가장 크게 늘어났습니다. 그리고 기계·조선·철강·자동차·전자와 같은 중화학공업 부문의 비중이 17%대에서 28% 수준으로 급증하여, 섬유·의복·가죽 등과 함께 대종을 차지하게 됐죠. 직종별로는 생산직이 1970년대 말에는 50%에 육박할 정도로 증가했고, 사무직과 판매직도 각각 21%, 5%로 늘어났지만, 농림어업직은 16%에서 2%대로 현저하게 줄었습니다.

1970년대에는 노동자 구성도 많이 변했어요. 먼저 기업 규모별로는 1천 명 이상 사업체의 비중이 18.6%에서 25.6%로 크게 증가했습니다. 또한 연령별로는 18세 미만과 30~39세 계층은 줄고, 18~29세 계층과 40세 이상 계층이 높아졌습니다. 1979년에 이르면 24세 미만의 청소년 계층이 전체의 42%를 차지했고, 29세 미만은 62%에 달했죠. 그리고 1979년에는 50세 이상의 고연령 계층은 3.8%에 불과했고, 특히 여성노동자의 경우는 24세 미만 계층이 75%로서 압도적인 비중을 차지하고 있었습니다. 남녀별 노동자의 구성을 살펴보면, 1976년까지 여성노동자의 구성비가 커졌으나 그 후부터는 수적인 증가에도 여성노동자의 구성 비율이 낮아졌습니다. 또한 1970년 45.9%였던 제조업의 여성노동자의 비중은 1976년 49.4%까지 증가했다가 차차 낮아지는 경향을 보였습니다.

이상에서 살펴본 것과 같이 1970년대에는 경제성장과 함께 취업자와 임금노동자가 크게 증가했고, 사업체에 고용된 노동자 숫자도 매우 빠른 속도로 늘어났습니다. 산업별로는 제조업 노동자가 가장 큰 비중을 차지했고, 중화학공업 노동자들의 비중이 급격히 증대했죠. 또한 대규모 사업장의 노동자가 상대적으로 크게 증가했습니다. 또한 연령 계층별로는 18~29세의 젊은 노동자층의 구성비가 커졌고, 성별로는 여성노동자가 중반까지 증가했으며, 지역별로는 대도시 집중현상이 계속됐습니다.

한편, 이와 같은 산업노동자의 급격한 양적 팽창과 내부 구성의 변화, 그리고 대도시로의 집중은 질적인 측면에서 노동자들의 사회의식 발전과 단결의 토대를 만들어주었습니다. 곧 노동자들이 자본주의적 대공장에 결집하여 조직·훈련·단련될 수 있는 기회구조가 만들어진 것이죠. 그럼으로써 계급적 성숙을 촉진할 수 있는 조건이 확연하게는 아니더라도 지속적으로 형성돼, 임금노동자계급의 기본 속성을 점차 굳혀 가고 있었습니다(김금수, 1986: 32).

노동자들은 절대 다수가 농촌 경제의 피폐화로 인해 도시로 몰려든 농촌인구 출신이었습니다. 1970년대 이뤄졌던 이농離農은 이전의 가족 중 일부가 농촌을 떠나는 형태에서 모든 가족이 모두 도시로 옮기는 형태로 변화해 갔습니다. 1960년에서 1975년까지 이농민이 약 686만 2천 명이었는데, 그중 가

구유출은 68.2%인 468만여 명이었습니다(배진한, 1978: 142). 이들은 대부분 낮은 소득과 부족한 주택 사정 때문에 도시 주변에 판잣집을 짓고 생활했죠. 그리고 단신으로 도시로 온 젊은이들, 단순기능노동자들은 닭장집, 벌통집이라 불렸던 공장 주변의 불량주택이나 기숙사에서 생활했습니다.

   1970~1980년 전체 노동자의 명목임금은 1만 7,831원에서 17만 6,058원으로 연평균 26.0% 올랐습니다. 그러나 물가폭등 때문에 실질임금의 연평균 인상률은 8.4%에 그쳤어요. 이에 비해 노동생산성은 1976~78년 3년 동안을 제외하고는 매년 실질임금 상승률을 크게 웃돌았죠. 1970년대를 통틀어서 연평균으로 계산하더라도 10.1%씩 상승했고, 이는 실질임금 상승률보다 높은 것이었습니다.

   1970년대 노동자들이 겪어야 했던 노동생산성 증가에 뒤지는 실질임금 증가와 저임금 상태는 배분에 있어서 낮은 노동자 몫으로 나타났습니다. 노동소득분배율은 1970년 39.5%에서 1974년 36.1%로 낮아졌습니다. 1980년의 노동소득분배율이 49.4%로 1970년대 중반에 비해 증가한 것이었습니다만, 그 기간 동안 노동자들이 70% 이상 늘어났기 때문에 사실상 소득분배율은 거의 늘어나지 않은 것이죠(이원보, 2004: 344).

   노동자들의 임금은 노동력 재생산비에도 크게 모자라는 수준이었습니다. 전체 산업의 노동자들이 장시간노동으로 받은 임금총액의 평균은 1970년에는 최저생계비의 61.5% 수준이었지만, 1980년에는 44.6%로 낮아졌죠. 그리고 특히 광공업 노동자들의 임금은 1970년에 최저생계비의 51.8% 수준이었는데, 그 후 매년 떨어져 1980년에는 38.1% 수준까지 낮아졌어요. 이와 같은 저임금 상태는 국세청 발표에서도 적나라하게 나타납니다. 즉 1978년 3월 말 모든 노동자 가운데 근로소득세 인적공제 최저선인 5만 원 미만의 비과세 인원이 76.7%를 차지하고 있었으며, 전체 노동자의 88.6%가 월 10만 원 미만의 임금을 받고 있었다는 것입니다(동아일보, 1978. 8.27).

1970년대의 노동자들은 이러한 생존비 이하의 저임금과 함께 세계 최장의 노동시간에도 시달렸습니다. 1970년대 전숲 산업의 주당 노동시간은 1970년 51.6시간, 1975년 50.0시간, 1980년 51.6시간이었습니다. 이 가운데 제조업은 1970년 53.4시간에서 1974년 49.9시간으로 줄었다가 다시 늘어나기 시작해서, 1980년에는 53.1시간에 이르렀죠. 1978년 생산직의 월평균 노동시간은 252시간이나 됐습니다. 같은 해 각각 217시간, 216시간이었던 전문기술직, 관리직과 비교해 보면 문제의 심각성 정도를 알 수 있죠.

    이와 같이 장시간노동이 이루어진 것은 노동자들의 저임금을 기업 측이 노동시간 연장에 이용했기 때문이었어요. 자본가들은 노동법령에 장시간노동이 허용되고 있는 점을 이용하여, 수출증대를 구실로 장시간노동을 강요했습니다. 당시 단체교섭권이 봉쇄되어 있는 상황에서는 교섭에 의한 노동시간 단축은 현실적으로 불가능했죠. 뿐만 아니라 생계비의 절반에 머무는 임금 때문에 노동자들은 연장근로와 휴일근로를 할 수밖에 없었습니다. 결국 한국의 노동자들은 사용자의 강제 아래 휴일근로와 잔업, 철야근무를 밥 먹듯이 해야 했고, 경제가 성장하고 있음에도 노동시간이 계속 늘어났던 것입니다.

    가뜩이나 작업환경도 열악한데 이러한 장시간노동은 노동자들의 건강과 생명을 위협하는 피로 누적과 이에 따른 질병과 재해의 증대로 연결됐죠. 산업재해자 숫자는 1970년 3만 7,752명에서 1979년에는 13만 307명으로 3배 이상 늘어났습니다. 그 가운데 사망자 숫자는 639명에서 1,273명으로 2배, 부상자는 3만 7,113명에서 11만 1,513명으로 2.6배나 증가했으며, 1974~79년에는 신체장애자가 5,025명에서 1만 7,257명으로 3배 이상 늘어났습니다. 환자 수도 급격히 늘어나 1970년 780명에서 1975년에는 2,960명, 그리고 1979년에는 4,063명에 달했습니다. 직업병환자로 판명된 노동자는 대부분 제대로 치료를 받지 못한 채 직장을 잃거나 병을 숨기고 전직해야만 했죠.

    이처럼 1970년대 노동자들은 성장 신화의 포로가 된 권력과 자본의 횡포 아래에서, 생존한계 이하의 저임금과 세계 최장의 노동시간, 그리고 열악하기 그지없는 작업환경과 인권탄압이 성행하는 노동현장에서, 그리고 '공돌이'와 '공순이'로 불리는 사회적 냉대 속에 암흑과 같은 삶을 견뎌내야 했습니다. 고도 경제성장의 '황금시대', 그것은 노동자들에게는 피와 땀과 눈물로 가득한 가혹한 인고의 세월이었습니다. 그리고 1970년대 노동운동은 바로 이러한 인고의 세월을 타고 넘는 힘들고 기나긴 여정이었던 것입니다.

3. 억압의 사슬을 끊고 성장하는 노동운동

　29년 만에 닥친 혹한과 함께 출발했던 대망의 1970년대에 권력과 자본은 노동운동에 잔혹하게 인내와 양보를 강요했습니다. 그것은 경제개발이 가져온 모순을 노동자의 희생으로 해결하기 위한 것이었죠. 정권은 노동기본권을 박탈했고, 행정적으로 노동운동을 억압했습니다. 기업주들 또한 수단과 방법을 가리지 않고 열악한 조건에 노동자들을 묶어 놓고 저항을 차단했습니다. 이들은 1970년 한국경영자협회를 창설하여 노동운동의 발전을 저지하기 위한 준비를 갖췄습니다. 그리고 1972년 말 성립된 유신독재체제는 노동자의 희생을 통해 나라 안팎 자본의 위기를 극복하고 정권을 연장하기 위한 제도적 탄압의 완결판이었죠.

　이처럼 노동자들은 노동기본권을 원천적으로 박탈당했고, 한없는 자본가들의 이윤추구 욕망 아래서 "일은 시킨 대로 품삯은 주는 대로" 받아야 하는 임금노예의 운명을 강요받았습니다. 그런데 당시 노동조합운동의 유일한 총본산이었던 한국노총은 노동기본권을 박탈한 국가권력의 위압에 주저앉아버렸어요. 그리고 유신독재체제를 적극 지지하고 나섰죠. 이를 한국노총은 국가가 있어야 노동운동도 있다는 논리, 곧 국가이익 우선주의를 전제로 한 실리위주의 운동기조라고 설명했습니다. 또한 막강한 권력의 탄압 아래 노조간판을 지키는 것만으로도 제 사명을 다한 것이라고 강변하기도 했죠.

　한국노총은 노동자의 삶과 직결된 각종 정책대안을 개발하고 이를 정부에 건의하는 것에 많은 역량을 집중했습니다. 그러나 그것만으로 밑으로부터 올라오는 치열한 삶의 요구와 자주적, 민주적 노동운동에 대한 갈망을 충족시킬 수는 없었죠. 이러한 태도 때문에 한국노총은 줄곧 노동자들에게 불신을 받았고, 다양한 세력의 비판에 직면했습니다. 그러나 한국노총은 비판의 수용을 단호히 거부하고 밖에서 벌어지는 반유신 민주화투쟁을 철저히 외면했습니다. 그리고 산별노조들은 중앙집권적 통제장치와 국가권력의 비호를 배경으로 밑으로부터 올라오는 민주화의 요구를 한사코 차단하려 했죠.

이렇게 당시 한국노총을 정점으로 했던 노동조합운동은 자신의 기본권을 빼앗은 상대를 지지하는 모순을 품고서 노동대중의 절박한 요구를 외면했습니다. 그럼으로써 자기발전의 가능성을 스스로 저버리고 말았죠. 그러나 이것으로 노동운동의 명맥이 끊긴 것은 아니었어요. 노동자들이 기존 노동조합의 틀을 벗어나 스스로 새로운 전망을 만들어가면서 투쟁에 나서기 시작했던 것입니다.

노동자들은 유신독재정권의 삼엄한 탄압을 뛰어넘어 수많은 노동조합을 만들었고 노동쟁의를 일으켰습니다. 노동자들은 이 과정에서 파업, 태업, 농성, 시위, 준법투쟁 등 다양한 전술을 개발·발전시켰고, 생존권 보장과 인권탄압의 중단을 요구했습니다. 또한 이러한 노동자들을 위해 종교계와 지식인들이 적극적으로 노동운동에 참여했고, 이를 통해 노동운동 역시 사회적 기반을 넓히면서 확산됐습니다. 그리고 한국노총 내부에서도 권력과 자본에 대한 굴종을 거부하고 자주성·민주성·투쟁성을 내세운, 이른바 민주노조들이 등장하여 억압체제에 용감히 도전했습니다.

이렇게 노동자들은 탐욕스러운 자본과 유신독재체제의 반노동자적 행태와 맞서면서 1970년대 민주화투쟁의 중요한 고리를 이었습니다. 그리고 마침내는 유신독재체제를 무너뜨리는 기폭제로서 역할하기에 이르렀죠. 그 처절하고도 치열한 노동운동의 출발점이 1970년 11월 아름다운 청년 전태일이 죽음으로써 절규한 인간선언의 불꽃이었다면, 그 끝은 1979년 8월 YH무역 노동자 김경숙의 죽음이었습니다.

새로운 노동운동을 향한 인간선언의 불꽃—전태일의 분신[3]

1970년 11월 13일 오후 2시 경, 서울 평화시장 앞길에서 한 청년이 자기 몸에 불을 붙여 자살을 기도했습니다. 그의 이름은 전태일, 스물 두 살의 평화시장 재단사였습니다.

"근로기준법을 준수하라!"

맹렬히 타오르는 불길 속에서 그가 외친 주장입니다. 그리고 다음 날 그는 자기가 못 다 이룬 일을 꼭 이루어달라고 어머니와 동료들에게 다짐을 받은 후, "배가 고프다"라는 말을 마지막으로 서울 명동 성모병원에서 숨을 거뒀습니다.

전태일은 1948년 대구에서 아버지 전상수 씨와 어머니 이소선 씨의 장남으로 태어났습니다. 어릴 적 전태일은 아버지의 사업 실패로 고등공민학교도 제대로 마치지 못하고 어렵게 생활했죠. 그러다가 1965년에 서울 평화시장 삼일사에 견습공으로 입사했습니다. 그리고 그 다음 해에 통일사에 재봉공으로 취업했고, 1967년에는 한미사의 재단사가 됐습니다. 그는 일하면서 마주치는 자기보다 나이 어린 여공들의 비참한 현실을 매우 안타까워했어요. 그래서 이들을 보살피려 노력하다가 1967년 말에 해고를 당했습니다. 그리고 이 무렵 그는 근로기준법이 있다는 것을 알게 됐고, 한자투성이의 법전을 열심히 공부했습니다.

이러한 과정을 통해서 전태일은 1968년 말 재단사들의 모임을 만들었고, 이어 다음 해 6월에는 '바보회'라는 조직을 만들었습니다. 그런데 바보회를 조직한 지 석 달이 지나자 그는 위험분자라는 낙인이 찍혀 다시 해고가 됐고, 바보회는 와해되고 말았습니다. 이후 전태일은 공사판에서 노동을 하면서 자신이 무엇을 해야 하는가에 대해 많은 고민을 거듭한 끝에 다시 평화시장 노

---

[3] 전태일기념관건립위원회(1983) 참조

동자들 곁으로 돌아갔습니다. 당시의 심경을 전태일은 1969년 8월 9일 일기에서 다음과 같이 썼습니다.

> 나는 돌아가야 한다.
> 꼭 돌아가야 한다
> 불쌍한 내 형제의 곁으로
> 내 마음의 고향으로
> 내 이상의 전부인 평화시장의 어린 동심 곁으로.
> 생을 두고 맹세한 내가,
> 그 많은 시간과 공상 속에서,
> 내가 돌보지 않으면 아니 될 나약한 생명체들
> 나를 버리고, 나를 죽이고 가마
> 조금만 참고 견디어라
> 너희들의 곁을 떠나지 않기 위하여
> 나약한 나를
> 다 바치마
> 너희들은 내 마음의 고향이로다

1970년 9월 전태일은 평화시장의 왕성사에 들어갔습니다. 그는 틈나는 대로 서울시청, 노동청, 신문사, 방송국 등을 찾아다니며 평화시장 노동자들의 근로실태를 알리려 했고, 9월 16일에는 삼동친목회를 조직했습니다. 그리고 그는 또 다시 해고됐습니다.

하지만 전태일은 이에 굴하지 않았습니다. 그는 평화시장 일대의 노동자들을 대상으로 노동조건에 대한 설문지를 돌려서, 그 결과를 토대로 1970년 10월 6일 노동청장 앞으로 '평화시장 피복제품상 종업원 근로조건개선 진정서'를 94명의 연기서명으로 제출했습니다. 그 결과 10월 7일 평화시장 노동실태가 신문에 보도됐죠.

그리고 다음 날 전태일은 동료 김영문, 이승철과 함께 7개항의 건의사항을 평화시장주식회사에 제출했습니다. 전태일의 진정에 대해 노동청은 10월 17일, 7백여 상가 업주들에게 노동조건의 개선을 지시하고 노동조건이 개선됐다고 공식 발표했습니다. 그러나 사업주들은 냉담했고 달라진 것은 아무것도 없었어요. 이에 전태일과 그 동료들은 10월 20일과 24일 데모를 시도했지만 경찰의 제지로 실패하고 말았습니다. 그리고 운명의 11월 13일, 다시 데모에 나서기로 했죠.

이날 오후 1시 30분경. 삼동친목회 회원을 중심으로 한 노동자들이 "우리는 기계가 아니다"라고 쓴 플래카드를 들고 평화시장 앞에 모였습니다. 그러자 곧바로 경찰이 달려들어 플래카드를 빼앗고 데모대를 해산시키려 했습니다. 노동자와 경찰들 사이에서 몸싸움이 벌어졌습니다. 그때 전태일이 몸에 석유를 붓고 성냥불을 그었습니다. 전태일은 삽시간에 불길에 휩싸이면서 부르짖었습니다.

"근로기준법을 준수하라! 우리는 기계가 아니다! 일요일은 쉬게 하라! 노동자들을 혹사하지 말라!"

곧바로 불을 끄기 위해서 동료 노동자들이 달려들었습니다. 그러나 온몸이 새까맣게 탄 전태일은 다시 일어나 "내 죽음을 헛되이 하지 말라"고 외치며 쓰러졌죠. 병원으로 실려 간 그는 이날 밤 10시쯤 숨을 거두었습니다. 그리고 또 이날 함께 시위를 했던 최종인 등의 노동자들은 전태일의 죽음에 오후 2시 30분 혈서를 쓰고 시위를 벌이다가 끝내 경찰에 짓밟히며 경찰서로 끌려갔습니다.

우리나라 역사상 최초로 노동자 분신사건이 나자, 평소에는 노동자들의 상태에 아무런 관심도 없던 사람들이 부산하게 움직이기 시작했습니다. 신문들은 그가 몸을 불사르게 된 배경과 그가 일하던 평화시장 일대의 작업현장, 그리고 근로자를 혹사한 사용자와 근로감독을 게을리 한 노동청의 작태 등을

전태일(뒷줄 가운데)과 동료 시다, 미싱보조들

앞 다투어 보도했죠. 한국노총은 11월 13일, 악덕기업주와 행정당국의 횡포를 규탄하고 스스로의 책임을 통감한다는 내용의 성명서를 발표했습니다. 또한 노동청은 11월 17일 근로조건 개선 서약을 기업주들로부터 받아내고 근로감독관 3명을 해직시켰습니다. 근로기준법 적용범위를 16인 이상 고용업체까지 확대하고 근로기준법의 벌칙을 강화하겠다고 했습니다.

11월 18일 한국노총은 창동교회에서 전태일의 장례식을 거행했습니다. 그리고 22일에는 노총회의실에서 조합원 516명으로 전국연합노조 청계피복지부를 결성했습니다. 초대 지부장은 한국노총 국제부 차장이었던 김성길이었고, 부지부장은 최종인 등 4명이었죠.

한 젊은이의 죽음이 던진 충격의 파장은 지식인 사회로 번졌습니다. 11월 16일 서울대 법과대 학생들의 가칭 민권수호학생연맹준비위원회가 발족된 데 이어, 서울대 상대와 문리대, 이화여대, 고려대, 연세대 등의 학생들이 노동문제 해결을 요구하며 단식농성, 추도식과 시위를 벌였습니다. 학생들의 항의시위는 11월 20일 서울대학교의 무기 휴교령에도 숙명여대 등으로 번져 갔습니다. 종교계에서는 추도예배를 가졌습니다. 야당인 신민당은 11월 21일 전태일 사건과 관련한 성명을 발표하고 노동정책을 비판했습니다. 그리고 대통령 선거를 앞둔 1971년 1월 17일, 박정희 대통령은 연두 기자회견에서 과거에는 전혀 내비치지도 않았던 노동문제에 대한 언급을 일곱 번째 조항으로 집어넣었죠.

전태일의 죽음은 고도성장의 그늘 아래서 인간으로서의 최소한의 요구조차 호소할 수 없었던 노동자들의 '인간선언'이었어요. 그리고 그의 죽음은 "마침내 얼음처럼 굳고 차디찬 현실을 뚫고 불꽃이 되어" 사회 각 부문에 엄청난 충격파를 던졌습니다. 그의 죽음은 노동문제의 심각성에 대한 사회적 관심과 각성을 급속도로 확산시켰고, 그간의 경제성장이 인간을 위한 것이 아니라 자본을 위한 것임을 만천하에 폭로했으며, 대기업과 공기업 중심의 노동조합운동의 허점을 고발했습니다. 또한 노동문제에 대한 지식인들의 관심과 노동운동에 대한 참여를 촉진했으며, 노동자들이 자신의 절박한 요구를 해결하기 위해 과감히 나서게 하는 힘이 됐습니다.

전태일의 죽음은 이처럼 사회 모든 부문에 커다란 파장을 일으키면서 많은 사람들의 뇌리 속 깊이 각인됐습니다. 그리고 억압받고 소외된 사람들이 어려움을 뚫고 나아가려 할 때마다 되새기는 반성과 교훈의 교본으로 오랫동안 남아있죠. 전태일의 정신은 훗날 이렇게 기려졌습니다.

첫째, 밑바닥 인간의 사상이다.
둘째, 각성된 밑바닥 인간의 사상이다.
셋째, 기존 현실에 대한 철저한 비판으로 인하여 완전한 거부, 완전한 부정으로 전환된 사상이다.
넷째, 근본적인 개혁의 사상, 행동의 사상이다.

법을 뛰어 넘는 노동자 저항의 지속적 분출

국가안보와 경제성장이라는 미명 아래 노동기본권이 박탈됐고 국가권력의 위압적인 규제가 강화됐지만, 노동자들은 과감하게 노동조합을 결성하고 다양한 투쟁을 전개했습니다. 노동자들은 선 성장 후 분배의 정책기조 아래 사용자의 부당노동행위가 극성을 부리고 있음에도 많은 노동조합을 결성했습니다. 1970년의 46만 9천여 명이었던 조합원 수는 1977년 100만 명을 돌파했고, 1979년에는 109만 4천여 명으로 늘어났습니다. 그리고 노조 수는 1970년 17개의 산별노조에 418개의 지부, 3,080개의 분회였던 것이, 1979년이 되자 17개의 산별노조에 553개의 지부, 4,392개의 분회로 증가했죠. 조직률은 같은 기간에 12.4%에서 16.8%까지 상승했습니다.

성별로 구분해 보면 남성조합원은 1970년 35만 3,636명에서 1979년 72만 2,421명으로 2배가량 늘어난 데 비해, 여성조합원은 11만 5,367명에서 37만

1,587명으로 3.2배가 늘어나 여성조합원 수의 증가가 두드러졌습니다. 또한 산업별로 살펴보면 공기업, 운수업, 서비스업의 비중이 줄어든 대신 제조업 부문의 조합원 비중이 늘어났습니다. 1970년 25.3%이었던 섬유·화학·금속 등 3개 업종 제조업 노동조합의 조합원 비중은 1979년에 이르자 전체의 절반에 가까운 43.3%까지 증가했죠(이원보, 2004: 377~379).

물론 영세한 중소기업들이나 극도의 저임금과 인권탄압이 자행됐던 자유수출지역, 그리고 거대 재벌기업에는 노동조합이 조직되지 못했습니다. 하지만 노동자계급의 증가를 배경으로 사용자들과 격렬한 대립을 벌이면서 스스로를 과감하게 조직해 나갔습니다. 주요 사례로는 한국화이자제약(1970년), 광주 아세아자동차(1970년), 한영섬유(1971년), 종근당제약·동아일보·한국일보·반도상사(1974년), 세종호텔(1975년), 삼성제약·인선사·미풍(1977년) 등의 투쟁을 들 수 있습니다.

이 가운데 한영섬유에서는 노동자 김진수가 노조결성에 나섰다가 드라이버로 찍혀 숨지는 일이 벌어지기도 했어요. 사용자의 횡포가 얼마나 극렬한가를 볼 수 있는 사례입니다. 또한 종근당, 미풍은 산별노조인 화학노조가 계획적으로 조직화에 착수하여 회사와 정면으로 대결한 사건이었습니다. 그리고 동아일보, 한국일보에서의 노조결성은 사용자의 부당노동행위로 좌절됐지만, 언론자유투쟁의 물꼬를 튼 것이었죠. 이 외에도 1978년 국제방직에서는 부당노동행위에 반대한 파업시위로 섬유노조의 간부들이 대량으로 구속 또는 불구속 입건되기도 했습니다.

1970년대 노동자들의 투쟁은 크게 극단적인 저항투쟁, 자연발생적인 미조직노동자들의 투쟁, 노동조합에 의한 노동쟁의 이렇게 세 가지로 구분할 수 있습니다. 첫째, 노동자들은 전태일의 분신 이후 자신의 몸을 던져서라도 요구를 관철하려는 극단적인 저항투쟁을 많이 벌였습니다. 1970년 11월 25일 조선호텔 노동자 이상찬이 노조활동 보장을 요구하며 분신을 시도하고, 이틀

후에는 의정부 외기노조원 21명이 사용자 측의 노조운동 방해에 항의하여 농성투쟁을 벌이면서 전원 분신자살하겠다고 아우성쳤으며, 12월 21일에는 평화시장에서 전태일의 동료 12명과 전태일의 어머니 이소선 씨가 평화시장 옥상에서 농성하면서 출동한 기동경찰을 향하여 "노조 방해 책동을 그만두지 않으면 전원 분신자살을 하겠다"고 위협, 마침내 그들을 굴복시키는 일이 있었습니다.

1971년 1월 12일 광주 아시아자동차 노동자들은 노조결성 방해에 항의하여 고압선과 청산가리를 들고 자결하겠다고 절규했으며, 2월 2일 서울 한국회관 식당 노동자 김차호는 임금인상과 노동조건 개선을 요구하며 프로판 가스통을 열어 놓고 농성을 벌였습니다. 1973년 12월 19일 서울 조일철강사 노동자 최재형은 회사의 노조결성 방해에 항의하여 자살을 기도했고, 1974년 2월 22일에는 대구 대동신철공업사 노동자 정세달이 기업주의 횡포를 고발하는 유서를 남겨놓고 목숨을 끊습니다. 또한 1978년 10월 20일 서울 삼화운수 시내버스 안내양 강이숙은 회사 측의 지나친 몸수색에 항의하며 자결했고, 11월 3일에는 삼영정밀공업사 노동자 정귀한이 "사장님, 사람을 사람답게 대우해 주십시오"라는 유서를 써 놓고 세상을 떴습니다. 이러한 투쟁들은 대부분 개인적인 차원에서 벌였던 것이었지만, 절박한 요구를 해결할 길이 막혀 있는 상황에 저항하기 위한 마지막 몸부림이었죠.

둘째, 1970년대 노동자들은 노조 없이도 자연발생적으로 많은 투쟁을 벌였습니다. 이들이 내건 요구조건은 주거권 보장, 임금인상, 작업조건 개선, 권리보장 등 다양하게 걸쳐 있었죠. 그리고 투쟁 방식은 대부분 법적 제약을 뛰어넘는 탈법적인 것이었고, 때로는 폭력적인 양상을 보였습니다. 그 대표적인 사례들로는 1971년 광주단지 주민의 시위, 베트남 파견기술자들의 대한항공KAL빌딩 방화 시위, 병원 간호사와 수련의 항의 파동, 1974년 울산 현대조선 노동자들의 도급제 반대 폭동, 1977년 현대건설 사우디아라비아 파견노동자들의 파업시위와 풍천화섬 노동자들의 추석날 시위 등을 들 수 있습니다. 이러한 투쟁들을 통해 노동자들은 경제성장에서 소외된 문제의 해결을 요구하며, 근로서민대중들이 갖고 있는 폭발적 잠재력을 입증했죠. 동시에 이들을 포괄해내지 못하는 기존 노동운동의 한계도 명확하게 드러냈습니다.

마지막으로, 합법적인 노동쟁의는 1970년에는 90건, 1971년에는 109건이 일어났습니다. 노사분규는 1970년 165건에서 1971년에는 1,656건으로 폭증했죠. 그리고 국가비상사태가 선포됐던 1972년에는 246건으로 줄어들었지만, 1973년 다시 증가하기 시작하여 1974년에는 655건에 이르렀습니다. 이처럼 유신체제 속에서도 노동자들의 투쟁은 계속됐습니다. 1973년에 76건이었던 집단분규는 1974년에는 137건으로 크게 늘었습니다(조선일보, 1975.2.19). 또 노사 간 분쟁 건수는 1975년의 1,045건에서 매년 늘어, 1979년에는 1,697건을 기록했습니다. 이러한 분쟁 가운데 파업, 농성, 시위 등의 집단행동으로 발전한 것은 1975~79년 연평균 109건에 이르렀죠. 이것은 합법적 쟁의가 가능했던 1966~71년 파업 건수가 전부 66건이었던 것과 견주어 보면 10배 가까이 되는 수준이었습니다.

중요한 투쟁들을 살펴보면, 임금 및 노동조건 개선과 관련해서는 1973년 삼립식품 임금인상 파업, 1974년 반도상사 임금인상 파업, 1976년 삼원섬유 임금 및 노조보장 요구투쟁, 1977년 풍천화섬·대협·시그네틱스·방림방적의 근로조건 개선투쟁, 1978년 아리아악기·남영나일론의 임금 및 근로조건 개선투쟁, 1979년 해태제과 등에서의 8시간 노동제 보장 요구투쟁들이 있었습니다. 그리고 노동조합 민주화 수호투쟁으로는 1972~75년 원풍모방노조의 어용노조 퇴출과 회사정상화 투쟁, 1976~78년의 인천 동일방직 민주노조 수호투쟁, 그리고 1977년 청계피복 노동자들의 투쟁이 있었으며, 휴·폐업 반대투쟁은 1979년 YH무역 노동자들의 일련의 활동과 신민당사 농성투쟁이 있었습니다.

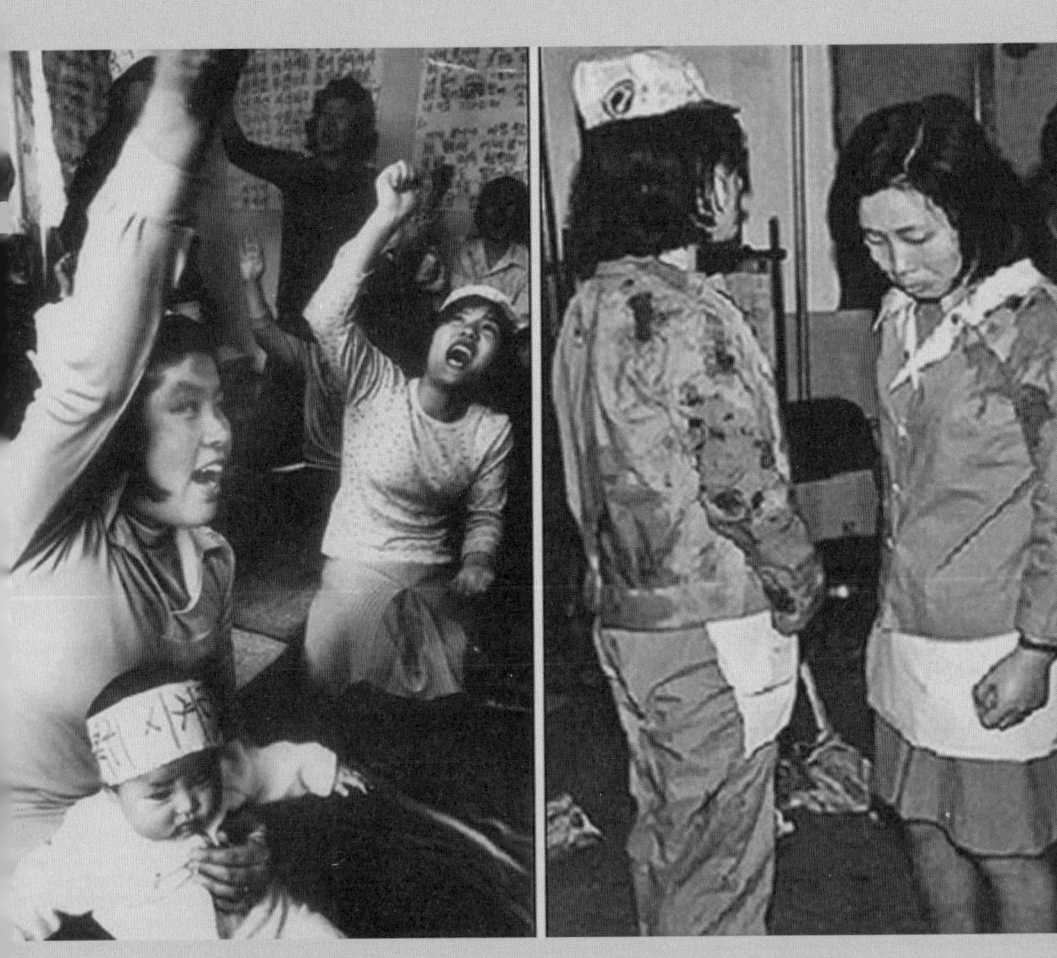

동일방직 해고노동자들의 시위(좌)와 회사 측이 동원한 폭도들에게 똥물을 맞은 여성노동자들(우)

이중 특히 동일방직과 YH무역 노동자들의 투쟁이 후대에서 많이 이야기 됩니다. 동일방직 노동자들의 투쟁은 여성 집행부 중심의 민주노조를 중앙정보부와 회사, 섬유노조가 합작하여 파괴하려 했던 시도에 격렬하게 대항한 것이었죠. 회사 측은 노동자들에게 똥물 세례를 가했고 노조집행부를 축출했습니다. 그리고 섬유노조 위원장은 해고자 124명의 명단을 전국에 돌려 생존권을 박탈했죠. YH무역 투쟁은 회사 측의 위장 휴·폐업에 반대하여 투쟁을 벌인 것이었습니다. YH무역의 노동자들은 백방으로 회사 정상화를 위해 노력하다가, 마지막으로 신민당사에 찾아가 농성을 벌였습니다. 그러나 결국 유신경찰의 잔혹한 탄압으로 진압되고 말았고, 그 과정에서 노동자 김경숙이 사망했습니다.

이처럼 1970년대 노동자들은 다양한 요구를 내걸고 지속적으로 투쟁을 전개했죠. 노동자들은 작업거부와 농성 이외에도 식사거부, 시위, 집단진정 등 다양한 투쟁전술을 구사했습니다. 그리고 '준법운동'이라는 방식을 활용하기도 했는데, 이들 집단행동들은 대개가 제반 법률규정들을 거스르는 불법적인 성격의 것이었죠.

이처럼 1970년대 노동자들은 노동조합이 조직되어 있든 아니든 광범하게 투쟁을 벌였어요. 그리고 오히려 노동조합이 없는 곳(울산조선소, 현대 사우디아라비아 폭동 등)이나 노동조합이 제 기능을 충실하게 발휘하지 못하는 곳(삼립식품 등)에서 투쟁이 더 격렬한 양상을 보이기도 했죠. 이는 급속한 고도성장에도 노동자의 생활조건이 전반적으로 악화되고 있음을 반영한 것이었으며, 다른 한편으로는 노동자들의 저항이 노동조합의 범위를 넘어서서 확산되고 있음을 나타내는 것이었습니다.

종교계와 지식인의 노동운동 지원과 참여

1970년대 들어 경제개발의 구조적 모순이 첨예하게 드러나고 노동자들의 저항이 격화되자, 지식인들의 노동문제에 대한 관심도 급격히 고조됐습니다. 그 직접적인 계기는 1970년 11월 13일 전태일의 분신이었죠. 지식인들은 노동운동에 대한 지원과 연대의 표명, 그리고 현장투신, 또는 연구와 교육활동을 통한 간접적 지원, 노동조합 결성 등의 방식으로 노동운동과의 결합을 시도했습니다.

우선 전태일의 분신에 충격을 받은 대학생들이 그동안 정치문제에 매몰됐던 경향에서 벗어나 노동문제에 대해 적극적인 관심을 표명하기 시작했습니다. 대학생들은 지금까지 노동문제에 무관심했던 것을 반성하고, 단식농성과 실태조사 결과 발표, 추도회, 시위 등을 통해 노동문제의 해결을 요구했죠. 실제 대학생들은 광주대단지 주민 시위사건이 나자 조사활동을 벌여 진상을 공개하기도 했고, 한영섬유 김진수 피살사건에 대해서는 성명서를 발표하고 추도식에 참가하여 시위를 벌였습니다. 그리고 이 같은 학생들의 활동은 지속적으로 이어져 노동운동에 대한 연대감으로 발전했어요. 그리하여 1970년대 후반 동일방직 노동자투쟁과 같은 큰 사건이 일어났을 때에도 이를 지지하고 민주화운동과 관련한 각종 선언문과 성명서에서 노동기본권의 부활을 요구하기도 했습니다.

이러한 과정을 거치면서 학생운동가들 사이에서 진보적 지식인들이 직접 현장에 들어가 노동운동에 참여해야 한다는 의견과 움직임이 생겨났습니다. 이에 따라 대학생들은 야학, 교회운동, 도시산업선교회 등 공개적인 기구에 참여하여 민주노조와 교류를 하거나, 직접 노동현장에 투신하여 노동운동에 참여했습니다. 또한 노동조합에 직접 들어가 전문 실무자로 활동하기도 했죠. 먼저, 1970년대 초 검정고시 야학으로 출발했던 야학운동은 학생운동의 '현장론'이 강조되면서 점차 노동야학으로 전환해 갔습니다. 학생 운동가들은 변혁의 주체세력은 학생이 아닌 노동자이므로, 그들을 의식화 및 조직화하기 위해 지식인들이 현장에 들어가야 한다고 주장했습니다. 그리고 이러한 주장을 하는 이들에게 야학은 학생이 노동자와의 만남을 통해 현장감을 익히고 현장으로의 이전을 준비하는 장으로 설정됐죠(정대용, 1988: 182). 실제 노동야학은 대학생과 노동자들의 의식변화와 자기성숙에 중요한 역할을 했어요. 일부 노동야학에서는 졸업 후 정기적인 후속모임을 가지기도 했고, 이러한 모임이 성공적인 곳에서는 소모임이 잘 운영되면서 의식이 뛰어난 노동자가 배출되기도 했습니다. 또한 야학은 노동조합의 역량 강화에 상당한 기여를 했죠(전YH노동조합, 1984: 115~117).

다음으로, 노동문제에 대한 연구와 노동자들에 대한 교육활동을 통해 노동운동을 지원하려는 활동은 고려대 노동문제연구소, 서강대 산업문제연구소, 그리고 크리스천 아카데미 등이 대표적인 사례였습니다. 이들은 노동교육을 통해 노동자의 자각을 고취시키고 노동운동가로서의 사명과 헌신성을 확인시키려 했죠. 이들의 활동은 노동운동에 대한 지식인들의 관심을 끌어모으는 데 크게 기여했습니다. 그러나 고려대 노동문제연구소와 크리스천 아카데미는 1973년과 1979년 유신독재정권의 탄압을 받아 혹독한 고초를 겪기도 했습니다.

한편, 지식인들이 노동운동의 주체로 직접 나선 활동 중에는 언론노조의 결성이 있습니다. 1961년 5·16 군사쿠데타로 명맥이 끊겼던 언론인의 노동운동은 그로부터 13년이 지난 1974년 3월과 12월, 동아일보사와 한국일보사에서 노조가 결성되면서 새로이 출발하게 됐습니다. 그러나 기자들의 노조 결성 노력은 신문사와 국가권력의 탄압으로 좌절되고 말았어요. 이들의 노력은 이후 자유언론실천운동으로 발전했습니다. 그러나 자유언론실천운동은 1974년 말 동아일보 광고탄압 사태 후, 동아일보 사측이 권력의 압력에 굴복하여 49명을 해임하고 82명을 무기정직하면서 엄혹한 시련을 겪게 됐죠. 동아일보사에서 축출된 기자들은 그 후 동아자유언론수호투쟁위원회를 구성했습니다. 그리고 조선일보사 해직 기자들이 만든 조선사유언론수호투쟁위원회와 함께 힘겨운 투쟁을 이어갔습니다.

또한 1970년대 노동운동에는 종교단체인 도시산업선교회(산선)와 가톨릭 노동청년회(JOC, 가노청)가 적극적이고 조직적으로 참여했습니다. 이들 종교계는 초기에는 전도와 활동의 목적을 '산업사회의 구원'(장로교의 입장)과 '노동자의 구원'(가톨릭의 입장)이라는 다소 추상적인 것에 두었습니다. 그러나 점차 노동자들에게 주체의식을 갖도록 하는 노동교육과 단결된 조직을 가지고 권익옹호를 할 수 있도록 하는 노동운동 지도자교육 등에 보다 관심을 가지게 됐죠. 이렇게 종교계의 활동은 정치적인 면보다는 노동자교육과 노동조합 조직화를 지원하는 것에 중심을 두었기 때문에, 1970년대 초반까지는 한국노총과도 상호 협조적인 관계를 유지하고 있었습니다. 그런데 종교계가 제공했던 노동교육 과정을 통해 의식화된 노동자들이 권력과 자본의 억압, 그리고 한국노총 및 산별노조의 무기력한 태도에 대해 저항하기 시작했어요. 종교계는 이들을 적극 지원했고, 노동자들은 민주노조의 기틀을 잡아갔죠.

그러자 독재정권은 종교계를 탄압하기 시작했고, 한국노총 역시 종교계를 불순세력으로 규정하고 적대시했습니다. 종교계는 1974년 초 이후 한국모방 지부장 구타사건을 계기로 한국노총과 섬유노조의 어용성을 격렬히 비판했고, 기회가 있을 때마다 노동기본권의 회복과 노동탄압의 중단을 정권에게 요구했습니다. 정권과 자본 그리고 한국노총은 초기에는 민주노조들에 대한 감시와 탄압 과정에서 종교계에 대한 경계심을 표출하는 정도였지만, 점차 종교계가 민주화 세력의 중심으로 부상하면서 경계심은 '불순세력'에 대한 적대감으로 발전했습니다. 이러한 적대감은 1978년 동일방직 사건을 계기로 표면으로 돌출했죠.

이와 같이 권력과 자본의 노골적인 억압과 무기력한 노동조합이라는 상황 속에서 종교계의 노동자 지원활동은 노동자들의 의식화와 노동문제에 대한 사회적 관심의 확산, 그리고 민주노조의 형성과 발전 등에 크게 기여했습니다. 이러한 종교계의 일련의 활동은 "한국노총의 지도력 공백을 외곽단체들이 메우려는 과도기적 현상"으로 지적될 만큼 큰 영향력을 발휘했죠(이태호, 1983: 159). 교회의 노동운동에 대한 지원과 참여는 탄압이 가중되고 1980년대 지식인들의 현장투신이 늘어나면서 점차 약화됩니다. 종교계 실무자들은 권력의 집중적 탄압과 공격에 맞서 꿋꿋하게 활동을 펴나갔지만, 1980년대 초에 접어들면서 교회의 노동운동 지원활동은 전반적으로 위축됐습니다.

민주노조운동의 형성과 발전

1970년대 노동운동의 지형이 변화하는 속에서 권력과 자본에 대한 일방적 종속, 그리고 한국노총에 대한 맹종을 거부하는 노동조합들이 생겨나기 시작했습니다. 원풍모방, 동일방직인천, 반도상사, YH무역, 콘트롤데이타 등 이른바 '민주노조'라 불리는 노조들이 그들이었죠. 민주노조는 주변에 많은 조직들과 지원 협력관계를 갖고 있었고, 그 수가 점차 늘어났습니다. 삼원섬유, 한일공업, 동광모방, 고려피혁, 동남전기, 무궁화메리야스, 전남제사 등의 노조들이었죠. 또한 이 밖에 비록 비투쟁적인 방식으로 활동하기는 하지만 노조민주화를 추진하는 세력이 금속노조에도 있었습니다. 대한전선, 대한중기, 새한자동차, 동양강철, 페어챠일드, 시그네틱스, 원풍 농기구, 롯데물산 등입니다.

1970년대의 대표적인 민주노조들은 대체로 면방·모방·봉제·전자·가발 등 노동집약적인 경공업에 속해 있었고, 조합원의 대부분이 여성이었습니다. 그리고 모두 1970년대 전반기에 새롭게 결성됐거나 어용노조를 민주화하는 경로를 거치면서 형성된 것들이었습니다. 청계피복, 반도상사, YH무역, 콘트롤데이타노조가 전자에 속하며, 원풍모방, 동일방직노조가 후자에 속합니다. 이들 민주노조들은 형성 과정과 일상활동, 투쟁 과정에서 산선과 가노청 등의 종교계와 지식인들로부터 여러 가지 지원을 받았습니다.

경찰의 강제해산에 끌려 나오는 YH노조 여성노동자들

민주노조들은 다른 노조들과 마찬가지로 유니온숍 제도를 통해 종업원 대부분을 조합원으로 확보하고 있었습니다. 그러면서도 이들 노조는 다른 데와는 달리 조합 내에 소모임을 구성했고, 이들 현장조직들을 토대로 조합 내 민주주의를 실현하고자 했죠. 이를 위해 민주노조들은 다양한 교육활동을 벌였어요. 교육 내용은 주로 노동자의 기본적인 권리의식과 단결의 필요성을 일깨우는 것들이었습니다. 그리고 강사의 강의 외에도 토론, 노래, 율동, 연극, 촛불의식 등 다양한 교육방식을 통해 의식화교육에 주력했죠.

민주노조들은 조직적인 투쟁을 통해 임금인상과 각종 노동조건을 향상시키는 데에 성공했습니다. 이들은 단체교섭권과 단체행동권이 금지되어 있는 상황에서 단체행동을 통해 요구조건을 쟁취해냄으로써 조합원들의 지지와 신뢰를 확보했어요. 이렇게 하여 형성된 조직력을 바탕으로 민주노조들은 끊임없이 가해졌던 권력과 자본, 그리고 상급조직의 탄압에 과감하게 대항할 수 있었습니다. 그 대표적인 사례가 원풍모방노조의 노조민주화 투쟁과 회사 재건 투쟁(1974년), 청계피복노조의 노동교실 사수투쟁(1977년 9월), 1976년 2월부터 1978년 4월까지 2년여에 걸쳐 진행됐던 동일방직노조의 처절한 조직 수호 투쟁, 반도상사노조의 노조결성 투쟁과 임금인상 투쟁(1974년), YH무역노조의 폐업 반대투쟁(1979년 8월) 등이었습니다.

민주노조들은 다양한 투쟁 방법을 개발했고, 또한 자본과 권력의 횡포를 폭로하면서 재야민주화운동 세력과도 연대를 확대해갔습니다. 그리고 결국 민주노조들의 이러한 투쟁은 권력과 자본의 억압에 굴복한 한국노총과 산별노조에게는 위협요소가 됐어요. 그 때문에 상급노조로부터 극심한 견제와 탄압을 받았고, 이에 격렬하게 저항했습니다. 특히 1976~78년 동일방직노조 투쟁은 국가권력과 자본, 그리고 상급노조의 3부 합작에 의해 획책된 노조파괴 공작에 정면으로 대항한 전형적인 사례였죠.

한편, 당시 민주노조의 간부들은 기업과 지역을 넘어서서 서로 교류하면서 긴밀한 인간관계를 맺고 있었습니다. 이를 바탕으로 한 조직에서 문제가 발생하면 서로 의논하여 문제의식을 공유하고 해결책을 찾고자 노력했죠. 그래서 1970년대 후반에는 개별노조 차원을 넘어서는 연대투쟁, 정치투쟁을 시도하기도 했습니다. 1977년 7월 10일 협신피혁 노동자 민종진의 가스 질식사에 항의하는 연대시위, 1978년 3월 20일 기독교방송국 점거시위, 그리고 1978년 3월 26일 여의도 부활절 연합예배장 시위 등이 그 사례였습니다.

또한 민주노조들은 산별노조와 한국노총의 민주화에 나서기도 했어요. 원풍모방, 반도상사, 동일방직 등의 노조들은 1979년 10·26사태 이후 섬유노조정상화추진위원회에 주도적으로 참여했고, 콘트롤데이타노조는 금속노조 민주화투쟁에 앞장섰습니다. 또한 이들은 1980년 5월 13일 한국노총이 주관한 노동기본권확보 전국궐기대회에 참가하고, 대회장을 장악하여 2일간 농성을 이끌면서 한국노총의 각성과 민주화를 강력히 촉구했습니다. 이와 같이 1970년대 초부터 등장하기 시작한 민주노조들은 정치권력·자본·상급노조의 탄압에 맞서 노동운동의 새로운 흐름을 주도했습니다. 민주노조 조합원들은 대부분 종교 세력의 지원을 받기는 했지만, 어린 나이에 권리의식과 주체의식에 스스로 눈을 떠 국가와 자본의 탄압에 맞서 강인한 투쟁을 벌였죠.

민주노조들이 지향한 것은 인간답게 살고 싶다는 것이었어요. 정치적으로 자유롭고 노동기본권 행사가 보장되는 민주적 사회에서 최소한의 인간다운 삶을 추구했던 것이죠. 이를 위해 민주노조들은 현장에 뿌리를 둔 조직적 역량을 구축하여 지속적인 투쟁을 전개함으로써, 노동조건을 개선하고 노동조합운동의 자주성과 민주성의 원칙을 관철하고자 했습니다. 이들은 이러한 활동을 통해 권력과 자본의 탄압 실태를 폭로했고, 노동자로서의 권리를 주장했습니다. 그럼으로써 사회 전반에 노동문제에 대한 새로운 인식을 확산시켰고, 또한 기층 노동자들의 의식이 변화하는 과정에 불을 지폈죠.

또한 민주노조운동은 민주화운동의 폭을 넓히고 심화시키는 역할을 했습니다. 민주화운동은 1960년대 말까지만 해도 반독재라는 자유화운동을 크게 벗어나지 못했습니다. 그런데 민주노조운동은 그 자체의 존재를 통해서, 그리고 다른 민중운동의 선구가 됨으로써, 민주화운동의 대오를 확장했고, 사회화라는 새로운 차원을 추가했던 것입니다(김준, 1999: 187). 민주노조운동은 독점자본 축적의 수호신이었던 유신체제에 끊임없이 타격을 가했고, 마침내는 그것이 붕괴하는 중요한 계기를 만들어냈습니다. 그렇지만 이러한 과정에서 수많은 노동자들과 노조간부들이 시도 때도 없이 권력기관에 연행되거나 구속·수배됐고, 또 해고되는 등 숱한 고초를 겪었습니다. 그리하여 1970년대 말과 1980년대 초반 자본과 신군부정권의 집중적인 탄압을 받아 원풍모방노조를 마지막으로 처절하게 파괴되고 말았죠. 그렇지만 이들의 투쟁은 잠시 휴지기를 가진 것일 뿐이었어요. 민주노조운동의 전통은 1980년대 중반 새롭게 부활을 맞이합니다.

한편, 1980년대 중반 이후 새로운 노동운동 방식을 모색하는 과정에서 1970년대의 민주노조운동에 대해 여러 가지 평가들이 이루어졌습니다. 그것은 크게 세 가지 관점에 서 있었습니다. 첫째는 1970년대 민주노조운동을 조합주의적 경제주의의 한계를 벗어나지 못했다고 비판하는 쪽입니다. 이들은 노동조합을 편의에 따라 활용될 수 있는 부차적인 대중조직으로 간주했고, 노동운동의 지속적인 발전을 위해서는 노조와 다른 대중적 정치조직이 세워져야 한다고 주장했죠.

둘째는 1970년대 노동운동이 처했던 객관적 조건을 방파제로 삼아 이들이 연대투쟁, 정치투쟁으로 선뜻 나서는 것은 거의 불가능했다는 것을 고려해야 한다고 주장하는 쪽입니다. 주로 1970년대 민주노조운동을 경험한 간부들에서 강하게 나온 이 주장은 한계를 오류로 평가하는 편향을 경계해야 한다고 역설했죠. 그리고 "총칼을 앞세운 노골적인 탄압과 여타 민족민주 세력의 도움도 받을 수 없었던 상황에서 생사를 초월한 처절한 투쟁을 전개할 수 있었던 원동력이 어디서 비롯됐는가"를 정확히 보아야 한다고 강조했습니다(홍승태, 1994: 119).

셋째는 1970년대 민주노조운동의 훌륭한 점과 아쉬웠던 점을 두루 들면서, 민주노조운동의 올바른 계승과 극복이 중요하다는 인식을 평가의 기준으로 삼아야 한다는 쪽입니다. 이 주장은 1970년대 운동에 대한 주관적 평가를 배제하고 민주노조를 여타 운동의 수준, 특히 지식인의 수준과 함께 비교해야 한다고 강조했죠. 또 "운동의 발전에는 몇 개의 단계가 존재하며 경제투쟁의식이나 경제투쟁조직을 뛰어넘는 정치투쟁의식이나 정치투쟁조직이 형성 발전될 수는 없다"고 봤죠. 그리고 1970년대를 "민주적인 노동조합을 많이 조직하고 이를 토대로 활발한 경제투쟁을 전개하는 것이 주였던 시기"라면서, 정확한 비판은 "정치의식으로 무장된 소수의 전위를 양성하지 못했다"는 점에 두어야 한다고 역설했습니다(김인동, 1985: 174).

이 밖의 평가는 1987년 노동자대투쟁 이후 전노협과 민주노총을 결성하는 과정에서 나온 것으로, 1970년대 민주노조운동은 개별 분산성, 곧 연대로 전진하지 못한 한계를 지녔다는 것이었습니다. 그러나 이러한 평가들은 파쇼체제로서의 유신독재정권의 잔혹한 탄압 상황을 간과하고, 경제투쟁과 정치투쟁의 결합과 발전을 기계적으로 해석한 결과로 보입니다. 당시 민주노조들의 투쟁은 본격적인 정치투쟁으로 발전되지 못했지만, 노동기본권이 원천적으로 봉쇄된 상황에서 민주노조들이 행한 단체교섭과 단체행동은 그 자체가 정치투쟁의 한 형태로 볼 수 있을 것입니다. 또한 민주노조들은 연대기구 구성까지는 나아가지 못했지만, 중요한 사안마다 상호협의와 공동투쟁을 모색했고, 조직 간의 교류와 협력, 교육 참여 등을 통해 연대를 강화했습니다. 그 결과로 몇 가지 연대투쟁들이 가능했던 것입니다.

4. 폭압과 야만의 시대, 죽음으로 연 민주노조운동의 길

폭압과 야만이 고도성장의 신화로 채색된 10년, 1970년대는 노동자들의 피와 땀과 눈물, 그리고 국민 대다수의 기본권 유린을 제물로 하여 대외종속과 독점을 더 한층 심화시킨, 독재권력과 자본의 황금시대였습니다. 노동자들은 생존한계 이하의 저임금, 세계 최장 노동시간, 생명과 건강을 위협하는 열악하기 그지없는 작업조건, 일상적인 인권유린과 고용불안 속에서 끊임없이 착취당하고 있었습니다. 그러나 이러한 그들만의 황금시대는 또한 민중들 속에 반역의 씨앗을 잉태시켰어요. 경제성장은 방대한 무산대중을 만들어냈고, 임금노동자를 사회구성원의 중심세력으로 자리하게 했습니다. 또한 노동자들은 자본주의적 대공업에 결집되어 조직·훈련·단련됨으로써 계급적 기본 속성을 굳혀가고 있었습니다.

이러한 조건 속에서 노동자들의 저항은 필연적이었죠. 그러나 한국노총을 중심으로 하는 대다수의 노동조합들은 권력과 자본의 탄압에 굴복하여 극도로 무력해졌고, 오히려 노동자들을 억압하기도 했습니다. 결국 노동자들은 생존 그 자체를 위하여 법률상의 제약을 뛰어넘어 투쟁에 나설 수밖에 없었습니다. 이 시기 노동자들은 합법적인 쟁의가 가능했던 1960년대보다 훨씬 더 많은 투쟁을 전개했습니다. 그 투쟁은 1970년대 초 전태일 열사의 분신과 1970년대 말 YH무역 김경숙 열사의 죽음이 드러내는 것처럼, 목숨을 걸어야 하는 치열한 것이었죠. 그래서 1970년대 노동운동을 전태일의 죽음에서 김경숙의 죽음으로 이어지는 투쟁의 과정이라고 이야기되기도 합니다. 그리고 이러한 노동자들의 참담한 처지와 투쟁은 사회적 관심과 지원을 불러일으켰고, 노동자들은 새로운 운동의 지형을 모색했습니다. 그러한 모색과 투쟁의 결과가 바로 민주노조운동이었습니다.

이와 같이 1970년대 노동운동은 비록 잠재적이지만 더 큰 성장과 성숙을 위해 역량을 축적해가고 있었습니다. 그리고 그 속에서 새로운 방향을 찾아가고 있었습니다. 곧 민주노조운동은 자연발생적이고 분산적인 형태를 극복하려 노력했고, 노동자들의 계급적 자각을 바탕으로 조직적이고 계획적이며 지속적인 운동으로 발전시키고자 했습니다. 다만 기존 노조체제를 대체할 단계까지는 이르지는 못했죠. 이는 1970년대 노동운동의 새로운 중심으로서 민주노조운동이 해결해야 할 과제이기도 했습니다. 그러나 이 과제의 해결은 신군부정권의 포악한 탄압으로 민주노조들이 모조리 파괴됨으로써 미루어질 수밖에 없었어요. 이 때문에 노동운동은 1980년대 중반 내내 모색의 실험대를 숱하게 거쳐야 했고, 그러한 과정을 거쳐 마침내 1987년 노동자대항쟁을 분기점으로 새로운 지형을 구축하기에 이릅니다.

제7장

신군부정권의 폭압과 노동운동의 새로운 모색 (1980년대 전반기)

1. 신군부정권의 폭력정치와 민주항쟁
2. 1980년 노동운동의 폭발과 침체
3. 정치 유화국면과 노동운동의 활성화
4. 1987년 6월 민주항쟁과 노동자의 참여

●

사랑도 명예도 이름도 남김없이
한평생 나가자던 뜨거운 맹세
동지는 간 데 없고
깃발만 나부껴
새날이 올 때까지
흔들리지 말자
세월은 흘러가도 산천은 안다
깨어나서 외치는 뜨거운 함성
앞서서 나가니 산자여 따르라
앞서서 나가니 산자여 따르라

(임을 위한 행진곡)

1. 신군부정권의 폭력정치와 민주항쟁

광주민중항쟁과 정권 찬탈

1979년 10·26 사태와 석유파동으로 정치·경제 위기가 노골화된 가운데, 1980년 초 정치계는 유신체제 후의 권력쟁탈을 둘러싼 치열한 암투가 벌어지고 있었습니다. 한 치 앞을 내다보기 어려운 안개정국이었죠. 그런데 대학생들이 이러한 상황을 뚫고 1980년 3월부터 4월에 걸쳐 학원민주화 투쟁에 나섰습니다. 그리고 5월 초가 되서는 거리로 뛰쳐나와 "유신세력 타도!"와 "계엄 즉각 철폐!" 등을 외치며 민주화대행진에 돌입했죠. 이러한 학생들의 투쟁은 5월 15일 절정에 이르렀습니다.

그런데 그 순간, 학생운동 지도부들이 신新군부와의 무력충돌을 우려하여 '서울역 회군'을 선언했고, 거리에 모여 있던 학생들이 학교로 돌아갔죠. 천혜의 순간을 맞은 신군부는 주저 없이 5·17 계엄확대를 단행했습니다. 신군부는 정치인, 재야민주인사, 학생운동 지도부들을 대량 연행했고, 대학 휴교령과 정치활동 금지령을 발동했습니다. 이로써 짧았던 서울의 봄은 그 막을 내렸습니다.

5·17 쿠데타의 광풍으로 온 나라는 침묵 속으로 잦아들었어요. 그러나 단 한 곳, 광주에서 신군부정권의 폭압에 감연히 들고일어났습니다. 바로 광주민중항쟁의 시작이었죠. 항쟁은 5월 18일 무장 군인들이 학생들을 무차별 폭행한 데서 시작됐습니다. 그리고 5월 27일 새벽 도청에서의 장렬한 항전과 죽음을 마지막으로, 미국을 등에 업은 신군부의 잔혹한 살육전에 맞선 광주민중들의 처절한 항쟁은 막을 내렸습니다. 광주민중항쟁은 민중이 중심이 되어 벌인 반독재 민주화투쟁으로 얘기됩니다. 투쟁을 주도한 세력은 조직되지

않은 노동자대중이었고, 투쟁 방식은 무장투쟁과 지역점거투쟁이었으며, '해방공동체'를 통해 우리 사회 초유의 민중자치를 실현했습니다. 광주민중항쟁은 "살아남은 자의 영원한 슬픔"으로 모든 민중에게 깊이 각인됐습니다. 그리고 이 사회를 지배하고 있는 모순과 가식의 정체를 적나라하게 드러내어 참된 변혁에 대한 준열한 반성을 촉구했죠.

광주민중항쟁 진압 후 신군부는 5월 31일 국가보위비상대책위원회(국보위)를 만들어 본격적으로 폭력적인 정권탈취에 착수했습니다. 신군부는 사회의 '숙정肅正'과 '정화淨化'를 명분으로 정치인·지식인·언론인 등 반대 세력과 경쟁자들을 가차 없이 제거했어요. 그리고 새 헌법을 만들고 민주정의당을 결성했습니다. 1981년 2월 마침내 신군부는 선거인단 선거를 통해 전두환을 대통령으로 만들어냈고, 4월 11일에는 제11대 국회를 개원시켰습니다. 이른바 제5공화국의 출범이었죠.

신군부의 억압은 서슬이 퍼랬지만 민중들은 스스로 몸을 던지는 극한적인 형태로 저항을 시작했어요. 서강대 학생 김의기의 투신(1980년 5월 30일), 노동자 김종태의 분신(1980년 6월 9일), 서울대 학생 김태훈의 투신(1981년 5월 27일) 등이 이어졌습니다. 1981년 3월 19일에는 서울대 학생들의 교내 시위를 기점으로 가두투쟁이 널리 확산되어, 미국문화원 방화와 점거를 비롯한 반미투쟁이 새로이 등장하기도 했습니다. 또한 학생운동 내부에서 사회변혁운동에 대한 논쟁이 일기 시작했죠. 학생들 사이에는 농활, 공활, 노학연대가 확산됐고, 학생운동과 노동운동을 결합하려는 움직임도 나타나기 시작했습니다. 그리고 재야민주화운동에서도 민주화운동청년연합(민청련)이 결성되어 공개적이고 조직적인 투쟁의 첫발을 내딛었죠.

이렇게 사회적 저항이 반미와 체제변혁으로 격렬하게 향하고, 교황 방한 등 국내외 현안 과제들이 임박하자, 전두환 군사정권은 1983년 하반기에 탄압정책을 완화하여 이른바 '유화국면'을 연출했습니다. 팽배해가는 정치적 경제적 불만을 체제 안으로 끌어들여 지배체제를 안정시키려는 술책이었죠. 그렇지만 어쨌든 숨통이 조금 트인 각계의 운동이 활기를 찾기 시작했습니다. 대학가에서는 학생회 부활과 대학 간 연대가 추진됐고, 시위와 농성투쟁이 활발하게 전개됐어요. 그리고 학생운동 내부에서는 사회변혁을 둘러싸고 논쟁이 활발해졌습니다.

노동, 농민, 도시빈민운동 부문에서도 활발하게 투쟁이 전개됐습니다. 노동자들은 각종 조직을 만들어서 투쟁에 나섰고, 점차 그 강도를 높여갔습니다. 그리고 시장개방과 농정정책 실패로 빚더미에 나앉은 농민들 역시 격렬한 가두시위와 집회를 감행했으며, 도시빈민들 또한 주거지 강제철거에 대항하여 많은 투쟁을 전개했죠. 재야 세력들은 각 부문별로 단체를 만들어 민주화운동과 통일운동을 조직적이고 체계적으로 추진하기 시작했습니다. 그리고 이러한 노력들이 모여 1985년 2·12 총선거에서는 관제 야당을 누르기도 했죠.

그러자 전두환 군사정권은 1985년부터 다시 탄압의 고삐를 당기기 시작했어요. 하지만 저항 세력은 이미 폭력적 탄압의 공포로부터 벗어나 정권에 맞설 만큼 성장해 있었죠. 민주화에 대한 열망은 1985년 하반기부터 개헌투쟁으로 발전했습니다. 각 도시마다 수십만의 군중이 운집한 가운데 열린 집회와 시위의 열기는 1986년 5월 3일 인천 대집회에서 그 절정을 이뤘습니다. 그러나 전두환 정권은 5·3 인천사태를 '친공·불순 세력'의 난동으로 몰아, 대탄압을 가했습니다. 그리고 이를 통해 신민당을 비롯한 야당을 민주화 세력에서 분리하여 보수대연합을 시도했습니다. 그 결과 민주화 세력은 분열됐고, 학생운동은 이를 계기로 사회변혁을 둘러싼 쟁점에 대해 더욱 많은 논쟁을 벌였습니다. 논쟁의 내용은 아주 복잡합니다만 그 핵심을 간추리자면, 제국주의 타도와 계급혁명 가운데 무엇을 우선할 것인가 하는 것이었죠.

이후 민주화운동은 소강상태에 접어들었습니다. 하지만 1987년 1월 14일

박종철 열사 초혼제 모습

서울대 학생 박종철의 고문 사망 사실이 폭로되면서 민주화운동은 다시 격화됐습니다. 상황이 불리하게 돌아가자 전두환 군사정권은 4월 13일 헌법을 개정하지 않겠다는 이른바 4·13 호헌護憲조치를 천명하여 거센 반발을 일으켰습니다. 결국 "호헌철폐! 독재타도!"의 목표 아래 5월 27일 민주헌법쟁취국민운동본부(국민운동본부)가 결성됐습니다. 드디어 6월 민주항쟁의 대장정이 시작된 것입니다. 전국적인 국민대회가 6월 10일, 6월 18일, 6월 26일에 열렸고, 각 도시마다 연인원 500만 명의 군중이 격렬한 투쟁으로 공권력을 무력화시켰습니다. 전국이 혁명 전야의 상황으로 치닫는 것 같았죠. 마침내 6월 29일 전두환 정권은 직선제 개헌 등 8개항의 이행을 약속하는 이른바 6·29 선언을 발표하기에 이르렀습니다.

시장개방과 독점자본의 거대화

1970년대 고도성장을 구가하던 한국경제는 1980년대에 들면서 위기의 늪에 빠져들었습니다. 1980년 경제성장률은 마이너스 4.8%로 곤두박질쳤고, 물가는 무려 39%나 치솟았습니다. 또한 휴·폐업과 조업단축으로 실업률은 4%대에서 5.2%로 급상승했죠. 파탄위기에 직면했던 경제성장률은 1981년 6.6%로 회복되긴 했지만, 1985년까지 연평균 7.2%에 그쳤고 해마다 불안정한 모습을 보였습니다.

경제위기는 석유파동이 결정적인 계기가 된 것이지만, 그 진원지는 유신정권의 불균형적인 경제성장전략과 부실한 중화학공업화였죠. 유신정권은 거대한 차관을 들여 중화학공업을 건설했습니다만 가동이 제대로 안 되어 빚을 갚지 못했고, 그런 상태에서 석유파동이 닥쳐 몰락하고 만 것입니다. 이러한 채무상환 불능은 국가적인 문제였어요. 정권은 미국, 일본의 지원 아래 외채를 마구 들여왔죠. 이에 따라 1979년 203억 달러였던 외채 총액은 1980년 272억 달러, 1982년 371억 달러를 거쳐, 1985년에 이르면 468억 달러로 급증했습니다. 국민총생산액과 비교한 외채의 비중은 1980년 45.1%에서 1983년 57.2%로 증가했고, 좀 줄어들긴 했지만 1986년에도 46.7%나 됐죠.

정권은 국내 경제체제 정비를 위해 재정·금융의 긴축과 중화학공업 구조조정 등을 내용으로 하는 경제안정화정책을 강행했습니다. 그러나 긴축정책은 진행 과정에서 경기회복을 이유로 포기됐고, 오히려 대폭적인 금리인하를 통한 수출 대기업 지원으로 전환했죠. 그리고 중화학 부문의 구조조정 과정에서 천문학적인 재정·금융상의 특혜가 제공됐습니다. 이와 같은 지원은 새로 찍어낸 돈으로 충당한 것이었는데, 그 부담이 고스란히 국민들에게 전가됐죠. 막대한 특혜조치를 통해 부실기업을 인수한 독점재벌은 더욱 커졌습니다.

여기에다 정권은 기업들의 경쟁력을 갖춰 준다는 명분으로 환율을 조정하고 노동통제를 강화했습니다. 또 농업경제의 구조조정도 강행했고요. 농업경제의 구조조정은 농산물 가격통제와 복합영농정책, 시장개방을 통해 이루어졌습니다. 그리고 이 세 가지 정책은 농수축산물을 공급과잉 상태로 만들어 가격을 폭락시켰고, 농민들이 경작을 포기하게 만들었죠. 이에 따라 1978년 11만 1천 원이었던 호당 평균 농가부채가 1980년에는 33만 9천 원으로 증가했고, 1987년에는 239만 원, 1989년에는 389만 9천 원까지 육박하게 됐습니다(한국사회연구소, 1991: 403). 그리고 도저히 이를 감당할 수 없었던 농민들은 대량으로 농촌을 떠나 도시로 몰려들었습니다.

이와 같이 전두환 정권의 위기극복을 위한 구조조정이라는 것은 여전히 재원을 외국에 의존하고, 노동통제의 강화와 농산물 가격통제 등 생산 및 분배 과정에서의 민중수탈과 대기업에 대한 특혜를 통해 독점자본의 축적을 원활히 해주는 것들이었습니다. 그리고 이렇게 정비된 국내의 축적 조건은 세계경제 상황의 변화에 따른 3저 현상(저유가·저환율·저금리)과 맞물려 1986년 이후 비약적인 경제성장의 동인이 됐죠.

1986년 이후 3년간 한국경제는 단군 이래 최대 호황을 누렸어요. 연평균 성장률 12.8%의 고도성장에, 무역수지 흑자도 경제개발 사상 최초로 연평균 100억 달러 안팎에 이르렀죠. 그러나 이 같은 대호황이 생산자의 처지 개선으로 연결된 것은 아니었습니다. 오히려 노동대중에게는 자신들이 성장의 주역이면서도 생존비 이하의 저임금과 억압적인 노동통제 아래서 그 혜택에서 배제되고 있다는 박탈감이 퍼져갔습니다. 더구나 국내 경기가 과열되고 부동산 등 각종 투기와 과소비가 성행하며 비생산적 부문이 번영을 누리자, 상대적 궁핍감은 더욱 높아질 수밖에 없었죠. 경제개발에서 소외된 노동대중의 불만은 3저 호황의 열기 속에서 비등점을 향해 치달으며 폭발을 준비하고 있었습니다. 마침내 6·29 선언으로 억압체제의 이완이 가시화되자, 1987년 7월 이후 노동자의 울분이 활화산처럼 폭발했습니다.

노동자계급의 성장과 노동자 생활의 악화

1980년대에도 한국의 경제규모는 계속 확대됐고 임금노동자도 크게 증가했습니다. 취업자 수는 1980~87년 1,368만 3천 명에서 1,635만 4천 명으로 증가했고, 1980년 74만 8천 명이었던 실업자 수는 1987년에는 51만 9천 명으로 줄어들었죠. 1970년대 4%대였던 실업률도 1980년에는 5.2%로 급증했지만, 1987년에는 3.1%로 낮아졌습니다. 취업자의 분포를 산업별로 보면 농림어업 비중은 1987년 21.9%(358만 명)로 줄었고, 제조업은 27.0%(441만 6천 명)로 늘었습니다. 사회간접자본 및 기타서비스업은 50% 수준(817만 2천 명)을 넘어섰죠.

또한 취업자 가운데 임금노동자는 1980~87년 사이에 646만 4천 명에서 919만 1천 명으로 276만 7천 명이나 증가했습니다. 그 중 상시고용자(임시고 포함)는 1987년 당시 83%였고, 일시고용자는 17% 정도였습니다. 그리고 임금노동자 가운데 5인 이상 사업체 노동자 수는 1987년 당시 479만 5천 명으로, 1980년에 비해 49%나 늘어났죠. 피고용자 전체에서 차지하는 비중도 1980년의 49.8%에서 1987년 52.2%로 증가했습니다. 제조업의 경우 500인 이상 대기업 노동자들의 비중이 줄어들고 100인 미만 사업장 늘어나는 추세였지만, 500인 이상 규모의 노동자의 비중은 35% 정도로 여전히 높은 수준이었습니다.

임금노동자를 연령·계층별로 살펴보면, 1986년 당시 18~29세가 51.9%로 대종을 이루고 있었지만 이 계층은 감소하는 추세였고, 30세 이상의 층이 늘어나고 있었습니다. 학력별로는 1980년 36.4%였던 초등학교 졸업 이하가 1986년에는 24.7%로 크게 줄었고, 중학교 졸업도 24.0%에서 23.0%로 정체하는 수준이었습니다. 이에 비해 고등학교 졸업은 같은 기간에 29.5%에서 38.7%로 크게 늘었고 대학교 졸업 역시 10.1%에서 13.6%로 높아졌죠.

한편, 임금노동자의 증가와 구성 변화에도 노동자들의 생활은 여전히 열악했어요. 제조업 명목임금은 1980~87년 사이 14만 6,684원에서 32만 8,696원으로 연평균 13.6%씩 상승했지만, 실질임금은 1980년과 1981년에 마이너스를 기록하면서 연평균 5.0% 증가하는 데 그쳤습니다. 그에 비해 같은 기간 노동생산성은 매년 12.8% 증가했죠. 노동생산성 상승률이 실질임금 상승률의 두 배 이상을 웃돌고 있었던 겁니다(이원보, 2004: 591). 그 결과로 1970년대 말 50%를 웃도는 수준이었던 노동소득분배율은 1980~82년 47%까지 떨어졌고 1983~86년에도 49%대에서 머물렀습니다.

이러한 낮은 수준의 임금과 상승률은 1980년 전반기 내내 노동력의 재생산 자체마저 어려운 적자 생계를 노동자들에게 강요했죠. 전 산업의 평균 임금수준은 1987년에도 정부가 발표한 실태생계비의 90.9%에 불과했습니다. 그리고 당시 한국노총의 최저생계비를 가구원 수로 조정한 생계비와 비교할 경우에도, 그 충당률은 1975년 57.2%였고 1987년에도 64.4% 수준에 머물렀습니다(한국사회연구소, 1991: 369). 게다가 1980년대에는 부동산 투기로 인해 집값과 전월세 값이 폭등했고, 가계는 내구소비재 가격 인상, 사회보험 부담금 증가, 노동력 상실 대비 등까지 감당해야 했기 때문에 적자 폭은 더욱 늘어날 수밖에 없었습니다. 이 때문에 노동자들은 소비 자체를 줄이고 문화생활을 축소하거나 포기해야 했죠. 결국 노동력이 재생산되기보다는 철저하게 마모되는 삶을 살아가고 있었던 겁니다(정이환, 1986).

한편 1980년대 전반기, 노동자들의 근로시간은 전체적으로 1970년대보다 늘어나고 있었습니다. 1975년 25.3일이었던 전 산업 노동자의 월평균 근로일수는 1987년 24.9일로 감소했지만, 월평균 근로시간은 217.0시간에서 225.4시간으로 늘었어요. 주당 노동시간도 50시간에서 52시간으로 증가했죠. 제조업의 경우 1987년 월평균 근로일수는 25일로 1980년보다 늘어났고, 같은 기간 월평균 근로시간 역시 230시간에서 234.6시간으로 증가했죠. 주당 노동시간도 해마다 늘어나서 1987년 당시 54시간에 이르렀습니다.

또한, 생산 과정에서 새로운 설비와 물질 사용이 늘어났기 때문에 1980년대 전반기 노동자들은 산업재해와 직업병에 크게 위협받고 있었습니다. 1980년 11만 3,375명이었던 산업재해자 수는 1984년 15만 9,306명으로 늘었다가 87년에는 14만 2,596명으로 줄었죠. 1987년의 경우 하루에 발생하는 평균 재해 건수는 387건이었고, 이로 인해 390명 이상이 고통을 겪었다는 계산입니다. 산재로 인한 사망자 역시 1980~87년 1,273명에서 1,761명으로 매년 증가했습니다. 신체장애인도 매년 증가하여, 1987년 당시 2만 5,244명이나 됐습니다. 하루에 5명 정도가 산업재해로 숨졌고, 69명 이상이 장애인이 된 겁니다.

정부가 발표한 직업병 환자 수는 매년 전체적으로 오르락내리락 했습니다. 그러나 새로운 물질들이 많이 등장했고 그 유해성에 대한 인식이 거의 없었다는 점을 고려한다면, 실제는 훨씬 높았을 것으로 볼 수 있습니다. 특히 소음에다 TV, 컴퓨터 등 전자 정밀산업의 증대에 따라 신경감각기계통의 실병이 새롭게 등장하기 시작했습니다. 그리고 증가하는 환경공해에 갈수록 노출됐기 때문에 노동자들의 건강은 더욱 더 위험해지고 있었죠.

봉쇄와 억압의 노동정책과 기업 노무관리

1970년대 말 위기에 직면했던 유신잔재 세력들은 억압기구는 유지했지만 1980년 봄 노동자들의 폭발적 투쟁을 묵인했습니다. 노동자 위세에 눌린 거죠. 그러나 광주민중항쟁 후 정권을 찬탈하자마자 신군부는 노동운동에 대해 강력한 통제를 시작했습니다. 그 시발점이 1980년 하반기 노동조합 정화조치와 노동관계법 개정이었죠. 노동조합 정화조치는 두 가지 경로로 진행됐어요. 하나는 한국노총과 산별노조 상층을 지배해 온 어용간부들의 축출과 지역지부의 해체였고, 다른 하나는 1970년대 노동운동을 주도해온 민주노조의 파괴였습니다. 이에 따라 한국노총과 산별노조 위원장 12명이 물러났고 노조 간부 191명도 사퇴했죠. 이 가운데는 대부분의 민주노조 간부들이 포함되어 있었습니다. 민주노조 간부들은 정화조치를 거부했지만, 폭력적인 탄압을 이겨내지 못했고, 끝내는 민주노조 자체가 와해되기에 이릅니다.

1980년 12월 31일 개정된 집단적 노동관계법은 노조결성에서부터 조직형태, 조직운영, 단체교섭, 노동쟁의 등 광범위하게 걸쳐서 노동조합운동 자체를 원천 봉쇄하려는 것을 목표로 했어요. 그 주요 내용을 살펴보면, 노조결성과 운영 및 노동쟁의와 관련한 제3자 개입금지 조항의 신설, 기업별노조의 강제와 노조설립 요건의 강화, 노조임원 자격의 제한과 조합비 사용의 제한, 단체교섭 위임의 금지, 단체협약 유효기간 1년에서 3년으로 연장, 유니온 숍 규정의 삭제, 쟁의 냉각기간 및 알선기간의 연장, 직권중재 대상의 무한정 확장 등이었습니다.

신군부정권은 이와 같이 삼엄한 제도적 장치를 만들어 시행하는 것도 모자라서 다양한 정책적·행정적 통제수단을 동원하여 노동자들의 절박한 요구와 투쟁을 억압했습니다. 정권은 임금인상 가이드라인을 설정하여 임금인상을 억제했고, 중앙과 지방에 노동대책회의를 설치 운영하여 노동자 저항을 봉쇄했습니다. 이와 함께 활동가들을 현장에서 분리해내는 방법으로 '블랙리스트'가 활용됐죠. 블랙리스트는 1978년에 나온 것인데, 거기에 더해 전두환 군사정권은 1980년 5·17 이후 1천여 명의 해고노동자 명단을 각 사업장과 노동부, 정보기관에 두고 취업을 차단했어요. 또한 신원조회를 강화하여 대학생들이나 운동가들의 위장취업을 가려내서 사문서위조 등 각종 법률 위반으로 사법조치 했죠.

이 밖에도 정권은 언론기관을 동원하여 노동자들의 저항을 일부 '불순분자'들의 배후조종에 의한 것이라고 매도하고, 노학연대를 반국가 좌경분자 행위로 몰아붙였어요. 그리고 한편으로는 한국노총 노조간부 출신들을 국회의원, 장관, 차관에 임명하거나, 한국노총에 재정지원을 행함으로써 불만을 무마했죠.

이러한 노동통제정책의 그늘 아래서 기업에서는 사용자의 힘에 의한 강권적이고 전제적인 노무관리가 일반화됐습니다. 기업들은 기술혁신과 합리화를 통해 노동 강도를 높이고 탈숙련화 함으로써 노동과정에 대한 노동자들의 통제를 박탈했죠. 그러면서도 베푸는 것은 인색하여 노동비용의 비중은 여전히 낮았고, 사업장 복지는 질적 내용은 고사하고 양적으로도 극히 빈약했습니다.

이런 조건에서 기업들은 자발적 참여를 가장한 다양한 분임조활동, 각종 소그룹활동, 기업 내부교육, 사보의 제작·배포, 각종 사원가족 프로그램 등을 개발하여, 저임금과 노동 강화를 순조롭게 받아들이도록 교묘한 관리수법을 동원했습니다. 독점대기업들은 노동자들의 저항을 병영적 규율을 통해 굴복시키고 거기에다가 온정주의적 시혜에 의한 통제를 가미하는 방식을 사용했죠. 그리고 시혜의 여유기 없는 중소 영세기업에서는 가부장석인 방식, 가족적 분위기를 강조하되, 이를 거역할 때는 가혹한 폭력적 제재를 가하는 방식이 동원됐습니다. 그 결과로 1980~87년 부당노동행위 구제신청 건수는 1970년대 10년 동안의 것을 합한 것보다 2.5배가 많은 2,164건에 이르렀죠.

이처럼 1980년대 전반기 기업의 노무관리는 국가권력의 노동정책과 마찬가지로 통제를 위한 채찍만이 사용되고 있었어요. 노동조합운동은 그야말로 움치고 뛸 수조차 없는 질식 상태에 빠져들었고, 노동자들은 열악한 노동조건을 벗어날 수가 없었죠. 그러나 이러한 탄압을 뚫고 노동자들은 서서히 투쟁의 불꽃을 일구어 갔으며, 지식인들이 여기에 가세했습니다. 그리고 1984년에 이르러 새로운 가능성을 향해 걸음을 내딛기 시작했습니다.

2. 1980년 노동운동의 폭발과 침체

1980년부터 1987년 6월 말까지는 광폭한 독재정권 아래서 구조조정과 시장개방으로 경제의 해외종속과 독점구조가 심화 확대된 시기였습니다. 노동자계급이 양적으로 성장했고 내부 구성도 크게 변화했지만, 노동자 생활조건은 크게 악화됐죠. 이러한 상황과 조건 속에서 노동운동은 크게 세 단계로 나누어 전개됐습니다.

첫째, 1980년 초부터 5월 중순까지로, 이 시기에는 노동운동이 급격히 고양됐습니다. 곧 억압체제의 이완을 배경으로 노동자들의 요구가 분출됐습니다. 노동자들은 기업별로 분산된 채 주로 임금인상 등의 경제적 요구를 내걸었지만, 그 투쟁 양상은 전례 없이 매우 격렬하고 폭발적이었죠. 두 번째 시기는 1980년 5월 중순 이후 1983년 까지로, 노동운동이 극도로 침체하여 질식 상태에 빠진 때입니다. 이 시기에 신군부정권은 정화조치, 노동관계법 개악, 민주노조 파괴 등으로 노동조합운동을 전면적으로 괴멸시켰죠. 이후 조직률은 급감했고 노조활동은 거의 정지됐으며, 노동조건 역시 크게 악화됐습니다.

마지막으로 세 번째 시기는 1984년부터 1987년 6월 말까지로, 재야 노동운동이 형성되어 새로운 지형 구축을 시도한 기간입니다. 이 시기에는 정치적 유화국면 아래서 신규 조직과 노동쟁의가 크게 늘어났으며, 대규모의 탈법적 투쟁들이 연이어 일어났죠. 또한 제도권 밖의 노동운동단체들이 속속 결성됐고 지식인들의 현장투신이 급증했습니다. 이런 상황에서 변혁지향적인 운동노선이 대두되는 등 새로운 지형이 형성됐습니다. 이에 대해 정권은 다시 탄압의 고삐를 당겼지만, 이미 노동자들의 의식은 6월 민주항쟁의 발전과 함께 크게 고무되고 있었습니다.

민주화의 봄과 노동운동의 폭발

1980년 초봄, 혼미한 안개정국과 경제위기 상황을 뚫고 대학생들의 민주화 시위가 열기를 뿜는 가운데, 1979년 10·26 사태 후 침묵을 지키던 노동자들도 투쟁에 나섰습니다.[1]

노동자들은 노조결성 보장, 임금인상, 체불임금 청산, 휴·폐업 및 해고 반대, 어용노조 민주화, 해고자 복직, 기타 노동조건 개선 등을 요구했죠. 투쟁의 방법으로는 농성이 가장 많았고, 작업거부, 시위, 기타 방법 등도 많이 이용됐습니다. 그 안에는 잔업거부, 중식거부, 퇴근거부와 같은 소극적 방식을 비롯하여, 방화, 파괴, 지역점거, 경찰과의 대결 등 전에 없던 적극적인 방식들도 포함되어 있었습니다. 노동자들의 투쟁은 노동조합이 있는 곳과 없는 곳에 관계없이 일어났습니다. 또한 노동자들은 합법과 비합법을 가리지 않고 다양한 투쟁을 벌여나갔고, 5·17 계엄확대 직전까지 계속 투쟁열기를 유지해 갔습니다.

노동조합 결성투쟁 _ 1980년 3월 4일 서울 구로공단의 남화전자에서의 노조결성을 발화점으로 하여 시작된 노조결성투쟁은 5·17 계엄령 전국 확대 직전까지 확산됐습니다. 이 시기 한국노총과 산업별노조들도 전례 없이 적극적인 조직 확대에 나섰죠. 신규 조직 결성은 전국 주요공단의 제조업 사업장에서 대대적으로 이루어졌어요. 이리 수출자유지역과 그 인근에서는 쌍녕방직, 태창, 남양자재, 동양물산, 쌍방울, 대봉, 삼양라면, 올림포스 등 10여 개 사업장에 노조가 결성됐고, 대구지역에서는 쌍마섬유, 중앙섬유, 한일섬유, 유풍산업, 아세아공업, 우주산업, 한철, 동명산업, 선안경공업 등에 노조가 들어

---

1   노동청은 1980년 407건의 노사분규가 발생했다고 집계했으나, 한국노총은 10월 28일까지 모두 1,870건의 노사분규가 발생했다고 보고했으며, 80년 전체 건수는 2,168건이라고 집계했습니다(김진옥, 1985). 또 김장한은 5·17 이전까지 897건에 20만명이 참가한 것으로 보았습니다(김장한, 1989).

섰습니다.

　서울에서는 남화전자, 동아종합건설, 부이염직, 중앙국제특허법률사무소에 노조가 결성됐으며, 특히 서통에서는 어용노조 반대 농성 끝에 5·17 계엄확대 2시간 전에 노조결성을 마쳤습니다. 그리고 경기도 오산에 있는 대성모방 여성노동자 3천여 명은 5월 4일 노조결성 보장을 요구하며 가두시위를 벌였습니다. 노조결성투쟁은 노조 무풍지대였던 마산수출자유지역에까지 들이닥쳐, 일본 기업체 북륭, 한국정상화성, 한국쌍엽정밀 등에 노조가 들어서는 등 단지 내 84개 업체 가운데 17개에서 노조결성 움직임이 일도록 만들었죠. 그리고 울산공업단지에서도 한국카프로락담 등 7개 업체에서 노조가 결성됐습니다. 이렇게 3월부터 5월 중순까지 짧은 기간 동안 조합원이 약 8만 명 이상 늘어났고 많은 노조들이 활력을 되찾았습니다.

임금인상, 노동조건 개선투쟁 _ 권력과 자본의 억압이 이완되고 대불황의 엄습으로 생활고가 가중되는 때였기 때문에, 이 시기 임금인상과 노동조건 개선투쟁은 매우 활발하게 일어났습니다. 투쟁 방식은 대체로 행정관청에 조정신청을 내고 집단행동을 벌이는 준법투쟁과, 절차를 무시하고 단체행동을 벌이는 탈법투쟁 두 가지로 나뉘었죠.

　조정신청을 통해 성과를 거둔 대표적인 예는 화학노조가 해태제과 등 식품업계를 상대로 8시간 노동제를 관철해낸 일이었습니다. 이 사례에서 조정결정 내용은 임금을 인상하고 과거 12시간 노동의 임금을 8시간 기본급으로 지급한다는 것으로, 실제 임금인상률은 남자 39.8%, 여자 평균 48.5%에 이르렀죠(동아일보, 1980. 4. 25). 그리고 동국제강과 삼화방직은 불공평한 조정결정에 항의하여 투쟁을 벌인 대표적인 경우였습니다. 이 외에도 준법투쟁을 하다가 집단행동으로 발전한 경우들이 많았고, 노조가 없거나 투쟁 지도부가 없는 경우에도 노동자들은 집단행동을 벌였죠. 하지만 이런 경우 사용자 회유에 쉽게 무너지곤 했어요.

　탈법투쟁은 수많은 사업장에서 파업, 태업, 농성, 시위 등 법률적 제약을 뛰어넘는 매우 격렬한 방법으로 전개됐습니다. 때로는 경찰력과 정면 대결하는 양상도 나타났죠. 이 시기 탈법투쟁은 1980년 4월 21일부터 5월 6일까지 진행됐던 대한모방의 투쟁을 비롯하여, 삼영화학, 동양나일론, 남양유업, 대한광학, 일신산업, 일신제강, 인천제철, 현대양행, 동양기계 창원공장, 태양금속, 원진레이온, 금성통신, 선경직물, 금강제화, 강원산업, 한성광업소, 봉명광업소, 마산수출자유지역의 신흥화학, 대원전기, 동양제과, 연합철강, 대동조선, 서통, 이리 수출자유지역의 후레아패션 등에서 일어났습니다. 택시, 서비스 업종에서도 치열한 투쟁들이 전개됐죠. 또한 노동조합이 없는 사업장에서도 탈법투쟁이 많이 일어났는데, 마산자유수출지역에 있는 한국삼양공업, 서울광명인쇄공사, 신세계백화점, 신흥화학, 후레아패션, 대한광학, 동명중공업, 동국제강 등이 그 사례였습니다.

　이 중에서 두드러진 인상을 남긴 사례들은 청계피복노조가 8일간에 걸친 농성과 시위투쟁을 통해 10인 이상 사업장의 퇴직금 지급제도를 쟁취해낸 것, 어용노조·회사·경찰에 맞서 격렬한 투쟁을 벌인 끝에 사북읍을 장악했던 동원탄좌 노동자투쟁, 적은 임금인상에 항의하다가 경찰력과 맞서 격렬한 파업과 시위투쟁을 전개한 동국제강 노동자들의 투쟁, 임금인상과 해고자 복직 등을 요구하여 회사를 점거 파괴하고 파업농성을 벌인 인천제철 노동자투쟁 등이었습니다. 이들 투쟁은 1970년대에는 보기 드문 남성노동자 중심의 격렬한 것으로, 노동자의 불만과 의식의 변화를 분명하게 보여줬죠.

체불임금 청산, 휴·폐업 반대, 해고 반대투쟁 _ 이 투쟁은 당시 불황의 여파로 중소기업에서 많이 나타났습니다. 노동자들은 진정, 농성, 파업 등으로 절박한 사정을 호소했고 일부에서는 채권을 잡거나 기계나 시설을 내다 팔기도

했죠. 큰 규모로는 국내 최대 목재공장이었던 부산 동명목재에서 조업단축에 반대하며 발생한 시위 농성이 있었습니다. 그러나 노동자들은 5·17 계엄령 확대로 농성을 풀 수밖에 없었고, 이후 회사가 문을 닫아 이들의 투쟁은 좌절되고 말았습니다. 이 밖에 1970년대 말 동일방직에서 해고된 후 참담한 고통을 겪으면서 투쟁해오던 여성노동자들이 복직을 요구하며 한국노총 위원장실에서 무기한 농성에 돌입하기도 했습니다. 노동자들은 노동청장의 복직 언명까지 받아냈지만, 5·17 계엄확대로 해산당하고 말았죠.

노동조합 민주화투쟁 _ 1980년 4월 22일 사북 동원탄좌 광부들의 격렬한 투쟁을 전후하여 각 사업장에서는 어용노조 간부 퇴진 요구가 확산되기 시작했습니다. 투쟁은 파업, 농성, 시위, 기물 파괴, 사무실 점거 등 매우 격렬한 양상을 보였죠. 사업장 단위 노동조합에서 어용노조 반대 투쟁은 공통적으로 낮은 임금인상 합의 반대와 함께 일어났습니다. 대표적인 예로는 대동화학, 일신산업 동양활석공업소, 서울 일신제강, 태양금속, 안양 금성통신, 원진레이온, 인천제철, 동양기계, 부산파이프 등의 투쟁이었죠.

단위사업장에서 노조민주화투쟁은 상급노조로 번졌습니다. 산별노조 가운데서도 가장 심하게 노동자들과 산하조직을 탄압했던 섬유노조에서는 원풍모방, 동일방직, 반도상사 등 민주노조들의 적극적인 참여 속에 전국섬유노동조합정상화추진위원회가 결성됐습니다. 이들은 김영태 섬유노조 및 한국노총 위원장의 사퇴와 의법조치依法措置를 요구했고, 결국 한국노총 산별대표자회의에서도 김영태 위원장의 사퇴를 권고했죠. 4월 하순에는 자동차노조 일부 지부장들이 전국자동차노조정상화추진위원회를 구성했고, 금속노조에서는 대한중기 등 25개 지부장 및 분회장들이 민주노조쟁취위원회를 구성하여 김병룡 위원장의 사퇴와 조직민주화를 요구했죠.

한편, 노동자들의 민주화 요구 투쟁에 진전긍긍해 하던 한국노총은 5월 13

일 노동기본권 확보 궐기대회를 노총 대강당에서 개최했어요. 이날 대회에는 섬유노조, 금속노조 등의 민주노조 간부들이 대거 참석하여, 어용간부들의 즉각 사퇴와 노동기본권 확보투쟁을 요구하며 농성에 돌입했습니다. 농성은 열띤 분위기 속에서 밤을 새우며 진행됐죠. 그리고 학생시위가 절정에 오른 다음 날 저녁, 결의문을 채택한 후 마무리됐습니다. 이렇게 노동조합 민주화투쟁은 모든 조직으로 확산되면서 어용간부들을 압박했습니다. 그러나 5·17 계엄확대와 함께 단절되고 말았어요. 결국 오랫동안 자리를 차지하고 있었던 어용노조 간부들은 신군부의 정화조치로 일선에서 퇴장했고, 그 후계자들이 권좌를 승계하는 것으로 마무리됐습니다.

1980년 봄의 짧은 기간 동안 노동자들은 폭발적이고 다양한 투쟁 속에서 법률로 묶여 있던 노동기본권을 사실상 쟁취해가고 있었어요. 사북동원탄좌, 동국제강, 인천제철 등의 노동자들은 지역점거, 경찰력과의 직접적인 대결, 시설파괴와 방화 등 1970년대의 모습과는 전혀 다른 적극적인 모습도 보여줬죠. 또한 중화학공업의 대기업노동자들 진출이 두드러지게 나타나면서, 노동운동의 중심이 경공업 여성노동자들로부터 중화학공업 남성노동자들로 옮겨가고 있음을 예시했습니다. 1980년 봄의 이러한 투쟁 양상은 1970년대에 내내 잠재되어 축적된 역량의 폭발적 표현이었죠.

그러나 이 시기의 노동운동은 뚜렷한 방향성을 갖지 못하고 자연발생적이고 비조직적인 성격을 극복하지 못했어요. 그리고 경제적 차원에 머물러 있었죠. 또한 투쟁은 주로 사업장 단위에서 이루어지고 산업별 또는 지역적인 연대로 발전하지 못했습니다. 이러한 특성은 노동자계급의 폭발적 에너지를 담보해낼 수 없을 만큼 오랫동안 지배해온 어용적이고 허구적인 노동조합운동의 이념과 지도체계의 필연적 산물이었죠. 또한 밑으로부터 전체 노동자계급의 요구와 지향을 담아낼 정도로 민주노조운동의 주체역량이 아직 성숙되지 않았음을 반영한 것이기도 했습니다. 어쨌거나 이러한 상황 속에서 1980

년 봄 노동자들의 투쟁은 5·17 계엄확대로 급속히 잦아들었고, 신군부정권의 혹독한 탄압 아래 노동조합운동은 또 다시 처참하게 유린됩니다.

노동법 개악과 민주노조의 폭력적 파괴

1980년 5월 말 출범한 국보위는 노동조합운동을 전면 금지시키고 노동운동에 대한 대대적인 탄압에 나섰습니다. 그 방향은 기존 어용노조의 간부 청산과 민주노조의 파괴 그리고 노동관계법 개악을 통한 제도적 통제 강화였죠. 먼저 신군부는 노동청을 통해 8월 21일 노동조합 정화지침을 시달했습니다. 그 내용은 산별 위원장급 12명의 즉시 사퇴, 산별노조 산하의 지역지부 즉각 폐지, 노동조합 정화운동 지속적 추진 등이었습니다. 이에 따라 김영태 위원장을 비롯한 한국노총 및 산별노조 상층 간부 12명은 곧 바로 사직서를 내고 떠났어요. 그리고 9월 15일까지 105개의 지역지부가 해산됐고 조합원은 14만 명이나 급감했습니다.

이어서 신군부는 중앙정보부 등 관계기관들이 선정한 191명의 정화대상자(정화대상자 121명, 자진사퇴자 70명)에 대해, 9월 18일부터 노조간부직을 사퇴하고 현장에 복귀하라고 명령했습니다. 여기에는 민주노조운동과 노조민주화에 앞장섰던 주요 간부들이 모두 포함됐습니다. 이들은 원풍모방, 콘트롤데이타, 반도상사, 서통, 고려피혁, 세진전자, 삼성제약, 대한전선, 대한중기, 동양강철, 신한주철, 원풍농기구, 롯데물산, 아폴로보온병, 고미반도체 등에서 활동하던 노조간부들이었습니다.

민주노조 간부들은 정화조치를 거부했습니다. 하지만 회사는 유니온 숍 규정을 들먹이며 이들을 해고했고, 행정당국과 상급노조는 신변의 안전을 위협하면서 사퇴를 강요했죠. 이와 함께 신군부정권은 민주노조 파괴작업의 사전단계로 12월 8일 민주노조 간부 및 조합원들(원풍모방 48명, 반도상사 6명, 서통 6명, 한일공업 4명, 태양금속 4명, 청계피복 9명, 심심제약 4명, 섬유노조 1명)을 대량 연행했습니다. 계엄사로 끌려간 이들은 목숨을 위협하는 협박과 폭행 속에서 사표 쓰기를 강요당했고, 일부는 삼청교육대로 끌려가 혹독한 시련을 당하기도 했죠.

이어 신군부는 1980년 12월 31일 노동관계법을 전면 개정하고 노사협의회법을 새로이 제정 공포했어요. 그리고 곧바로 민주노조들을 파괴하기 시작했습니다. 민주노조들은 온 힘을 다해 저항했죠. 군사정권은 1981년 1월 6일 청계피복노조에게 해산명령을 내렸고, 전투경찰을 동원하여 노조사무실을 폐쇄했습니다. 그러자 청계피복의 노조원 21명이 1월 30일 미국노총 산하기구인 아시아·아메리카자유노동기구AAFLI 사무실을 점거하여 강제해산 철회 등을 요구하며 농성에 돌입했습니다. 그러나 하루 만에 경찰에 의해 강제 해산됐고, 11명이 구속되고 말았어요. 반도상사와 콘트롤데이타의 노조들도 정화조치에 이은 폐업으로 각각 1981년 3월과 1982년 6월 깃발을 내려야만 했죠. 이 밖에도 서통 등 많은 노조간부들이 연행, 구속, 해고됐고, 노조는 사용자들에 의해 어용화됐습니다.

정권의 민주노조 파괴는 원풍모방에서 절정을 이루었어요. 원풍모방노조에 대한 정권의 파괴작업은, 1980년 9월 방용석 지부장과 박순희 부지부장 정화조치 → 섬유노조의 제명 결정 → 회사의 해고조치 등의 순서로 진행됐습니다. 이어서 정권은 12월 8일 원풍모방 노동자 48명을 연행하여 강제사표를 받아냈고, 일부는 삼청교육대로 보냈습니다. 그리고 1981년에 들어서 회사는 조합원들을 분열시키고 단체협약을 파괴했죠. 노조는 조직을 추스르면서 끈질기게 저항했습니다.

마침내 회사는 1982년 9월에 이르러 무차별 폭력을 휘두르면서 총공격을 감행했습니다. 9월 27일 대낮에 회사 사주를 받은 사원 1백여 명이 노조사무실을 점거해 노조간부들을 폭행하고 기물을 파괴한 것입니다. 조합원들은 곧바로 현장에서 5일간의 단식농성에 들어갔어요. 그러자 9월 29일 회사는 농성 중인 조합원들을 난폭하게 끌어내려 했고, 10월 1일 추석날 새벽에는 전투경찰까지 합세하여 노동자들을 잔인하게 끌어내 길거리에 내동댕이쳤습니다. 이후 회사는 10월 13일까지 휴무를 연장하고, 경찰은 조합장을 비롯한 노조간부 전원을 전국에 지명수배 했습니다. 원풍모방 노동자들은 10월 7일과 13일 회사 앞과 영등포 일대에서 격렬한 가두시위를 벌였죠. 경찰은 노동자 12명을 구속했고, 60여 명을 구류에 처했으며, 회사는 574명을 해고했습니다. 그 이후 노조간부들은 경찰과 회사의 눈을 피해 다니면서 재기를 준비했어요. 하지만 11월 12일 핵심간부 11명이 전원 체포됨으로써 재기의 시도는 좌절되고 말았죠. 경찰은 이들 중 5명을 구속하고 나머지 5명에 대해서는 20일간의 구류에 처했습니다(원풍모방해고노동자복직투쟁위원회, 1988).

이러한 원풍모방노조의 투쟁을 마지막으로 민주노조운동은 모두 파괴되고 말았습니다. 그렇지만 노동운동의 명맥이 완전히 끊긴 것은 아니었죠. 노동자들은 얼마 지나지 않아 그간 운동의 성과와 한계를 교훈 삼아 새로운 노동운동을 추진하기 시작했습니다.

노동조합의 무력화와 노동운동의 침체

1980년 봄 잠시 폭발했던 노동운동은 이내 신군부의 강압적인 폭력조치로 철저하게 짓눌렸고, 극심한 침체 국면에 접어들었습니다. 노동운동의 침체는 무엇보다 먼저 조직의 격감으로 나타났어요. 노동부가 집계한 노동조합 숫자는 1979년 4,947개에서 1980년 2,618개, 1981년 2,141개로 급감했습니다. 이후 1982년부터 조금씩 증가하기 시작하여 1987년 6월이 되면 2,725개에 이르렀죠. 또한 1979년 108만 8,061명이었던 조합원 수 역시 1980년 94만 8,134명으로 줄어들었다가 다시 증가하기 시작하여, 1987년 6월이 됐을 때는 105만 201명까지 회복했습니다.

그러나 그 증가세는 극히 미미해서 1980~87년 6월 말 대략 7년 동안 단위

노조 수는 107개, 조합원 수는 10만 2,067명 불어나는 데 그쳤을 뿐입니다. 그리고 1987년 6월 말 당시에도 1979년에 미치지 못하는 수준이었죠. 1979년 16.8%이었던 조직률이 1987년에는 그에 못 미치는 11.7%로 낮아진 것은 이 때문이었습니다. 조직 감소는 노조 지역지부 해산과 기업별노조로의 개편과, 개정된 노동법에 의해 노조결성이 사실상 불가능해졌던 데 따른 것입니다. 또 어렵게 노조를 만든다고 해도 고립무원의 기업별노조 특성과 마구잡이로 자행된 사용자의 부당노동행위 때문에 무너지기가 일쑤였던 거죠.

그리고 이 시기에는 기존의 노동조합들도 활동이 거의 마비됐어요. 과거 중앙집권적이었던 산업별노조는 일거에 하부조직에 대한 통제력을 상실하고 기업별노조의 연락협의체로서, 기업단위노조에 자료와 정보를 제공하고 지원하는 것으로 그 역할이 축소됐습니다. 기업단위노조 역시 노동관계법의 삼엄한 규제 아래 고립되어 극도로 약화됐습니다. 이렇게 노조운동은 자본의 힘에 눌려 신규 노조의 결성을 못하는 것은 물론이고, 기존의 노조들도 오래 버티지 못하고 무너지거나 무력화됐습니다. 또한 조직들 상호 간의 단절현상이 갈수록 깊어졌습니다.

노동운동의 침체는 단체교섭과 노동쟁의에서도 나타났습니다. 합법적인 단체교섭과 노동쟁의가 1982년부터 허용되긴 했지만 극도로 부진했죠. 그 원인은 주로 노동관계법의 제약과 고립 분산적인 기업별노조의 약한 교섭력, 그리고 가혹한 사용자의 부당노동행위와 제재 등에서 비롯된 것이었습니다. 이 때문에 노동조합들은 주로 노사협의회를 통해 문제를 해결하는 경향을 보였죠. 그 결과 당연히 당초의 요구에서 훨씬 후퇴한 선에서 타협하는 사례가 일반적이었습니다. 노사협의회에서 임금·근로시간 등 노사 간에 상반되는 이해를 가진 문제를 협의하는 경우가 전체 24%이고, 노사협의 사항과 단체교섭 사항을 다 같이 협의한다는 경우가 51%나 된다는 당시 노동부의 조사결과가 이를 뒷받침합니다(노동부, 1980: 52~53).

1982~83년 2년 동안 법률상의 노동쟁의는 45건에 불과했습니다. 그리고 1984년부터 86년까지는 각각 28건, 32건, 25건으로 늘어났지만, 이중 쟁의행위가 한 건도 없을 만큼 그 강도는 극히 미미했죠. 노동쟁의의 원인으로는 임금인상이 가장 많았고, 그 다음으로 단체협약 관련, 상여금, 기타의 순이었습니다. 노사분규는 1980년 407건에서 1981년 186건, 1982년 88건으로 급속히 감소했다가, 1983년에 98건으로 서서히 증가하여 1984년 113건, 1985년 265건, 1986년 276건으로 나타났습니다. 원인별로 살펴보면 임금체불이 가장 많은 565건으로 전체의 39.4%를 차지했으며, 그 다음으로는 임금인상이 232건(16.2%), 근로조건 개선 189건(13.2%), 해고 84건(5.8%), 휴·폐업과 조업단축 60건(4.2%), 부당노동행위 39건(2.7%)의 순이었죠. 그리고 택시운전기사들의 사납금 문제를 포함한 기타가 259건(18.1%)이었습니다. 같은 시기 이와 같은 요구조건을 해결하기 위해 노동자들이 주로 사용했던 투쟁유형은 작업거부(623건)와 농성(599건)으로서, 전체의 85.3%를 차지하고 있었죠. 시위도 매년 꾸준히 이어져 모두 115건을 기록하고 있습니다(이원보, 2004: 672~674).

요컨대 1980~86년 사이 합법적인 쟁의는 크게 저조했고, 노사분규의 추세는 폭발, 침체, 증가의 순서를 보였습니다. 1983년 이후 조직결성과 노사분규가 증가한 것은 노동조건이 개선된 결과가 아니라, 정치적으로 유화 국면이 전개되는 속에서 노동자들의 불만이 표출되고, 지식인, 학생들이 대거 노동현장에 들어가 분쟁을 일으킨 결과였어요. 그럼에도 임금과 노동조건은 여전히 열악했고, 사용자의 횡포는 갈수록 심해지고 있었죠. 이와 같이 1980년대 전반기 노동운동은 권력과 자본의 위세 아래 극도로 침체했고, 노동조건 개선은 정체 상태를 벗어나지 못했습니다.

그러나 상황이 이러함에도 한국노총은 정세 변화에 적극적으로 대응하지 못하고, 무기력한 태세를 보였습니다. 한국노총은 1980년 봄에 일어난 밑으로부터 거센 노조민주화의 요구에 대응할 방법을 찾지 못하여 위기에 몰렸다가, 5·17 계엄확대로 간신히 넘겼죠. 그리고 이후 신군부정권의 폭력조치에 아무런 저항 없이 순응했습니다. 한국노총은 1981년 2월 대의원대회 이후 노동조합주의라는 운동기조를 천명했어요. 그 내용은 기본적인 노조운동의 방향을 제시한 것이지만, 그마저도 실천으로 연결하지 못한 채 주로 정책 건의에 의존했죠.

구체적 요구를 관철하기 위한 조직적 투쟁은 1984년 12월 노동조합법 시행령 개정을 요구한 회원조합 대표자 농성, 1985년 노동법 개정추진 궐기대회와 100만 조합원 서명운동, 1986년 11월 노동관계법 개정촉구 전국대표자 궐기대회 등이 있었지만, 상층 간부를 동원하는 데 그쳤으며 그마저도 연속성을 지니지 못했습니다.

한국노총은 지배권력을 지지하고 제도권 야당과의 교류마저도 금기로 여겼으며, 바깥에서 치열하게 전개됐던 반독재 민주화투쟁에 대해서는 철저히 외면했습니다. 그리고 아래로부터의 불만과 요구에 따른 내부개혁 요구를 단호히 거부했습니다. 그 상징적인 사례가 노총 회관에 철문을 설치한 것과 직원의 집단해고였죠. 1984년 이후 사용자의 부당노동행위에 대항하여 노동자들이 한국노총 회관에 몰려와 농성하는 일이 잦아지자, 회의장으로 올라가는 통로에 철문을 설치하여 농성을 차단해버린 겁니다. 그리고 1985년 7월 31일에는 전임간부 5명을 노동자들의 투쟁을 지원하고 개혁을 요구한다는 이유로 해고해버렸죠(한국기독교사회문제연구원, 1985: 144~145).

이렇게 안팎의 변화를 거부하고 지배권력에 기댔던 한국노총의 운동기조는 1987년 6월 항쟁의 거대한 파도 속에서도 대담하게 전두환의 4·13 호헌선언을 지지하는 모습으로 다시 한 번 표출됐습니다.

지식인의 현장투신과 소그룹운동

전두환 군사정권의 극렬한 탄압 속에서도 노동현장에서는 누적된 불만과 분노가 표출되고 끊임없이 저항이 일고 있었습니다. 또한 노동조합 밖에서는 주로 지식인을 중심으로 노동운동의 새로운 싹이 돋고 있었죠. 학생운동 출신들은 광주민중항쟁을 비롯한 1980년 봄의 투쟁을 정리하면서 한국사회의 근본적인 민주화는 노동운동을 중심으로 한 변혁운동을 통하지 않으면 안 된다는 결론에 도달했어요. 그 결과 학생운동 내부에는 학생운동 중심의 정치투쟁론과 노동현장에의 투신과 노동운동을 강조하는 현장론 또는 준비론이라는 흐름이 형성됐죠. 이제 지식인들은 1970년대 개인적인 결단에 따라 했던 현장투신과는 달리, 변혁운동 활성화라는 목적의식을 갖고 조직적 활동의 하나로서 노동현장으로 들어가기 시작했습니다.

이런 상황에서 1980년 5월, 1970년대 민주노조 간부 일부와 학생 출신 활동가들이 전국민주노동자연맹(전민노련)을 조직했습니다. 이들은 1980년 초 노동투쟁을 돌아보면서, 민중해방이라는 변혁지향적 관점에서 노동자와 지식인이 결합한 비공개 조직의 건설, 합법적 경제투쟁을 통한 미조직대중의 조직화 및 노동조합의 민주화, 민주적인 제2노총 건설 등을 지향해야 한다고 주장했죠. 이들은 신군부정권의 삼엄한 폭력정치 공간을 뚫지 못하고 활동에 들어간 지 얼마 안 되어 조직원이 모두 검거되고 말았습니다. 전민노련은 근본적으로 현장조직이 취약하다는 약점을 지니고 있었습니다. 하지만 전민노련의 결성은 당시로서는 관념에 그쳤던 변혁운동의 관점을 구체적으로 제시한 새로운 시도로 평가됐죠. 그리고 특히 출판사를 차려 노동자용 교양도서를 많이 발간해서 노동운동에 대한 인식을 높이는 데 기여했습니다.

한편, 전민노련의 흐름과는 별도로 경인지역의 노동자들 사이에는 소그룹을 통한 학습이 이루어지고 있었어요. 그 시기에는 종교계의 지원 아래 노동야학이 지속되고 있었고, 방학을 이용하여 공장활동을 벌이거나 현장으로 직접 들어가는 학생들도 늘어나고 있었습니다. 그리고 이런 움직임들이 활성화되면서, 노동자들과 학생들이 전민노련의 실패를 배경으로 새로운 조직방식을 모색했고, 그 결과가 이른바 소그룹운동론이었습니다.

이들은 사회변혁을 위해서는 노동자의 의식화 조직화가 필요한데, 운동역량이 취약하고 운동에 대한 탄압이 심한 상황에서는 전민노련과 같이 전국적 조직을 구축하는 것이 아니라, 개별 소그룹 형태를 통해 현장의 주체역량을 축적하는 것이 더 중요하다고 보았습니다. 또한 이들은 노동조합만이 노동운동의 유일무이한 수단이 아니며, 노동조합을 선택적인 수단으로 생각할 수 있을 정도로 역량이 확보될 때 노조결성이나 노조민주화를 시도해야 한다고 주장했습니다.

그 이전에는 노조 이외의 다양한 형태를 시도하면서 소그룹을 발전시켜야 한다는 것이죠. 즉, 소그룹운동론은 극도의 폭력적 탄압 상황 속에서는 경제투쟁이나 노조결성조차 상당한 투쟁역량의 축적 없이는 성공할 수 없다는 인식에 근거하고 있었습니다. 그리고 소그룹운동을 주장하는 사람들은 소그룹이 친목적 그룹에서 경제투쟁적 그룹을 거쳐 정치투쟁적 그룹으로 질적 발전을 거치며, 이렇게 소그룹이 확산될 때 자연스럽게 지역단위의 소그룹도 기대할 수 있을 것이라고 생각했습니다(홍승태, 1994: 121~122).

소그룹운동은 당시의 엄혹한 탄압 상황을 뚫고 경인지역을 중심으로 광범하게 확산되어 한 시기를 풍미하는 운동으로 자리를 잡게 됩니다. 이 과정에서 '자취방 야학'이 학생운동과 노동운동의 구체적 접점으로 인식되면서 광범하게 확산되기도 했죠. 그러나 소그룹운동론은 1984년 이후 노동자투쟁이 격화되는 과정에서 노동자들의 요구를 일상투쟁으로 연결시키지 못하고 소그룹 자체에만 매달림으로써 한계를 드러냈습니다. 그리고 1983년 8월부터 1984년 6월까지 군사정권이 야학 연합회 사건을 조작하여 대대적인 탄압을 가하면서 심대한 타격을 입게 됩니다.

3. 정치 유화국면과 노동운동의 활성화

1983년 말 유화국면이 도래하면서 사회운동이 전반적으로 활성화됐고 노동운동도 활기를 띠기 시작했어요. 노동현장의 활발한 움직임은 정권이 탄압국면으로 전환한 1985년에도 그대로 이어졌죠. 그리고 이 과정에서 새로운 운동방식이 제기됐습니다. 이 시기의 노동운동은 대체로 다음과 같은 양상을 보이면서 전개됐습니다.

첫째, 제도권인 한국노총의 취약한 모습과는 대조적으로, 제도권 밖의 노동운동이 활발한 모습을 보이면서 전면에 부상했습니다. 한국노총과 별개의 공개적인 노동운동단체가 구성됐고 제도개선투쟁이 활발해졌죠. 노동운동단체들은 민주화운동청년연합 등 재야민주화운동단체들과 결합하여 위상을 높였습니다. 그리고 사회적 모순과 노동자의 요구를 알리는 선전 홍보물이 쏟아져 나왔고, 노동관계 서적이 대량으로 출판되기 시작했습니다.

둘째, 지식인들이 노동현장에 대거 들어갔어요. 지식인들의 현장투신은 서울과 수도권의 공장 지대를 중심으로 광범위하게 이루어졌죠. 이들은 현장에 들어가 노동경험을 익히고 소그룹활동을 벌이면서, 노조결성, 노동쟁의 등에 참가했고, 노학연대를 실천했습니다.

셋째, 현장노동자들의 생활상의 요구와 권리보장 요구를 바탕으로 노동조합 결성이 늘어나고 노동쟁의가 급증했습니다. 또한 현장 노동자들의 대규모 투쟁이 폭발했죠. 많은 사례들이 있습니다만, 그 중에서도 특히 1984년 6월 대구·부산의 택시 노동자들의 파업시위는 정권에 심대한 타격을 가했죠. 그리고 운동의 확산을 크게 촉진하는 결정적 계기가 됐습니다.

이처럼 노동운동이 활발해지자, 정권은 1984년 하반기부터 다시 탄압정책으로 전환했습니다. 이에 따라 대량해고, 노동운동가에 대한 비방선전, 블랙리스트 강화, 노조설립 봉쇄, 휴·폐업, 형사처벌 강화, 구사대 설치 등의 조치들이 이어졌지만, 거대한 흐름을 되돌릴 수는 없었죠. 1985년에도 노동운동은 활발한 양상을 이어갔습니다. 노동자투쟁이 급증했고, 1984년에 이어 노동운동 조직들이 속속 결성됐으며, 지식인들의 현장투신과 활동도 더욱 활발해졌습니다.

또한 1985년에는 국내 굴지의 재벌기업인 대우자동차에서 파업이 폭발하고, 동맹파업이라는 새로운 양식이 등장했어요. 이 당시의 동맹파업이란 서울 구로공단의 대우어패럴 노동자들에 대한 구속에 항의하여 인근 사업장 노동자들이 동조파업을 전개한 것입니다. 당시 이들은 노동조합 활동 보장과 경제적 요구를 넘어 정치적 요구를 내걸기도 했죠. 구로 동맹파업은 이후 사회변혁을 지향하는 정치투쟁 조직이 출범하는 근거가 됐고, 이 점에서 노동운동의 새로운 변화의 징후들을 품고 있었죠.

재야 노동단체의 등장과 제도개선투쟁

1983년 가을 이후 민주화운동이 공개적인 기구를 결성하며 활기를 찾아가는 속에서 소그룹운동을 중심으로 전개되던 노동운동 역시 1984년에 들어 공개적인 운동을 강화하고 활발하게 신규 조직을 결성하기 시작했습니다. 노동쟁의도 적극적으로 제기했죠. 이 시기 노동운동의 출발점은 1983년 말 해고 노동자들이 전개한 블랙리스트 철폐투쟁이었습니다. 그리고 곧 한국노동자복지협의회의 결성과 청계피복노조 합법성 쟁취투쟁, 노동법 개정 및 제도개선투쟁 등이 이어졌죠. 이러한 투쟁들은 대체로 1970년대 민주노조운동가들이 주도한 것이었습니다. 현장에서는 노조결성과 노동쟁의가 활발하게 전개됐습니다.

블랙리스트 철폐투쟁과 노동법 개정운동 _ 그 악명 높은 블랙리스트의 시조는 1978년 동일방직 사건 당시 섬유노조 위원장 김영태가 작성 배포했던 것으로, 민주노조에 참여한 노동자들의 활동을 봉쇄할 목적으로 만들어진 것이었습니다. 그런데 신군부정권은 이전보다 더 스케일이 큰 방식으로 이를 활용했어요. 정화조치와 민주노조 파괴로 해고된 노동자 1천여 명의 명단을 만들어서 각 사업장과 노동관계기관에 배포했던 것입니다. 블랙리스트에 오른 노동자들은 취업거부를 당했고, 어렵게 취업을 하더라도 금방 갖은 구실로 해고를 당했기 때문에 당장 먹고 살 길이 막혀 버렸습니다.

블랙리스트 문제는 1980년 정화조치 때 가톨릭노동청년회JOC 회원이라는 이유로 이리 태창메리야스에서 해고됐던 여성노동자 6명이 신군부정권이 작성한 블랙리스트 때문에 또 다시 해고되면서 터져 나왔습니다. 그리고 1983년 10월 인천 삼익가구, 태평특수섬유, 신도실업 여성노동자 4명도 블랙리스트를 근거로 해고됐죠. 해고된 노동자들이 진정서를 제출했지만 받아들여지지 않았습니다. 이들이 단식농성 등을 진행하며 문제해결을 요구했지만 소용없었죠. 경찰들은 유혈사태를 빚으면서까지 이들을 연행하여 구속시켜버렸습니다.

이러한 사태가 계속 발생하자 종교단체와 민권운동단체들이 1984년 1월 10일 민주노동자 블랙리스트문제 대책위원회를 구성하여 정부를 향해 문제해결을 요구했어요. 그리고 해당 회사제품 불매운동, 해고무효 확인소송, 전단 배포, 대중집회, 민한당 앞 농성 등을 진행해 나갔습니다. 하지만 이 운동은 현장 노동자들 속으로 확산되질 못했고, 그리 큰 성과를 거두지 못했습니다. 그렇더라도 이렇게 노동자들이 스스로 탄압을 뚫고 제도개선투쟁을 벌이기 시작했다는 점에서 중요한 발전이었죠.

1980년 말 개정된 노동관계법은 노동기본권을 원천적으로 규제하고 노동자들에 대한 사용자의 지배와 통제를 보장했으며, 노동운동의 숨통을 막았습니다. 따라서 노동법을 새로 개정하는 일은 노동운동이 해결해야 할 가장 긴요한 과제였죠. 이러한 관점에서 한국노동자복지협의회(노협)는 노동법 개정운동을 시작했습니다. 노협은 1984년 10월 12일 민주한국당 김병오 의원 등 18명의 서명을 받아 노동법 개정 청원서를 국회에 제출했습니다. 이 청원에는 외국인투자기업의 노동조합 및 노동쟁의조정에 관한 임시특례법과 노사협의회법을 폐지하라는 내용들도 포함되어 있었습니다.

이와 더불어 노협은 노동법을 개정하자는 전단을 배포하고 서명운동을 전개했습니다. 그리고 인천, 원주, 광주, 대구 등에서 노동법 개정촉구대회를 개최했죠. 청계피복노동조합은 자신들의 합법성 쟁취대회를 노동법 개정운동과 관련시켜 열었을 뿐 아니라, 가두시위라는 실력행사로 노동법 개정의 필요성을 인식시켰습니다. 또한 학생운동에서도 청계피복노조 합법성 쟁취대회에 참가하고 전단을 살포하여 노동법 개정운동을 지원했고, 천주교 정의평화위원회는 노동법을 개정하자는 전단을 배포하고 서명운동을 벌였습니다. 노동법 개정운동은 1960년대 이후 처음으로 시도된 대중적 제도개선투쟁이었습니다. 그리고 이 투쟁은 추진 과정에서 광범한 대중적 지지를 확보하면서, 노동자들의 정치의식을 높이는 하나의 계기가 됐죠.

한국노동자복지협의회의 결성 _ 1983년 말 정치정세의 변화에 따라 활동공간이 넓어지자 1970년대 민주노조운동의 경험을 토대로 노동운동을 지도하고 지원할 조직체를 만들어야 한다는 움직임이 나타났습니다. 또한 1984년 초 블랙리스트 철폐운동 과정에서도 새로운 운동공간 확보가 주요한 과제로 제기됐죠. 이에 따라 공개적인 운동단체 결성이 모색됐는데, 그 첫 번째 결실이 바로 한국노동자복지협의회(노협)였습니다.

노협은 1984년 1월 6일 결성되었고, 3월 10일 서울 홍제동 성당에서 2천여 명의 노동자학생, 시민들이 모인 가운데 창립선언대회를 가졌습니다. 노협에는 원풍모방, 동일방직, 청계피복, 반도상사, YH무역, 콘트롤데이타, 한일공업, 고려피혁, 서통, 동남전기 등 1970년대 민주노조의 간부들이 대거 참여했고 지식인 출신 활동가들도 가세했습니다. 노협은 창립선언문에서 이렇게 밝혔습니다(김용기·박승옥, 1989: 124~125).

> 이제 우리들은 노동자의 생존 자체를 압살하는 오늘의 현실을 더 이상 보고만 있을 수 없어 새로운 형태의 노동운동을 전개함으로써 이 땅의 8백만 노동자를 옹호 대변하기 위하여 한국노동자복지협의회의 결성을 엄숙히 선언한다. 우리들은 유신독재의 어두운 시대에 민주노동조합을 지키려고 몸부림치다 권력의 잔인한 탄압에 의해 희생된 당사자로서, 비조직적이고 고립 분산적인 한계를 극복하고 노동운동의 주체성, 통일성, 연대성을 드높이고자 한다.

노협은 독자적인 사무실을 열고 기관지 〈민주노동〉을 발간했습니다. 그리고 교육, 선전, 상담, 법정투쟁 지원 등과 함께 청계피복노조 복구투쟁 및 노동법 개정운동을 전개했죠. 또한 민주·통일국민협의회, 민주화청년연합 등 재야운동단체들과 연대활동을 펼쳐 나가기도 했습니다. 1985년 2월에는 한국노동자복지협의회 인천지역협의회(인천노협)를 결성하여, 전국조직의 면모를 갖춰 가는 모습을 보여주기도 했죠.

당시 노협은 새로운 노동운동을 추구하는 자주적 공개기구로서 많은 활동가들과 재야운동단체들로부터 기대와 관심의 대상이 됐습니다. 그러나 노협은 현장 대중조직을 기반으로 한 것이 아니라 해고된 민주노조간부와 활동가들로 구성돼 있었기에, 현장 노동자들과 유기적으로 결합하기가 어려웠어요. 게다가 뚜렷한 운동방침도 부재했고, 정치투쟁을 둘러싸고 내부에서도 커다란 의견 차이를 보였습니다. 또한 지식인 출신과 노동자 출신 사이의 갈등, 내부 조직운영의 보수성 문제 등이 겹치면서 일부 활동가들이 이탈했고, 이로 인해 활동력이 많이 약화됐죠(김용기·박승옥, 1989: 114). 이후 노협은 1989년 1월 15일 한국민주노동자연합으로 이름을 바꾸어 활동을 계속했습니다.

1981년 해산명령 철회를 요구하며 집회 중인 청계피복 노동자들

청계피복노조 합법성 쟁취투쟁[2] _ 1981년 1월 6일 서울시의 해산명령을 거부하며 치열한 저항투쟁을 벌였던 청계피복노조는 1984년 3월 27일 청계피복노조 복구준비위원회를 결성했습니다. 그리고 4월 8일 청계모임(회원 수 343명) 회원과 내빈 등 250여 명이 명동성당에 모여 청계피복노조 복구대회를 가졌죠. 노조는 대회 다음날 사무실을 열고 정식 업무를 보기 시작했어요. 그런데 사무실이 문을 연 지 3일 만인 11일, 경찰이 들이닥쳐 간부들을 연행 및 입건하고, 사무실 집기를 들어내는 일이 발생했습니다. 하지만 노동자들이 결사적으로 항거하여 사무실을 되찾았죠. 이 일이 있은 후 15개 민주, 민권, 노동자, 종교단체들은 1981년 5월 1일 2천여 명이 모인 가운데 청계피복노조의 합법성에 관한 공개토론회를 열어 "서울시의 1981년 1월 해산명령은 정당한 이유도 합법적 근거도 없으며 따라서 해산명령을 즉각 철회하고 새로이 복구된 청계피복노조의 합법성을 인정하여 부당한 탄압을 중지할 것"을 촉구했습니다.

그러나 복구 후 4개월이 지나도록 당국은 노조를 인정하지 않고 탄압을 가중했어요. 노조는 9월 19일, 10월 12일과 1985년 4월 12일에 청계피복노조 합법성 쟁취대회를 열고 대규모 가두시위를 감행했습니다. 9월 19일 1차 대회는 노동자들이 경찰의 원천 봉쇄를 뚫고 나가 격렬한 시위를 벌였죠. 이 시위에는 노동자, 학생, 시민 등 2천여 명이 참가했고, 1시간 이상 청계천 고가도로와 동대문, 혜화동, 원남동 일대의 도로를 점거하고 경찰과 충돌했습니다. 이 시위는 1980년 5월 이후 서울에서 가장 큰 규모로 기록될 만큼 격렬한 것이었으며, 이를 계기로 국회에서까지 청계피복노조 문제가 거론되기 시작했죠. 이후 한국노동자복지협의회 등 재야단체들이 경찰의 폭력을 항의하는 성명을 내고, 청계피복노동조합문제 공동대책위원회를 구성했습니다. 10월

---

[2] 안재성(2007) 참조.

12일 열린 제2차 복구대회 또한 2천여 명이 모인 가운데 격렬한 가두시위 형태로 전개됐습니다.

청계피복노조는 1987년까지도 합법성을 인정받지 못했습니다. 그러나 전태일의 정신과 노동자들의 자주성을 상징하는 법외노조로서, 그리고 군부독재정권의 부당성을 입증하는 산 징표로서 끈질기게 생명력을 이어갔어요. 청계피복노조 복구투쟁의 성과는 노동자들이 삶의 터전을 떠나지 않고 끈질기게 노력해온 결과였습니다. 또한 이 투쟁은 노학연대를 구체적으로 실현함으로써 노동운동의 새로운 지평을 연 사례로 평가됐습니다.

신규 노조 결성과 노조민주화투쟁

1984년 노동통제의 완화를 보여주는 한 예는 노조설립 요건의 간소화였습니다. 이에 따라 노조 결성이 상대적으로 쉬워졌어요. 노동 현장에는 학생 출신들이 많이 들어와 노동자들과 연계를 맺기 위해 노력하고 있었습니다. 이러한 노력들이 신규 노조의 건설을 자극했죠. 무엇보다 노동자의 삶의 조건이 갈수록 악화돼 노동자들의 불만이 고조되고 있었던 것이 신규 노조 건설과 노조민주화를 자극하는 추동력이었습니다.

이러한 상황을 배경으로 노동자들은 활발하게 신규 조직화에 나섰어요. 1984년, 서울철강택시노조(1월 13일)로부터 시작된 노조결성의 흐름은 연말까지 이어져, 1984년에는 134개 노조가 건설됐고 1만 7,091명이 새로 조직됐습니다. 이 숫자는 1981년 이후 3년 동안 이루어진 신규 조직의 숫자보다 많은 것이었죠.

그렇다고 노조결성이 순조로운 것만은 아니었어요. 신고절차가 완화되어서 신고필증은 잘 나오는 편이었지만, 사용자들이 가만히 있질 않았죠. 이들은 노골적으로 노조를 깨려고 했고, 이 와중에 폭력이 동원되기도 했습니다. 예컨대 이화섬유에서는 노조결성장에 회사 측이 난입하여 플래카드를 찢고

카메라와 회의서류를 탈취했습니다. 또 금강제화에서는 결성식장에서 사측이 동원한 사람들이 난동을 부리고, 강제로 '적색노조 규탄 궐기대회'를 열어 노조를 매도했습니다. 이러한 부당노동행위는 대기업일수록 더 심해서, 대우정밀, 풍산금속, 동서기연의 노조들은 결성 후 곧 파괴되고 말았습니다.

사용자의 부당노동행위 때문에 많은 노동조합들이 파괴되거나 무력화됐지만 노조결성은 계속 확산됐습니다. 그리고 몇몇 노조들은 치밀한 준비를 거쳐 민주노조 결성에 성공하기도 했죠. 그 대표적인 사례가 대우어패럴노조, 대한마이크로노조, 가리봉전자노조, 선일섬유노조, 효성물산노조 등이었습니다. 이 노조들은 대부분 조합원교육과 소모임활동을 통해 의식을 높이고 핵심활동가들을 양성했습니다. 그리고 1970년대의 경험을 살려 노조 상호간 소모임 교류 및 합동교육활동 등을 통해 연대의식을 강화했습니다. 이밖에도 대우자동차, 영창악기, 이천전기 등에서도 대중투쟁을 통해 노조가 결성됐고, 한일스테인리스에서는 투쟁 과정에서 현장조직을 결성하여 이를 바탕으로 민주노조를 건설하기도 했습니다.

이처럼 유화 국면 속에서 민주노조가 확산되자, 전두환 군사정권은 1984년 9월 이후 다시 억압의 고삐를 당기기 시작했어요. 대표적으로 유니전노조의 사례를 들 수 있습니다. 유니전노조는 회사 탄압을 무릅쓰고 노조설립신고서를 냈지만, 구로구청은 회사 명칭이 '한국유니전'으로 잘못 기재되어 있다는 것을 빌미로 신고서를 반려했어요. 결국 노조는 파괴됐고 어용노조가 결성됐습니다. 협진양행의 경우에도 유사한 과정을 거쳐 노조가 파괴됐죠. 이러한 경향은 1985년에도 이어져 경동산업, 성원제강, 동일제강, 세화상사, 한국음향기기, 대한상운 등에서 비슷한 일이 벌어졌습니다.

한편 이 시기에는 어용노조에 대한 노조민주화투쟁도 활발하게 벌어졌습니다. 그 대표적인 사례들은 1984년 3월 2일 발발한 석탄공사 장성광업소 투쟁, 3월 9일 헤테제괴 노조정상화추진위원회 구성, 4월 25일 창원 통일산업의 투쟁 등으로 이어졌습니다. 장성광업소의 경우 1984년 3월 2일부터 5일 동안, 광부 3백여 명과 가족 2백여 명이 경찰의 제지를 뚫고 광업소 주변을 장악한 채 파업농성을 벌였습니다. 광부들은 이날 선거에서 재선된 지부장이 광업소 측과 야합하여 노동자들을 탄압해왔다고 주장했죠. 그리고 직접선거에 의한 재선거를 요구했습니다.

또한 통일산업의 노조민주화투쟁은 노동자들이 어용노조를 불심임하고 학생운동가 출신인 문성현을 위원장에 선출한 것에 대해, 회사 측에서 문성현 위원장을 '위장취업자'라며 징계하려 하면서 벌어진 일이었죠. 통일산업의 노동자들은 6월 26일 경찰이 노조간부 18명을 연행하고 위원장과 사무장을 구속하고 회사가 15명을 해고했음에도 굳게 단결하여 (주)통일노조 수호투쟁위원회를 결성했습니다. 그리고 〈통일노조소식〉이라는 신문을 매개로 노조민주화투쟁을 끈질기게 전개했죠.

상대적으로 열린 공간이었던 1984년에 발발한 노동쟁의는 28건으로 전년도에 비해 급증한 것이었습니다. 그리고 이는 1985년에는 32건으로 더 늘어났어요. 그러나 노동쟁의가 요구조건을 관철하기 위한 쟁의행위로 발전한 건수는 하나도 없었습니다. 그에 비해 비합법적 쟁의인 노사분규는 1983년의 98건에서 1984년에는 113건으로 증가했죠. 분규 참가자 수도 1만 1,100명에서 1만 6,400명으로 증가했고, 노동손실일수도 8,671일에서 1만 9,900일로 급증했습니다. 이를 원인별로 분류해서 살펴보면, 임금체불 39건, 임금인상이 17건, 근로조건개선이 14건의 순이었습니다. 그리고 1984년도 노동쟁의에서 가장 주목받은 것은 대구·부산 택시 운전사들의 파업이었습니다.

대구 택시 노동자 파업은 사납금 인하, 부제 완화, LPG충전 자율화, 노조탄압 중지, 퇴직금제도 등을 요구하며 1984년 5월 25일 새벽에 시작되어 대구 시내를 마비시켰습니다. 대구시와 경찰이 나서 협상을 벌였으나 사용자 측이 약속을 어겨 충돌이 빚어졌죠. 대구 택시 투쟁은 삽시간에 부산, 울산,

구미, 대전, 포항, 서울, 광주, 영주, 강릉 등으로 확산되어, 노동조건을 개선했고 노조도 많이 결성됐습니다. 대구의 경우 5·25 파업 당시 12개였던 택시노동조합이 7월 중순에는 50여 개로 늘어났고, 전국적으로도 1984년 4월 말 330개에서 6월 말 423개로 불어났습니다.

노동자들은 자연발생적으로 진행된 이 투쟁들 속에서, 절박한 생활상의 요구와 불만을 바탕으로 강고하게 싸움을 벌이고 동료에 대한 동지애를 발휘함으로써, 직종별 지역별 연대투쟁의 가능성을 보여줬습니다. 그러나 권력의 비호를 배경으로 택시업주들의 착취와 억압은 계속됐죠. 결국 한 노동자가 죽음으로 이에 항거했어요. 1984년 11월 30일 서울 민경교통 기사 박종만은 노조간부 복직과 노동조건 개선을 요구하며 단식농성을 하던 중 회사 측이 동료 3명을 해고한다고 위협하자 분신자살로서 이에 항거했습니다. 죽음을 통한 항거는 1970년 11월 전태일과 1980년 5월 김종태 이후 처음이었죠.

정부의 노동탄압이 강화됐음에도, 1985년 들어 노동자들의 저항은 노동조건의 악화와 2·12 총선에서 집권당의 패배를 배경으로 더욱 고조됐습니다. 노동쟁의는 모두 265건이었고, 이는 전년에 비해 120%나 급증한 수치였죠. 참가자 수와 노동손실일수 역시 각각 2만 8,700명, 6만 4,300일로 전해에 비해 두 배 내지 세 배 이상 늘어났습니다. 그 양상도 매우 격렬했어요. 특히 민주노조가 많이 들어선 구로공단에서 그랬습니다. 원인별로는 임금인상, 체불임금 청산, 근로조건 개선, 노조결성 보장 등의 순이었습니다. 그리고 1985년 노동자투쟁에서 가장 주목할 것은 대우자동차 파업과 서울 구로 동맹파업이었어요. 이 두 파업투쟁은 삼엄한 탄압 국면에서 막강한 재벌그룹을 굴복시켰다는 점과, 기업별노조의 벽을 넘어 노조들이 노조탄압 중지라는 정치적 요구를 내세우고 동정파업을 벌였다는 점에서 이목을 집중시켰을 뿐 아니라, 노동운동 변화의 중요한 분수령을 이루었죠.

대우자동차 임금인상투쟁과 구로 동맹파업

대우자동차는 1984년 당시 종업원 7천2백여 명 규모의 국내 굴지의 재벌기업이었습니다. 그러나 대우자동차에서 일하는 노동자들은 열악한 노동조건과 차별대우 때문에 불만이 많았습니다. 이러한 상태에서 부평공장에 1980년대 초반 송경평 등 대학생 출신들이 들어와 불만사항 해결을 위해 앞장서서 공개적인 활동을 벌였어요. 그리고 이들의 활동은 거의 체념 상태에 빠져 있던 현장분위기를 바꾸어 놓았습니다.

노동자들은 문제해결에 미온적인 노조집행부를 제치고 조직을 만들었고, 집회활동을 벌이는 등 독자적인 활동을 시작했습니다. 이와 더불어 노동자들이 각종 학습과 교육을 통해 의식을 높여갔고, 마침내 회사와 노조집행부의 방해에도 노조대의원 22명 중 12명을 민주파로 당선시켰습니다. 민주파 대의원들은 기존 노조집행부의 사퇴를 요구했고, 노동조합정상화추진위원회(정추위)를 구성했죠. 그러자 회사 측이 송경평 등을 해고했지만, 노동자들은 계속 위원장 불신임을 시도했습니다.

이러한 상황에서 1985년도 임금인상 시기가 다가왔어요. 1984년 회사는 145억 원이라는 창업 이래 최대의 순이익을 올린 상황이었죠. 그런데도 노조집행부가 미적거리는 태도로 나오자 노동자들은 〈근로자의 함성〉 등의 소식지를 돌리고 공청회를 열어 관심을 끌어올렸습니다. 결국 노조집행부는 할 수 없이 임금인상 요구서를 회사 측에 제출했습니다. 하지만 회사 측은 불성실한 태도로 일관했죠. 현장에서 파업을 주장하는 목소리가 높아졌고, 노조위원장이 드디어 4월 16일 파업돌입을 선언했습니다.

부평공장의 파업은 인천공장과 부산공장으로 확산됐습니다. 회사 측의 분열공작은 계속 실패했고, 노동자들은 4월 19일 기술센터를 장악했죠. 그리고 경찰의 강제해산 움직임에 대비하여 각목 등으로 무장하고 철야농성에 돌입했습니다. 경찰과 회사 측의 위협이 가중되는 속에서 4월 21일, 22일 김우

중 회장과의 교섭이 결렬됐습니다. 다음 날인 23일 홍영표 대의원과 김우중 회장이 단독협상을 벌여, 드디어 25일 새벽 합의를 이루었어요. 합의 내용은 노동자의 요구가 대부분 반영된 것이었습니다. 이후 8명이 구속됐고, 회사 측은 해고 1명, 자진사퇴 1명, 3개월 정직 4명 등 징계조치를 취했죠.

이렇게 열흘 동안에 걸친 대우자동차 노동자들의 파업투쟁이 막을 내렸습니다. 이 투쟁은 막강한 재벌기업과 맞서 요구를 쟁취했고, 지식인 노동자들이 나서 현장의 적극적인 지지를 받았다는 점, 주동자들의 헌신적인 노력으로 사전에 철저히 준비되고 노동관계법상의 제약을 뛰어넘어 탈법적인 투쟁을 감행했다는 점, 투쟁의 시작에서 종결까지 철저하게 현장 내 노동자들의 경제적 요구를 중심으로 이루어졌다는 점이 특징으로 지적됩니다.

대우자동차 투쟁은 당시 노동운동에도 큰 영향을 미쳤습니다. 다른 사업장의 투쟁을 촉진시켜 정부와 자본의 임금가이드라인을 무력화시켰고, 노동법 개정 논의를 촉발시켰죠. 그리고 대우자동차의 지식인 노동자들은 처음부터 끝까지 자신을 드러내고 투쟁을 주도함으로써, 당시 풍미하던 소그룹운동 방식에 큰 충격을 주었습니다. 아울러 노동자들의 요구와 불만을 정확하게 추출해내고 치밀한 준비와 헌신적인 활동을 벌여 노동자대중의 지지를 확보해냄으로써 조직활동의 새로운 전형을 보여줬죠.

그럼에도 일부는 이 투쟁이 기업 내 경제투쟁에 머물렀고 합의 내용에서도 향후 운동의 발전을 확보하지 못했다는 이유를 들며 "경제주의자들의 최후의 발악"이라고 비난하기도 했습니다. 그러나 이러한 평가는 당시 대우자동차 노동자들의 주체적인 역량과 노동운동의 발전 수준, 객관적인 정세를 배제한 획일적인 이론적 판단이라는 지적이 많습니다. 그들의 지적은 노동자들의 과오가 아니라 당시 운동수준의 한계라는 것이죠.

대우자동차 투쟁으로부터 한 달 후, 구로공단에서는 10개 노조가 연대파업에 돌입했습니다. 투쟁의 발단은 대우어패럴노소에서 위원장 등 3명이 구

구로 연대투쟁 중인 노동자들

속된 사건이었죠. 대우어패럴노조는 열악한 조건에 견디다 못한 노동자들이 1984년 6월 7일 결성한 것이었습니다. 노조결성 이후 회사는 수단 방법을 가리지 않고 노조를 탄압했고, 노조는 부당노동행위 구제신청, 고발과 진정 등을 내는 한편, 한국노총 위원장실 점거농성, 민한당사 농성, 회사 내 농성 등을 전개하며 이에 맞섰죠. 한편, 그 무렵 인근에 있는 효성물산, 가리봉전자, 선일섬유 등에도 노조가 결성됐고, 이들은 소모임활동과 교육활동, 소식지 발간, 간부 교류 등을 활발히 진행하고 연대활동을 벌였습니다.

대우어패럴의 1985년도 임금교섭은 노조의 완강한 투쟁 끝에 40여 일 만에 마무리됐습니다. 그런데 임금투쟁이 끝난 후인 6월 22일, 경찰이 임금인상교섭 때 두 차례 철야농성을 벌였다는 이유로 대우어패럴노조의 위원장 등 3명을 연행, 구속해버렸어요. 이 소식을 접한 대우어패럴노조는 파업 농성에 들어갔고, 가리봉전자노조, 효성물산노조, 선일섬유노조도 동맹파업에 돌입했습니다. 이 노조들은 경찰의 탄압이 민주노조의 각개격파를 위한 신호탄이라 인식했어요. 그리고 1970년대 민주노조의 패배를 되풀이 할 수 없다는 판단 아래 연대투쟁에 돌입하기로 했던 거죠.

이러한 연대투쟁은 6월 25일 인근에 있는 남성전기, 세진전자, 롬코리아노조로도 확산됐고, 구로공단 주변에는 많은 노동운동단체들의 유인물이 살포됐습니다. 6월 26일에는 22개 민주화단체들이 청계피복노조 사무실에서 지지농성에 들어갔습니다. 그리고 그날 저녁에는 구로공단 일대에서 시위가 벌어졌어요. 또한 6월 27일 성수동에 있는 삼성제약노조가 중식 거부 농성에 들어갔고, 각 종교단체들도 지지농성에 돌입했죠. 6월 28일에는 부흥사의 노조원들이 회사의 폭력제지를 무릅쓰고 연대투쟁에 동참했습니다. 이러한 연대투쟁에도 6월 29일, 대우어패럴 사측은 폭력배들과 경찰을 동원해 노동자들의 농성을 해산시켜버렸습니다.

결국 구로 연대투쟁은 6일 만에 막을 내렸어요. 연대투쟁에 참가한 노소는

10개에 약 2천5백여 명이었습니다. 대우어패럴, 가리봉전자, 효성물산, 부흥사, 선일섬유의 노조는 동맹파업을, 세진전자, 롬코리아, 남성전기 등의 노조는 준법농성을, 그리고 삼성제약노조는 중식거부를 통해 대우어패럴 노동자들의 투쟁을 지지했습니다. 또한 청년, 학생, 재야단체 등 운동 세력들도 성명·농성·가두시위를 벌여, 노동탄압 중지와 구속자 석방을 요구하며 연대투쟁을 엄호했죠. 한편, 이러한 투쟁 과정에서 43명이 구속됐고, 38명이 불구속 입건됐으며, 47명이 구류를 받았습니다. 또한 7백여 명의 노동자들은 해고되거나 강제사직을 당했죠.

대한민국 정부 수립 후 최초의 동맹파업인 구로 연대투쟁은 대우자동차 투쟁과 달리 경공업, 중소기업 분야의 여성노동자들이 중심이었습니다. 노동자들은 이 투쟁을 통해 사업장의 벽을 뛰어넘는 노동자의 연대가 무엇인지 몸으로 보여줬죠. 이 투쟁은 위기에 직면하여 갑자기 발생한 것이 아니라, 각 노조의 충실한 일상활동과 지속적인 연대활동의 결과물이었습니다. 또한 구로 연대투쟁은 정치적 요구를 제기했고 국가권력을 상대로 했다는 점에서, 정치투쟁의 성격을 지녔다고 평가할 수 있습니다. 그리고 민중운동 내에서 노동운동의 위치를 보다 분명히 제시했고, 노동조합이 경제투쟁이나 부문운동에 그치지 않고 연대투쟁과 정치투쟁을 할 수도 있다는 것을 보여줬죠.

이렇게 구로 연대투쟁은 1980년대 전반기 노동운동의 집약된 결실이면서 동시에 노동운동의 질적 전환을 위한 하나의 분기점이었습니다. 그러나 구로 연대투쟁은 거기에 참여한 활동가들이 모두 구속됐고, 수백 명의 노동자들이 해고됐으며, 노조가 모두 와해되는 결과를 낳았습니다. 그리고 이러한 결과가 "오로지 정치투쟁만이 노동운동의 본령이다"라는 식의 선도적 정치투쟁만을 지상의 목표로 삼는 경향을 만들게 됩니다.

지역노동운동의 시도

1984년 하반기 이후 운동성이 선명한 노동조합들이 공단 지역에서 급속히 확산되면서, 정권은 다시 탄압을 가중시켰습니다. 노조결성이 봉쇄됐고 기존 노조들도 파괴됐으며 해고자가 속출했죠. 이에 따라 노동운동 내부에서 노동조합과는 다른 대중운동 틀이 필요하다는 주장이 나타났고, 또 다른 한편으로 지역노동운동의 틀이 모색되기 시작했습니다.

이러한 문제의식 속에서 1985년 노동운동탄압저지투쟁위원회(노투), 구로지역노조민주화추진연합(구민연)이 출현했습니다. 노투는 경인지역의 사업장에서 노조결성과 노조민주화투쟁을 하다가 해고된 사람들이 모여 만든 조직이었고 구민연은 구로공단에서 활동하던 민주노조 및 민주노조 추진 세력들이 모인 조직이었죠. 이 조직들은 해고자들을 결집하여 현장투쟁을 지원하고, 선도적인 각종 투쟁을 통해 역량을 키우고 지역적 결집을 모색했습니다. 그러나 이 조직들 역시 현장기반을 갖지 못했고 운동이념도 분명하게 정립하지 못한 상태였습니다. 이 때문에 해고자들이 모인 지역투쟁단체 이상의 성격을 갖지 못하고 있었죠.

이에 앞서 1985년 2월 3일 한국기독노동자총연맹(기노련)이 창립됐습니다. 기노련의 중심은 교회 노동청년과 산업선교회 회원들이었습니다. 기노련은 창립선언문에서 "그리스도의 복음정신에 따른 노동자의 주체적 중추적 조직"으로 "근본적이며 구조적인 사회의 모순과 일을 지배하는 모든 세력"에 대항하여 싸워나갈 것이라고 했습니다. 그러나 사실 이들의 운동이념도 분명한 것은 아니었죠. 때문에 대중투쟁단체나 노동운동 지도조직으로 발전하진 못하고 노동운동의 지원단체에 그치고 말았습니다.

이처럼 다양한 조직들이 만들어지고 발전하면서 정세변화와 노동현장의 요구에 대응하여 새로운 대중운동의 틀이 모색되고 있었습니다. 그런 와중에서 1985년 상반기에 조직의 틀을 둘러싸고 '지역노동운동론'이라는 새로운 흐름이 소그룹운동론을 비판하면서 등장했어요. 지역노동운동론은 당시 상황이 노동대중의 분노와 투쟁욕구가 팽배해 있음에도, 대부분의 활동가들이 고립 분산된 수공업적인 활동에만 그쳐 성장하는 대중의 투쟁역량을 올바로 지도·지원하지 못하고 있다고 평가했습니다. 그리고 지역별·산업별 노동운동 지도부가 건설되어야 통일적인 투쟁을 전개할 수 있고, 투쟁 과정에서 생겨난 역량을 계속 조직해갈 수 있다고 주장했죠.

이런 관점에서 이들은 소그룹운동처럼 대중적 투쟁을 애써 외면하고 정치의식으로 무장된 노동자소그룹을 형성하는 데만 몰두하지 말고, 투쟁역량을 잘 조직하면서 통일적인 투쟁을 전개할 수 있는 지역조직을 건설해야 한다고 역설했어요. 물론 지역노동운동론자들도 운동의 초기상태에서는 소그룹이 중요하다는 점을 인정했죠. 다만 소그룹에만 얽매이는 소그룹주의를 비판했던 것입니다. 또한 역량이 성장한 만큼 수공업적 단계를 뛰어넘어 운동의 조직적 유기적 통일을 확보하기 위해 부단히 노력할 것을 강조했습니다.

또한 이들은 당시의 활동가들이 이미 많은 투쟁 경험을 쌓아왔기 때문에 지역협의체를 구성하여 통일적인 활동을 전개할 수 있는 수준에 와 있다고 봤습니다. 이처럼 소그룹운동론과 지역노동운동론은 상황인식과 조직방법에 있어서 서로 차이가 있지만, 현장에서 어떻게 대중투쟁을 끌어낼 것인가 하는 문제의식은 같은 것이었죠.

변혁적 노동운동의 지향: 선도적 대중정치투쟁

1984년 유화 국면으로 인해 운동 공간이 상대적으로 확대되자, 이전의 소그룹운동을 중심으로 했던 노동운동은 새로운 국면을 맞이했습니다. 비제도권 단체들이 결성됐고 신규조직이 급증했으며 노동쟁의가 활발하게 전개됐죠. 또한 대학생들을 비롯한 지식인들이 대거 노동현장에 투신하여 소그룹활동이 광범하게 확산됐습니다. 그러나 1984년 하반기 이후 정치권력은 다시 탄압을 가중시켰고, 노조결성 시도는 연이어 봉쇄됐습니다. 노조들이 파괴됐으며 부당해고자가 속출했죠. 이에 대응하여 노동운동가들 사이에서 노동조합과는 다른 대중운동의 틀을 만들어져야 한다는 주장이 제기됐고, 그 노력의 하나로 나온 것이 바로 지역투쟁의 틀이었습니다.

이에 따라 1985년 4월과 6월에 노동운동탄압저지투쟁위원회(노투), 구로지역노조민주화추진연합(구민연) 등이 결성되고, 서울노동자연대투쟁연합(7.23), 안양지역노동3권쟁취위원회(안양3권위), 성남노동자생존권확보투쟁위원회(8.15), 인천의 노동3권쟁취위원회(9.7) 등이 연이어 결성됐습니다. 그런 가운데 8월 25일에는 청계피복노조탄압저지투쟁위원회, 구로지역노조민주화추진연합, 서울노동자연대투쟁연합이 모여 서울노동운동연합(서노련)을 출범시켰습니다. 이후 1986년 2월 7일에는 인천지역노동자복지협의회가 한국노동자복지협의회와의 관계를 정리하고, 노동3권쟁취위원회와 연합하여 인천지역노동자연맹(인노련)을 결성합니다. 인노련은 서노련과 함께 이른바 '서인노'라는 대중정치조직 세력을 형성하죠.

서노련은 창립선언에서 노동자가 억압받지 않는 사회를 건설하는 것이 노동운동의 궁극적 과제이며, 어떠한 합법적 민주노조도 파괴되고 마는 탄압 상황에서는 새로운 형태의 대중조직을 건설하지 않고서는 노동운동의 궁극적 목표를 실현할 수 없다고 선언했습니다. 그리고 대중의 정치투쟁이 아니라 역사적 전망과 과학적 이론을 갖춘 전위들이 정치조직을 만들어 선도적인 정치투쟁을 행하는 것이 중요하다고 주장했죠. 그러한 선진분자의 활동을 통해 대중의 정치의식을 고양시키고 정치투쟁에 참여시켜야 한다는 것이었습니다. 새로운 대중조직이란 대중정치조직이고 그 활동방식이 선도적 대중정치투쟁이었습니다.

서노련은 전국민중민주민족통일헌법쟁취위원회(전노삼민통)를 결성하고, 학생운동과 연대하여 노동자가 주도하는 개헌투쟁을 추진했습니다. 그리고

1986년 인천 5.3사태 모습

지역조직들을 묶어 전국적 노동자조직을 건설하는 데 많은 노력을 기울입니다. 서노련은 대중선동을 위해 〈서노련신문〉을 발간했습니다. 이는 1986년 3월 인노련과 함께 〈노동자신문〉으로 통합 개편했습니다.

서노련은 민주화 운동역량이 급속하게 성장하고 노동운동 세력이 크게 확장되는 추세 속에서, 구로 동맹파업이라는 역사적 경험과 성과를 토대로 결성됐기 때문에 노동운동의 주도적 위치에 설 수 있었어요. 그리고 많은 활동가들을 결집시킬 수 있었죠. 서인노는 스스로 설정한 노선에 따라 정권의 극심한 탄압을 무릅쓰고 수많은 정치적 폭로와 선전 선동투쟁을 전투적으로 감행했습니다. 그리고 노동운동의 전국적 통일을 의욕적으로 추진했습니다. 많은 희생자가 나왔지만 서노련의 위상은 매우 높았어요. 그러나 전선의 통일은 이룩되지 않았고, 시간이 갈수록 다른 세력들의 비판과 반발에 부딪히게 됩니다.

그런 가운데 1986년도 임금인상투쟁이 다가왔습니다. 운동단체들은 전국임금인상쟁취위원회 결성을 시도했으나, 단체 사이의 견해 차이와 주도권을 둘러싼 갈등 때문에 무산됐습니다. 이에 따라 서인노는 생활임금쟁취위원회(생임쟁)를 구성했고, 남노련 그룹들은 기노련과 연대하여 전국노동자임금인상투쟁위원회(전임투)를 출범시켰죠. 그러나 두 그룹은 임금인상투쟁을 노동자 의식고양과 정치투쟁을 위한 하나의 계기로 규정했고, 구로 연대투쟁을 그 전형으로 삼았다는 점에서는 차이가 없었죠. 차이가 있다면, 생임쟁은 생활임금 쟁취를, 전임투는 최저생계비를 목표로 내건 정도였습니다.

운동단체들의 임금인상투쟁은 사업장별 투쟁과 집회·시위·점거투쟁의 양축으로 진행됐습니다. 각각의 노동단체들은 여러 방법으로 노동자들을 지원 격려했고, 현장지도에 경쟁적으로 열을 올렸습니다. 노동쟁의도 급격히 늘어났죠. 그러나 소리만 요란할 뿐 성과는 부진했어요. 활동가들은 자기가 앞서 싸우면 노동대중들이 자연스럽게 투쟁에 동참할 것이라는 선노부쟁론에 젖어 있었고, 사업장의 조건을 무시한 채 파업과 연대파업으로만 이끌려고 노력하다 보니, 노동자들과 유리되거나 고립되는 일이 많았습니다. 한편, 서울 신흥정밀에서는 노동자 박영진이 임금인상투쟁 도중에 자기 몸을 불사르는 극한적인 저항이 발생하기도 했죠.

서인노를 비판한 내용들은 대중을 무시하고 선도투쟁만으로 나갔다는 것, 현장투쟁을 무시하고 정치투쟁으로 노동자들을 몰았다는 것, 다른 조직들을 거느리려는 패권주의에 빠졌다는 것, 조직 내 민주주의를 실현하지 않았다는 것 등이었습니다. 여기에다가 전두환 정권이 1986년 5월 3일 인천 사태를 계기로 운동단체들에 대해 대대적인 탄압을 가하자, 서인노는 더욱 심대한 타격을 입게 됐죠. 얼마 후에는 자체 내부 논쟁이 격화하면서 분열과 갈등을 겪으며 소멸하기에 이르렀습니다.

한편 서노련이 출범한 때를 전후하여 학생운동과 지식인들 사이에는 사회변혁을 둘러싸고 치열한 논쟁이 벌어졌습니다. 이는 민족해방민중민주주의혁명론NLPDR그룹, 제헌의회CA그룹 등으로 나타났죠. 이와 같은 논쟁은 노동운동에도 큰 영향을 끼쳤습니다. 대중과 전위를 어떻게 보고 실천할 것인가 하는 문제와 관련된 것이었기 때문입니다. 한편, 서인노가 와해된 이후 노동운동 진영 내부에서 입장을 달리하는 다양한 서클이 형성됐습니다. 이 서클들은 사회변혁에 관한 논쟁에 골몰했어요. 이들은 실천을 통해서가 아니라 정치적 입장에 따라 지역에 분산됐고, 대중노선과 통일적 실천을 주장하면서도 대중과 결합한 구체적인 실천을 하기보다는 주로 전략·전술 논쟁에 관심을 기울였습니다.

이런 상황에서 1986년 하반기 정권의 집중적인 탄압을 받은 노동운동 진영에서는 대중정치조직과 서클 중심 활동의 한계를 극복하고 새로운 운동조직체를 건설해야 한다는 주장이 다양하게 전개됐습니다. 이러한 논쟁 속에서 전위조직을 먼저 구축해야 한다는 쪽과 대중조직 건설이 우선이라는 쪽의 입장이 갈렸습니다. 구체적으로 전위조직 건설론, 정치적 대중조직 건설론PMO, 비공개노조론, 투쟁위원회론, 민주노조론, 자주노조론 등이 당시 제기된 주장들이었습니다. 그러나 이 논의들은 실천으로 연결되지 못했죠. 그리고 이때 제기된 쟁점들은 1987년 노동자대항쟁 이후 실천적으로 검증되거나 해소되기에 이릅니다.

4. 1987년 6월 민주항쟁과 노동자의 참여

1987년 1월 15일 박종철 군 고문치사 사건의 폭로를 계기로 역사적인 6월 민주항쟁의 깃발이 올랐습니다. 당시 한국경제는 저금리·저유가·저물가라는 이른바 3저 현상을 바탕으로 단군 이래의 최대 호황을 구가하고 있었죠. 그런 상황에서 정부는 저율의 임금인상을 제시함으로써 노동자들의 기대를 억누르려고 했습니다.

이렇듯 1987년 임금인상투쟁은 민주화투쟁의 격화와 경기호황이라는 유리한 조건과 정부의 임금억제정책이라는 불리한 조건이 교차하는 가운데 시작됐습니다. 임금인상투쟁 시기가 다가오자, 노동운동단체들은 각종 결의대회 등을 개최하고 노동자들의 임금인상투쟁 열기를 북돋았습니다. 노동자들은 임금인상, 체불임금 청산, 노동조건 개선, 노동조합 결성, 노조민주화 등을 요구조건으로 하여 투쟁을 벌였죠. 그러나 임단협투쟁 건수는 전해에 비해 오히려 줄었고 투쟁 양상도 그다지 격렬하지 않았어요. 운동단체들의 역할도 1986년 말과 87년 초에 걸쳐 서노련 등에 대한 탄압으로 침체되어 있었고, 그 전 해에 활발한 양상을 보였던 경인지역에서도 역시 극히 저조했죠. 임금인상 결과도 사용자 측이 제시한 수준 아래에 머물렀습니다.

그런 가운데서도 1987년 상반기에 새로운 양상이 나타났습니다. 노동운동의 불모지로 일컬어지던 거대재벌의 중화학공업 분야에서 나타난 노동자들의 집단행동이 그것이었습니다. 현대그룹의 경우 울산의 현대중전기, 현대자동차, 현대엔진에서 집단행동이 일어났습니다. 대우그룹에서는 창원 대우중공업 노동자들이 파업을 벌였고, 옥포 대우조선에서도 노조결성 움직임이 일어났죠. 또한 종업원 7천여 명의 부산 대양고무에서도 임금인상투쟁이 있었고, 대한조선공사 노동자들 역시 조공노조정상화추진위원회를 결성하고 〈조공노동자신문〉을 발행하며 활동에 들어갔습니다. 그리고 시흥의 기아산업에서도 2천여 명의 노동자들이 어용노조와 낮은 임금인상을 규탄하는 집회를 열었습니다.

물론 이들의 투쟁은 뚜렷한 중심세력이 구축되지 않은, 자연발생적이면서 낮은 형태의 느슨한 투쟁이었고, 성과 면에서도 그리 두드러진 것이 없었어요. 그러나 노동자들의 참여율은 매우 높았고, 결속력도 매우 강했습니다. 일정한 계기만 주어진다면 언제든지 조직적인 투쟁으로 나설 수 있으리라는 점을 예고하고 있었던 것이죠.

한편, 박종철 군의 고문치사 사건 폭로로 격화된 반독재투쟁은 전두환의 4·13 호헌선언 이후 급격히 고조되어 범국민적으로 확산됐고, 마침내 역사적인 6월 민주항쟁으로 발전했습니다. 재야 노동운동가들은 5월 27일 결성된 민주헌법쟁취국민운동본부에 발기인으로 참가했습니다. 그러나 6월 10일 이후 민주화항쟁이 전국적으로 확산되어 가는 속에서도, 노동자들은 초기에는 적극적으로 참가하지 못했어요. 설사 참가를 했더라도 개별적인 것이었습니다. 하지만 항쟁 후기로 가면서 인천, 성남, 안양, 마산, 울산 등 공업지대에서 가두투쟁 참여가 두드러지기 시작했죠. 일부 공업지역에서는 지식인, 해고자 출신의 활동가들이 투쟁의 일선에서 적극적 역할을 했습니다. 또한 서울의 제2금융권 사무직 노동자들이 '넥타이부대'를 형성하여 시위에 참가했고, 명동성당 철야농성에 함께 하기도 했습니다.

그렇지만 6월 민주항쟁 과정에서 노동자들은 권력의 통제, 자본에 의해 강요된 잔업과 철야노동을 떨치지 못한 채 주도적 역할을 못했습니다. 시위에 참가한 노동자들도 대부분 단순히 시위대의 일부였을 뿐 조직적으로 참여한 것이 아니었죠. 또한 계급적 입장에서 민중적 요구를 주장한 것도 아니었습니다. 그리고 파업과 같은 소직적이고 노동자 고유의 위력적인 투쟁을 벌이

지도 못했죠. 다만 노동자들은 도도한 민주항쟁의 파도 한가운데서 민주주의에 대한 자각과 투쟁의 자신감을 획득할 수 있었습니다.

6월 민주항쟁은 전두환 정권의 6·29 항복선언과 함께 대단원의 막을 내렸습니다. 민주화운동 세력은 기나긴 투쟁의 여정 끝에 숨 고르기에 들어갔죠. 그러나 노동자들에게는 직접적인 탄압의 주인공이 바뀌었을 뿐, 절박한 삶의 과제를 해결할 수 있는 구체적인 성과는 주어진 것이 없었어요. 그럼에도 마침내 노동자들은 자신의 문제 해결을 위해 스스로 떨쳐 일어나기 시작했습니다. 1987년 여름, 노동자대항쟁의 막이 오른 것입니다.

제8장
───

1987년 노동자대투쟁과
노동운동의 급속한 성장
(1987~1997년)

1. 1987년 노동자대투쟁의 폭발과 정세의 변화
2. 1987년 노동자대투쟁의 전개 과정
3. 민주노조 진영의 구축과 운동지형의 변화
4. 한국노총의 개혁을 위한 시도
5. 1988년 이후 노동쟁의의 전개
6. 노동법개정 총파업의 폭발

●

작열하는 폭염을 다스리는
태풍이 남쪽을 강타하던 날
동해를 긁으며 회오리가
미친 듯이 해안을 때리던 날
미친년 머리칼 같은 빗줄기를 몰고
이 땅을 치때리던 날

거친 풍랑을 헤치고 나르는 새가 있었다.
폭풍이 심할수록 더 높이 나르는
새가 있었다.

그것은 자유, 그것은 평등
그것은 노동해방의 불꽃
그 불꽃 날개를 단
투쟁의 불새

87년 7월 우리는 모두
보았다. 고압선 이글거리는
어두운 공장 거리마다
동해의 풋풋한 가슴들이 훤히 열리는 것을 보았다.
(……)
피맺힌 가슴에 선혈이 번지며
분노가 되어 거대한 파도가 되어 치닫는 바다를 보았다.
(……)

(백무산의 '전진하는 노동전사' 중에서)

1. 1987년 노동자대투쟁의 폭발과 정세의 변화

1987년 6월 29일 전두환 정권이 민주화항쟁에 대해서 항복선언을 발표하자 갑자기 세상이 조용해졌습니다. 전두환 독재정권 타도를 외치며 거리를 휩쓸던 민주화투쟁은 진군을 멈추었고, 전국 대도시를 뒤덮었던 함성과 최루탄가스도 가라앉았습니다. 그러나 정지는 잠시일 뿐이었죠. 일주일도 못 돼 정치적 정적은 깨졌고, 다시 투쟁의 거대한 소용돌이가 일기 시작했습니다. 그 주역은 재야민주화인사도, 지식인·청년·학생도 아닌 바로 노동자대중들이었어요. 활화산과도 같은 노동자들의 폭발을 사람들은 노동자대투쟁 또는 노동자대항쟁으로 불렀습니다.

노동자대투쟁 이후 세계와 우리나라는 격동을 거듭하며 여러 면에서 큰 변화를 일구어 갔습니다. 먼저 1989년 사회주의 동독이 서독으로 통합되고 소련 사회주의체제가 붕괴됐죠. 1917년 러시아혁명을 계기로 세계 권력구조를 규정해왔던 사회주의 대 자본주의 모순의 한 축이 무너지고, 세계는 자본주의 전일체제로 바뀌어가기 시작한 것입니다. 이 급격한 변화는 우리나라에 커다란 영향을 미치게 되고 노동운동에도 엄청난 충격으로 다가옵니다.

이러한 상황 변화 가운데 우리나라에는 노태우 정권(1988)과 김영삼 정권(1993)이 등장했습니다. 두 정권은 '보통사람의 시대', '문민정부'라는 이름으로 스스로의 성격을 부각시키면서 권력을 행사했죠. 이 과정에서 우리나라는 정치민주화가 제도적으로 진전되어 갔습니다. 미흡하지만 5공 비리 척결이 시도되고, 하나회 해산으로 정치군인이 퇴각했으며, '돈 안 드는 선거', '깨끗한 정치'를 위한 제도들이 도입됐고, 권위주의 정책과 행정이 물러가기 시작했습니다. 남북관계도 노태우, 김영삼 정권의 냉전반공정책에 대한 민중의 치열한 투쟁을 거쳐 화해의 시대로 들어설 준비를 갖추어 갔죠.

경제와 사회 측면에서 수많은 개혁이 추진됐지만, 여전히 많은 모순들이 해결되지 못한 상태였습니다. 대외시장 개방은 갈수록 확대되어 이제는 더 이상 내줄 것도 없었고, 국내의 독점과 불균형의 진원지인 재벌의 개혁은 역대 정권마다 제자리걸음을 계속하고 있었죠. 국내 산업의 대부분을 차지하는 중소영세기업의 자리는 여전히 위태롭고, 소득불균형은 갈수록 확대됐으며, 중화학공업과 경공업 간, 대기업과 중소기업 간의 양극화를 비롯한 경제의 양극화는 더욱 심해졌습니다. 게다가 경상수지가 악화하고 경제성장이 정체되면서 경기가 급속하게 후퇴하는 양상을 보였어요. 이에 김영삼 정권은 국제화, 세계화를 내세워 시장개방을 가속화하고 국제경쟁력 강화를 위한 임금인상 자제와 노동자의 양보를 요구하고 나섰습니다. 특히 1996년 12월 정부가 경제협력개발기구OECD에 가입함으로써 시장개방 압력에 전면적으로 노출됐죠. 한국경제는 초기업자본이 노리는 시장개방의 위기에 직면해 재벌경제체제에서 누적된 구조적 모순을 시급히 해결하지 않으면 안 되는 상황으로 밀려가고 있었습니다.

1987년 이후의 변화는 산업구조와 노동시장에서도 많이 일어났어요. 산업구조의 측면에서는 1980년대 중반까지 1차 산업의 비중은 축소하고 2차 산업의 비중이 확대하는 추세였다면, 1987년 이후는 1차, 2차 산업의 비중이 축소하고 3차 산업의 비중은 확대하는 추세였죠. 제조업의 경우 중화학공업과 경공업의 비중이 1990년대에는 80대 20으로 변화했습니다. 이것은 중화학기업들이 재벌이라는 점에서 그만큼 경제력의 집중이 더욱 심화되고 있음을 나타내는 것이었습니다.

다음으로 고용과 노동시장의 변화를 살펴보면, 먼저 전체 취업자가 증가하는 가운데 농림어업과 제조업의 고용은 감소한 반면, 서비스업의 고용이 크게 증가했습니다. 노동자의 중·고령화 현상은 해마다 진전됐고, 1980년대

대학 정원의 확대 등으로 노동력의 고학력화가 촉진됐습니다. 또한 고용형태에서도 변화가 일어났죠. 노동력 공급구조의 변화, 급속한 기술혁신, 노사관계의 구조변화, 노동수요의 증가, 기업의 경영전략 변화 등으로 정규직노동자는 감소하고, 임시노동자와 일용노동자를 중심으로 한 비정규직노동이 증가하는 추세를 보였습니다. 임시직, 일용직 같은 비정규노동은 오래 전부터 높은 비중을 차지하고 있었지만, 1980년대 후반 들어 증가하기 시작했고, 특히 IMF 관리체제 아래서 급속히 늘어났죠.

다음으로 직접 노동운동에 영향을 미치는 직업별 또는 직종별 노동자의 구성 변화를 보면, 생산직의 비중이 1990년대 이래 낮아지고 있었지만 그렇다고 급격하게 감소하지는 않았어요. 또 사무직의 경우에는 노동조건이나 사회적 지위에서 우월한 위치를 차지했던 화이트칼라로서 갖는 특성을 점점 잃고 있다는 점에서, 직업별 노동자의 구성 변화 추이가 노동운동에 부정적으로 영향을 끼치지는 않았습니다.

한편 노동운동의 토대이자 출발점이라고 할 수 있는 노동자의 상태는 큰 폭으로 개선됐습니다. 전 산업 월평균 임금총액은 1987~97년 사이 38만 7천 원에서 146만 3천 원으로 3.8배 증가했고, 2003년도에는 212만 7천 원 수준이었습니다. 실질임금 상승률도 다른 시기보다 높은 편입니다. 가계소득이 늘어나고 소비형태가 많이 변화하여 자가(自家)보유 비율이나 교육·교양·오락비와 교통·통신비가 증가했죠. 전체적으로 노동자들의 생활상태가 개선되고 있었지만, 그렇다고 빈곤상태를 탈피할 정도로 눈에 띄게 개선된 것은 아니었습니다. 노동시간은 1989년 근로기준법상 법정노동시간이 주48시간에서 주44시간으로 단축됨에 따라, 1986년 주52.5시간에서 1990년대 이후로는 주48시간 미만으로 빠르게 낮아졌습니다. 그럼에도 한국의 노동시간은 OECD 회원 국가 가운데 가장 긴 편에 속해 있었습니다.

산업재해는 발생률 역시 지속적으로 감소했지만, 우리나라에서 발생한 산

1987년 노동자대투쟁 당시 울산 현대중공업 노동자들

업재해 발생건수는 선진공업국들에 비해 두 배에 달했습니다. 더욱이 사망재해를 비롯한 중대재해는 오히려 증가하여, 선진공업국들에 비해 무려 세 배 이상을 기록하고 있습니다. 이에 따라 산업재해에 따른 경제적 손실액은 갈수록 커졌으며, 근로손실일수도 증가하고 있었죠. 그만큼 작업환경은 아직도 열악하고, 노동자의 산업안전·보건을 보장하기 위한 시설과 투자 그리고 제도적 조건은 매우 불충분한 상황이었습니다.

1987년 노동자대투쟁은 노사정 간의 힘 관계를 변화시키고, 국가권력과 자본의 대응방식을 전환하도록 요구했어요. 국가권력은 노동자대투쟁이 벌어지자, 권위주의적 노동통제정책에서 탄압장치를 폐지하거나 임금억제시책을 포기하는 등 유화정책으로 전환했습니다. 그러나 노태우 정권은 1989년 노동법 개정안에 대한 거부권 행사에서 나타난 것처럼, 노동운동을 누르고 있는 제도개혁은 단호히 거부하는 한편, 공안정국을 조성하고 대대적인 탄압정책을 펼쳤습니다. 파업 사업장에는 경찰력이 투입됐고, 무노동·무임금, 총액임금제, 한 자릿수 임금인상, 노동의 유연화를 제도화하여 노동운동의 기반을 허물어뜨리려 했습니다. 그러나 어느 것도 성공하지 못했죠.

이러한 경험을 배경으로 1993년 출범한 김영삼 정권은 직접 통제보다는 민간의 자율교섭과 사회적 합의의 형식을 추구했으며, 이는 신新노동정책을 비롯해 노총·경총 임금합의와 노사관계개혁위원회(노개위) 사업 등으로 나타났습니다. 아울러 김영삼 정권은 해고자 복직 지원 등 노동기본권을 확충하는 내용의 노동행정 개혁을 추진했습니다. 그러나 재계와 정부 내 경제부처의 반발이 거세게 일자 노동부문 개혁을 유보한 채, 고통분담론, 국제경쟁력 강화, 세계화 이데올로기를 앞세워 노동통제 강화로 방향을 선회했죠. 아폴로산업, 서울지하철 등 파업현장에 대한 연이은 공권력 투입과 현대자동차노조 파업에 대한 긴급조정권 발동이 그 대표적인 사례들입니다.

노개위는 김영삼 정권이 가장 공을 들인 정책의 하나로, 그 핵심 목표는 노동법 개정안 마련이었어요. 그러나 노동기본권의 보장과 노동의 유연화가 노사 간에 쟁점으로 대두하여 합의는 실패했고, 김영삼 정권은 노동 쪽의 힘을 경시한 나머지 노개위 공익위원 안보다 개악된 법안을 국회에서 날치기 처리했다가 총파업투쟁에 부딪쳐 파국을 맞았죠.

한편 1987년 노동자대투쟁은 전제적 공장체제 또는 병영적 노동통제를 무너뜨리고 새로운 노동관리체제를 구축하지 않으면 안 되는 상황으로 자본을 압박했습니다. 이로부터 자본은 1990년부터 변화한 조건에 대응하는 통제전략으로서 이른바 신新경영전략을 추진하기 시작했죠. 경영합리화, 경영혁신, 신경영 등의 다양한 이름으로 진행된 신경영전략은 기업 차원에서 1987년 이후 무너진 자본의 현장 장악력을 회복하고, 자본의 새로운 헤게모니를 구축하려는 전략적 실천이었어요. 주로 독점적 대기업이 주도한 신경영전략의 주요 내용은 고용유연화, 작업조직 재편, 생산공정 합리화, 능력주의 인사·임금제도 도입, 기업문화 혁신 등이었습니다. 그러나 신경영전략이 노동조합의 완강한 저항과 개입전략으로 대부분 실패함에 따라, 기업들은 IMF 관리체제 아래서 일방적인 구조조정으로 노동조합의 희생과 양보를 받아내는 데 주력하게 됩니다.

2. 1987년 노동자대투쟁의 전개 과정

　전두환 정권의 항복선언 후 정치적 정적을 깨고 폭발한 노동자대투쟁은 그야말로 질풍노도처럼 권력과 자본의 견고한 성채를 무너뜨리면서 전국을 휩쓸었어요. 노동자들은 1987년 6월 29일부터 10월 31일까지 총 3,311건의 노동쟁의를 일으켰고, 그 가운데 97.7%인 3,235건은 파업이었습니다. 여기에 참가한 총인원은 약 122만 5,830명이었죠. 노동자들이 벌인 파업 건수는 하루 44건 꼴로, 1986년 쟁의 건수 276건의 13배 이상이었으며, 1970년대 중반 이후 발생한 쟁의 건수를 전부 합한 것보다 많았어요.
　이 거대한 폭발의 발화점은 7월 5일 울산의 현대엔진 노동자들의 노조결성과 파업투쟁이었습니다. 노동자대투쟁은 거의 전 부문의 노동자가 참여했으며, 지역적으로는 전국에 걸쳐 극히 짧은 시차를 두고 일어났습니다. 노동자대투쟁은 동남지역의 거대 공업단지인 울산을 기점으로, 마산, 창원, 부산, 광주, 대구, 대전을 거쳐 경인지역으로 빠르게 확산됐죠. 이들 투쟁은 크게 세 갈래로 나누어집니다. 첫째는 울산현대엔진노동조합 결성을 시작으로 부산, 마산 등지로 번져나간 제조업 노동자들의 투쟁이었고, 둘째는 각 지역 택시 노동자들의 연대파업·시위 확산이었으며, 강원지역을 중심으로 한 격렬한 광산 노동자들의 투쟁이 셋째였습니다(박석운, 1997: 3~4).
　노동자대투쟁은 시기별로는 세 단계로 진행됐어요. 제1기는 전두환 독재정권의 6·29 항복 선언과 함께 국가의 억압적 통제기구가 이완되면서 노동자들의 투쟁이 점점 확산된 시기입니다. 이 시기 투쟁은 현대엔진의 노조결성(7월5일), 현대미포조선에서의 노조결성 신고서탈취 사건(7월16일) 등을 거치면서 비교적 완만하게 진행됐죠.

1987년 노동자대투쟁 당시 노동자들의 집회 모습

제2기는 현대그룹노조협의회 결성과 대우조선 파업(8월8일)을 시작으로 투쟁이 폭발하여 8월 17일 울산 현대그룹 4만 노동자들의 가두시위에서 정점에 오르고, 8월 22일 대우조선 노동자 이석규가 최루탄에 맞아 숨진 사건을 계기로 더욱 격렬해진 시기입니다. 이렇게 노동자투쟁은 8월에 들어서 전 산업, 전 지역, 전 규모에 걸쳐 확산되어, 전국이 노동자의 파업 농성으로 뒤덮였죠. 이를테면 8월 셋째 주(8월17~23일)에는 1주일 동안 880건의 파업이 발생했고, 113개의 노조가 새로이 만들어졌습니다. 또한 제2기가 마무리되던 시점인 8월 28일에는 진행 중인 533건의 파업 가운데 88%가 300인 미만 중소기업에서, 40%가 경인지역에서 일어났죠.

제3기는 정권이 물리력을 동원하여 본격적으로 노동운동 탄압에 나서고 노동자들의 투쟁이 급속하게 위축된 시기입니다. 그 계기는 8월 28일 대우조선 노동자 이석규의 장례식이었어요. 경찰은 추모집회 및 시위와 관련하여 933명을 연행했고 그 가운데 67명을 구속했습니다. 이어 정권은 8월 28일 국무총리의 '좌경용공세력 척결을 위한 담화' 발표 후, 9월 4일 대우자동차와 현대중공업 파업농성장에 경찰병력을 투입하고, 대우자동차에서 95명, 현대중공업에서 40명의 노동자를 구속했습니다. 9월 5일에는 임시국무회의에 전경련 전무가 참석해 허위로 조작된 사업장 폭력사례를 보고했고, 언론은 이를 대대적으로 보도했죠. 이렇게 정부의 공세가 강화되면서 노동자대투쟁은 9월 말에 이르러 잦아들었습니다.

1987년 여름 노동자들은 전 지역, 전 산업에서 사업장 규모와 관계없이 대대적인 파업을 전개했습니다. 노동자대투쟁은 한국에서 노동자계급이 형성된 이래 최대 규모의 노동쟁의이자 대중적 항거였습니다(김금수, 1995: 30). 노동자들은 자발적인 대중투쟁을 통해서 종래 국가와 자본이 구축한 억압적 통제체제를 깨뜨리고 스스로 운동의 공간을 넓혔습니다.

노동자들은 생존권과 노동권 등 기본권리 보장, 억압적 병영적 노무관리

철폐, 노조결성과 조합활동 보장, 단체협약 체결, 어용노조 민주화 등 광범하고 다양한 요구조건을 제시했고, 각종 차별제도와 비인간적 대우 철폐도 중요한 요구로 제기했습니다. 이것은 노동자들이 경제적 궁핍 이외에 작업장에서 행해지는 각종 차별대우와 비민주적 관행, 그리고 전근대적 노동통제로 인해 얼마나 많은 고통을 받았는가를 반영한 것이었죠.

석 달에 걸친 노동자대투쟁은 그야말로 십 년을 하루에 뛰어넘은 거대한 대중운동의 비약이었어요. 노동자들은 "인간답게 살고 싶다"는 구호 아래 노동법의 제약을 뛰어넘어 불법파업을 단행했습니다. 노동자들은 거의 모든 사업장에서 법이 규정한 쟁의발생 신고나 냉각기간 따위를 무시하고, 먼저 현장을 점거하고 파업농성을 한 뒤 협상에 임했죠. 가두 진출과 시위와 같은 보다 적극적인 형태의 투쟁도 자주 벌였습니다. 노동자들은 무기력한 노조 집행부를 제치고 행동을 벌였고, 노조를 새로 만들기도 했습니다. 아울러 노동자대투쟁에서 중화학공업 분야의 대기업 생산직 노동자들이 투쟁의 중심에 서게 됩니다.

노동자들은 미리 계획을 세우거나 조직을 만들어 싸우지 않았습니다. 그럼에도 노동자들은 투쟁 과정에서 지역별, 재벌그룹별, 산업별 연대투쟁을 시도했죠. 운수 노동자들은 지역별 동맹파업을 벌였고, 대우중공업 노동자들은 전국 4개 사업장에서 동맹파업을 벌였으며, 현대그룹 노동자들은 울산지역에 있는 하청업체들과 현대정공 울산·창원공장에서 동맹파업을 전개했습니다(한국노총, 1988: 25).

노동자들은 투쟁을 통해 스스로 제기한 요구들을 쟁취했고, 노동조합의 지형을 과거 생산직 중심에서 사무전문직, 서비스직까지 포함한 모든 산업의 임금노동자로 넓혔습니다. 또 노동자들은 한 번 폭발하고 마는 것이 아니라 여러 번 투쟁을 계속하여 조직을 개편하고 다져감으로써, 자주적, 민주적 조직의 기틀을 만들었죠. 노동자들은 투쟁을 통해 사회적 무력감이나 패배주의를 극복하고 스스로의 힘을 실감했어요. 노동자들은 스스로를 단련하여 의식과 조직을 발전시킬 수 있음을 깨달았고, 정치적 의식과 계급의식도 높일 수 있었습니다. 또한 노동자들은 투쟁을 거치면서 스스로가 이 사회의 발전을 주도할 수 있음을 인식할 수 있었고, 다른 부문의 민중운동과의 결합 가능성도 확인했습니다.

그러나 노동자대투쟁은 몇 가지 문제점도 있었어요. 노동자들은 기업의 울타리를 넘는 노동자계급 간의 연대를 꾀하지 못했고, 통일투쟁도 추진하지 못했습니다. 투쟁 목표에서도 단위사업장 내의 경제적 요구에 그쳤고, 전 계급적·제도적 요구로 발전시키지 못했을 뿐 아니라, 민족민주운동과 긴밀한 유대를 형성하지 못했습니다. 거대한 대중의 자발성을 바탕으로 조직을 세웠으면서도 조합 지도부는 운동 경험이나 의식과 실무력 모두 취약했습니다. 조직 강화를 위한 일상활동도 이루어지기 어려웠고, 자본의 유혹과 억압 속에 자주적 집행부를 지탱해줄 조직기반도 취약했죠.

이 모든 것은 노동자대투쟁의 한계이자 과제였습니다. 한국노총은 물론이고 1980년대 초중반 변혁지향적인 관점에서 조직노선과 투쟁노선을 둘러싸고 숱하게 논쟁을 벌였던 사람들은 별다른 도움도 주지 못했죠. 노동자들은 이 과제들을 1987년 9월 이후 국가 권력 및 자본과의 치열한 대립관계 속에서 스스로 극복해 가기 시작했습니다.

3. 민주노조 진영의 구축과 운동지형의 변화

1987년 노동자대투쟁은 한국 노동운동사에 유례를 볼 수 없는 폭발적인 양상을 보이면서 전개됐습니다. 노동자대투쟁은 전제적인 노동통제체제를 무너뜨리고 노동기본권을 억제해 온 노동관계법을 무력화하면서 광범한 노동자를 단련시키고 의식과 조직을 발전시킨 중요한 계기였습니다. 노동자대중은 질풍노도와 같이 스스로 투쟁의 전면에 나섬으로써 자신들을 억압하는 체제와 각종 제도의 구조를 인식하게 됐고, 투쟁을 통해 노동자 자신들의 힘과 단결이 갖는 큰 의미를 깨달았죠. 또한 신규 노조 결성이 거스를 수 없는 흐름으로 자리 잡게 되면서 새로운 주체가 형성됐고, 기존의 한국노총과 구분되는 노조운동이 본격화하기 시작했습니다. 이른바 민주노조운동 진영의 형성이 그것입니다.

민주노조운동의 형성은 대체로 세 시기로 나누어집니다. 첫 시기는 새로이 결성된 노동조합들이 기존의 노동조합체제를 거부하고 스스로 새로운 조직체제를 형성하는 시기로, 1987년 말부터 1988년까지가 여기에 속합니다. 두 번째 시기는 권력과 자본의 탄압에 맞서 민주노조들이 전국적으로 결집하여 연대를 강화하는 시기로, 1989년부터 1992년에 이르는 기간이죠. 세 번째 시기는 1993년부터 1995년 말까지로, 지역별, 산업별(업종별), 그룹별 조직을 발전시켜 새로운 전국적인 노동운동의 틀로써 마침내 전국민주노동조합총연맹을 결성하기에 이르는 기간입니다.

민주노조 진영의 새로운 구축(1987~88년)

1987년 여름 노동자대투쟁이 진정된 후, 전두환 정권의 잔재 세력은 12월

16일 제13대 대통령 선거에서 지역감정 동원을 통한 분할 지배전략을 구사하여, 야당과 민주화운동 세력을 분열시키고 노태우 정권을 등장시키는 데 성공했습니다. 노태우 정권은 '보통사람의 시대'를 내세웠지만, 결국 군부정권의 계승자이자 자본가계급의 대리인일 뿐이었죠. 국민들은 다음해 4월 26일 총선거에서 여소야대 구도를 탄생시켜 군부 권위주의체제가 남긴 유산의 청산을 요구했습니다. 1987년 노동자대투쟁 때 한국경제는 1985년부터 시작된 3저 호황의 한복판에 있었고, 1988년에도 그 기조는 유지됐습니다.

그럼에도 1987년 여름의 대투쟁에서 노동자들의 임금인상, 노동조건 개선 요구의 성과는 열기에 비해 부진했습니다. 그것은 1987년 임금인상률이 7.5%밖에 안 되는 데서 잘 드러납니다. 투쟁은 열심히 했지만 무엇을 얼마나 요구해야 할지 모를 정도로 준비와 경험이 없었고, 노동조합이 주도한 투쟁도 아니었기 때문이었습니다. 당시 노동자들은 자연발생적으로 파업에 돌입했고, 파업을 전개하는 과정에서 요구를 수렴하고 노조를 결성했죠.

새로운 노조결성과 어용노조 퇴진투쟁은 급진전됐습니다. 설립된 신규 노조는 7월 한 달에만 126개에 이르렀으며, 연말까지 1,361개의 노조에 22만 명의 조합원이 새로 등록됐으니까요. 자본가들은 들불처럼 번져가는 노조결성에 속수무책이었고, 신규 조직이 생길 때마다 까다롭게 굴던 정부 당국 역시 어쩔 도리가 없었습니다. 어용노조 퇴진투쟁 역시 격렬했죠. 7월 이후 진행된 노동쟁의 가운데 446개가 어용노조 때문에 일어났고, 노조집행부가 바뀐 곳은 쟁의 사업장의 35.7%나 됐습니다.

노동조합 결성은 1988~89년에도 거침없이 진행되어, 1986년 2,675개, 103만 6천 명에서 1989년 7,883개에 193만 2천여 명으로 늘어나게 됩니다. 불과 3년 사이에 노동조합은 3배 조합원 수는 76.8%나 늘어난 것이죠. 조직률은 1986년 12.3%에서 1989년 당시 18.6%까지 상승했습니다. 노조의 증가는 단순히 숫자만 늘어난 것이 아니었어요. 연구전문기관·병원·건설·신문·방송·호텔 등 사무 전문직과 공공부문, 서비스 분야까지 광범하게 확산됐으며, 특히 이전까지 금기였던 재벌기업과 공기업에 대대적으로 노조가 결성됐습니다. 또한 1989년에는 전국교직원노동조합(전교조)이 결성됐죠.

당시 새로운 노조들은 예외 없이 한국노총을 상급단체로 출발했습니다. 노동행정기관이 한국노총 산하 산별연맹을 상급단체로 하지 않으면 설립신고증을 교부하지 않았기 때문입니다. 그러나 얼마 안 가 새로운 노조들은 한국노총에서 이탈하고, 스스로 자구책을 마련하기 시작했어요. 한국노총이 정권으로부터 자주성을 확립하지 못하고 노동자대중의 요구와 이해를 대변하지 못한다고 판단했기 때문이었죠. 노조들은 자체 조직의 수호에서부터 노조운영이나 노동조건의 개선을 위해 서로 경험을 공유하고 교류를 넓혀갔습니다. 그리고 1987년 말부터 지역(제조업), 업종(비제조업), 그룹별(대기업)이라는 새로운 연대 틀의 구축을 추진하기 시작했습니다.

먼저 새로운 지역별 조직으로서 지역별노동조합협의회(지노협)은 1987년 12월 마산·창원지역노동조합총연합(마창노련) 창립을 시작으로, 1988년 진주, 서울, 인천, 전북, 경기남부로 이어졌고, 1989년에는 광주, 동광양, 성남, 부산, 부천, 대구 등에 조직이 들어섰습니다. 1989년 말까지 모두 13개의 지노협이 결성됐죠.

다음으로 비제조업 부문의 노조 상황을 보면, 1987년 11월 27일 전국사무금융노동조합연맹(사무금융노련)을 시작으로, 1989년 말까지 출판, 화물, 언론, 병원, 시설관리, 지역의료보험, 교직원, 전문기술, 건설 등 13개 업종별 노동조합협의회(업종협)가 결성됩니다. 이들 업종별협의체 구성조직들은 대부분 1987년 노동자대투쟁을 계기로 새롭게 만들어진 노조들이었습니다. 업종협의 출현은 단순한 노동자의 양적 증대만이 아니라 노동운동의 영향력을 급격하게 증대시켰죠.

업종협들은 한국노총에서 이탈하기 위해 합법성 쟁취투쟁을 전개했습니다. 이 투쟁은 한국자유금융노조연맹이 1988년 8월 13일 한국노총의 인준 없이 설립신고증을 교부받은 이래, 언론, 병원, 전문기술, 대학연맹 등으로 확산됐고, 1993년까지 대부분의 조직이 목표를 쟁취했죠. 그러나 전교조는 정부의 강력한 반대에 부딪쳐 1993년까지 1,527명의 교사가 해직됐고 합법성도 인정받지 못했습니다. 전교조는 1998년 노사정위원회에서의 합의를 거쳐 1999년에야 비로소 합법성을 인정받게 됐습니다.

[표] 민주노조 진영의 형성 추이

연도	지노협	업종협	그룹협
87년	마산창원지역노동조합총연합 (12.14)	전국사무금융노동조합연맹 (11.27)	현대그룹노동조합협의회 (8월)
88년	진주지역노동조합연합 (4.16)	민주출판언론노동조합협의회 (2.11)	
	서울지역노동조합협의회 (5.29)	전국화물운송노동조합연합 (9월)	
	인천지역노동조합협의회 (6.18)	전국언론노동조합연맹 (11월)	
	전라북도노동조합연합회 (8.21)	전국병원노동조합연맹 (12월)	
	경기남부지역노동조합연합 (12.28)		
89년	광주지역노동조합협의회 (3.5)	전국시설관리노동조합협의회 (1월)	
	성남지구노동조합총연합 (4.28)	전국일용공노동조합협의회 (4월)	
	부천지역노동조합협의회 (7.22)	전국지역의료보험노동조합총연합 (5월)	
	부산지역노동조합총연합 (9.30)	전국교직원노동조합 (5월)	
	대구지역노동조합연합 (11.8)	전국전문기술노동조합연맹 (10월)	
	전국건설노동조합연맹 (12월)		
90년			대우그룹노동조합협의회 (12월)
91년	구미지역노동조합협의회 (외해)		
	포항지역노동조합대표자회의 (3월)	현대그룹노동조합총연합4기 (1월)	
	경주지역노동조합협의회 (10월)		
92년		전국대학노동조합연맹 (8월)	
93년		대우그룹노동조합협의회2기 (6월)	
94년		전국조선업종노동조합협의회 (1월)	
		전국지하철노동조합협의회 (3월)	

자료: 김유선(1998)에서 재인용.

1990년 전국노동조합협의회 창립대회

단위노조들의 연대조직은 재벌그룹이나 대기업 차원에서도 진전됐어요. 현대그룹계열사 노조들은 1987년 8월 현대그룹노동조합협의회를 결성했다가 1988년에는 현대그룹노동조합연합회로 개편했으며, 1990년 다시 현대그룹노동조합총연합(현총련)으로 재편했습니다. 각 기업의 노조들이 재벌총수에게 권한이 집중되어 있어 개별 교섭과 투쟁으로는 성과가 없음을 인식하고 연대를 마련한 것이었죠. 곧 임금인상이나 단체협약 등 노사 간 본질적 쟁점이 단위사업장을 뛰어넘는 그룹 차원의 문제임이 분명해지자, 재벌기업 노동자들은 그룹별 연대조직의 건설로 나아갔던 것입니다. 특히 현대그룹 노동자들이 선두에 섰던 것은 1987년 노동자대투쟁에서 폭발적 투쟁을 선도적으로 해왔던 데서 기인한 것이었습니다.

민주노조들은 이 같은 조직적 연대를 무기로 1988년 임금인상투쟁에 돌입했습니다. 노동자들은 스스로 주체가 되어 매우 조직적이고 계획적으로 투쟁을 전개했고, 실정법을 뛰어넘는 적극적이고 다양한 투쟁방식을 동원했죠. 투쟁은 거대기업과 공공부문을 강타했어요. 4월의 대우조선 파업과 삼성중공업 민주노조 쟁취투쟁, 6월의 서울지하철 파업, 7월의 철도기관사 총파업, 연합철강노조의 장기투쟁 등이 대표적인 예였습니다. 마산·창원지역 노동자들은 공동임금투쟁과 노동운동탄압 저지투쟁을 전개했고, 정부출연기관 노조들은 업종별 공동투쟁의 선례를 남겼습니다. 이런 투쟁들을 통해 노동자들은 1988년, 1989년에 각각 15.5%, 21.1% 임금인상이라는 성과를 거두어, "조합원대중의 주체적 참여하에 산업별 지역별 공동임투"라는 전형을 만들어 냅니다(김유선, 1998: 5).

그러나 권력과 자본에 대항하기에는 한계가 많았어요. 민주노조 진영 노동자들은 총자본의 억압에 대응하고 노동법 개정과 같이 전체 노동자 공통의 과제를 실현하기 위해서는 전국적 중앙조직의 필요성을 절감하기에 이릅니다. 이에 따라 1988년 8월부터 전국노동법개정투쟁본부를 결성했고, 복수노조 금지 규정을 비롯하여 제3자 개입 금지, 공익사업에 대한 직권중재, 공무원과 교사의 단결 금지, 노조 정치활동 금지 등 노동법상 노동기본권을 제한한 법률의 철폐를 요구하며 대중적인 노동법 개정투쟁을 전개했습니다. 11월 13일 전태일 추모일을 맞아 개최된 '전태일 정신 계승 및 노동악법 개정 전국노동자대회'에는 노동자 수만 명이 서울 연세대에서 집회를 열고 국회의사당까지 행진을 벌이기도 했습니다.

이러한 노동법 개정투쟁 과정에는 지식인이나 노동단체들이 중요한 역할을 수행했죠. 그 대표적인 것이 전국노동운동단체협의회(전국노운협)였습니다. 전국노운협은 활동가들이 1988년 6월 3일 결성한 것으로, 민주노조운동이 계급적 대중운동으로 발전할 수 있도록 지원하고, 선진노동자를 광범하게 조직하며 노동자계급의 정치적 진출을 확대 강화하는 것을 목표로 했습니다. 전국노운협은 후에 전노협 건설에도 많은 기여를 했죠.[1]

그리고 1988년 12월에는 노동법 개정투쟁과 잇따른 투쟁 과정에서 전국 각 지역의 민주노조 대표자들은 전국적 연대기구 설치에 대한 필요성을 확인하고, 공동투쟁 조직의 한계를 극복하고자 지역·업종별 노동조합전국회의(전국회의)를 구성합니다. 전국회의는 결성 당시 550개 단위노조에 16개 지노협과 4개 업종협이 참가했고, 조합원은 약 20만여 명을 포괄했습니다.

1988년 추진된 노동법 개정투쟁은 다음 해 3월 임시국회에서 행한 노동법 개정을 촉진했죠. 그러나 1989년 초부터 정권과 자본이 공세를 노골화하면서, 개정 노동관계법은 대통령의 거부권 행사로 무위로 돌아갔고, 법정 근로시간 주44시간으로의 단축 등을 주된 내용으로 하는 개정 근로기준법만 시

1 　노동운동 지원단체는 전국노운협 이외에 전국노동단체연합(전국노련, 1991. 7), 한국노동운동협의회(한노협, 1994. 4), 진보정당추진위원회(진정추, 1992. 4), 민중정치연합(민정련, 1993. 5) 등이 직간접으로 지원활동을 하고 있었습니다(김금수, 1995). 한편 한국노동교육협회는 1986년 설립 후 교육, 상담, 연구활동을 해오다가 1987년 노동자대투쟁 이후에는 민주노조들과 지노협, 업종협, 전노협 결성에 많은 도움을 줌으로써 민주노조 진영 형성에 크게 기여했습니다.

행하게 됐습니다.

요컨대 1987년이 노조조직의 확대와 더불어 민주노조운동의 기반이 형성된 해였다면, 1988년은 민주노조 진영이 지역·산업·전국 조직 건설을 추진한 해이면서 동시에 임금인상·단체협약·노동법 개정 등 노동조합의 기본활동을 활발하게 전개한 해였습니다. 이 같은 노동운동의 고양은 민주노조운동의 폭발적 대두로 이어졌죠. 이처럼 1987년 7월부터 1988년 12월까지 1년 6개월 동안 조직과 투쟁의 양 측면에서 노조운동이 고양국면을 나타냈던 것은, 첫째, 노동자대중의 투쟁 열기가 어느 때보다 높았고 정권과 자본 측의 대응력은 상대적으로 취약했으며, 둘째, 6월 민주항쟁 → 6.29 선언 → 12월 대통령 선거에서 노태우 후보 당선 → 88년 4월 국회의원 총선으로 여소야대 국회 형성 등의 정치적 격변이 대중투쟁 활성화에 유리한 조건을 부여했으며, 셋째, 경제적으로는 이른바 3저 호황이라는 대호황기를 맞았기 때문이었습니다(김유선, 1998: 6).

권력의 혹독한 탄압과 민주노조 사수투쟁

노태우 정권은 1988년 말 '민생치안에 관한 특별지시'에 이어 1989년 1월 2일 풍산금속노조에 공권력을 투입한 것을 시작으로 노동운동에 대한 대대적인 탄압에 나섰어요. 그 결과 1989년부터 1992년까지 노동현장은 '파업 → 공권력 투입 → 구속·해고'가 일상적으로 되풀이되는 격전지가 됐죠. 1988년 한 해 동안 구속 노동자는 80명 정도였는데, 1989년에는 611명으로 무려 배 가량 증가했습니다. 1990년에는 492명, 1991년에는 515명, 1992년에는 275명으로, 1989년부터 1992년까지 4년 동안 구속 노동자는 무려 1,893명에 이르렀습니다.

이어 정권은 1989년 4월 문익환 목사의 방북을 빌미로 공안정국을 조성하면서, 민주노조운동을 불법집단으로 매도하기 시작했습니다. 하반기에는 경기가 침체 국면에 접어들고 노동집약적 산업에서 구조조정이 본격화되면서, 경제위기 노동자 책임론 등의 이데올로기 공세를 퍼붓기 시작했습니다. 사용자들 역시 경제단체협의회(경단협)를 구성하고 무노동 무임금, 인사경영권 참여 배제, 전임자 임금 불지급 등을 주장하며 대대적인 공세를 취했죠(엄주웅, 1994: 178). 국가권력과 자본의 탄압은 3저 호황 국면이 경기침체로 전환된 것도 있지만, 1987년 노동자대투쟁 이후 고양된 노동운동을 위축시키려는 의도가 더 컸어요. 1989년 강경한 탄압정책으로 전환한 노태우 정권은 경제침체를 빌미로, 1990~91년 한 자릿수 임금인상, 1992년 총액임금제 등 임금억제정책을 추진하는 한편, 노동관계법 개악을 시도하는 등 억압의 강도를 더욱 높여갔습니다.

가중되는 노동탄압에 대항하기 위한 현장의 노동자투쟁은 1,616건의 노동쟁의가 말해주듯 거세게 전개됐습니다. 128일에 걸친 현대중공업 파업투쟁과 서울지하철노조의 합의각서 이행을 요구한 전면파업, 전국교직원노조 결성투쟁 등이 그 대표적인 사례입니다. 정부는 가차 없이 공권력을 동원하여 탄압했고, 노동자들은 연대투쟁으로 이에 맞섰습니다. 연대투쟁은 부천, 구로, 마산 창원에서 벌어졌고, 그밖에 외자기업 철수 반대투쟁, 방위산업체 공동투쟁, 위장폐업 철회투쟁 등이 공동투쟁의 형태로 전개됐습니다.

이러한 투쟁 속에서 전국회의는 전국적 차원의 통일투쟁으로서 노동절을 전후한 노동운동탄압 저지투쟁, 5월 28일 결성된 전교조 지원투쟁, 노동법 개정투쟁을 주도했습니다. 그리고 민주노조 진영은 전국회의를 중심으로 전국적 중앙조직으로서 전국노동조합협의회 건설에 박차를 가했죠.

1990년 1월 22일 숱한 탄압과 방해를 무릅쓰고 전국노동조합협의회(전노협)가 출범했습니다. 경찰의 봉쇄망을 피해 수원 성균관대학교에서 개최된 전노협 결성대회에는 8백여 명의 대의원을 포함한 1천 5백여 명의 노동자들이 모였죠. 원래 전노협은 민주노조 진영 전체를 포괄하려 했으나, 가중된 탄압으로 많은 노조가 가입을 주저함에 따라 14개 지역협의체와 2개 업종별 조직, 456개 단위노조, 조합원 수 16만 6,307명으로 역사적인 첫발을 내딛게 됐습니다.

전노협은 창립선언문에서 "전국노동조합협의회의 깃발을 높이 들어 이 땅에 자주적이고 민주적인 노동운동의 새로운 역사가 시작됐다"고 밝히고, 스스로를 "이제 한국노총으로 대표되는 노사협조주의와 어용적 비민주적 노동조합운동을 극복하고 자주적이고 민주적인 노동운동을 전개해 나갈 수 있는 한국노동조합운동의 새로운 조직적 주체"라고 규정했습니다. 또 "전노협의 건설로 한국노총으로 대표되는 노사협조주의와 어용적·비민주적인 노동조합운동을 극복하고 자주적이고 민주적인 노동운동을 전개해 나갈 수 있는 한국노동조합운동의 새로운 조직적 주체가 탄생했음을 밝힌다"고 했습니다. 그리고 전노협은 "우리는 광범한 노동자가 참여할 수 있는 경제적 이익 실현을 위한 투쟁으로 대중적인 노동조합운동을 전개함으로써, 우리의 조직과 의식을 발전시키는 기초 위에서, 노동자의 처지를 근본적으로 변화시킬 수 있는 경제사회구조의 개혁과 조국의 민주화, 자주화, 평화통일을 앞당기기 위해 제 민주세력과 굳게 연대하여 투쟁해 나갈 것이다"고 선언했습니다(전국노동조합협의회, 1990: 6~7).

전노협에 가입하지 않은 비제조업 부문 노조들은 1989년 5월 30일 전국업종노동조합회의(업종회의)를 구성했습니다. 업종회의는 1989년 5월 결성된 전교조에 대한 정부의 강압적인 탄압에 대응하는 과정에서 조직기반을 만들 수 있었죠. 곧, 1990년 한국방송공사KBS노조 방송민주화투쟁과 현대중공업 노조 골리앗투쟁을 계기로 같은 해 5월, KBS와 현대중공업 노동조합 탄압분쇄 업종노련 비상대책위원회를 구성하면서 본격적으로 조직적인 틀을 세웠습니다. 이처럼 업종회의는 전노협에 조직적으로 참여하지 않은 12개 사무·전문·서비스 부문 노조연합단체와 협의체가 구성한 연대소식제로, 조합원 수는 20만여 명이었습니다. 업종회의는 "사무, 전문, 서비스직 노동자의 단결을 바탕으로 노동자의 정치·경제·사회적 지위향상과 권익실현을 위해 공동투쟁을 하며 자주적이고 민주적인 노동조합의 발전과 통일을 목적으로 한다"고 스스로의 위상을 규정했습니다.

이렇게 민주노조들이 전노협과 업종회의로 결집해 가는 동안 대기업들도 연대를 모색한 끝에, 7개 대기업노조들이 1990년 2월 26일 전국대기업노조비상대책회의를 결성했습니다. 그러나 이 조직은 단위노조 집행력이 취약한 데에다가 직권조인 파동이 일어남으로써 와해됐습니다. 민주파로 교체된 대기업노조 대표들은 1990년 12월 9일 연대를 위한 대기업노동조합회의(연대회의)를 결성했죠. 이에 대해 정부는 1991년 2월 10일 경기도 의정부시에서 간부수련회를 마치고 해산하던 연대회의 소속 노조간부 67명을 연행 구속했습니다. 연대회의는 전노협과 함께 대정부투쟁을 벌였으나, 정부의 강경한 탄압과 지도부의 공백을 이기지 못하고 4개월 만에 사실상 와해되고 말았죠.

이렇게 민주노조 진영이 체제를 확대 정비해나가는 속에서 지배권력은 1990년 1월 22일 전노협이 결성되는 날 민정당·민주당·공화당의 3당 합당으로 안정적인 권력 기반을 구축했어요. 그리고 민주노조 진영을 "계급투쟁과 노동해방 이념 아래 폭력혁명 노선을 추구하며 정치투쟁을 목표로 하는 불법집단"으로 규정짓고, 전노협 가입 노조에 대한 탄압을 집중했죠. 정부의 탄압은 여기에 그치지 않았습니다. 1990~91년에는 한 자릿수 임금인상, 1992년에는 총액임금제 등 임금억제정책을 추진했을 뿐만 아니라, 노동관계법 개악을 시도하기도 했죠.

정권은 전노협을 와해시키기 위해 전노협 가입 노조에 대한 탈퇴 강요를 비롯하여, 제3자 개입 금지조항을 이용한 전노협 지도부에 대한 구속·수배 등의 강압 조처, 전노협 소속 노조에 대한 행정관청의 업무조사, 노조 전임자에 대한 임금지급 거부 유도, 파업 사업장에 대한 경찰력 투입 등 모든 수단을 동원했습니다. 이 와중에서 1990년 5월 한진중공업노조 박창수 위원장이 전노협 탈퇴를 거부하다가 서울교도소에서 의문의 죽음을 당합니다. 이에 전노협은 1990년 노동절을 기점으로 "전노협 사수, 노동운동 탄압분쇄, 구속자 석방" 등을 내세우고 총파업을 전개하는 등 완강히 저항했습니다.

민주노조 진영은 정권의 탄압이 가중되는 상황에서 이제까지의 일회적 공동투쟁, 사안별 연대투쟁을 극복하고 노동법 개정이라는 노동자계급의 보편적 투쟁과제를 수행하기 위한 중앙 조직체가 필요하다는 데 인식을 다시 한 번 같이합니다. 여기에는 정치정세의 변화도 작용했죠. 정부가 1991년 국제연합UN과 국제노동기구ILO 가입을 추진했고, 1992~93년 총선거와 대통령선거 등의 정치 일정이 다가옴에 따라 노동법 개정에 유리한 정세가 형성된 것입니다.

이러한 주·객관적 조건의 변화를 배경으로, 전노협과 업종회의는 1991년 10월 9일 ILO 기본조약 비준 및 노동법 개정을 위한 전국노동자공동대책위원회(ILO 공대위)를 결성했습니다. ILO 공대위는 "자주적 단결권 확보를 중심으로 한 노동법의 실질적 개정"과 "민주노조 총단결 투쟁을 통한 민주노조운동의 조직발전"을 목표로 내건 한시적인 공동투쟁체였습니다. ILO 공대위는 전국 9개 지역에 지역위원회를 두고 노동법 개정을 위한 공청회, 국회 청원 등의 활동을 했고, 1991년 11월 10일에는 서울 여의도 둔치에서 6만 명의 노동자들이 참석한 가운데 전태일 정신계승과 노동법 개정을 위한 전국노동자대회를 개최했습니다.

또한, ILO 공대위는 ILO에 한국정부를 제소하여 민주노조 진영이 한국 노동조합의 일각을 대표하고 있음을 국제적으로 인정받고, 노동법을 개정하라는 권고를 이끌어냈습니다. 이 결과는 국가와 자본에게 큰 타격을 입혔을 뿐만 아니라, 민주노조 진영 투쟁의 정당성을 확인시켜 주었죠. 민주노조운동 진영은 여기서 얻은 자신감을 토대로 전국 중앙조직 건설을 모색했습니다.

1991년 박창수 한진중공업 노조위원장 분향소를 침탈한 백골단

그러나 민주노조 총단결을 위한 활동은 순조롭지 않았어요. 노조 조직률은 1989년을 고비로 매년 낮아지고 탄압은 가중되어 투쟁의 성과도 전과 같지 않았습니다. 민주노조의 중앙조직은 법률상 복수노조 금지조항 때문에 합법성을 확보할 수가 없었고, 정부는 1992년 총액임금정책을 추진함으로써 민주노조 진영을 계속 압박했습니다. 거기다가 1992년 대통령선거에서 민주노조 진영은 별다른 성과를 거두지 못했죠. 이런 상황에서 1993년 2월 김영삼 정부가 출범합니다.

민주노조 총단결과 민주노총 건설

1993년 문민정부를 표방하여 출범한 김영삼 정부는 노사자율, 합리적 노사관계를 들며 노동통제정책을 완화하는 모습을 보였어요. 그 대신 고통분담론, 세계화, 국가경쟁력 강화 등의 이데올로기 공세로 노동자의 자제와 양보를 요구했습니다. 또한 정부는 임금정책과 관련해서는 직접적인 임금억제 정책 대신, 1993년과 1994년에 노총·경총 임금합의라는 이른바 사회적 합의 방식을 채택했습니다. 이 무렵 ILO는 민주노조 진영의 1988년 제소에 대해 복수노조 금지, 공무원과 교사의 단결 금지, 제3자 개입 금지 등 노동기본권을 제한·금지한 법률 규정을 개정할 것을 한국정부에 권고했죠.

김영삼 정부와 민주노조 진영의 관계설정의 첫 실험대는 1993년 노총·경총 임금합의였습니다. 김영삼 정부는 출범과 더불어 경제 살리기를 구실로 고통분담론을 제기했고, 민주노조 진영과 한국노총은 이를 노동자 희생 강요라며 반발했죠. 그러나 한국노총은 4월 1일 이른바 노총·경총 합의를 성사시킴으로써 고통분담 이데올로기를 수용합니다. 1993년도 중앙노사 임금조정 합의서는 임금인상률은 4.7~8.9%로 하며, 정부와 근로자와 사용자 등 세 경제주체는 고통분담을 위해 노력하기로 한다는 내용이었습니다. 한국노총은 중앙노사합의의 의의를 높이 평가했지만, 일부 단위노조는 단위사업장 임금교섭을 제약하는 임금억제책에 불과하며, 노동조합의 민주적 의견수렴 절차를 거치지 않았고, 부대조건의 이행이 보장되지 않았다는 등의 문제점을 지적하며 노총에 거세게 항의했습니다(한국노총, 1994: 62).

한국노총은 1993년에 이어 1994년에도 사전 여론 정비작업을 거쳐 중앙노사 임금 및 정책·제도개선을 위한 사회적 합의를 추진했습니다. 한국노총은 1994년 중앙교섭의 전 단계로서 1993년 10월 27일 '국민경제와 노사관계 발전을 위한 노·사·정 공동합의문'을 발표했습니다. 1994년 3월 30일 합의 내용은 임금인상률은 통상임금 기준 5.0~8.7%로 한다는 것과, 고용보험제는 1995년 7월부터 30인 이상 사업장에 1998년 이내에 10인 이상 사업장에 적용하도록 한다는 것을 골자로 하여, 물가안정, 참여적 노동관계법 개정, 근로자 세금 부담 경감, 주거 안정, 복지 증진을 위해 노력할 것과, 사회적 합의에 대해 노사정 간에 실천사항을 점검한다는 것 등이었습니다.

이렇게 중앙단위 교섭이 진행된 데 대해 민주노조 진영은 노총·경총 교섭을 정부와 자본 측이 주도하는 임금억제를 위한 밀실흥정으로 규정하고 규탄집회 등을 열어 강력한 반대의지를 밝혔어요. 한국노총 안에서도 강한 불만과 반발이 일었죠. 전국노동조합대표자회의(전노대)는 3월 31일 노총·경총 합의를 거부한다는 기자회견을 열고, 합의 분쇄를 임금인상투쟁 방침의 주요 목표로 결정했습니다. 전노대는 노총·경총 합의 거부 서명운동과 함께 각 조직별로 규탄대회를 전개했습니다.

민주노조운동 진영의 이런 움직임에 대해 김영삼 정부는 출범 초기의 부분적인 개혁 조치들의 시행을 중단하고, 기존의 노동배제적·억압적 노동관계로 회귀했습니다. 정부는 악법 규정이라 하여 나라 안팎에 개정을 약속했던 제3자 개입 금지 조항을 적용하여 전노대 소속노조 간부들을 구속·수배했고, 파업 현장에 공권력을 투입하며, 현대자동차노조 파업에 긴급조정권을 발동했어요. 또한 각계의 이해 대립이 첨예하다는 이유를 들어 노동법 개정 무기한 연기 방침을 천명했죠.

민주노조 진영의 저항은 더 완강해졌습니다. 민주노조 진영은 대대적으로 한국노총 탈퇴운동을 벌이고, 전국지하철노조 공동투쟁을 적극 지원했습니다. 또한 국내 최대 단일 노조인 한국통신노조에서는 민주파가 집행부를 장악했습니다. 그러나 김영삼 정부는 금호타이어 등에 공권력을 투입하는 등 강경기조를 꺾지 않았죠. 이러한 상황 변화 속에서 전노협, 업종회의, 현총련, 대노협 등 민주노조 진영은 노총·경총 임금합의 반대투쟁을 전개하면서 ILO 공대위를 해체하고, 전체 운동 진영을 포괄하고 노동운동의 당면과제를 수행하는 공동사업추진체로서 전국노동조합대표자회의(전노대)를 1993년 6월 1일 정식 발족합니다.

전노대가 이런 성격을 지닌 것은 참가 조직들의 연대 수준이나 활동 내용에 비추어 조직위상을 연합조직으로 설정하기에는 부적합하다는 판단 때문이었습니다(전국노동조합대표자회의, 1993: 2). 전노대는 조직적 위상을 공동사업추진체로 정했지만, 중심 기능과 역할은 전국민주노동조합총연맹(민주노총)의 건설이었죠.

아울러 민주노조 진영은 지금까지의 투쟁을 종합적으로 재검토하기 시작했어요. 그 결과 과거 투쟁이 상반기 임금·단체협상투쟁, 하반기 노동법 개정투쟁으로 관성화되어 있고, 노동자의 정치적·사회적 지위가 후퇴했으며, 국민들의 사회개혁적 요구가 분출하고 있다는 점 등을 들어, 임금·단협투쟁, 노동법 개정투쟁과 함께 '사회개혁투쟁'을 적극적으로 전개하기로 했습니다.

이러한 활동을 기반으로 전노대는 1994년 11월 13일 전국노동자대회에서 민주노총 준비위원회(민노준)를 공식 발족했습니다. 당시 조합원 수는 40만여 명으로, 자동차, 조선, 공공부문 등 대규모 국가 기간산업 기업들을 포괄하고 있었죠. 민노준은 "투쟁 속에 민주노총을 건설한다"는 방침 아래 사회개혁투쟁에 힘을 쏟았습니다. 정부와 자본은 민주노총 건설을 직산접적으로 방해하

1995년 전국민주노동조합총연맹의 창립대회

려 했으나, 새로운 노동운동을 향한 열망을 막을 수는 없었죠.

한편, 전노대는 전국중앙조직의 건설과 더불어 산업별노조연맹과 지역본부도 조직적 개편을 추진했습니다. 전노대 출범 당시 제조업부문 노조는 주로 지역별 노동조합협의회에 가입해 있었고, 비제조업부문 노조는 주로 산업별(업종별) 노동조합연맹 또는 협의회로, 제조업 대공장들의 노조는 그룹별 노동조합협의회로 결집해 있었죠. 이런 현실 상황에 따라 전노대는 과도기적으로 산업·지역·그룹별 협의회 또는 연맹 모두를 가맹단위로 인정하고 출범했습니다. 그런 점에 비추어 민주노총 건설은 단순한 산업별연맹의 가입 확대가 아니라, 산업별연맹 건설 및 지역본부 재편 과정이기도 한 셈이죠. 이에 따라 산별연맹과 지역본부들이 빠른 속도로 재편됐습니다.

1995년 11월 11일 마침내 민주노총이 연세대 대강당에서 1천여 명이 참가한 가운데 역사적인 창립대회를 갖고 출범했습니다. 민주노총에는 15개 산업(업종)조직과 10개 지역본부, 2개 그룹조직이 가맹했고, 단위노조는 861개에 조합원 41만 8,154명이었습니다. 창립대의원대회에는 366명 대의원 중 326명이 참가했고, 초대 위원장과 사무총장에 각각 권영길과 권용목을 선출했습니다. 민주노총은 출범에 즈음하여 이렇게 선언했습니다.

> 생산의 주역이며 사회개혁과 역사발전의 주체인 우리는, 100여 년에 걸친 선배 노동자들의 불굴의 투쟁과 87년 노동자대투쟁 이후 거대한 흐름으로 자리 잡은 민주노조운동의 성과를 계승하여 자주적이고 민주적인 노동조합의 전국중앙조직인 전국민주노동조합총연맹을 결성한다. 우리는 민주노총의 깃발을 높이 들고 자주·민주·통일·연대의 원칙 아래 뜨거운 동지애로 굳게 뭉쳐 노동자의 정치·경제·사회적 지위를 향상하고, 전체 국민의 삶의 질을 개선하며, 인간의 존엄성과 평등을 보장하는 통일조국, 민주사회 건설의 그날까지 힘차게 투쟁할 것을 선언한다.

이렇게 하여 1987년 노동자대투쟁으로 분출한 노동자들의 새로운 노동운동에 대한 염원은 민주노총 건설로 그 결실을 맺었습니다. 이로써 한국의 노동조합운동은 1950년대 이래 유지되어온 대한노총 또는 한국노총 중심의 전일적인 지배체제에서 벗어나게 된 것입니다. 민주노총의 결성은 자주적 노동운동의 계승이면서, 1987년 이후 새롭게 형성되고 발전된 민주노동운동의 집약된 성과였죠. 민주노총의 출발은 노동운동의 통일과 발전을 추진할 새로운 주체의 대두이며, 사회운동 또는 민족민주운동을 주도할 중심 역량의 성장이라는 의의를 동시에 갖고 있었습니다(김금수 외, 1996: 369).

민주노총은 출범 직후인 1996년 2월 정기 대의원대회에서 "올해 노동법 개정을 적극 추진하고 1997년 대통령 선거 이전까지 사회개혁 3대 과제를 쟁취한다"는 목표를 세우고 가능한 모든 방법을 동원해 대중적인 투쟁을 전개하기로 결의했습니다. 이에 대해 정부는 1996년 4월 총선거가 끝난 직후, 이 상태로는 노사관계 안정과 경쟁력 강화가 불가능하다는 인식 아래, 참여와 협력적 노사관계 구축을 목표로 설정하고, 5월 9일 대통령 직속 자문기구로 노사관계개혁위원회(노개위)를 발족시켰습니다. 이에 따라 노동법 개정은 1996년 노동관계에서 최대 쟁점으로 떠올랐죠.

1996년 상반기만 해도 노동법 개정은 노동자들에게 유리한 방향일 것으로 전망됐어요. 그러나 하반기 들어 경기가 하강 국면으로 접어들면서, 재계는 경제위기설을 확산시켜 정부의 신新재벌정책을 무산시킨 데 이어, 노동법 개정 국면을 자신들에게 유리한 방향으로 전환시키기 위해 집중적인 공세를 취했습니다. 이에 민주노총은 1996년 11월 전국노동자대회에서 총파업투쟁을 결의하고 대응태세를 갖추었습니다. 그러나 차기 집권을 과신하며 재계의 논리에 일방적으로 편승한 신한국당은, 노동운동의 역량과 국민적 저항을 과소평가한 나머지 성탄절 휴가 다음 날인 12월 26일 새벽, 노동법과 안기부법을 '날치기 처리'했습니다. 그날 민주노총은 곧바로 총파업투쟁에 돌입했죠.

4. 한국노총의 개혁을 위한 시도

1987년 노동자대투쟁은 40년 가까이 한국 노동조합운동을 주도해왔던 한국노총과 산하 조직들에게 엄청난 충격을 안겨 주었습니다. 질풍노도疾風怒濤와 같은 노동자대투쟁에 아무런 대응을 할 수가 없을 뿐만 아니라, 노동자들의 거센 요구가 자신을 향해 있기 때문이었죠. 한국노총은 1960년대 박정희 군사정권에 의해 위로부터 재조직된 이래, 1970년대 유신독재체제와 1980년대 전두환 독재정권의 억압 아래 눌려오기만 한 데에다가, 1987년 민주대항쟁을 외면하고 전두환의 4·13 호헌선언을 지지함으로써, 조직 안팎의 반발과 불신이 깊어질 대로 깊어진 상태였죠.

1987년 6·29 선언 후 노동자대투쟁이 폭발하자, 한국노총은 심각한 위기감에 빠져들어 대투쟁의 필연성과 정당성을 솔직히 시인하면서도 노조민주화투쟁에 대해서는 강한 거부감과 강력한 대응을 표명하고 나섰습니다(한국노총, 1989: 300~301). 또 1988년 2월 대의원대회에서는 창조적인 자기혁신을 강조하면서도 한국노총 위원장이 민정당 국회의원으로 진출하는 양면성을 보였습니다. 이러한 충격과 혼란은 1988년 11월 9일 박종근 집행부가 등장하여 개혁을 표방하면서 수습의 계기를 찾게 됩니다. 이 집행부는 오욕과 굴종의 역사 청산과 자주적 민주적 노동운동의 전개를 다짐하고, 11월 29일 부당노동행위 규탄대회를 열어 전경련 회관과 구로공단에서 시위를 벌였습니다. 또한 12월 9일에는 노동악법 개정촉구 및 삼성재벌 규탄 전국대표자회의를 열어, 삼성그룹 사옥 본관과 국회의사당 앞에서 시위를 벌였죠. 과거와는 많이 달라진 모습이었습니다.

이후 한국노총은 국가권력의 왜곡된 정책과 노동탄압에 대해서는 강하게 반발하면서 실리추구 원칙은 유지하는 한편, 민주노조 진영에 대해서는 견제와 경쟁의 태세를 취했어요. 한국노총은 1989년 초 이래 노태우 정권의 노동탄압은 반대하지만 폭력적 운동은 경계한다는 자세를 보였습니다. 1989년에는 노동절을 3월 10일에서 5월 1일로 바꾸고, 정치위원회를 설치하며 1980년 정화해고자 복귀활동을 벌이는 한편, 11월 5일에는 노동악법 개정 및 경제민주화 촉구 궐기대회를 서울 보라매공원에서 대규모로 개최했습니다. 또한 정부 지원을 받아 전국 18개 지역에 노동상담소를 설치하고 중앙교육원을 건립하면서, 복수노조 금지와 제3자 개입 금지 조항을 존속시키는 노동법 개정을 청원했죠. 한국노총에 대한 국가지원이 확대되기 시작한 것은 1989년 노동통제가 강화된 시점부터였고, 한국노총 사업에 대한 정부의 재정지원 확대는 실질적으로 가장 중요한 통제강화 방안이었던 셈입니다(노중기, 1995: 295).

한국노총은 전노협 결성에 대해 전체 노동자의 단결과 전진을 저해할 수 있다는 점에서 깊은 유감과 우려를 표명했습니다. 1990년 "국민대중 속에 뿌리박는 노총"을 강조한 한국노총은 3월 24일 노동탄압 분쇄 및 1990년 임투 승리 결의대회를 통해 정부의 노동탄압을 비판하는 한편, 5월 1일 노동절 기념행사를 치렀습니다. 이 해에 노사정 합의기구로 국민경제사회협의회(경사협)를 구성했지만, 정부가 공식 참여를 거부함으로써 정체되기도 했죠.

이러한 변화 위에서 한국노총은 1991년 정기 대의원대회에서 1990년대 한국노총의 운동기조와 활동방침을 채택하고, '민주복지사회 실현을 위한 노동조합주의'로 자기 이념을 설정했습니다. 이어 다양한 이탈조직 흡수 활동을 벌였고, 지방선거에서 자기 조직 후보를 당선시키는 데 진력했죠. 선거 결과, 한국노총은 기초의회 후보 64명 중 26명, 광역의회 후보 38명 중 3명을 당선시켰습니다. 이런 한편에 정부의 총액임금제 실시와 고용의 유연화를 위한 노동법 개정방침에 강력히 반발했어요. 한국노총은 10월 11일부터 정부방침 저지 결의대회를 가진 데 이어, 11월 1일에는 박종근 위원장의 단식농성, 20

개 산별연맹 위원장과 15개 시도지역본부가 무기한 철야농성을 전개했습니다. 또한 11월 16일 장충단 공원에서 노동법 개악저지 궐기대회를 열어, 정부 방침에 대한 반대 의지를 분명히 했죠.

한국노총의 정부 임금정책 반대투쟁은 조합원 2만여 명이 집결한 1992년 5월 1일 1992년도 노동절 기념 및 총액임금제 분쇄 결의대회(서울 장충단공원)로 연결됐습니다. 한국노총은 조직 안정책의 하나로 이탈 조직 1,665개, 조합원 68만 7,652명을 재흡수하기 위해, 대우조선, 서울지하철, 현총련 등 민주노총 주력 조직과의 연대·협력 관계 수립을 위해 노력하지만 별다른 성과를 얻지 못했죠.

한국노총의 개혁은 문민정부 아래서 이룬 노총·경총 임금합의로 다시 심각한 위기를 맞았어요. 한국노총은 김영삼 정부가 출범과 더불어 고통분담론을 제기하자 노동자 희생 강요라며 반발하면서도, 이른바 노총·경총 임금합의를 성사시켰습니다. 이어 한국노총은 1994년에 사전 여론 정비작업을 거쳐 중앙노사 임금 및 정책·제도 개선을 위한 사회적 합의를 추진했습니다. 한국노총은 이 합의를 높이 평가했지만, 산하 단위노조에서는 큰 비판과 반발에 이어 조직 이탈이 일어났죠. 또한 민주노조 진영에서는 합의 분쇄를 목표로 내걸고 강력한 투쟁을 전개했습니다.

이에 한국노총은 1994년 11월 17일 사회적 합의 포기를 선언하면서, 민주노조운동 진영에 '노동계 통합'을 제의했죠. 아울러 한국노총은 대의원대회 다음가는 의결기구로 중앙위원회를 설치하는 한편, 노총 발전을 위한 특별대책위원회를 구성하여 노동운동의 자주성, 민주성 확립 강화와 노조의 도덕성 고양, 노동조직의 대통합 추진을 골자로 하는 노동운동 발전방안을 발표했습니다(한국노총, 1995: 150~180).

아울러 한국노총은 시민운동의 확산에 맞추어 사회적 연대 확대와 통일 문제에 나서기 시작했어요. 1994년 3월 우리농업지키기 범국민운동본부 결

1992년 한국노총 주최 노동절 기념 및 총액임금제 분쇄 결의대회

성 참여와 10월의 한국은행 독립성확보 연대회의, 평화통일 기원대회 참가는 그 일환이었죠. 이후 한국노총은 정신대문제 대책위원회(1994), 돈정치 추방 시민사회단체 연대회의(1997), 경제살리기 범국민운동(1998), 민족화해협력 범국민협의회(1998), 제2건국 범국민추진위원회(1998), 우리민족서로돕기 운동(1998) 등 시민운동과의 연대와 협력을 대폭 확대했습니다.

1995년 한국노총은 1991년의 민주복지사회 실현을 위한 노동조합주의를 발전시켜 2000년대를 대비한 노총의 운동기조와 활동방침을 마련했습니다. 그리고 민주노총이 결성되자 노동계 통합 원칙으로, 노동자 대동단결의 원칙, 자주성의 원칙, 민주성의 원칙을 설정하고, 민주노총에 대해 1996년 2월 중 통합대회를 갖자고 제의했죠. 그러면서 한국노총은 『더 큰 하나로 미래로 - 무책임한 노동운동을 비판한다』는 홍보 책자에서 민주노총을 노골적으로 비판했어요. 그러나 한국노총의 개혁 시도는 박종근 위원장이 집권여당인 신한국당 국회의원 출마를 위해 사퇴함으로써 사실상 좌절과 실패로 끝나고 맙니다.

이후 한국노총은 1996년 3월 6일 열린 정기 대의원대회에서 박인상 전국금속노동조합연맹 위원장을 노총 위원장으로 선출했습니다. 박인상 위원장은 1969년 대한조선공사 파업을 주도했다가 구속 해고됐던 인물로, 한국노총 내에서는 개혁적인 사람으로 알려져 있었습니다. 박인상 위원장이 "현장과 함께 하는 강한 노총 건설"을 강조하면서, 한국노총의 개혁 시도는 다시 상당한 무게를 지니면서 추진됐습니다. 한국노총은 1996년 정기 전국대의원대회에서 지속적인 노총의 개혁과 노동위기 극복을 위한 노동계 통합을 거듭 강조했습니다. 이 방침에 따라 한국노총은 각종 회의를 자주 열어 민주적인 참여를 촉진시키고, 그동안 노동운동의 분열을 촉진한다는 구실로 개정을 반대해 왔던 복수노조 금지 규정의 철폐를 공식적으로 결의하고, 한국합섬 쟁의, 김말룡 의원 사회노동장을 민주노총과 공동으로 집행함으로써 연대의 길을 터 갔습니다.

한국노총의 새로운 개혁 시도는 정부와 집권 여당의 노동관계법 날치기 처리에 항의한 총파업투쟁을 통해 본격적으로 추진됐어요. 1996년 12월 26일 새벽 정부와 집권여당인 신한국당이 노동관계법과 안기부법을 날치기로 통과시키자, 한국노총은 날치기 노동악법 철폐를 요구하며 총파업투쟁을 전개했습니다.

사상 초유의 정치 총파업에 대해 한국노총은 "아무도 기대할 수 없었던 총파업투쟁을 통해 우리는 기득권에 연연하지 않고, 노동운동의 대의에 입각하여 노동자의 생존권 수호와 노동기본권 사수에 매진"함으로써 일대 혁명적 변화를 일구어냈고, "자본과 정권에 타협적·협조적이라는 한국노총의 과거 이미지를 벗고 조합원 중심으로 우뚝 서서 한국노총의 역사를 새로이 쓰고 한국 노동운동의 새장을 열어가고 있다"고 평가했습니다(한국노총, 1998: 258). 이처럼 총파업투쟁은 국가권력과 자본에 대한 한국노총의 타협적이고 협조적인 관계를 단절하는 중요한 계기가 됐을 뿐만 아니라, 조합원들의 투쟁 요구를 집약함으로써 노조민주주의를 회복시키는 데 크게 이바지할 것으로 기대됐고, 그런 점에서 총파업은 한국노총의 개혁 시도에서 분기점이 된 것으로 평가됐죠(김금수, 2004: 208).

이어 한국노총은 1997년 말 제15대 대통령 선거와 관련하여 독자 후보 전술을 선택한 민주노총과는 달리, 정책연합을 통해 "친노동자적 후보를 지지하겠다"는 정치방침을 조직적으로 결정했습니다. 그리고 조직적인 공식 결정이 아니라 박인상 위원장의 개인적 결단이라는 한계를 지니지만, 정책연합의 상대로 야당인 새정치국민회의 김대중 후보를 지지함으로써, 집권 여당만을 줄곧 지지해 왔던 종래의 관행을 깨뜨리게 됐죠. 그러나 국제통화기금IMF 관리체제에 들어가고 김대중 정부가 신자유주의정책으로 기울면서, 결국 정책연합이 동요되었고, 한국노총은 노동운동 발전을 위한 장기전략 모색과 함께 실질적인 개혁을 추진하지 않을 수 없게 됐습니다.

5. 1988년 이후 노동쟁의의 전개

1987년 이후 노동운동의 발전은 조직의 성장과 함께 노동자투쟁의 변화에 의해 이루어졌습니다. 노동쟁의는 1986년 276건에서 1987년에는 3,749건으로 급격하게 증가했습니다. 이후 1988년 1,873건, 1989년 1,616건이었으나, 1990년 이후에는 크게 감소했고, 특히 1995년 이후에는 100건 이하로 줄었습니다. 이렇게 노동쟁의가 1990년 이후에 급격히 줄어든 이유는 정부의 억압이 강화되는 한편에 자본가들이 신경영방식을 동원하여 노동통제를 적극화했고, 임금·노동조건이 상대적으로 많이 개선된 데다, 노조들이 파업투쟁의 실패에 따른 피해를 요량하여 쟁의행위를 자제했기 때문이었습니다(김금수, 2004: 214).

노동자들의 요구는 1992년까지는 임금인상이 압도적으로 많지만, 그 후로는 단체협약이 점점 높은 비중을 나타내면서 점차 다양화되는 모습을 보였습니다. 쟁의방식은 1987년부터 1989년까지는 농성이 많았으나 1990년 이후부터는 작업거부의 비중이 훨씬 컸죠. 그만큼 노동조합이 농성과 작업거부를 효과적으로 활용한 것이죠. 노동자들은 1987년 당시에는 노조도 없이 파업을 벌였지만, 점차 노조를 중심으로 투쟁을 벌이게 됐고, 법을 어기면서 단행하는 파업도 1987년 94.1%에서 1997년에는 21.8%로 줄어들었습니다.

한편, 노동자들은 투쟁을 줄이면서도 일단 투쟁을 벌이면 완강한 모습을 나타냈어요. 이는 곧 쟁의행위의 평균지속일수가 1987년의 경우 5.3일이었으나 1988년에는 10일로 길어졌으며, 1989년 이후에는 18일 이상을 유지했고, 1996년에는 28.6일에 달한 데서 드러나죠. 그만큼 노동쟁의 상태가 첨예화됐죠. 또한 부당해고나 부당노동행위 등 권리분쟁에 대해서는 내부분 상기간 투쟁을 하고 있었습니다. 연도별로 주요 투쟁사례를 보겠습니다.

1988년에 노동자들은 1,873건의 노동쟁의를 일으켰습니다. 주요 투쟁은 4월의 대우조선 파업, 6월의 서울지하철 파업, 7월의 철도기관사 총파업 등이 있습니다. 그런 가운데 지역적 연대투쟁으로 마산·창원지역 노동자의 공동임금투쟁과 노동운동 탄압 저지투쟁이 대표적인 것이었고, 산업별 공동투쟁으로서는 연구전문기술노조협의회 산하 정부출연기관 노조들의 투쟁이 있었죠. 한편 민주노조들은 1988년 봄부터 노동법 개정투쟁을 벌이기 시작하여 점차 전국적 투쟁 전열을 갖추고 전국적인 연대조직체 건설로 나아갔습니다.

1989년 투쟁은 1월 2일 풍산금속 파업에 대한 노태우 정권의 강력한 탄압 시도에 맞서 시작됐습니다. 그러나 이런 탄압 상황 아래에서도 노동자투쟁은 세차게 계속됐죠. 1988년 12월 12일부터 시작된 현대중공업 파업투쟁은 다음 해인 1989년 3월 30일 경찰력에 의한 무력으로 진압되기까지 128일 동안 계속됐습니다. 3월 16일에는 서울지하철노조가 합의각서 이행을 요구하여 전면파업에 들어갔는데, 정부는 즉각 물리력 동원으로 대응했죠. 이 같은 정부의 강경 대응은 지역적 연대투쟁이나 요구조건에 따른 공동투쟁의 강화를 유도했어요. 4월 15일의 부천지역 공동파업, 20일의 구로지역 연대파업, 24일의 마산·창원지역 동맹파업 등이 그 예입니다. 또 외자기업 철수를 둘러싼 투쟁, 방위산업체 공동투쟁, 위장폐업 철회투쟁 등이 공동투쟁의 형태로 전개됐죠. 전국적 차원의 통일투쟁으로서는 노동절을 전후한 노동운동탄압 저지투쟁, 전교조 지원투쟁, 노동법 개정투쟁이 있었습니다. 5월 28일 전국교직원노동조합이 결성된 후 전교조 지도부가 구속되고 1천5백여 명의 교사가 교단에서 내몰린 사태가 벌어지면서, 전교조 탄압 공동대책위원회를 중심으로 한 지원 연대투쟁도 빼놓을 수 없습니다.

1990년 투쟁에서는 전노협의 결성투쟁과 KBS 노동조합의 방송민주화투쟁 그리고 현대중공업노조의 대규모 파업투쟁이 중심을 이루었죠. 1월 22일

전노협이 결성되자, 정부는 2월 들어 전노협 소속 160여 개 노조에 대한 업무조사를 비롯하여 다양한 방법을 동원해 집중적인 탄압을 가했습니다. 업무방해를 구실 삼은 고소고발 유도, 노조 핵심간부에 대한 구속 수배 등의 조처가 취해졌죠. 이런 억압조처 속에서도 전노협 사수투쟁은 끈질기게 계속됐어요. KBS 투쟁과 현대중공업 파업에 대한 정부의 강경 대응은 5월 1일을 전후한 노동자들의 노동운동탄압 저지투쟁을 촉발시켰죠. 이 투쟁에는 전국적으로 155개 노조, 12만 명이 참가한 것으로 집계됐습니다. 5월 투쟁 이후 마산·창원 90명, 울산 50명을 비롯해 294명의 노동자가 구속됐고, 2백여 명의 노동자가 고소·고발되거나 수배됐습니다.

1991년 투쟁에서는 국가권력과 노동운동 사이에 첨예한 대결 양상이 빚어졌어요. 정부는 2월 10일 연대를 위한 대기업노조회의(연대회의) 소속 간부 67명을 무더기로 연행하여 그 가운데 노조 위원장을 비롯한 지도급 간부 7명을 구속했고, 5월에는 한진중공업 박창수 위원장의 옥중 사망 사태가 벌어져, 이에 항의하는 노동자투쟁이 전국에 걸쳐 격렬하게 전개됐습니다. 6월에는 전국택시노련 서울지부, 광주지부, 인천지부, 여수지부 등이 단계적 완전월급제를 주장하며 파업을 벌이기도 했죠. 단위사업장 투쟁으로서는 2월의 대우조선노조 파업, 4월의 외국계 은행인 웨스트팩은행노조의 222일에 걸친 파업, 5월의 원진레이온 노동자의 직업병대책 관련 투쟁, 7월의 기아자동차 노조 파업, 8월의 현대중공업노조 파업 등이 주요 사례로 꼽힐 수 있습니다. 한편, 9월 들어 정부가 노동관계법 개정안을 발표하면서, 노동법 개악 저지를 위한 투쟁이 고조되어, 정부의 노동법 개정 시도는 노동자의 거센 저항에 부딪혀 무산되고 말았죠.

1992년 노동자투쟁은 정부의 총액임금제 분쇄투쟁, 노동법 개정투쟁, 고용보장투쟁, 노동운동탄압 저지투쟁이 주조를 이루었습니다. 정부의 총액임금제 시행 방침에 대한 노동조합의 반발은 맹렬했어요. ILO 공대위는 총액임금제는 임금인상 억제를 유도하고 노동조합의 활동을 위축하려는 음모라고 규정하고, 총액임금제 시행 저지를 위한 다양한 형태의 투쟁을 조직했습니다. 4월에는 총액임금 대상 업체 205개 노조 대표들이 모인 가운데, 총액임금제 저지를 위한 전국노동자대책위원회가 결성되어 공동투쟁을 벌여나갈 것을 결의했죠. 총액임금제 분쇄투쟁은 지역 차원이나 개별 사업장에서도 이루어졌습니다. 한편, 노조활동에 대한 권력과 자본의 억압에 대응한 투쟁으로서는 1월 창원공단을 중심으로 벌어진 효성중공업, 대림자동차, 기아기공 노조의 투쟁과, MBC노조의 9월 투쟁이 대표적 사례였습니다. 1991년 말 연말특별상여금 지급을 요구하여 발단된 현대자동차노조의 투쟁은 1992년 1월 들어 회사 쪽의 휴업조처 철회와 노조간부들에 대한 고소·고발 취하로 마무리됐습니다.

1993년 노동자투쟁은 현총련이 주도한 현대그룹계열사 노조들의 공동투쟁으로 집약됩니다. 이 밖에도 노총·경총 임금인상 합의안 분쇄투쟁, 노동법 개정투쟁, 해고자 복직투쟁 및 고용보장투쟁이 큰 줄기를 이루었죠. 1993년 임금교섭에서 노총·경총 임금인상 합의안이 자율교섭을 제약하는 요소로 작용하게 됨으로써, 이를 깨뜨리려는 투쟁이 주요 사업장들에서 전개됐어요. 합의안의 임금인상 범위 4.7~8.9%는 정부의 임금 인상억제 정책을 뒷받침하는 것으로서, 아무런 법적 구속력이나 분명한 근거가 없는 내용이었죠. 그런데도 임금교섭에서는 사용자 측의 교섭 방편으로 활용되어 이를 무너뜨리려는 노동자투쟁이 사업장 각 곳에서 제기되지 않을 수 없었습니다. 1993년 노동자투쟁 가운데 빼놓을 수 없는 것이 해고자 복직투쟁입니다. 해고자 복직투쟁은 전국구속·수배·해고노동자 원상회복투쟁위원회(전해투)가 주축이 되어 추진됐습니다.

1994년 노동쟁의는 1993년의 144건보다 23건이 적은 121건에 그쳤고, 쟁의 참가자 수도 줄어들었어요. 그러나 노동손실일수는 130만 8천 일에서 148

만 4천 일로 오히려 크게 늘었고, 그에 따라 쟁의 건당 노동손실일수도 9,083일에서 1만 2,264일로 급증했습니다. 이것은 투쟁 건수는 줄었으나 투쟁내용은 매우 완강하고 치열했음을 뜻합니다. 1994년의 투쟁은 노총·경총합의 반대 및 임금인상투쟁과 한국자동차보험의 부당노동행위 반대투쟁, 전지협 투쟁, 자동차 5사 노조의 삼성그룹 승용차 진출 반대투쟁이 주류를 이루었죠. 이 밖에 임단투와 관련한 주요 투쟁으로는 아남산업의 임금인상을 둘러싼 전면파업, 메리놀병원의 임금인상 및 부당인사 철회를 요구한 파업, 단체협약 교섭기피와 노조탄압에 항의한 금호타이어노조의 파업농성, 임금인상 및 일방중재 철회를 요구한 한진중공업노조의 LNG선상 파업농성, 석 달간 진행된 현대중공업의 파업 등을 들 수 있으며, 현대정공, 롯데기공, 상신브레이크, 쌍용자동차, 조폐공사, 동부제강, 두산유리 등에서도 치열한 파업투쟁이 있었습니다. 또한 1993년부터 활발한 투쟁을 전개해오던 전해투가 해고자 복직문제에 대해 관심을 보이지 않은 한국노총을 점거하여 농성을 벌였던 사건은 해고자 문제에 대한 경각심을 불러일으켰다는 점에서 주목을 받았습니다.

1995년 노동쟁의는 88건에 머물렀으며, 참가자 수와 노동손실일수도 1987년 이후 최저수준을 기록했죠. 그러나 사업장별로 벌어진 투쟁들이 여전히 치열했습니다. 뿐만 아니라 자본 측과 언론의 지원에도 노사협조주의를 지향하던 현대자동차노조의 이영복 집행부가 선거에서 패배한 사실, 노조의 요구가 종래 임금인상에서 단체협약 개선으로 바뀌었다는 점 등 과거와 다른 새로운 양상이 나타나기도 했습니다. 1995년도 노동자의 투쟁은 예년과 같은 임금인상 및 단체협약 개선투쟁, 한국통신노조 투쟁, 신경영전략에 대한 저항투쟁 그리고 민주노총(준)이 주도한 사회개혁투쟁이 중심이었죠. 특히 상반기 투쟁을 주도한 것은 정부의 선제 과잉탄압에 대한 한국통신노조의 투쟁이었습니다. 이 투쟁 과정에서 39명이 구속되고 31명이 해고됐으며 3천여 명이 징계를 당했습니다. 한편, 쟁의의 감소가 노사관계의 안정을 의미하는 것이 아니라는 사실은 세 명의 노동자가 스스로 목숨을 끊은 데서 극명하게 나타났습니다. 5월 12일 현대자동차노조 양봉수 대의원은 회사 측의 부당한 생산속도 증가에 항의하다가 해고당한 후, 회사 출입을 거부하는 회사 측에 항의하여 분신을 했고, 대우조선의 박삼훈 조합원은 회사 측의 현장탄압과 교섭기피에 항의하여 6월 16일 분신 후 투신자살했습니다. 또한 대우정밀 병역특례자로 해고된 조수원 노동자도 전해투 농성장에서 사망했습니다.

1996년 임단투는 뚜렷한 파장이 없어 보였어요. 공공부문 대규모사업장 5개사 노조의 공동투쟁과 현총련 산하 대규모사업장 노조들의 파업투쟁이 있었지만 그리 길지 않은 기간 내에 타결이 이루어졌고, 경찰력의 투입과 노동조합 간부의 구속·수배와 해고로 막을 내리는 장면도 많지 않았죠. 그러나 1996년 임단투는 커다란 질적 변화를 예고하고, 또 일정한 성과를 쌓기도 했어요. 특히 요구의 측면에서 변화의 특징이 두드러졌는데, 임금인상에서 단체협약 관련 부문으로 요구의 무게중심이 이동하는 현상이 분명해졌습니다. 그런 만큼 주요한 쟁점들이 단체협약 부문에서 형성됐죠. 한편, MBC노조가 사장퇴진과 공정방송 실현을 요구하며 3월 18일부터 파업에 돌입하여, 시민사회단체의 응원을 받으며 일정한 성과를 거두기도 했습니다. 그러나 한국노총 전력노조 한일병원지부 김시자 지부장이 1월 12일 부당징계에 반대하여 회의장에서 분신한 사건은 노조민주화의 과제가 여전히 얼마나 중요한가를 여실히 드러내는 가슴 아픈 일이었습니다.

1997년의 투쟁 역시 치열했습니다. 통일중공업에서는 9월 임금-매출연동제에 반대하여 파업을 벌이다가 5명이 구속됐고, 한양대병원에서는 차수련 위원장의 복직합의 이행을 요구하며 파업을 벌이다 역시 두 명이 구속당했습니다. 한국후꼬꾸와 덕부진흥은 용역깡패를 동원하여 노조간부들을 폭행하는 만행을 저질러져, 노동자의 분노에 불을 지르기도 했죠.

6. 노동법 개정 총파업의 폭발

　한국의 노동법은 1953년 최초로 제정됐습니다. 1960년대 이후 역대 정권은 국가안보와 경제개발의 가속화라는 명분 아래 집단적 노동관계법을 수차례 개악하여 노동운동을 억압해 왔습니다. 1970년대에는 노동기본권을 박탈하여 노동자 보호법으로서의 노동법의 의미를 완전히 사장시키기도 했죠. 노동조합은 기회가 있을 때마다 노동법의 민주적 개정을 요구해왔고, 1987년 노동자대투쟁 이후에는 노동악법 개정을 주요한 요구내용으로 10년 동안 줄기찬 투쟁을 전개하여 왔습니다.

　이러한 투쟁의 성과로 노동법 개정에 대한 국내외의 관심과 요구가 거세졌고, 노동법 개정은 한국사회의 핵심적 민주개혁과제의 하나로 부각됐어요. 문민정부를 자처한 김영삼 정부는 "세계화시대에 걸맞은 신노사관계"의 구축을 추진하고, 그 일환으로 노동법 개정에 착수합니다. 노동법 개정작업은 1996년 5월 9일 대통령 자문기구로 구성된 노사관계개혁위원회(노개위)를 중심으로 이루어졌죠. 노개위는 노·사·공익위원으로 구성됐고, 민주노총도 한국노총과 동등한 노동자대표 자격으로 여기에 참여했습니다.

　노개위에서는 노동법 개정을 둘러싸고 6개월 간에 걸쳐 노사간에 치열한 공방전이 벌어졌어요. 대체로 사용자 측은 단결의 자유보장은 최대한 제한하고, 정리해고제, 변형근로시간제, 파견근로시간제 등 이른바 고용의 유연화를 위한 정책을 도입하기 위해 적극적인 공세를 폈죠. 대기업들에서는 명예퇴직 강요와 감량경영 공세를 적극적으로 전개함으로써 협상에 힘을 실었습니다. 노조 진영에서는 노동기본권을 제약하는 독소조항의 전면 폐지와 고용의 유연화에 반대하여 맞섰습니다. 정부는 공식적인 것은 아니지만 노동기본권은 현실에 맞게 보완하되 노동의 유연화는 최대한 보장해야 한다는 입장이었죠.

노개위는 완전 합의를 보지 못한 채, 합의된 것과 공익위원안 만을 정부로 이송했습니다. 정부는 1996년 11월 10일 국무총리와 14개 관련부처 장관들을 위원장과 위원으로 하여 노사관계개혁추진위원회(노개추)를 구성하고, 1996년 12월 3일에 노개위 공익위원들의 개정안보다 훨씬 후퇴한 내용으로 개정안을 의결했습니다. 그리고 12월 10일 국무회의 의결을 거쳐 11일에는 제14대 국회 마지막 정기회의에 이 안을 제출했습니다.

12월 6일 입법예고안이 발표되자 노동조합 진영은 맹렬하게 반발했어요. 한국노총은 성명을 발표하고 균형과 합리성을 바탕으로 했다는 정부의 주장은 거짓이며, 과거 군사정권처럼 노동자의 희생을 담보로 경제성장을 획책하려는 기도를 담고 있다고 맹비난했습니다. 민주노총은 그날 중앙위원회를 열고 12월 12일 자정까지 이 법안의 강행 통과방침을 철회하지 않을 경우, 12월 13일 13시부터 4시간 총파업에 들어가고, 16일 13시부터는 무기한 총파업을 단행한다는 요지의 대응방침을 결정했습니다.

노동조합의 반발은 곧바로 직접적인 행동으로 이어졌습니다. 한국노총은 12월 9일 비상 임시대의원대회를 개최하여 총파업을 결의했고, 12월 11일 박인상 위원장의 무기한 단식 및 노총, 산별, 지역본부, 지역지부 간부 철야농성을 결행했으며, 12월 20일 노동법 개악 기도 규탄대회를 개최했습니다.

민주노총은 12월 9일부터 10일까지에 걸쳐 전국 단위노조 간부 1천5백여 명의 상경투쟁을 조직했고, 12월 10일 국회 항의투쟁을 벌였으며, 12월 11일 지역본부별 집회를 개최했죠. 또 12월 12일 중앙위원회를 열어 12월 13일로 예정했던 총파업을 유보하는 대신, 민주노총 임원과 산별연맹 및 그룹조직 대표자 17명이 12월 16일부터 서울 명동성당에서 삭발농성에 돌입하기로 했습니다. 12월 18일에는 국회와 신한국당 앞에서 집회를 열었으며, 12월 23일에는 노동법개정투쟁본부 대표자회의(투본대표자회의)를 열어 12월 24일부터 민주노총 산하 전 단위노조 간부가 비상대기하면서 노동법 개정안이 처리될 경우 총파업을 벌일 태세를 갖추었습니다.

상황은 급박하게 돌아갔어요. 그러나 여당인 신한국당은 국회 회기종료를 며칠 앞둔 시점에서 상임위원회 심의도 거치지 않은 채 1996년 12월 26일 새벽 6시에 154명의 의원들을 끌어 모아 단 6분 만에 안기부법 개정안과 노동법 개정안을 날치기로 통과시키고 말았죠. 민주노총은 즉각 총파업 지령을 산하조직에 내렸고, 정부 수립 후 초유의 전국적인 정치 총파업이 불을 뿜기 시작했습니다.

민주노총의 총파업투쟁

민주노총이 주도한 총파업은 4단계에 걸쳐 진행됐습니다. 제1단계는 1996년 12월 26일부터 1997년 1월 2일까지에 걸친 노동법 날치기 처리에 대한 즉각적인 대응의 조직화 과정이었고, 제2단계는 1997년 1월 3일부터 1월 14일까지에 걸친 두단계 총파업의 확산과 투쟁의 정비 과정이었습니다. 제3단계는 1997년 1월 15일부터 1월 19일까지에 걸친 투쟁의 고조기였고, 제4단계는 1997년 1월 20일부터 3월 10일까지에 걸친 총파업의 마무리 시기였죠(민주노총, 1996: 172~189).

12월 26일 집권당의 날치기 법안 통과 직후 민주노총은 투쟁방침을 발표했습니다. 그 내용은 26일 오전 즉각 무기한 총파업 돌입, 파업 출정식 개최, 권역별 집회, 총파업 이외의 다양한 전술 구사 등이었죠. 이 방침에 따라 12월 26일 민주노총 산하 단위노조 85개, 조합원 14만 2,954명이 총파업을 전개했어요. 민주노총 지도부는 서울 명동성당에 천막을 설치해 농성에 들어갔고, 전국 12개 지역에서 10여만 명이 참가한 가운데 규탄집회가 열렸습니다. 총파업을 이끈 노조들은 주로 금속, 자동차산업 등 제조업에 속한 조합원들이었죠.

1997년 1월 서울역 앞 날치기 법안 통과 규탄 노동자총파업 모습

총파업은 이틀째인 27일 크게 확산되어 165개 노조에 21만 82명이 참가했고, 28일 173개 노조 22만 2,368명, 30일 186개 노조 21만 4,051명, 31일 172개 노조 20만 7,215명을 기록하여 연인원 100만 명이 참가한 놀라운 성과를 낳았습니다. 총파업은 자동차, 조선, 현총련 등 제조업에 속한 노조들이 주축이 되고, 사무직의 전문노련과 공공부문의 병원노련, 지하철이 가세하는 양상이었습니다. 노동자들은 총파업과 함께 전국 각지에서 노동법 날치기 통과 규탄 및 총파업 결의대회를 연일 열었어요. 이 집회에는 26일 12개 지역 10만여 명, 27일 15개 지역 12만여 명, 28일 15개 지역 12만여 명, 30일 20개 지역 10만여 명이 참가했습니다.

민주노총은 12월 30일 연말연시 시민들의 불편을 고려하여 지하철과 병원 등 공공부문의 파업을 잠정 중단하고, 1997년 1월 3일부터 재개하겠다고 밝혔습니다. 그리고 31일에는 1단계 총파업투쟁을 정리하고, 1월 3일부터 전개될 2단계 총파업투쟁을 준비하는 총파업투쟁승리 발대식과 노동자시민한마당을 열었습니다. 민주노총은 1997년 1월 2일 기자회견을 통해 "신한국당 이홍구 대표를 비롯한 당직자 전원과 이수성 내각의 총사퇴를 촉구하고, 향후 대선까지 민주 세력과 연대하여 범국민적인 김영삼 정권 퇴진 및 신한국당 해체투쟁에 나설 것임"을 밝혔습니다.

정부는 12월 27일 대검찰청 공안부에서 관계기관대책회의를 열어 총파업을 명백한 불법으로 규정하고 주동자를 사법처리 하겠다고 밝혔고, 현대중공업은 파업을 주도하고 있는 노조 지도부 12명을 업무방해 혐의로 고발했으며, 검찰 당국은 총파업 주동자에 대한 사법처리 방침을 재천명했습니다.

제2단계 총파업은 1997년 1월 3일부터 1월 14일까지 전개됐습니다. 민주노총은 2단계 총파업투쟁 방침을 발표하고, 이번 "총파업은 단기적인 규탄투쟁이 아니라 장기적인 정치투쟁으로 지속되어야 하고, 노동법 개악안에 대한 전면 백지화를 요구하면서, 나아가 김영삼 정권 퇴진을 주장하여야 한다"고 밝혔습니다. 새해 첫날인 1월 3일에는 48개 노조, 조합원 7만 5,389명이 2단계 총파업에 참가했습니다. 2차 총파업투쟁은 자동차 완성업체 노조들과 주요 조선업체 노조, 주요 기계금속업체 노조, 그리고 일부 화학업체 노조가 주도했어요. 여기에 지방신문사 노조들이 가세했고, 각 지역별로 결의대회가 열렸죠. 총파업 10일째인 1월 4일, 34개 노조, 조합원 4만 5,317명이 파업에 참가했고, 전국 여러 지역에서 동시다발로 집회가 열렸습니다. 그리고 총파업 11일째인 1월 5일, 노동법·안기부법 날치기 규탄 범국민대회가 서울 종묘공원에서 열렸습니다.

총파업 12일째인 1월 6일, 148개 노조 조합원 19만 606명이 파업에 참가함으로써 1단계 파업 최고조 수준을 거의 회복했고, 사무전문직 화이트칼라 노조들이 총파업 대열에 가세했습니다. 총파업 13일째인 1월 7일에는 언론노련 산하 방송 4사 노조, 병원노련 산하 24개 노조, 지역의보노조 등이 가세하여, 총파업투쟁 전개 이래 규모가 가장 확대됐죠. 울산지역에서는 현총련 소속 조합원 1만 5천여 명이 울산시청을 둘러싸고 노동법 개정 철회를 요구하는 시위를 벌였습니다. 이날 김영삼 대통령은 연두 기자회견을 열어 "노동법 개정은 경제를 살리기 위해 불가피했으며, 안기부법 개정은 공산당 무리를 막기 위해 불가피한 것"이라며 노동법·안기부법 개정안을 철회할 의사가 없음을 분명히 밝혔습니다.

총파업 14일째인 1월 8일, 민주노총은 이날을 '국민과 함께 하는 날'로 정하고, 각 연맹별로 대국민 서비스 활동과 범국민서명운동을 벌였습니다. 현대자동차서비스노조 조합원들은 전국 12개 시·도 26개 지역에서 자동차정비와 월동관리 요령 등 자동차 경정비 서비스를 제공하면서 시민들에게 총파업투쟁의 의미를 설명하고 서명운동을 전개했죠. 병원노련 소속 노동자들은 전국 10여 개 지역에서 의료봉사활동을 실시하면서 서명운동을 벌였습니다. 제조업의 경우에는 노동자들이 공단 거리행진 후 청소를 진행하기도 했습니다. 한편, 1987년 6월 항쟁에서 투쟁의 큰 축을 이루었던 사무전문직 노동자 1만여 명이 참가한 가운데, 노동법·안기부법 날치기 통과 무효와 민주주의 수호를 위한 사무직 노동자·시민 총결의대회가 서울 탑골공원에서 열렸고, 전국 각 지역에서 집회와 서명운동이 전개됐습니다.

총파업 15일째인 1월 9일, 156개 노조, 19만 3,085명이 파업을 계속했습니다. 그리고 이날 '신한국당 규탄의 날' 행사가 전국 30여 개 지역에서 실시됐으며, 곳곳에서 경찰과 시위대 사이에서 충돌이 일기도 했죠. 1월 10일, 총파업이 계속 열기를 뿜는 가운데 검찰은 파업 지도부 7명을 포함한 노조 지도급 간부 20명에 대한 사전 구속영장을 법원으로부터 발부 받아 영장집행을 시도했습니다. 한편, 총파업 지지와 한국 정부에 대한 압력 행사를 목적으로, 국제자유노련ICFTU, 국제노동기구ILO, 경제협력개발기구 노조자문위원회 OECD TUAC, 국제금속노련IMF 간부 4명이 방한했습니다.

총파업 17일째인 1월 11일, 149개 노조, 조합원 14만 9,080명이 총파업을 계속했습니다. 이날 전국 20여 개 지역에서 노동자, 시민, 학생 10만여 명이 참가한 가운데 범국민 결의대회가 열렸어요. 서울에서는 노동법·안기부법 날치기 무효화 및 민주수호를 위한 범국민 결의대회 후 경찰과 투석전이 벌어지기도 했죠. 이날 각계 대표들은 '노동법·안기부법 날치기 개악 무효화와 민주수호를 위한 1997인 시국선언'을 발표했으며, 한국기독교교회협의회KNCC 회원 2백여 명은 서울 기독교회관에서 날치기 규탄 집회를 가졌습니다. 1월 12일, 국제노동단체 항의 방문단 4명은 명동성당에서 민주노총 지도부와 공동 기자회견을 열어 "민주노총과 한국노총의 요구는 정당하며, 항의단은 한국 정부가 변칙 처리한 노동법 개정안을 철회하도록 계속해서 압력을 넣을 것이다"라고 밝혔죠. 한편, 이날 서울 성북경찰서장을 비롯한 경찰관 20여 명이 명동성당을 방문해 파업 지도부에 대한 구속영장 집행을 시도했으나 사수대 배여 명의 저지로 실행을 못했습니다.

총파업 19일째인 1월 13일 천주교정의구현사제단은 1987년 6월 민주항쟁 이후 처음으로 전국 신부 2,390명 가운데 862명이 서명한 시국성명을 통해, "불법 개정된 안기부법·노동법을 신앙의 양심으로 수용할 수 없어 불복종할 것임을 선언한다"고 밝힌 데 이어, 저녁에는 명동성당에서 '김영삼 정권 회개를 위한 시국 기도회'를 열고 명동성당 앞에서 거리행진을 벌였습니다. 이밖에도 14개 불교단체로 구성된 반민주악법 저지를 위한 불교 비상시국회의는 서울 조계사에서 '민주 수호를 위한 시국법회'를 열었으며, 각 대학 교수들이 시국 성명을 발표했고, 대중조직과 시민운동단체들이 노동법·안기부법 철회와 대통령 사과를 촉구했습니다. 또 전국 24개 대학 형법·노동법 전공 교수 30명이 기자회견을 열고 "이번 총파업은 헌법 질서를 수호하기 위한 저항권 행사의 하나이다"라고 주장하면서, 노동법 개정안 무효화와 파업 지도부 구속 방침 철회 등을 요구했죠. 총파업 20일째인 1월 14일, 민주노총이 2차 대국민 선전의 날을 실천하는 가운데, 한국노총 박인상 위원장이 민주노총 지도부 농성장인 명동성당을 방문하여 민주노총과 공동기자회견을 열고, 노동법·안기부법 재개정 촉구와 전국노동자 공동집회 개최 합의를 발표했습니다.

1월 15일부터 1월 19일까지는 총파업투쟁기간 중 가장 많은 노동조합과 노동자가 총파업에 참가하여 투쟁이 최고조에 이르렀습니다. 특히 15일에는 390개 노조, 조합원 35만 3,899명이 참가하여 투쟁의 절정을 이루었죠. 또 집회 양상이 행진에서 가두시위로 확대됐고, 1월 15일에는 전국적으로 최대 인원이 참가한 가운데 20여 개 지역에서 총 16만여 명이 가두시위를 했습니다. 또한 민주노총은 한국노총과 공동전선을 형성하여 공동기자회견, 공동집회 등을 개최하는 계기를 마련할 수 있었습니다. 한편, 김영삼 정권은 국민적 지지와 여론 및 총파업투쟁의 기세에 밀려 파업 지도부에 대한 사법처리 방침을 유보하고 텔레비전 토론 개최 등 여론공세를 취하는가 하면, 각계 원로와 대화하려는 모습을 보이는 등 여론을 반전시키기 위해 노력했으나 무위로 돌아가고 말았죠.

제4단계 파업은 1월 20일부터 2월 28일까지에 걸쳐 전개됐어요. 정부·여당이 1월 21일 노동법 재개정과 민주노총 지도부에 대해 발부된 구속영장 철회 방침을 밝히자, 민주노총은 투쟁 전환을 발표했죠. 그 내용은 전면파업을 잠정 중단하고 매주 수요일을 총파업의 날로 정해, 지하철, 통신 등 필수적 공공부문을 제외하고 모든 사업장이 하루 시한부 파업에 돌입한다는 것이었습니다. 이런 파업 전술 변화에 따라 이 기간 중에는 1월 22일 파업(135개 노조, 조합원 14만 838명 참가)과 2월 28일 파업(96개 노조, 조합원 12만 9,644명 참가)만이 있었습니다. 그 대신 집회를 비롯하여 대국민 선전활동, 서명운동, 선전·홍보활동 등이 있었죠. 한편, 1월 26일에는 민주노총과 한국노총이 서울 여의도에서 공동으로, 날치기 노동법·안기부법 무효화와 민주적 노동법개정을 위한 전국노동자대회를 개최했습니다.

이렇게 4단계에 걸쳐 진행된 민주노총 주도의 총파업투쟁을 총괄하면 한 번 이상 총파업에 참가한 노조 수는 531개, 조합원 수는 40만 4,054명이었습니다. 총파업에 참가한 노조와 조합원 수의 누계는 3,422개 노조, 조합원 387만 8,211명으로 집계되어, 1일 평균 163개 노조, 조합원 18만 4,498명이 참가한 것으로 나타났죠. 그리고 전국 주요 도시에서 30회 이상의 대규모 집회가 개최되었고, 연인원 150만여 명의 노동자와 시민이 집회에 참가했습니다.

한국노총의 총파업투쟁

한국노총은 노개위에 적극 결합하여 자신의 요구와 주장을 관철하고자 했으나 정부가 노개위 공익안보다 후퇴한 선에서 노동법을 개정하려는 것을 보고 투쟁태세로 돌입했습니다. 이에 따라 한국노총은 1996년 12월 들어 정부의 노동법 개악 음모를 분쇄하기 위한 총파업투쟁 준비를 본격적으로 추진했습니다. 한국노총은 1996년 12월 5일 산하 조직에 총파업투쟁 지침을 시달했는데, 그 주요 내용은 사전 홍보활동을 강화하고 총파업 준비를 철저히 하는 한편, 12월 13일 긴급 조합원 총회를 통해 쟁의행위 찬반투표를 실시하며, 16일과 19일에 총파업을 결행한다는 것이었습니다.

12월 15일 한국노총은 의장단을 비롯하여 산별연맹 위원장, 시·도 지역본부 의장과 지역지부장, 한국노총 간부 등 120여 명이 모여 총파업 결단식을 가졌습니다. 한국노총은 총파업 선언문에서 "우리의 총파업은 노동운동의 새장을 여는 첫걸음이다. 권력의 탄압과 자본의 압제를 벗어나 노동자의 인간다움을 선언하고 희망을 잉태하는 역사적인 결단의 순간이다. 1,200만 노동자의 총단결로 생존권 사수와 노동악법 철폐를 위한 총파업의 깃발을 높이 올리자. 그리하여 노동운동 200년 역사 앞에 부끄럽지 않은 노동자의 권리를 쟁취하고 노동탄압을 영원히 추방해야 한다"고 주장했습니다. 한국노총은 12월 16일 결행하기로 했던 총파업을 유보했지만 각 조직이 중식 규탄집회를 열고, 투쟁의지를 확고히 천명하기 위해 한국노총 임원과 전 간부, 20개 산별연맹 대표자와 전 간부, 15개 지역본부 및 51개 지부 대표자 및 전 간부, 단위노조 대표자 등 6천여 명이 전국에서 일제히 삭발을 단행했죠.

12월 26일 노동법 개정안이 날치기로 국회에서 통과되자 한국노총은 총파업 돌입을 선언했습니다. 한국노총이 주도한 총파업은 2단계로 전개됐죠. 1단계 총파업투쟁은 12월 27일부터 12월 31일까지 진행됐는데, 오전에는 규탄집회 및 조합원 토론회를 개최하고, 오후에는 가두홍보와 신한국당 반대 서명운동 등을 벌이는 방법을 취했습니다. 2단계 총파업은 1997년 1월 14일과 15일 이틀 동안에 걸쳐 진행됐어요. 1단계 총파업에는 한국노총 산하 553개 노조, 조합원 15만 6,561명이 참가했고, 2단계 총파업에는 1,510개 노조, 조합원 37만 7,936명이 참가했습니다. 두 차례에 걸쳐 진행된 한국노총 주도의 총파업에는 연인원 153만여 명이 참가한 것으로 집계됐습니다(한국노총,

1997: 58~59). 한국노총은 총파업을 전개하면서 전국 각지에서 대중적인 항의집회를 조직했고, 노동법 개악반대 조합원 서명운동, 신한국당 규탄집회 및 항의방문, 위원장의 단식투쟁 및 철야농성 등의 다양한 투쟁을 병행했습니다. 한국노총은 1월 31일 기자회견을 열고 "3월 1일 이전에 날치기 노동악법을 무효화하고 국제적 기준에 맞게 재개정할 것과 이 요구가 받아들여지지 않으면 임단투와 연계하여 5월 1일 총파업에 돌입한다"고 발표했죠.

이와 같은 한국노총의 투쟁은 국가와 자본은 물론 일반의 예상을 뛰어넘는 적극성을 띤 것이었고, 총파업의 정당성과 불가피성을 홍보하는 데 적지 않은 역할을 했어요. 한국노총의 총파업 참여 및 민주노총과의 공동투쟁전선 형성은 지배블록의 전략적 구상에서 벗어난 것이었으며, 결국 정부·여당이 날치기 통과시킨 노동법 개악안이 재개정되도록 하는 데 한몫을 했습니다(장홍근, 1999: 217~218).

총파업의 의의와 성과

1996년 12월 26일 폭발한 노동자 총파업이 예상을 완전히 뒤엎고 국민적 저항으로 확산되어가자, 김영삼 정부는 당초의 태도를 바꾸어 수습을 서둘렀습니다. 그 결과 김영삼 대통령은 종교 지도자들과의 만남과 여야 영수회담을 거쳐 국민에 대해 사과하고 노동법 재개정을 천명했죠. 이에 따라 1997년 2월 17일 임시국회가 소집됐고, 국회 본회의에서 12월 26일 날치기 통과시켰던 4개 법안을 폐지하고, 3월 11일 4개 개정안을 여야 합의로 통과시켰습니다. 이렇게 하여 1996년 총파업은 많은 의의와 성과를 남기면서 대단원의 막을 내렸습니다.

1996년 12월 총파업투쟁은 대한민국 정부 수립 이후 최초의 총파업이었습니다. 총파업은 한국노동운동사상 가장 많은 노동자가 참가했고, 기간도 1929년 원산 총파업 다음으로 길었어요. 총파업은 서울에서 제주도까지 전국에 걸쳐 일어났으며, 제조업에서 사무·전문·서비스에 이르기까지 전 산업, 전 직종의 노동자가 여기에 참가했습니다. 또한 노동관계법 개악에 대한 항거라는 점에서 분명히 정치적 파업이었고, 이전의 어떤 총파업보다 계획적이고 조직적인 형태를 취했으며, 완강함과 장기성에서도 질적인 비약을 보였죠. 그리고 각계각층의 항의와 행동을 분출시켜 결합하고 노동자들이 선도함으로써, 사회운동에서 노동자 중심성을 분명하게 세웠습니다. 특히 민주노총의 지도부는 총파업을 통해 국민의 지지를 받는 강력한 사회 세력으로 부상했습니다. 또한 총파업투쟁은 노동자계급의 정치적·계급적 자각을 높이고, 정치세력화의 필요성을 확인하는 중요한 계기가 됐고, 총자본의 세계화, 신보수주의 공세에 맞선 투쟁으로 세계 노동자의 연대와 지지를 확보했습니다.

총파업의 실제적 성과 역시 매우 컸죠. 노동자들은 총파업을 통해 개악 노동법을 일단 저지하고, 노동법의 재개정과 파업 지도부에 대한 구속방침 철회 등 정권의 후퇴를 이끌어냈습니다. 총파업은 노동자의 민주적·계급적 단결을 강화했고, 산별노조 건설의 토대를 구축했으며, 민주노총의 사회적·정치적 위상을 강화했습니다. 총파업은 민주노총과 한국노총이 노동자계급 공통의 이익을 수호하기 위한 투쟁에서 제한적이나마 통일된 전선을 형성하는 계기를 만들었고, 노동자계급의 투쟁 동력이 살아 있다는 사실을 확인해주었습니다. 이 밖에 노동운동의 국제적 연대 활성화의 가교가 됐을 뿐 아니라, 각국의 노동자계급에게 신보수주의 공세에 대한 투쟁의 가능성과 희망을 보여주기도 했죠. 그리고 다양한 투쟁형태의 개발과 전술에 있어서 풍부한 경험과 교훈을 남겼습니다(민주노총, 1996: 183~184).

그럼에도 총파업은 조직력, 투쟁력, 정치역량, 연대전선 구축, 파업전술과 지도력 등 여러 가지 면에서 많은 문제점과 과제를 노동운동에 던져주었습니다. 조직 확대와 강화, 기업별노조의 극복 및 산별노조 건설, 사회변혁을 목표로 하는 이념의 정립, 경제투쟁과 정치투쟁의 통일, 노동전선 통일과 정치세력화의 추진 등이 그것입니다. 무엇보다 총파업 후 새로 통과된 노동법이 상급단체 복수노조 금지조항을 곧바로 폐지하고, 정리해고제 시행 시기를 2년 유예한 것을 제외하면 극히 부분적인 개정에 불과했다는 점에서, 노동조합은 조만간 다가올 노동유연화 공세에 대비하지 않으면 안 됐습니다.

총파업 이후 민주노총은 1997년 임금인상 및 단체협약 개선투쟁과 사회개혁투쟁을 전개하면서 정치세력화를 위한 활동에 나섰어요. 총파업은 노동조합운동의 힘을 과시하기는 했지만 쟁취한 성과는 극히 미흡했기 때문입니다. 임단투는 4대 목표(공동교섭 쟁취, 3자 개입금지 무력화, 전임자 축소 저지와 임금감축 반대, 고용안정 보장)와 재벌의 해체 등 15대 요구 쟁취에 중점을 두었습니다. 민주노총은 정치세력화를 위해, 1998년 지자체 선거 진출 → 1998~99년 정당건설 → 2000년 국회 원내 진출을 경로로 설정하고, 1997년 말 대통령 선거에는 국민후보전술로 대응하기로 했습니다.

이러한 방침에 따라 민주노총은 운동전선체인 민주주의 민족통일 전국연합과 함께, '민주와 진보를 위한 국민승리21'을 결성하고 대통령 후보로 권영길 민주노총 위원장을 선출했어요. 그러나 선거의 결과는 참담한 패배였습니다. 한국노총 역시 총파업투쟁으로 확보한 개혁의 가능성을 구체화하기 위해 노력하는 한편 대통령 선거와 관련하여 300대 요구를 제기하고, 이 요구를 가장 많이 받아들이는 당선 가능한 후보를 지지한다는 이른바 정책연합을 추진했습니다. 정책연합은 노총 역사상 처음으로 야당인 새정치국민회의를 상대로 했고, 김대중 후보가 대통령에 당선됨으로써 결실을 거두게 됐죠.

제9장

외환위기와 노동운동의 시련

1. 신자유주의 세계화의 엄습과 노동환경의 변화
2. 김대중·노무현 정권의 노동정책: 정치적 민주화와 신자유주의정책
3. 노동조건의 후퇴와 비정규직노동자의 급증
4. 노동자대중의 저항투쟁 격화
5. 노동운동 혁신의 성과와 한계
6. 이명박 정권의 가중된 압박과 노동운동 위기의 심화
7. 노동운동의 재도약을 위한 시도

꽃이 진 자리에
꽃은 피지 않는 것인가
그대 한 떨기 통꽃으로 진
그 자리엔 스산한 바람 그리고 바람

(……)

이제 남은 건
빈 산 빈 하늘
아무리 뒤돌아봐도 텅 빈 들판

그래 이제 시작이다
처음처럼 다시 시작하는 거다
빈 들판 가득
바람으로 달려가는 거다
가서 꽃으로 피어나는 거다
때가 되면
툭
툭
툭
통꽃으로 떨어져
빈 산 가득 꽃물결 이루는 거다
빈 하늘 향해 꽃향기 날리는 거다
우리가 만난 그 첫날 그 밤처럼
뜨겁게 일어서는 거다
다시 시작하는 거다

(김수열 '우리 처음처럼' 중에서)

1. 신자유주의 세계화의 엄습과 노동환경의 변화

1996~97년 총파업 이후 노동운동이 새로운 길을 모색하는 가운데 우리나라의 정세는 돌이키기 어려운 상황으로 내몰리고 있었습니다. 김영삼 정권의 임기 종료 석 달 전인 1997년 11월 돌연 국가경제의 부도 위험, 곧 외환위기가 밀어닥친 것이죠. 국제수지는 대폭 적자에다 경제성장률은 마이너스로 급전직하했고, 기업의 도산과 휴폐업이 속출했습니다. 실업자는 150만 명으로 폭증하고 중산층은 빈민층으로 전락하여 온 사회가 혼란의 도가니에 빠져 들었죠. 나라 전체가 위기극복에 나설 수밖에 없게 됐고, 노동조합 또한 예외가 될 수는 없었어요. 이런 상황에서 연말 대통령 선거에서는 야당인 새정치국민회의의 김대중 후보가 당선됐습니다. 김대중 당선자는 이미 힘을 잃은 김영삼 정권을 대신하여 임기 시작 전부터 위기 수습을 서둘렀습니다.

원래 우리나라 외환위기는 국내의 취약한 경제구조에 초국적 독점자본이 새로운 초과이윤을 위해 뛰어든 신자유주의 세계화 공세에서 비롯된 사태였습니다. 곧 외환위기는 국가주도의 경제성장 과정에서 형성된 부실투성이 재벌들이 과도하게 은행 빚을 얻어 문어발식의 방만한 경영을 하다가 격심한 경쟁에서 이기지 못해 일부가 무너지자 줄줄이 도산사태를 맞게 됐고, 이에 따라 자본이동의 자유화정책을 타고 들어온 단기성 투기자본이 국외로 대량 유출되면서, 대외신인도의 하락, 그리고 경상수지 적자로 외화조달이 어려워진 데서 비롯된 것이었습니다. 이러한 국가부도 위기의 틈새를 신자유주의 세계화를 주도해온 초국적 투기자본이 파고들었죠.

외환위기를 벗어나기 위해 정부는 황급히 외채를 끌어들였습니다. 국제통화기금IMF은 구제금융을 제공하는 조건으로, 재정·금융 긴축과 구조조정, 정리해고제의 도입, 근로자파견법 제정, 시장의 대폭 개방, 국공영기업의 민영화를 주요 내용으로 하는 정책 변화를 요구했고, 정부는 이를 그대로 받아들였습니다. 전형적인 신자유주의정책이었죠.

12월 26일 대통령 당선자는 'IMF체제 극복을 위한 노사정위원회' 구성을 한국노총과 민주노총에 제의했습니다. 한국노총은 위원장이 새정치국민회의와 정책연합을 선언한 상태였고, 민주노총은 1998년 1월 7일 중앙위원회에서 "민주적 구성과 운영을 전제로 노사정 3자협의체를 구성하고 중앙교섭을 전개한다"는 방침을 결정했죠(민주노총, 1998: 129). 이에 1월 15일 제1기 노사정위원회가 출범하여 치열한 논의 끝에 1월 20일 '경제위기 극복을 위한 노사정 간의 공정한 고통분담에 관한 공동선언문'을 채택했어요.

이 위원회는 김대중 당선자 측이 민주노총의 요구를 수용하는 대가로 민주노총이 정리해고 법제화와 근로자파견법 제정을 수용할 것을 요구한, 민주노총과 김대중 당선자 측 사이에 협상의 장이었습니다. 당시 민주노총은 2월 총파업을 배수진으로 치고 있었지만, 외환위기 직후 대량실업과 휴폐업이 진행되는 속에서 현실적으로 총파업은 불가능하다는 판단과, 협상을 통한 수정 없이 정부 측 원안대로 정리해고가 법제화되고 근로자파견법이 제정되면 노동자대중의 상태는 더욱 악화된다는 판단 아래, 1백여 개 요구조건을 내걸고 협상에 임했다고 합니다(김유선, 2007가: 239). 이 협상에서 전교조 합법화 등 민주노총의 핵심 요구들에 대한 논의가 길어져 2월 6일 새벽에야 '경제위기 극복을 위한 사회협약'에 잠정 합의가 이루어졌습니다. 그 내용은 노동기본권을 보장(공무원·교원의 단결권 보장, 정치자금법 개정과 노조의 정치활동 보장, 실업자의 초기업단위 노조가입 허용 등)하고, 정리해고와 파견근로의 법제화에 동의하며, 기업은 구조조정을 촉진하는 대신, 경영투명성 확보에 노력하고, 정부는 고용 및 실업 대책, 물가안정, 임금안정과 노사협력 증진, 그리고 사회보장제도의 확충(고용보험 1인 이상 사업장으로 확대 실시, 임금채권보장제도 도입,

의료보험 통합 일원화, 국민연금기금의 민주적 관리운영 등)에 노력한다는 것이었죠. 그러나 논의가 길어지면서 민주노총은 내부적으로 협상 과정을 공유할 시간적 여유를 가질 수 없었고, 2월에는 정기대의원대회에서 위원장 직무대행체제를 벗어나 새 지도부 선출을 앞두고 있었습니다.

이런 상황에서 2월 9일 열린 민주노총 임시대의원대회에서는 쇠파이프가 난무하는 가운데 기립투표로 사회협약안을 부결시켰어요. "민주노조 지도부가 어떻게 정리해고에 합의할 수 있으며, 정리해고 태풍을 민주노총이 어떻게 책임질 거냐", "협상대표단이 직권조인한 것으로 절차상 하자가 있다"는 것 등이 부결의 이유였습니다. 이에 따라 민주노총 1기 지도부는 총사퇴하고, 새로이 구성된 비상대책위원회는 총파업 돌입을 결의했지만 성사되지 못했죠. 한국노총은 국민 전체가 함께 살아야 한다는 절박한 상황인식을 바탕으로 "평화적 대타협을 통해 국가신인도를 제고시킴으로써 노동자의 고용안정을 보장하고 위기에 빠진 경제와 국가를 구하기 위한 충정"에서 사회협약안을 타결했다고 밝혔습니다(한국노총, 1998: 594). 결국 2월 13일 임시국회는 정리해고 2년 유예 조항을 삭제하고[1] 근로자파견법을 제정했습니다. 이로부터 노동현장에서는 급격히 위기의식이 커졌고, 노동운동은 험난한 시련과 혼란으로 치닫기 시작했죠. 노동운동은 탐욕스러운 초국적 자본의 제단에 노동을 바쳐야 하는 비극을 스스로 감내해야 했습니다.

불과 1년 전 건국 이래 최초 최대의 총파업으로 위세를 떨쳤던 노동운동이 이처럼 어려운 국면에 들어선 것은 무엇보다 급격한 상황 변화 때문이었습니다. 정치적 민주화와 노동운동의 급성장을 특징으로 하는 이른바 1987년 체제가 자본의 신자유주의적 세계화에 의해 노동이 희생되는 1997년 체제로

---

[1] 1996~97년 총파업이 끝난 후 3월 8일 국회에서는 근로기준법 중 정리해고제 시행을 2년간 유예하는 것으로 개정한 바 있습니다.

바뀌면서 노동운동이 설 땅을 잃게 된 것이죠.

　1987년 노동자대투쟁 이후 군사독재 세력이 물러가고 정치적 민주화와 민주노동운동이 급성장하는 한편, 시민운동이 활성화하고 남북한 화해관계도 크게 성숙됐습니다. 그러나 사회·경제적 민주화는 확고하게 진전되지 못한 상태에서 외환위기를 계기로 본격화한 신자유주의정책과 노동 유연화전략이 쓰나미처럼 밀어닥친 것입니다. 아울러 세계화와 초국적 자본의 급증, 저성장·고실업의 구조 변화, 경영합리화의 광범한 추진, 기업의 해외진출과 제조업 공동화 확대라는 새로운 환경이 도전으로 다가왔죠. 여기에 권력과 자본은 경제위기 극복이라는 명분을 앞세워 노동조건의 하락과 노동운동의 자제를 강요했고, 기존의 노동운동이 취했던 전략 전술은 전혀 먹혀들지 않는 상황이 됐습니다. 시련과 혼란은 필연일 수밖에 없었죠.

2. 김대중·노무현 정권의 노동정책: 정치적 민주화와 신자유주의정책

1998년 2월 25일 들어선 김대중 대통령의 '국민의 정부'는 반세기 만의 수평적 정권교체라는 의미를 부각시키면서 개혁을 추진했어요. 정부는 민주주의와 시장경제의 병행 발전을 국가의 기본가치로 천명하고, 외환위기 극복, 정치적 민주화, 남북한 화해 증진을 기본 축으로 국정을 운용했습니다. 수구 보수의 기득권 세력의 반발과 대통령 가족 및 권력 내부의 부패로 곤경을 치르지만 정치적 민주화는 진전됐고, 특히 2002년 남북한 정상회담과 6·15 공동선언은 남북한 평화 증진의 획기적인 계기를 이뤘습니다. 김대중 정부는 무엇보다 외환위기를 벗어나는 데 온 힘을 기울였고, 다행히 상환 예정보다 3년이나 앞당긴 2001년 8월 IMF 외채 195억 달러를 모두 갚았죠. 경제성장률도 연평균 4.5%를 기록했고, 1998년을 제외하면 4년 평균 7.3%에 이르렀습니다.

이러한 빠른 회복은 금붙이나 귀중품을 아낌없이 내놓은 국민들의 헌신과 열성, 그리고 IT 벤처기업에 대한 집중적인 투자가 영향을 줬습니다만, 무엇보다 노동자들의 양보와 희생 없이는 불가능한 일이었습니다. 그것은 정부가 초국적 자본의 요구에 굴복하여 자본의 신자유주의 세계화전략을 따른 결과였죠. 정부는 외국 자본 도입 및 각종 규제 완화와 함께, 기업·금융산업·공공부문·노동시장의 구조조정을 강하게 밀어붙였습니다. 기업 구조조정은 재벌개혁, 인수합병 절차 간소화, 부실기업 퇴출 등의 조치로 행해졌고, 금융과 공공부문은 은행의 퇴출 및 통폐합과 공기업 민영화정책으로 나타났습니다. 포항제철, 한국통신, 한국전력 등이 민영화 대상에 올랐고, 국민의 세금으로 키운 알짜배기 공기업과 대기업들이 해외에 매각되거나 외국인 지분을 늘렸죠.

[표] 공공기관 민영화 상황(1998~2001)

기업명	매입사	매각상황	매각금액
지분분산매각			
남해화학	농협	1998. 9 완료	3,000억 원
국정교과서	대한교과서	1998. 11 완료	460억 원
종합기술금융	미래와 사람	1999. 1 완료	93억 원
청열	일반 경쟁 입찰	1999. 3 완료	13억 원
G&G텔레콤	미국 프루덴셜	1999. 11	540억 원
한국통신CATV	삼구쇼핑(93.3%), 우리사주조합(6.7%)	1999. 11.24	304억 원
대한송유관	SK,SG,S-OIL, 현대정유, 인천정유	2000. 4	1,970억 원
포항제철	해외DR	1998. 12~ 2000. 9	17억 달러
포항제철	국내 매각	1999. 12~ 2000. 10	8,442억 원
한국종합화학	청산	2000. 11	
한국중공업	두산컨소시엄 36%	2000. 12	3,057억 원
한국중공업	우리사주 등 24%	2000. 9	1,250억 원
안양부천열병합발전소	LG칼텍스, 미국TEXACO	2000. 6	7,710억 원
지분일부매각 & 전략적 제휴			
한국전력	미국 NYSE 5%	1999. 3	7억 5,360만 달러
한국통신	미국 NYSE 14.5%	1999. 5	24억 8,566만 달러
한국통신	1.1% 국내 입찰 매각	2001. 2	
한국통신	미국 NYSE 17.8%	2001. 6	22억 4229만 달러
한국통신프리텔	마이크로소프트, 퀄컴 등과 투자 유치	1999. 11	6억 달러
한국통신파워텔	모토로라 20%	1999. 11	130억 원

자료: 박노영(2001), p.78-81에서 재정리

[표] 국내은행의 외국인지분율 변동 추이(2002, 2006)

	우리	제일	외환	신한	시티	하나	국민	대구	부산	전북
2002	0.69	50.99	34.52	48.97	66.03	33.02	69.78	20.16	12.04	0.07
2006	9.53	100.0	76.00	58.90	100.00	80.21	82.88	66.56	56.06	28.12

자료: 전국금융산업노동조합(2007), p.40에서 재정리

또한 정부는 재벌개혁과 노동기본권 보장을 전제로 노동시장개혁이라는 이름으로 노동의 유연화제도를 확립합니다. 자본은 정리해고, 명예퇴직, 아웃소싱 등 온갖 수단 방법을 동원하여 노동력을 축소했고, 노동현장은 소수의 핵심 노동력과 방대한 비정규 노동력으로 분단됐습니다. 전교조와 민주노총이 합법화됐지만 사회개혁은 실종되고, 재벌자본의 권력은 더욱 강화됐으며, 일방적인 구조조정과 양보교섭의 칼날은 막대한 희생을 강요하며 노동자의 삶을 헤집었죠. 여기에 부동산정책의 실패로 인한 투기의 성행과 신용카드 남발로 인한 과잉소비의 혼란이 근로대중의 삶에 큰 타격을 입혔을 뿐만 아니라, 사회적 양극화의 늪을 형성했습니다. 대량실업에 대응한 사회복지정책은 '생산적 복지'라는 이름으로 추진됐지만, 아직 초보단계였고 특히 비정규직노동자의 문제는 날이 갈수록 심각해졌습니다.

자본의 신자유주의 세계화전략에 따른 노동자대중의 어려움은 노무현 대통령의 참여정부에 와서도 크게 변하지 않았어요. 2003년 2월 25일 출범한 참여정부는 민주주의, 균형발전, 평화와 번영을 국정지표로 내세우고, 탈냉전, 탈권위, 공정과 분권, 남북한 10·4 공동선언 등의 성과를 보였죠. 그러나 노무현 대통령은 재임 기간 내내 보수기득권 세력으로부터 대통령 탄핵 사태를 빚을 만큼 반시장주의 좌파정권으로 매도됐고, 진보 진영으로부터는 신자유주의적 경제정책과 이라크파병, 한미 FTA협상 타결, 환경정책의 표류, 노동의 유연화, 노동운동과의 대립 등을 들어 '좌파 신자유주의정권'이라고 비판을 받았습니다. 퇴임 후 노무현 대통령은 친인척의 비리를 빌미로 한 이명

박 정권의 무차별 공격 앞에 스스로 목숨을 끊어 국내외에 큰 충격을 던졌죠.

참여정부는 12대 국정과제의 하나로 '사회통합적 노사관계'를 천명했고, 직권중재, 손해배상 및 가압류, 공무원노동 기본권보장 등 법 제도 개선과 비정규직노동자 보호, 공권력 투입 자제, 일방적 민영화 철회, 노사정위원회 강화, 외국인 고용허가제 시행 등 적극적으로 현안 해결에 나섰습니다. 대통령의 노동운동 참여 경력까지 보태져서 노동운동 진영의 기대는 매우 컸죠. 정부는 2003년 상반기 두산중공업, 전교조, 철도노조, 조흥은행 등의 투쟁에 대해 노동조합과의 대화와 타협을 통한 해결을 강조했습니다. 그러나 경제사정이 호전되지 않고 자본 쪽의 반발이 거세지자, 참여정부는 2003년 8월 화물연대파업에 대한 공권력 투입을 계기로 강경대응으로 전환하고, 경제위기론, 노동조합 이기주의, 대기업노조 횡포 등 이념적 공세를 펴면서 압박의 강도를 높였어요.

참여정부는 노사관계 개혁과 비정규 보호입법이라는 두 가지 정책 과제를 설정했습니다. 그에 따라 2003년 노사관계 개혁의 장기 전략으로 노사관계 법·제도 선진화 방안(노사관계 로드맵)을 발표했고, 2004년에는 비정규보호법을 논의하기 시작하여 2006년 말 국회에서 관철시켰습니다. 로드맵의 주요 내용은 기업단위 복수노조 인정, 필수공익사업의 확장과 직권중재 폐지, 파업 시 대체근로 허용, 정리해고 사전통보기간의 축소 등이었습니다. 이들 과정은 국민의 정부에 이은 신자유주의 경제정책의 기조 아래, 한편으로는 노사갈등을 최소화하고 노사관계를 안정시키면서, 다른 한편으로는 노동시장 유연화로 인해 발생한 사회적 양극화를 해결하겠다는, 두 가지 모순된 과제를 한꺼번에 해결하겠다는 의지의 표현이었죠.

3. 노동조건의 후퇴와 비정규직노동자의 급증

IMF 경제위기가 몰고 온 노동환경의 급격한 변화와 신자유주의 경제정책의 전개라는 객관적 조건 속에서 노동시장과 노동자대중의 생활상태 역시 크게 변화했습니다. 먼저 산업별 노동자 구성비에서 제조업이 감소하고 서비스업이 급증했어요. 1980년대 말 28대 45였던 제조업과 서비스업 구성비가 2003년에는 19대 64, 2010년에는 17대 69로 크게 변화한 것이죠. 이것은 서비스업이 조직화가 어렵고 단순노무직이 많다는 점에서, 저임금과 열악한 노동조건이 일반화할 위험성을 높이는 것이었습니다.

다음으로 고용형태별로 보면, 비정규직노동자의 비중이 크게 늘어났습니다. 비정규직노동자는 김영삼 정권의 노동시장 유연화정책이 추진되면서 증가세가 커졌고, 외환위기 이후인 1999년 3월부터는 절반을 넘어섰습니다. 그리하여 2000년 8월 전체 노동자 중 58.4%(758만여 명)라는 최고의 비중을 보인 이래, 2002년 56.8(772만여 명), 2003년 55.4(784만여 명), 2005년 56.1(840만여 명), 2007년 54.2(861만여 명)로 전체 노동자의 절반 수준을 크게 넘어섰고, 그 후 다소 낮아져 50% 전후 수준에서 고착됐습니다. 이들 비정규직노동자들은 고용이 불안정할 뿐만 아니라 장시간근로에다 임금은 정규직노동자의 절반 수준에 미달했습니다. 2007년 당시 비정규직노동자들의 사회보험 적용률은 32~35%였고, 퇴직금·상여금·시간외수당·유급휴가는 15~22%만 적용받고 있었습니다.

이러한 비정규직노동자의 증가는 경제 환경 변화에 따른 불가피한 현상이 아니라, 정부의 노동시장 유연화정책, 기업의 인사관리전략 변화, 노조의 조직률 하락 등에 기인하며, 노조책임론 내지 정규직 과보호론과는 관련이 없는 것으로 분석됐죠(김유선, 2005: 63~64).

한편, 임금 및 노동조건을 보면 명목임금은 1998년 2.5% 하락한 이후 2007년까지 연평균 6.9% 인상(5인 이상 사업체)됐으나, 소비자물가가 같은 기간 3.2% 상승함으로써 실질임금 증가율은 연평균 3% 수준에 머물렀습니다. 실질임금 증가율은 노동생산성 향상률보다 매년 낮은 수준에 머물렀고, 아울러 사업규모별, 남녀별, 학력별 임금격차는 개선되기보다 갈수록 확대되거나 정체되는 양상을 보였죠. 그 결과로 OECD 가입국 가운데 우리나라가 임금불평등도, 성별 임금격차, 저임금계층 비율에서 1~3위를 차지하는 열악한 상황으로 나타났습니다. 노동소득분배율은 1996년 63.4%를 정점으로 매년 하락추세를 보이다가, 2006년 61.4%로 회복됐으나 2011년에는 다시 59% 수준으로 하락했죠.

다음으로 주당 근로시간(10인 이상 사업체)은 1998년 45.9시간에서 2007년 43.5시간으로 10년 사이 2.4시간 줄어들었으나, 초과노동시간이 거의 줄지 않아, 전체근로시간은 2007년 43.5시간을 기록했습니다. 이 때문에 법률상으로 2004년 7월 1일부터 단계적으로 주40시간제가 시행됐음에도, 연간 노동시간은 2천 시간을 훨씬 넘어 세계 최장의 수준을 보였죠.

이러한 장시간노동과 열악한 노동조건은 빈번한 산업재해로 나타났어요. 산업재해자는 1990년 13만 2천여 명에서 1998년 5만 1천여 명으로 감소했으나, 이후 다시 증가하여 2003년 9만 4천여 명, 2007년 9만 1천여 명을 나타냈습니다. 사망자 역시 비슷한 추세를 보여 1998년 2,212명에서 2003년 2,923명으로 급증했고, 2007년에도 2,406명으로 장기적으로는 증가추세를 보였습니다. 직업병환자(업무상 질병요양자)는 1998년 1,288명에서 2003년 7,740명, 2007년 1만 449명으로 급증했습니다.

이처럼 김대중·노무현 정권의 정치적 민주화와 신자유주의 세계화의 무분별한 수용이라는 모순된 정책 아래에서, 노동현장은 구조조정과 노동유연화의 광풍에 휩쓸려 극도로 황폐화됐습니다. 정규직노동자들은 고용불안과 근로조건 저하에 시달려야 했고, 노동조합은 양보교섭으로 임금 및 근로조건의 후퇴를 감내하는 대신 고용안정을 요구했지만, 정부와 자본은 더욱 더 가혹한 희생을 요구했습니다. 전체 노동자의 절반을 넘은 비정규직노동자들은 고용불안과 함께 극도의 저임금과 차별 및 사회복지의 사각지대에 방치돼 있었습니다. 그럼에도 자본과 권력은 여전히 임금소득에 상관없이 일자리만 만들면 된다는 식이었어요. 정부는 2006년 비정규직보호법을 제정하지만 그 내용은 비정규직 노동의 확산을 허용하고 실효성 없는 차별 완화에 그치고 말았습니다. 결국 노동시장의 분단과 사회적 양극화는 날이 갈수록 심화됐고 노동자의 불만은 격렬한 저항투쟁으로 분출됐죠.

4. 노동자대중의 저항투쟁 격화

노동자들은 자본의 신자유주의 세계화전략이 관철되자 격렬히 저항했어요. 그 결과 파업 건수가 급격히 늘어났습니다. 1987년 3,400여 건에서 1997년 78건까지 줄었던 파업은 1998년 129건으로 급증한 후 매년 증가하여, 1999년 198건, 2000년 250건, 2001년 235건을 거쳐, 2002년에는 322건으로 늘어났습니다. 참여정부 들어서도 파업은 더욱 늘어, 2003년 320건, 2004년에는 1990년대 중반 이후 최고인 462건을 기록했다가, 2005년 287건, 2006년 138건, 2007년 115건으로 다시 감소했죠. 이것은 1일 8시간 이상의 파업만 계산된 것으로 시한부파업까지 포함하면 건수는 훨씬 늘어납니다. 노동손실일수 역시 1997년 44만 4천 일에서 98년 145만 2천 일, 2002년 158만 일 등 2006년까지 매년 100만 일을 넘어섰습니다(2005년은 84만 8천 일).

파업의 원인은 종래 임금인상과 근로조건 개선 중심에서, 정리해고 반대를 비롯하여 조업단축, 회사매각에 따른 해고, 희망퇴직, 소사장제, 기업통합 등 구조조정 반대와 고용안정 및 인사(징계)위원회 노조참여 보장과 같은 경영문제 관련 사항으로 옮겨갔습니다. 파업 원인 중 임금인상이 1998~2007년 17.7%에 불과한 것이 이를 말해줍니다. 노동자투쟁은 임금 및 노동조건 개선투쟁과 아울러 구조조정 저지투쟁, 비정규직 권리투쟁, 공무원 및 교원의 노동기본권 확보투쟁, 제도개선투쟁 등으로 나뉘어 전개됐습니다.

구조조정 저지투쟁

구조조정 저지투쟁은 과거 임금인상투쟁에 비교할 수 없을 만큼 치열하고 처절한 양상을 보였어요. 사회안전망이 전혀 갖추어지지 않은 상황에서 구조조정으로 인한 해고는 사망선고나 다름없기 때문입니다. 투쟁이 치열한 만큼 희생도 많았죠. 권력과 자본 쪽은 대량 해고와 노조간부에 대한 징계와 전환배치, 손해배상과 가압류, 노조간부의 구속수배 등으로 노동자들의 절규를 억눌렀습니다. 구조조정은 민간부문과 공공부문을 가릴 것 없이 대대적으로 이루어졌으나 투쟁은 대부분 회사별로 분산되어 전개됐고, 당초의 목표를 달성하지 못함으로써 노조 자체가 약화되는 사례가 빈번하게 나타났습니다.

대량해고에 맞서 전개된 구조조정 저지투쟁은 은행, 자동차, 조선, 제철, 기계, 금속, 화학섬유, 통신, 건설 등 대부분의 기간산업부문 대기업에서 일어났고, 정리해고, 회사합병과 통폐합, 해외매각 또는 이전 등에 대한 반대를 핵심으로 내걸었습니다. 투쟁은 1998년 2월 만도기계노조 파업에서 시작하여 4월 현대자동차가 9천2백 명의 감원계획을 발표함으로써 본격화됐습니다. 기아자동차, 인천제철, 고려, 아남반도체, 영창악기, 한양공영, 코콤, 이천전기 등에서는 노동조합이 구조조정 반대에 나서자 공권력이 투입되어 노조간부를 대량으로 구속하고 해고하는 사태가 벌어졌죠. 1999년에는 한국중공업, 삼환기업, 대림자동차, 대우조선, 삼미특수강에서 분쟁이 일어났고, 2000년에는 자동차 4사 노조의 대우·쌍용자동차 매각반대 투쟁, 금융노조의 은행 통폐합 반대 총파업, 축협 등의 통폐합 반대투쟁, 한국통신노조의 구조조정 반대파업, 국민·주택은행 합병 반대파업 등이 벌어졌습니다.

새로운 시대라는 21세기 들어서서도 잔혹한 구조조정에 대한 치열한 투쟁은 계속됐죠. 대우자동차노조는 회사 측이 해외매각을 앞두고 정리해고를 전격 단행하자 즉각 파업으로 맞섰고, 정부는 공권력을 투입하여 잔혹하게 탄압했습니다. 효성·고합·태광 등 울산지역 화섬업계 3사 노조가 구조조정과 해외이전에 반대하여 장기간의 파업을 전개했고, 오리온전기, 두산중공업, 대우자동차판매노조 등도 구조조정 반대투쟁에 나섰습니다. 공공부문에서는 철도·가스·서울지하철·도시철도·발전노소 등이 국가 기간산업 민영화 저

1998년 정리해고에 반대하는 현대알루미늄 노조원들

지 공동투쟁조직을 결성하여, 민영화법안 국회상정을 저지하는 등 강력한 대응태세를 갖췄죠. 이들은 2002년 들어 구조조정 반대와 노동기본권 보장을 요구하며 활발한 투쟁을 전개했습니다. 발전·철도·가스공사 노조들은 구조조정에 반대하여 2월 연대파업을 벌였고, 특히 발전노조는 '산개투쟁'이라는 새로운 형태의 전술을 구사하면서 38일간의 장기간 파업을 단행했습니다.

참여정부가 출범한 2003년에는 철도노조, 조흥은행노조, 궤도 3사 노조, 기아특수강노조 등에서 투쟁이 전개됐고, 2004년에는 쌍용자동차노조의 해외매각 반대파업을 필두로 궤도 5개사, 한미은행 파업이 일어났고, 2005년에는 흥국생명, 코오롱, 대우종합기계, 한원CC클럽, 일간스포츠 등에서 정리해고 반대파업이 전개됩니다. 2006년에는 동우공영, 철도노조, 코오롱, KTX 승무원들이 나서고, 2007년에는 하나증권, 인천 콜트 악기, 부산교통공사, 경남제약, 뉴코아, 서울대병원 등에서 구조조정과 일방적인 경영합리화에 반대하여 일어섰습니다.

비정규직노동자들의 투쟁

외환위기 이후 급증한 비정규직노동자들은 2000년 말부터 조직적인 투쟁을 벌이기 시작했습니다. 비정규직노동자들의 투쟁은 기간제노동자들의 정규직화 요구가 대부분이었고, 사내하청노동자들의 원청회사와의 직접교섭과 정규직화, 특수고용노동자들의 노조인정 등이 주류를 이룹니다. 2000년 12월 한국통신 계약직노조 조합원들의 도급 전환에 반대하는 파업으로 시작된 비정규직노동자들의 투쟁은, 2001년 한국통신 계약직노조와 대우캐리어 사내하청노조 투쟁 등 3건, 2003년 화물연대, 근로복지공단 비정규직노조 등 2건, 2004년 현대중공업 사내하청노조, 하이닉스-매그나칩 등 3건, 2005년 현대자동차 사내하청노조, 울산 건설플랜트노조, KTX, 기륭전자 등 9건, 2006년 동희오토, 화물연대 등 2건, 2007년 기아자동차 사내하청노조, 재능교육,

코스콤, 이랜드노조 등 7건으로 해를 거듭할수록 증가했죠.

이들 투쟁은 비정규직노동자들이 처한 조건을 반영하여 수세적 방어적 성격이 정규직노동자들보다 짙고, 파업보다는 농성·집회·시위투쟁이 많았으며, 장기간에 걸쳐 극단적 투쟁방식에 호소하는 경향이 주류를 이루는 한편, 외부 연대에 대한 의존도가 높은 특징을 보였습니다.

비정규노동자들의 극한 투쟁은 다수가 전개하는 방식과 소수의 노동자 또는 활동가들이 하는 방식으로 나뉩니다. 전자의 경우로는 2001년 한국통신 목동전화국 점거투쟁, 캐리어 조립룸 점거투쟁처럼 사업장 점거 농성방식이 널리 활용됐고, 때로는 정부기관 청사, 집권정당 당사 혹은 국회의원 사무실을 기습 점거하여 농성에 돌입하기도 했습니다. 후자의 경우로는 삭발, 단식투쟁이 이어졌고, 타워크레인 노동자들의 고공농성이 거의 매년 되풀이되는가 하면, 한국통신 노동자의 한강대교 농성(2001년), GM대우 창원공장 굴뚝농성(2006년), KTX 서울역 조명철탑 농성(2008년), 기륭전자의 구로역광장(2008년), 현대자동차 울산공장 타워농성(2011년) 등이 전개됐습니다. 아울러 2003년 근로복지공단, 2004년 현대중공업, 2010년 현대자동차 울산공장에서는 분신을 통한 저항투쟁이 일어났습니다(조돈문, 2011: 1 43~148).

비정규직노동자들의 투쟁은 고립적이고 산발적으로 전개되어 패배한 경우도 많았지만, 정규직노조와 연대하여 승리하는 사례도 많이 나타났습니다. 이러한 비정규직노동자 투쟁에 대해 민주노총을 비롯한 중앙조직과 산업별 조직들은 다양한 형태로 지원했어요. 지원투쟁의 내용은 주로 비정규직노동자 보호와 관련된 법률 제도 개선에 집중됐죠. 민주노총은 1998년부터 2006년까지 총 24회의 총파업을 추진하여, 법안 상정의 유보로 철회한 7회를 제외하고 17회나 총파업을 전개했습니다. 특히 2004년 말부터 2006년 말까지 2년여 동안은 비정규노동자 보호입법 내지 악법저지 투쟁에 집중했습니다. 한국노총 금융노조는 2003년 산별교섭에서 비정규직 확산 자제와 처우개선을 위한 공동합의문을 발표했죠. 또한 2004년 말 노동부 조사결과를 통해 대기업의 사내하청이 대부분 불법임을 밝혀짐으로써, 간접고용의 왜곡된 모습이 드러나기도 했습니다.

이렇게 비정규직노동자가 급증하고 저항투쟁이 격화하자, 국가권력은 2006년 8월 공공부문부터 대책을 강구하지만, 그 내용은 반복갱신 기간제의 무기계약화, 비정규직 사용규모 관리, 비정규직 차별요인 제거 및 처우개선, 외주화의 합리적 기준 마련 등 원인 제거보다는 차별 완화와 같은 사후적인 내용이 주를 이루었습니다.

그러나 민주노총의 총파업투쟁과 비정규직노동자들의 투쟁 및 조직화가 진전되면서, 정규직노동자들이 비정규직노동자들과 이해가 상충된다는 사실을 경험했고, 정규직 노동조합이 조합원의 요구에 밀려 우호적인 연대활동을 회피하는 일이 일어나기도 했어요. 비정규직 투쟁에 대한 적대적 행위로 민주노총에서 제명된 현대중공업노조나, 오히려 비정규직에 적극적으로 연대활동을 하다 임원진이 노조원들의 불신임을 받아 중도 사퇴한 GM대우 창원공장노조가 그 주요한 사례들입니다. 이러한 정규직노동자의 압박으로 인해 현대자동차노조 같은 민주노총의 핵심조직들조차, 민주노총의 비정규직 권리입법 총파업투쟁에는 참여하지만, 정규직노동자들의 고용안정성 문제와 직결된 단위사업장 문제에 대해서 적극적 연대를 기피하고 적대적 입장까지 취하는 양면성을 보이기도 했죠(조돈문, 2011: 60~61).

공공부문 노동자들의 투쟁

공공부문 노동자투쟁은 은행·공기업 구조조정 저지와 공무원노조결성 및 노동기본권 확보의 두 흐름으로 전개됐습니다. 공공부문 구조조정 저지투쟁은 공기업의 민영화, 회사 통폐합과 해외매각 또는 이전 등에 대항한 것으로, 2000년 들어 금융 및 통신 분야에서 시작됐습니다. 구조조정정책의 일환으로 행해진 은행과 축협 등의 통폐합에 반대하는 파업이 전개됐고, 금융노조는 산별노조로 전환한 데 이어 7월 총파업과 12월 국민·주택은행 합병 반대 파업을 전개했습니다. 그리고 2003년 6월에는 조흥은행노조가 신한금융과의 통합에 반대하는 파업을 벌였고, 지역 농협, 축협 등은 그 이후에도 일상화한 구조조정으로 인해 숱한 갈등과 분쟁에 시달렸죠. 한국통신노조가 2000년 구조조정 반대파업을 벌인 데 이어, 2001년에는 철도·가스·서울지하철·도시철도·발전 등의 노조들이 국가 기간산업 민영화 저지 공동투쟁조직을 결성하여 민영화법안 국회상정을 저지했고, 2002년에는 발전·철도·가스공사 등의 노조들이 2월 구조조정 반대 연대파업을 벌였습니다. 이 과정에서 특히 발전노조는 38일간의 장기 파업을 단행했죠.

참여정부가 출범한 2003년에는 철도노조, 궤도 3사 노조, 2004년에는 궤도 5사, 한미은행 파업이 일어났고, 2006년에는 철도노조, KTX 승무원들이 나섰고, 2007년에는 부산교통공사, 서울대병원 등에서 일방적인 구조조정과 경영합리화에 대한 반대투쟁이 전개됩니다.

한편 민주정부가 들어선 이래 활발한 조직화 움직임을 보인 공무원들은 정부의 강경한 반대에도 2001년 3월 전국공무원직장협의회총연합(전공련)과 대한민국공무원노조준비위(공노준)을 출범시켜, 공무원노조법의 법제화를 요구하고 나섰어요. 그리고 2002년 3월에 대한민국공무원노동조합총연맹(공노총)과 전국공무원노동조합(전공노)가 공식으로 출범한 데 이어, 11월에는 전공노가 공무원노조법 제정을 요구하며 2일간의 총파업을 벌이기도 했죠. 이 파업에는 77개 지부 4만 5천여 명의 조합원들이 참여했습니다. 이에 대해 정부는 총파업에 참가한 공무원 2,304명을 징계했고, 그 중 224명을 파면 또는 해임하는 강경책을 행사했어요. 수많은 희생자를 냈지만 공무원노조법 제정의 긴박성과 필요성을 각인시킨 일전이었죠. 그럼에도 공무원노조 결성은 4년 후인 2006년 1월 28일에 이르러서야 허용됐습니다.

임금인상 · 노동조건 개선투쟁

임금인상과 노동조건 개선을 위한 투쟁의 비중은 과거에 비해 많이 줄어들었지만 여전히 치열한 양상을 보였습니다. 외환위기의 엄습으로 구조조정의 위험을 벗어나는 대신 양보교섭으로 임금·노동조건의 정체 또는 저하를 감수했던 노동조합들은 경기가 호전되자 2000년부터 회복투쟁에 나섰습니다. 그 결과로 파업 건수가 매년 늘어났고 임금인상률도 높아졌죠. 1998년 임금수준 저하, 1999년 2.1% 인상에 지나지 않던 협약임금 인상률은 2000년 들어 7.6%로 대폭 상승했고, 이후 2004년까지 5% 이상에서 2008년 4.9%를 기록했습니다(한국노동연구원, 2012: 147). 그러나 그 과정은 결코 순탄치 않았어요. 자본 쪽이 고용불안을 배경으로 임금 억제에 온 힘을 기울였기 때문입니다.

무엇보다 임금인상투쟁을 주도했던 것은 산별노조인 보건의료노조, 금속노조, 금융노조 그리고 자동차 대기업 노조들이었습니다. 보건의료노조는 산별교섭을 거부하는 사용자에 맞서 매년 총파업, 농성, 대각선교섭, 특성별교섭, 노사간담회, 노사토론회 등 다양한 산별투쟁을 전개하여, 임금인상과 산별협약, 사용자단체 구성 등을 쟁취해냈습니다. 금속노조는 매년 시기집중투쟁을 통해 산업 내 최저임금과 사용자단체와의 산별교섭이라는 성과를 확보했고, 금융노조 역시 산별교섭을 통해 조합원들의 노동조건을 평준화했으며, 지부보충교섭에 임금인상 가이드라인을 제시함으로써 노사합의를 촉진할 수 있었습니다.

이 밖에 2000년 롯데호텔 단체협약체결 파업투쟁, 사회보험노조 투쟁, 전교조 단체협약이행 촉구투쟁, 2002년 금속·보건의료·공공연맹·민주화학섬유 등의 임단투 시기집중투쟁, 한국합섬·코오롱 파업, 2004년 GS칼텍스노조 파업과 하이닉스-매그나칩 사내하청노조의 임단협 관련 파업, 2005년 울산건설플랜트노조의 단체협약체결 요구파업, 사회보험노조의 임금인상 요구파업, 한보철강노조의 단체협약 관련 파업, 아시아나·대한항공노조의 단체협약 관련 파업, 덤프연대 화물연대 운송거부, 현대하이스코노조의 파업 등이 이어졌습니다. 이 가운데 롯데호텔노조 파업은 공권력이 투입되어 처절한 탄압을 받았고, 정유사 역사상 최초로 파업을 전개한 GS칼텍스노조 역시 직권중재와 공권력 투입으로 많은 희생자를 내고 노조가 무력화됐으며, 항공사파업에는 긴급조정권[2]이 발동됐습니다.

2006년에도 철도노조 임단협 관련 파업에 이어 포항건설 노조원 1,500명이 단체협약 체결을 요구하여 포스코 본사를 점거하여 농성을 벌이다가, 하중근 조합원이 희생되는 불상사를 겪었습니다. 2007년에는 1월 15일 현대자동차노조의 성과급 요구파업으로부터 시작되어, 한국특수가스, 부산교통공사, 광주캐리어, 타워크레인, 정식품, 대전 지역버스, 연세의료원, 허치슨광양터미널, 여수광양만예선지회 등에서 치열한 교섭과 투쟁이 전개됐죠.

제도개선투쟁의 대표적인 사례는 택시노조의 사납금 폐지와 전액관리제 쟁취를 위한 총파업이었습니다. 민주노총 산하 민주택시노조연맹은 1998년 4월과 11월 전면적 택시운영제도 개혁을 요구하며 총파업을 전개했고, 한국노총 산하 전국택시노조연맹은 12월에 전액관리제를 요구하며 전국 6개 지역 56개 노조가 참가한 총파업을 벌였습니다. 택시노동자들의 숙원이었던 전액관리제는 2000년 12월 건설교통부의 시행규칙에 따라 도입되지만, 사납금제를 강요하는 사용자들의 압박에 실제 시행은 많은 어려움을 겪죠.

총파업투쟁

노동조합은 신자유주의 공세를 저지하고 생존권과 노동기본권의 확보를

---

2 쟁의행위가 공익사업이나 그 규모나 성질이 특별한 것으로 국민경제를 해하거나 국민의 일상생활을 위태롭게 할 위험이 있다고 판단될 때 노동부 장관이 중앙노동위원회 위원장의 의견을 들어 결정하며, 해당 노조는 쟁의행위를 즉시 중단하고 노동위원회의 조정을 거쳐 중재를 받아야 했습니다.

위해 격렬한 투쟁에 나섰고, 그 가운데 일부는 불완전한 상태나마 쟁취한 부분도 있었습니다. 그러나 전체적으로 투쟁은 방어적 수세적인 상태에서 벗어나지 못했고, 기업별로 고립 분산되거나 비조직적인 형태에 머물렀습니다. 심지어 노동조합의 존폐마저도 우려해야 하는 상황도 연출됐죠. 노동운동은 이제 1987년 이후 견지해왔던 전투적 경제투쟁의 위력마저 유지하지 못한 채, 곳곳에서 취약점과 한계들을 드러내고 있었어요. 이러한 불리한 상황을 타개하고 노동운동의 침체 국면을 벗어나기 위해 민주노총은 전면적인 투쟁에 나서게 됩니다.

민주노총은 노사정위원회 합의안 부결 이후인 1998년 5월 말과 7월 초에 정리해고제·근로자파견제 철폐, 고용안정, IMF 재협상을 요구하며, 각각 241개 노조 23만 5천여 명, 101개 노조 22만 2천여 명이 참가한 총파업을 벌였습니다. 2000년 5월 말과 6월 초에는 전면적인 사회개혁전략을 기조로 주5일 근무제 쟁취, 비정규직 정규직화, 구조조정 중단과 임금·단체협약의 원상회복, 조세개혁과 사회보장예산 확충 등을 내걸고, 343개 조직 19만 3천여 명이 참가하는 총파업을 전개했죠.

한편, 이러한 파업에 대해 국민의 정부가 적대적 태도를 보이자 마침내 민주노총은 2001년 6월 대우자동차 정리해고 저지 파업투쟁을 계기로, '김대중 정권 퇴진투쟁'을 선언하기에 이르렀고, 2002년에는 기간산업 사유화 저지와 주5일 근무제를 내걸고 총파업에 나섭니다.

참여정부 시기에 들어서서도 총파업투쟁은 계속됐어요. 민주노총은 정부가 비정규법안을 개악하려 하자, 2004년 11월 말부터 2005년 말까지 5차례, 2006년 4월까지 4차례의 비정규법 개악저지 및 권리보장입법 쟁취를 위한 총파업을 벌였고, 2006년 11월 중순부터 연말까지 노동법 개악저지, 비정규 노동법 개정, 한미 FTA 협상 저지를 내걸고 7차의 총파업을 포함한 총력투쟁을 전개했습니다. 이렇게 민주노총은 외환위기 직후인 1997년 말부터 2009

년 7월 22일까지 29회의 총파업을 추진하여, 23회를 실천에 옮겼고 여기에는 총 2,232개 노조, 255만 6,731명이 참여했습니다(김태현, 2012가: 36).

민주노총이 총파업에서 내건 목표는 구조조정 저지, 공기업 민영화 저지, 기간산업 해외매각 반대, 노동유연화 반대 및 고용안정, 비정규직노동자 권리보장, 노동법 개악저지, 노동기본권 보장, 노동조건 개선 등이었습니다. 민주노총의 투쟁은 쉴 새 없이 밀려드는 자본과 권력의 법률·제도 개악공세에 대응하여 숨 가쁘게 전개됐습니다. 투쟁은 총파업만이 아니라 헤아리기도 어려울 만큼 많은 집회와 시위, 그리고 시민·사회·민중운동조직과의 연대투쟁을 통해 이루어졌죠. 그러다 보니 민주노총의 '총파업을 포함한 총력투쟁'은 총연맹 차원의 충분한 기획과 광범하고도 집중적인 현장토론, 교육, 홍보 등의 사전 준비가 없이 진행되거나, 개별 사업장이나 산업별조직의 요구에 따라 수행되는 경우도 생겨났고, 권력·자본·수구 보수언론의 집중적인 공격과 비난 속에서 진행됐습니다.

한편, 한국노총은 노사정위원회 참여와 협상을 통한 위기 탈출을 시도했지만, 합의 불이행과 구조조정 압박이 가중되자 투쟁에 나섰습니다. 한국노총은 1999년 6월 16일 임금인상과 구조조정 저지, 노사정합의 이행을 요구하며 시한부파업을 벌였습니다. 그리고 12월 13일 김대중 정권과의 정책연합 파기를 선언한 데 이어, 12월 17일 30개 노조 2만 1,457명이 참가한 4시간 시한부파업과 12월 23일 20개 노조 1만 5,262명이 참가한 총파업을 전개했죠(한국노총 1999: 120~123). 또한 공공부문의 민영화정책이 강행되자, 1999년 6월과 12월 구조조정에 반대하는 시한부 총파업을 벌였고, 2000년 7월 금융노조 중심의 구조조정 저지 총파업, 12월의 노동시간 단축, 구조조정 저지를 위한 민주노총과의 공동경고 파업과 국민·주택은행 통합 반대파업, 2003년 6월 임단투 승리, 주5일 근무제 쟁취, 경제특구법 저지 등을 요구하며 488개 노조 6만 700명이 참가한 총파업을 전개했습니다(한국노총, 2003: 66).

아울러 한국노총은 1998년 이후 금융과 공공부문 구조조정 반대와 공안적 노동탄압 규탄 및 노동자 생존권 사수, 노동조건 저하 없는 주40시간제도 쟁취 등을 내걸고 노동자대회 또는 결의대회를 개최했고, 2004년과 2005년에는 비정규노동자 차별철폐와 권리보호, 로드맵 저지 등을 위한 노동자대회와 총력투쟁결의대회를 전개했습니다. 한국노총은 투쟁과 교섭의 병행전략을 내세워 노사정위원회 또는 노사정대표자회의를 통한 제도개선을 시도하고, 집회와 결의대회를 통해 자신의 요구를 압박하는 방식을 유지했죠.

이와 함께 한국노총은 1997년 노동법 날치기 반대 총파업 때 성립된 민주노총과의 연대 공조체제를 지속적으로 추진했어요. 2003년 8월에는 민주노총과 공동으로 근로조건 저하 없는 주5일제 시행을 요구하는 시한부파업을 전개하기도 합니다. 그러나 민주노총이 노사정위원회를 불참한 상태에서 2005년과 2006년 노사관계 로드맵과 비정규노동법의 노사정합의와 국회통과를 계기로, 민주노총과의 공조체제는 파기되고 말았습니다.

정권의 대응

노동조합의 저항투쟁에 대해 김대중 정권은 노사정위원회를 통한 사회적 타협을 강조하는 한편, 국가위기 극복을 위한 법치주의를 내세워 강경하게 억압합니다. 그 결과 1998~2002년 사이 법 규정을 넘어선 탈법적 투쟁이 연평균 전체 파업 건수의 32.2%에 이르렀고, 공권력 투입 건수는 23회나 됐습니다. 구속노동자 수는 문민정부의 632명보다 오히려 41.1%나 많은 892명에 이르렀고, 손해배상 청구액은 2000~2003년 사이에 72개 회사에 641억 1,800만 원(연평균 160억 3천만 원), 가압류 청구액은 63개 회사에 1,236억 3,300만 원(연평균 309억 8백만 원)이나 됐습니다(이주희, 2004.1: 61).

이러한 극렬한 탄압에 견디다 못한 노동자들이 스스로 목숨을 끊는 일이 이른바 민주정부 시대에도 일어나고 있었어요. 대우조선노조의 최대림 조합원, 동아엔지니어링노조 신길수 위원장, 대우중공업노조 이상관 조합원 등이 그 예입니다.

노무현 정권은 초기에 노동운동에 대해 우호적인 태도와 노동문제의 적극적인 해결태세를 보입니다. 노무현 정권은 외환위기 이후 성행한 노동의 유연화를 막아보려 했지만 막강해진 자본의 힘을 막기 어려웠고, 노사정 대화와 사회적 합의를 통해 문제해결을 희망했지만 뜻대로 되지 않았죠. "원해서 한 일은 아니지만 정리해고를 수용한 것은 민주정부와 진보 세력의 뼈아픈 패배였다"고 고백하기도 했습니다(노무현재단, 2010: 216). 결국 노무현 정권은 구조조정에 대한 노동자들의 저항이 터져 나오자 강경대응으로 전환했고, 그 이후 노사정위원회 참여 등 사회적 교섭을 촉구하는 한편, 노사분쟁에 대해서는 역대 정권과 마찬가지로 법과 원칙의 적용을 강조했죠. 그 결과 노정 간 갈등은 더욱 날카로워져, 노동쟁의가 증가했고, 구속노동자는 김영삼·김대중 정권 시절에 비해 훨씬 많은 1,037명에 이르렀습니다.

이렇듯 자본의 억압이 강화되고 민주정권에 대한 기대가 무너지면서, 비정규직 차별철폐와 노조활동 보장을 요구하는 노동자들이 스스로 목숨을 끊는 일이 자주 일어났어요. 2003년 1월 두산중공업의 배달호, 10월 한진중공업 김주익, 세원테크 이해남, 근로복지공단 이용석, 2004년 2월 현대중공업 박일수, 12월 한진중공업 김춘봉, 2005년 1월 현대자동차 비정규노동자 최남선, 9월 화물연대 김동윤, 2006년 7월 포항건설노조 하중근 등의 열사들의 죽음이 그것입니다. 그 밖에 2005년 6월에는 김태환 한국노총 충주지부장이 레미콘노동자들의 투쟁 도중 자동차에 치여 숨지는 사건이 일어나 한국노총의 저항이 크게 격화되기도 했습니다.

5. 노동운동 혁신의 성과와 한계

외환위기 이후 노동운동은 자본의 신자유주의 세계화 공세에 밀려 노동자의 경제적 생활권 보장은 고사하고 사회개혁투쟁도 제대로 추진할 수 없게 됐습니다. 조직률은 1989년 19.8%를 정점으로 매년 하락하여 21세기 초에는 11%대까지 낮아졌고, 기존의 노동조합운동의 모순과 한계가 극명하게 나타나기 시작했죠. 신자유주의 세계화 공세를 저지하기 위한 격렬한 총파업투쟁이 지속적으로 전개됐음에도 대중투쟁의 위력은 현저히 약화됐고, 현장 조직력의 무력화, 지도력의 약화, 운동의 통일성과 연대성의 취약성도 두드러졌습니다. 그 결과로 노동운동의 위기론이 조직 안팎에 제기됐고, 그 대안을 모색하기 위한 노력들이 노동운동의 혁신이라는 목표로 경주됐어요. 노동운동의 혁신과제는 기업별노조 체계의 타파와 산별노조의 건설, 노동운동 이념의 재정립, 노동자 정치세력화, 노조운영의 개혁 등으로 집약됐죠.

산별노조 건설운동[3]

산별노조 건설은 기업별노조체계가 노동운동의 변화와 발전을 가로막는 일차적인 요인이라는 현실 인식과, 노동운동을 계급적 통일과 사회체제의 변혁이라는 한 단계 높은 차원으로 도약시키기 위한 조건이라는 전망에서 출발했습니다. 민주노총에서는 1997년 산별노조 건설방침이 제출됐고, 1998년 2월 27일 전국보건의료노동조합 결성을 필두로 산별노조가 출범하기 시작했죠. 이어 2001년에는 전국금속산업노동조합이 결성됐고, 2003년 민주노총

---

[3] 이원보 외(2012) 참조

정기대의원대회의 대산별노조 통합계획에 따라 화섬, 건설, 공공, 사무금융, 언론, 대학, 민주택시, 상업관광노조 등이 2007년까지 산별노조로의 전환을 결정했습니다. 산별노조 건설은 단순한 조직체계의 전환이 아니라 조직혁신을 위한 운동으로 본격화한 것입니다.

한국노총 진영에서는 전국금융노조연맹이 2000년 3월 전국금융산업노동조합(금융노조)이라는 산별노조로 재편하여 새롭게 출발했어요. 금융노조는 외환위기 이후 대대적인 구조조정 공세에 직면하여 금융산업 전체의 대응책을 모색하던 중 산별노조 건설에 나서게 된 거죠. 이 밖에 금속, 화학, 섬유 등 제조업 분야에서도 산별노조 전환이 추진됐지만, 가시적인 성과를 거두지 못한 채 산별연맹 간 연대를 통한 새로운 방향을 모색하기도 했습니다.

이러한 산별노조 건설운동의 결과로 1998년 14만 4천여 명(10.3%)에 불과했던 초기업단위 노조원 수는 2011년 말 96만 4천여 명(56.0%)으로 급증했습니다. 민주노총의 경우 2011년 말 현재 전체 조합원의 82.7%가 30여 개 산업·업종별 조직에 분포돼 있었고, 한국노총은 47.2%가 초기업노조로 편성되어 있었죠. 이를 산업별로 보면 금속노조, 보건의료노조, 공공운수노조, 전교조, 공무원노조, 금융노조, 택시산업노조가 있고, 그 밖에 많은 업종별 단일노조들이 활동하고 있습니다. 산별노조 건설운동은 '무늬만 산별'이라는 초기의 비판을 넘어서는 커다란 성과를 거두고 있는 것이죠. 아울러 보건의료노조, 건설노조, 금융노조, 공공운수노조 등 몇몇 산별노조에서는 조직운영과 교섭 측면에서 질적인 변화가 나타났습니다.

보건의료노조는 지역본부-기업지부와 특성별협의체를 조직의 골간으로 하여, "세기적 실험"에 착수했습니다. 먼저 인적·물적 집중을 연차적으로 수행한 결과, 재정의 경우 기업지부에 집중돼 있던 자원을 중앙-지역-기업단위에 39:11:50로 배분하도록 변화시켜냈습니다. 그리고 조합원 수는 1998년 3만 5천여 명에서 2012년 4만 3천여 명으로 증가했죠. 정부의 신자유주의정책, 기업의 경영합리화 공세와 2004년 산별총파업의 후유증으로 6천 명 가까운 인원이 이탈한 것을 감안하면, 보기 드문 성과라 할 수 있을 것입니다. 아울러 보건의료노조는 2004년부터 산별교섭을 시작하여 매년 총파업을 통해 사용자들을 압박한 결과 2008년에는 사용자단체를 구성하기에 이르렀습니다. 물론 사용자단체와의 교섭은 대병원들의 비협조로 난항을 거듭하다가 2009년 해체됩니다만, 사용자단체 구성과 운영의 가능성을 확인했다는 점에서 중요한 의미를 지니고 있습니다.

산별노조로서 보건의료노조가 역점을 두었던 활동은 의료공공성 강화였어요. "돈보다는 생명을!"이라는 슬로건 아래 국민건강권 쟁취와 무상의료 실현을 적극 추진한 결과, 본인부담 상한제 실시, MRI 등 고가의료장비에 건강보험 적용확대, 의료민영화정책 추진 저지, 영리병원 도입 저지, 보호자 없는 병원 시범사업 제도화 추진, 의료기관평가제도 개선 등 건강보험의 보장성을 확대하고 의료제도를 개선함으로써, 산업정책과 제도 개선에 중요한 성과를 남겼습니다. 또한 보건의료노조는 2004년 14일간의 총파업을 통해 병원 주5일 근무제를 확보했죠. 2007년에는 산별교섭을 통해 2,384명의 비정규직을 정규직화했고, 1,541명의 비정규직노동자들에게 정규직과 동일한 임금과 단체협약을 적용시켰을 뿐만 아니라, 고질적인 문제로 제기되어온 인력충원 과제를 해결하기 위해 병원인력지원특별법 제정운동을 전개했습니다.

아울러 보건의료노조는 매년 산별파업을 통해 임금 노동조건개선을 시도했고, 민주노조 탄압, 공공병원 매각, 민간위탁, 정규직업무 외주화 등 개별 사업장의 힘으로는 어려운 총자본의 공세에 대응했습니다. 대량해고와 공권력투입에 맞선 217일간의 가톨릭중앙의료원 파업투쟁, 비정규직 문제 해결을 위한 한라병원의 300일간의 파업, 단체협약 해지와 경비용역 동원에 맞선 세종병원의 민주노조 사수투쟁, 보훈병원·인천성모병원의 식당용역화 저지투쟁, 수원·진주 등 지방의료원의 민간의탁 저지투쟁, 전남대병원 하청노동자들의 고용승계 투쟁 등이 그 주요한 사례들입니다.

전국금속산업노동조합(금속노조)은 1998년 민주금속연맹, 자동차연맹, 현총련 등 세 조직이 통합하여 결성한 금속산업연맹이 산별노조 건설을 결의한지 3년 만인 2001년 2월 9일 출범했습니다. 당시 조직규모는 108개 노조 3만여 명으로 금속산업연맹 조합원의 15%에 불과했죠. 조직 체계도 산별노조와 연맹이 공존하는 형국이었어요. 기업지부 1개와 지회를 구성원으로 하는 광역단위 지역지부 14개로 구축됐다가, 2007년 자동차 4개 완성사가 가담하면서, 19개 지부(5개 기업지부, 14개 지역지부) 15만여 명의 금속산업노조로 전환됐습니다. 민주노총 가운데 최대 조직인 금속노조는 재정의 집중을 추진한 결과, 2012년 중앙·지역·지회에 27:18:45의 비율로 조합비를 배분하고 10억 원의 기금을 적립하는 데 이르렀습니다.

금속노조는 출범 후 중앙(산별)교섭에 목표를 두고 2002년 지부집단교섭을 통해 중앙교섭 참가를 합의했고, 다음 해인 2003년에 중앙교섭을 시작한 후 다시 3년 만에 사용자단체 구성과, 일부분이기는 하지만 산업별협약 체결이라는 성과를 거뒀어요. 2003년 중앙교섭에서는 근로기준법 개정 이전에 주5일제 시행에 합의했고, 매년 산업 내 최저임금 결정을 통해 중소영세사업장 저임금노동자의 임금인상을 관철시켰습니다. 아울러 고용안정과 생산 과정에 대한 통제, 산재 방지 대책, 비정규직의 사용제한과 정규직화, 원하청 불공정거래 규제 등 산업별 의제를 제기하고 합의를 끌어냈죠. 다만 임금인상을 중앙교섭에서 다루지 않고 기업지부, 지역지부, 지회에 맡기는 특성을 보였습니다.

금속노조의 투쟁은 중앙교섭을 중심으로 임금·단체협약투쟁, 비정규직 투쟁, 구조조정사업장 집중투쟁 등으로 나뉘어 전개됐습니다. 임금·단체협약투쟁은 거의 매년 시기집중투쟁을 통해 통일적인 수준을 확보하는 방식으로 진행됐죠. 그 밖에 금속노조는 2003년 한진중공업 등 열사투쟁, 2004~2005년 현대하이스코, 하이닉스, 기륭전자 등 비정규사업장 지원연대투쟁, 2007년 한미 FTA 저지 총파업투쟁, 2009년 쌍용자동차 정리해고 철폐투쟁, 2010년 타임오프 등 노동기본권 확보투쟁 및 현대자동차 비정규직 투쟁, 2011년 한진중공업 희망버스 투쟁, 2012년 쌍용자동차 정리해고 철회투쟁, 유성기업, SJM 등 직장폐쇄 및 노조파괴 저지투쟁 등을 전개했습니다. 이들 투쟁을 통해 금속노조는 장기투쟁조직과 해고자 지원을 확대할 수 있었고, 파업기금과 희생자 구제기금 등을 통해 조직 간 연대를 촉진할 수 있었으며, 정리해고 및 비정규직 등 노동문제에 대한 시민적 연대와 사회적 의제를 확장하는 성과를 거두었죠.

공공부문의 산별건설 논의는 2005년 공공연맹에서 시작됐습니다. 공공연맹은 당시 산별노조 건설운동의 전략적 좌표로 비정규직 조직화와 사회공공성 강화를 설정했죠. 이후 공공연맹은 철도노조의 선택을 존중하면서 운수노조 건설을 통한 단계적 공공운수노조 건설방침을 채택했고, 그 경로는 공공운수연맹을 거쳐 공공운수노조를 건설하는 방안이었습니다. 이에 따라 2006년 11월 공공노조(3만 2천여 명)와 운수노조(5만여 명)가 각기 결성됐어요. 그러나 2010년까지 두 조직의 통합이 조직 내 의견조정의 실패로 계획대로 추진되지 못한 데에다가, 철도노조와 발전노조에 대한 정부와 사용자 측의 공격이 가중되어 통합산별노조는 2011년 6월 24일에야 출범하게 됐죠. 그런데도 아직 공공운수노조는 6만 4천여 조합원만을 포괄하고 있을 뿐이고, 2만 8천여 명의 운수노조와 기업별노조 소속인 4만 3천여 명의 조합원은 공공운수연맹으로 편성돼 있습니다.

여러 가지 난관이 많았던 산별노조 건설 과정에도 공공운수노조는 학교비정규직 등 5개 분야에 전략조직화사업을 추진했습니다. 그 결과 2011년 6월 출범 이후 조합원 규모가 약 1만 4천여 명이 증가했고, 조합원 구성은 2012년 6월 현재 공공기관 정규직 2만 6,062명(16.9%), 민간부문 정규직 9,439명

(14.5%), 비정규직 2만 9,423명(45.3%)으로 나타났습니다. 아울러 산별노조는 이명박 정권의 '공공부문 선진화'라는 미명 아래 자행된 노조탄압에 공동 대응할 수 있었습니다(한국노동사회연구소, 2012.10: 97~105).

이처럼 민주노총 진영의 산별노조 건설운동은 산별노조 중앙으로의 단체교섭권의 이양, 예산과 인력 등 조직자원 집중·활용, 산별교섭의 실현과 사용자단체의 구성, 산별협약의 기틀 마련, 산별 최저임금 설정, 비정규직 관련 협약체결, 사회공공성 확보 등 사회적 의제의 제기와 공론화, 산업 내 임금 및 노동조건의 통일 시도 등의 성과를 올렸습니다(민주노총, 2011가: 34~36).

한국노총 산하 전국금융산업노동조합(금융노조)은 2000년 3월 3일 출범했어요. 금융노조는 출범과 함께 산별교섭을 요구했고, 은행의 대대적인 구조조정에 반대하는 금융부문 최초의 총파업을 통해 산별노조의 위력을 유감없이 발휘했죠. 그리고 2000년 7월 총파업이 끝난 후 산별협약을 체결했습니다. 그 후 금융노조는 사용자와 집단교섭을 지속해왔고, 2009년에는 사용자단체와의 교섭을 성사시키기에 이릅니다.

금융노조는 시중은행과 금융산업 관련 사업장을 지부로 편제했습니다. 금융노조는 지부에서 조합원 기준으로 일정액을 조합비로 거출(2012년 현재 1인당 2,900원)하고 있고, 단체교섭은 산별중앙교섭과 지부보충교섭으로 구분됩니다. 산별중앙교섭은 당초 각 지부 노사대표 전원이 참석하는 집단교섭에서 대표교섭단체제로 전환했고, 지부보충교섭은 산별교섭을 토대로 사업장 특성에 맞추어 구체적인 내용을 마무리하는 방식입니다. 이와 함께 산별중앙노사협의회가 보완기관으로 구성돼 있습니다.

이처럼 노동운동은 산별노조 건설운동을 통해 재도약의 계기를 만들려 노력했습니다. 그러나 산별노조 건설운동은 일정한 성과에도 당초의 목표에 다가가지 못하고 정세 변화를 추동해 내는 데까지는 나아가지 못했어요. 먼저 산별노조 조합원이 전체 조합원의 절반을 훨씬 넘어섰지만, 보건의료노조,

금속노조, 금융노조를 제외하고는 산별노조로서의 기본적인 체계를 갖추지 못했고, 해당 산업 노동자 대부분을 포용하지 못했습니다. 소속 조직이 서로 나누어져 있는 이유도 있지만 모두 합쳐도 그 비율은 극히 낮죠. 또한 조직체계와 운영방식에서 기업별 관성의 존재, 불완전한 사용자단체의 구성으로 인한 산업별 단체교섭의 한계, 단체협약 적용의 협소함과 통일적 노동조건 구축 실패, 비정규직 및 사내하청 노동자를 포괄하지 못함으로써 나타나는 계급적 단결의 취약성과 대표성의 부재, 대공장 기초조직들에 대한 효과적인 제어 실패, 중앙집중적 지도 집행의 미숙과 민주성·현장성의 약화 등의 한계를 극복하지 못했습니다(민주노총, 2012.9: 23~34).

이러한 산별노조의 한계는 자본과 권력의 공세와 탄압에서 비롯된 측면이 많죠. 노조 전임자의 임금지급 금지, 기업단위 단체교섭창구 단일화와 산별노조의 배제, 복수노조제도를 악용한 부당노동행위 등이 그 예들입니다.

노동자 정치세력화

산별노조 건설과 함께 노동운동이 의욕적으로 추진한 것은 노동자 정치세력화였습니다. 노동자 정치세력화는 경제투쟁과 정치투쟁의 결합이 갈수록 중요해지는 상황에서 노동자계급의 이익과 목적을 실현하고 노동운동의 발전을 촉진하기 위한 것이었어요. 또한 한국사회의 계급모순과 민족모순을 해결함으로써, 노동운동에 주어진 역사적 책무를 이행하고, 새로운 도전에 대응하기 위한 정치적 교두보의 구축을 위한 것이었습니다.

민주노총은 1997년 겨울 대통령 선거에 권영길 위원장을 '국민승리21'의 후보로 내세운데 이어, 2000년 1월 29일에는 민주주의민족통일전국연합과 함께 민주노동당을 출범시켰습니다. 민주노총은 민주노동당에 대한 배타적 지지 방침을 채택하고 당원 가입운동 촉진과 선거지원 활동을 적극적으로 행했죠.

민주노동당 창당대회에서 당원들이 피켓을 흔들며 환호하고 있다.

민주노동당은 2002년, 2007년에 행한 제17대, 18대 대통령 선거에 권영길 후보를 내세워 각각 3.9%, 3%의 득표율을 획득했어요. 또한 국회의원 총선거에서는 2000년 4월 제16대에 1.2%(22만 3,261표)의 정당득표율을 확보한 데 이어, 2004년 4월 제17대에서는 지역구 2명과 정당명부 득표율 13.1%(2,774,061표)로 8명 등 모두 10명의 국회의원을 당선시킴으로써 제3당의 지위로 의회 진출의 꿈을 이루었습니다. 그러나 2008년 2월 대통령 선거 패배의 책임과 당내 노선분쟁으로 분당 사태를 겪은 후 치른 제18대 총선거에서는 5명의 국회의원을 배출하는 데 그치고, 통합진보당으로 재출범한 2012년 4월 제19대 총선거에서는 11.4%의 지지를 획득하여 13명의 국회의원을 배출합니다만 선거부정 파동으로 파탄의 위기를 맞게 되죠.

　한편, 민주노조 진영은 지방선거에서는 1998년 6월 49명이 출마하여 23명(기초단체장 3명, 광역의원 2명, 기초의원 18명)이 당선됨으로써 46.9%의 당선률을 보였습니다. 또한 2002년 6월 선거에서 민주노동당은 민주노총과 함께 218명을 출마시켜 45명(기초단체장 2명, 광역의원 11명, 기초의원 32)을 당선시켰고, 정당명부식 투표에서는 133.9만 표(8.13%)를 확보함으로써 제3당으로 도약했습니다(민주노총, 2002: 237). 이어 2006년 5·31 지방선거에서는 총 81명(광역의원 15명, 기초의원 66명), 2010년 6·2 지방선거에서는 총 142명(기초단체장 3명, 광역의원 24명, 기초의원 115명)이 진출했죠.

　이와 같이 민주노총은 민주노동당 결성과 지원을 통해 노동 중심의 진보정당이 가능하다는 것을 실천적으로 입증해냈고, 보수정당 중심의 정치체제에 파열구를 냈어요. 또한 진보정당의 건설과 활동은 조합원의 정치적 각성을 이끌어냈고, 비정규노동자의 권리보장, 무상의료 무상급식 등 보편적 복지를 비롯하여 노동자대중의 요구와 의제를 사회적 쟁점으로 부각시켰고, 법·제도 개선 투쟁의 계기를 만들어냈습니다.

　하지만 민주노총의 노동자 정치세력화는 많은 문제점과 한계를 드러냈어요. 민주노총은 이념적 갈래를 넘어서 진보 진영 전체를 포괄하는 진보정당을 결성하지 못한 데다, 2008년에는 민주노동당 내부에 패권주의 논쟁과 이른바 '종북주의' 소동이 일어나 분열됐고, 2011년에는 진보정당 대통합을 추진했으나 통합안에 대한 진보신당의 부결과 분당, 민주노동당에 국민참여당까지 포함하는 통합진보당의 창당으로 귀결되면서 민주노총의 진보 진영 총단결의 의지는 퇴색되고 말았습니다. 더욱이 통합진보당은 2012년 4월 총선거에서 11.4%의 정당지지율을 확보했지만, 울산·창원·경남서부지역을 잇는 '노동벨트'에서 참패했죠. 또한 비례대표 후보 부정선거 문제를 둘러싸고 중앙위원회 폭력·난동사태까지 벌어지게 됩니다. 결국 통합진보당 당권파의 횡포에 반대한 세력들은 뛰쳐나와 진보정의당을 결성함으로써, 진보 세력은 통합진보당, 진보정의당, 진보신당연대, 사회당 등으로 난립했고, 12월 대통령 선거에는 야당연합 전략에 의해 진보정의당 후보가 중도사퇴하고, 2명의 후보가 무소속으로 나섰으나 모두 참패하고 말았죠.

이처럼 민주노총이 야심차게 추진한 노동자 정치세력화가 중도반단의 결과로 끝나게 된 것은 민주노총 스스로 노동정치의 중심에 서지 못하고 정당의 동원부대로 역할한 데서 비롯됩니다. 민주노총은 당원가입운동, 후원금의 세액공제사업, 공직선거 후보 발굴, 선거운동 등을 통해 당세 확장에 기여했으면서도, 현장과 지역을 토대로 한 노동자당원의 활동은 거의 발전시키지 못했어요. 또한 민주노동당이 노조원의 중앙위원, 대의원 할당제 등 당의 노동자 중심성을 갖기 위한 제도적 장치를 갖고 있었음에도, 민주노총은 이에 대한 지도력을 행사하지 못하고 개개인의 결정에 맡김으로써 당내 정파들에게 묻혀버리는 상황을 자초했죠. 진보정당과 노동조합의 관계를 올바르게 설정하지 못한 결과입니다.

또한 민주노총은 '노동 중심의 진보정당'에서 노동자 중심성이 사라져가고 있는데도 이를 바로 잡지 못했어요. 민주노총 조합원이 당원의 절반이나 되는 진보정당에서 "사회주의 가치 지향"과 같은 사회 변혁 목표가 상실되고 자유주의 정당과 통합하는 사태를 막지 못했으며, 조합원대중을 정파갈등 속에 방치하는 어리석음을 벗어나지 못했죠. 이런 사태들은 결국 민주노조운동이 노동정치를 적극적으로 전개할 토대와 기반을 만들어내지 못한 데서 비롯된 것이라 할 수 있을 것입니다.

민주노총은 산별노조 건설과 노동자 정치세력화라는 '양 날개 혁신전략'을 추진했습니다. 그러나 산별노조 건설운동은 대기업 정규직 중심의 기업별 노조체계를 극복하지 못하고 광범위한 비정규직과 중소영세기업 노동자들을 포용하지 못했습니다. 이에 따라 결국 노동대중의 지지를 받지 못한 진보정당의 입지는 협소할 수밖에 없게 됐고, 이마저도 정파들의 아귀다툼에 휘말려들면서 진보정당은 분열과 파탄의 늪으로 빠져 들어간 것입니다.

한편, 한국노총의 정치활동은 정책연대와 독자정당 건설이라는 두 경로를 거쳤습니다. 한국노총은 1997년 대선 참여, 2000년 총선 20석 확보, 2002년 대선에서의 정당제휴에 의한 정권 참여, 2004년 독자정당 건설 및 원내 교섭단체 구성, 2007년 대선 독자 후보 추대, 2008년 총선 제1야당 지위 확보, 2012년 노동자정당 집권이라는 정치프로그램을 확정했습니다. 그리고 1997년 대선에서 박인상 위원장 개인의 지지형태로 김대중 후보와의 정책연합을 이루었으나 2000년 정부정책에 반발하여 파기했고, 2002년 대선에서는 11월 한국사회민주당(이후 녹색사민당으로 개명)을 건설하여 2004년 총선거에 나섰으나 0.5% 득표에 그치고 말았죠(노진귀, 2007: 376). 이후 2002년 제17대 대통령 선거에서 한나라당과 정책연합을 이루었고, 2008년 4월 총선거에서 지역구 3명, 비례대표 1명의 한나라당 국회의원을 배출했습니다.

한국노총은 지방선거에서 1998년 78명 출마 42명 당선(기초단체장 1명, 기초의원 23명, 광역의원 18명), 2002년 79명 출마 38명 당선(기초단체장 3명, 광역의원 18명, 기초의원 19명), 2006년 57명 출마 30명 당선(기초의원 16명, 광역의원 14명)

이라는 성과를 거뒀습니다. 한국노총의 후보들은 독자 정당을 갖지 못한 한계 때문에 기존 정당과 연계하여 출마했고, 그 결과는 대체로 보수 세력인 한나라당에 치우친 경향을 보였죠. 예컨대 2006년의 경우 한나라당이 21명, 열린우리당 9명, 민주당 2명의 분포였습니다(한국노총, 2006가: 536).

노동운동은 노동자 정치세력화의 중요한 한 축으로 설정된 사회적 세력화를 위해서도 많은 활동을 전개했어요. 그 대상은 농민, 빈민, 학생, 지식인의 운동과 시민운동, 통일운동이었습니다. 민주노총은 1997년 말 외환위기 이후 줄곧 수많은 상설공동투쟁체, 사안별 공동투쟁체, 연대기구 등에 주도적으로 참여하여, 당면 요구를 쟁점화하고 전선운동의 확대 강화를 위한 토대를 구축하고자 했습니다.

그 중 주요한 상설공투체는 민중생존권 쟁취·사회개혁·IMF 반대 범국민운동본부(1998), 고용·실업대책과 재벌개혁 및 IMF 대응을 위한 범국민운동본부(1998), 신자유주의 반대·민중생존권 쟁취 민중대회위원회(2000), 민족자주·민주주의·민중생존권 쟁취 전국민중연대(2001), 6·15 공동선언 실현과 한반도평화를 위한 통일연대(2001), 한국진보연대(2007), 세상을 바꾸는 민중의 힘(2011) 등으로 변화 발전해왔으며, 과거사 청산, 역사 바로 세우기, 민주화운동 계승, 언론개혁, 교육개혁, 보건의료개혁, 장애인 문제, 한미 FTA 저지, 우리농업 지키기, 남북한 평화와 통일촉진, 반미·반전, 국가보안법 폐지, 교수 공무원 대책, 파병 반대, 미군범죄 대책, 일본 교과서 바로잡기, 전태일기념관 건립, 우리 영화 지키기, 삼성범죄 대책, 용산 철거민 참사 대책, 4대강 토목공사 저지, 대학등록금 대책 등과 관련한 공투체 또는 연대체에 참가하여 공동대표조직으로서 역할을 했습니다.

한국노총 역시 다양한 사회연대운동을 전개했습니다. 공명선거 실천 시민운동협의회(1997), 경제살리기 범국민행동(1998), 정치개혁 시민사회단체연대회의(1999), 한민족 독도 찾기운동(2000), 올바른 정당명부 비례대표제 실현을 위한 노동시민단체 연대회의(2001), 일본 역사교과서 바로잡기 운동본부(2002), 반전평화 위한 비상국민회의(2003), FTA 범국본(2007) 등이 그 대표적 활동이며, 이 밖에 실업극복, 시민사회 발전, 과거사 청산, 우리 영화 지키기, 파병 반대, 반전평화, 반부패, 국가보안법 반대, SOFA 개정과 미군범죄 대책, 투자협정 WTO 반대, 환경 핵정책, 친일반민족행위 진상규명특별법 통과, 이라크 파병 반대, 삼성재벌 불법 대책 등의 사안에 대해서 공동투쟁과 연대활동에 참가했습니다.

이 가운데는 민주노총과 공동으로 참가한 투쟁이나 활동도 상당수 있으며, 특히 통일운동과 관련한 활동들은 거의 대부분 민주노총과 공동보조를 취했죠. 이러한 한국노총의 사회연대활동은 과거에 비해 그 폭이나 내용이 크게 확대된 것으로 볼 수 있어요. 어쨌든 민주노총이 계급모순과 민족모순을 아울러 해결하려는 사회변혁 지향의 공동투쟁이나 연대를 추진해왔던 전통을 지속하면서 시민운동과의 결합을 확대하고 있는 데 비해, 한국노총은 시민운동과의 연대를 확충하고 통일운동에 적극 참여하는 특징을 보임으로써 "중도적 시민단체 영역과의 소통을 활성화해온 것"으로 볼 수 있을 것입니다(한국노총, 2007: 52).

노동운동 이념과 기조

노동운동이 21세기 변모하는 자본주의체제에 대응하여 갖추어야 할 또 하나의 과제는 운동이념과 노선 또는 운동기조를 정립하는 문제였어요. 2000년 1월 민주노총과 한국노총은 각각 노동운동발전전략위원회와 21세기위원회를 구성하여 새로운 운동기조를 마련하고자 했습니다. 민주노총은 2000년 10월 16일 공개된 『노동운동 발전전략 보고서』에서 자신이 지향하는 사회는 착취와 억압에서 해방되어 인간이 주인 되는 평등사회라고 했죠. 곧 평등사회란 "자본주의 사회의 모순을 극복하고 평등을 실현하여 모두가 함께 풍요를 누리는 사회, 성의 평등, 생태적 조화, 삶의 질 향상 등 사회 전반에 걸쳐 보다 높은 가치들을 실현하는 사회"라고 규정했습니다.

그리고 평등사회의 구체적인 모습으로 평등과 효율성이 조화를 이룬 착취와 억압이 없는 사회, 소유체계의 변혁을 통해 자본주의 사회의 모순을 극복하고 평등이 실현되는 사회, 모든 노동자가 창의적 노동을 통한 보람과 자기완성을 위하여 노동하며, 노동의 산물은 사회로 환원되어 공유되는 사회 등을 들었습니다. 평등사회로의 이행정책은 개량주의와 근본주의의 대립, 신자유주의정책의 민주화를 넘어서는 사회화 방향의 개혁정책으로 규정하는 한편, 사회화정책은 공공적, 사회적 소유를 기본으로 하여 자원배분을 사회적으로 조절할 것이라 했습니다(민주노총, 2000: 10).

아울러 민주노총은 이 같은 평등사회와 대안적 사회 경제체제로서 국가사회주의와의 차별성을 강조했죠. 또 국가사회주의는 반자본주의체제이기는 하지만 민주적 통제보다는 전제적 통제로 일관했으며, 경제적 효율성 확보에 실패했다고 지적했습니다. 이 내용대로라면 "착취와 억압에서 해방되어 인간이 주인 되는 평등사회"란 사회주의를 지향하는 이념에 가까운 것으로, 1987년 노동자대투쟁 이후 현장에 나부꼈던 노동해방의 내용을 구체화한 것으로 볼 수 있을 것입니다.

한편, 한국노총은 2001년 '힘·연대·정책·희망'이라는 제안서에서 "신자유주의의 시장제일주의에 대한 인본주의를 지도이념으로 하고, 반신자유주의적 연대를 전략개념"으로 하는 운동방향을 제시합니다. 이는 IMF 경제위기를 계기로 한 신자유주의 제도화와 정책의 전면화 공세가 21세기 들어서서도 상당기간 지배원리가 될 것이라는 전제에서 제출된 것이었습니다. 그러나 이후 한국노총은 인본주의라는 이념이 비대중적이고 비운동적이라는 공통된 비판을 받고 있고, 대중적 토론을 기초로 하지 않은 탓에 지도력을 발휘하기 어려울 뿐만 아니라, 결의와 실천의 괴리라는 중요한 한계를 지니고 있다고 지적했습니다.

이에 따라 한국노총은 2006년 창립 60주년에 즈음하여 운동이념적 지향과 운동기조로 평등복지사회와 참여와 사회연대적 노동조합주의, 사회개혁적 노동조합운동을 내세웠어요. 이를 기반으로 한국노총은 노동운동의 사활이 걸린 조직 강화와 확대, 노동의 유연화에 대항하는 신자유주의 연대투쟁이라는 두 가지 운동전략과, 산별노조 건설을 통한 조직 확대 및 강화, 사회개혁(공공성)투쟁의 강화, 사회적 대화체제의 구축이라는 3대 운동방향을 제시했습니다(한국노총, 2006가: 24~29).

이와 같이 양대 노총은 노동운동을 둘러싼 환경과 주체적 조건의 변화에 따라 나름대로 새로운 운동이념과 방향을 세우려 했어요. 그러나 그 노력은 결실을 맺어 제대로 정립되거나 실천으로 연결되지 못함으로써 대중적 지지 확보와 운동 변화에 기여하지 못했죠. 민주노총은 노동운동 발전전략위원회에서 빠른 기간 안에 광범한 논의를 거쳐 발전전략을 마련했으나, 현장에서 검증되거나 공식기구에서 논의되지 못한 채 사라졌고, 1995년 창립 당시 채택된 선언과 7개항의 강령과 20개항의 기본과제가 운동 목표와 기조로 지금까지 이어져오고 있습니다.

한국노총의 운동이념과 기조는 대중적 검증이 없고 주장과 실천이 괴리되어 있는 것으로 지적됩니다. 곧 "밑으로부터의 실천에 기초하여 광범위한 조직적 기반위에서 형성 된 노선이라기보다는 상층 지도부를 중심으로 '위로부터 고안된 담론'(invented discourse)"이라는 취약점을 보이고 있다는 것입니다(박준식, 2007: 25). 또한 한국노총은 이념의 변화에도 종래와 같이 실리주의 관철을 위한 협상과 투쟁의 기조를 유지해 왔습니다. 이런 경향은 노사정위원회 참여와 기존 정당과의 정책연대에서 두드러지죠. 특히 2007년 대통령 선거 이후 집권 세력인 한나라당과의 정책연대는 조합원 투표에 의한 결정이라는 모양새를 갖추었지만, 노동운동 탄압 세력과의 연합이라는 점에서, 조직 안팎의 비판으로부터 자유로울 수가 없었고, 결국 2012년 야당인 민주통합당과의 정치연합으로 방향을 전환합니다만, 그로 인한 조직적 혼란은 피할 수가 없었습니다.

민주노총의 운동기조 변화와 관련한 현실적인 논쟁은 1998년 하반기 이후 이른바 사회적 조합주의를 둘러싸고 치열하게 전개됐습니다. 민주노총은 1998년 2월 노사정 합의안을 대의원대회에서 부결시킨 이후 구조조정과 재벌 및 사회개혁 그리고 노동기본권의 보장을 둘러싸고 노사정위원회 참가와 불참을 되풀이하는 혼란을 겪었죠. 그에 따라 숱한 투쟁 계획이 논의됐지만, 제대로 실행되지 못한 채 조직의 참여는 갈수록 약화됐고, 방어적이고 수세적인 상황은 쉽사리 바뀌지 않았어요.

이러한 상황을 타개하기 위해 민주노총이 선택해야 할 운동기조로 제기된 것이 사회적 조합주의였습니다. 이 주장은 국민경제가 고성장 저실업 구조에서 저성장 고실업 구조로 바뀌고 세계화와 신자유주의시대의 노동유연화와 고용불안정체제로 된 상황에서, 총파업투쟁이나 기업별노조의 경제적 전투적 교섭은 한계를 드러냈을 뿐만 아니라 사회적으로 노동운동을 고립시키고 위기를 자초했다는 판단에 기초했습니다. 따라서 노동운동은 협소한 경제적 요구를 넘어서 사회복지와 재벌개혁 등 사회적 의제를 다룰 수 있는 정책 참가나 사회적 교섭으로 나아가야 한다는 것이었죠. 이 논리는 신자유주의 세계화라는 수세적 상황에서 노사정협상은 가장 중요한 전술적 수단이며, 정책 참가는 노동력의 피폐화를 막기 위한 제도 개선의 주요한 방책이라는 인식에서 출발했습니다.

이에 대해 반대자들은 사회적 교섭을 사회적 합의에 의한 노사협조주의로 보고 결사반대한다는 원칙적인 입장을 고수했어요. 사회적 교섭에 참가하는 것은 자본의 체제 내 포섭전략에 이용당함으로써 노동운동의 기본원칙인 자주성과 민주성의 상실을 가져온다는 것이었죠. 이들은 전투적 노조주의가 1987년 체제의 구조적 제약에 적절히 대응한 합리적 노조운동이며, 따라서 폐기 대상이 아니라 그 합리적 핵심을 계승 발전시켜야 한다고 강조했습니다.

이런 상반된 인식 위에서 사회적 조합주의론은 노선 논쟁으로 발전하여, 정파 대립과 내부갈등의 핵심적인 쟁점이 됐어요. 2004년 1월 이후 선출된 민주노총 집행부는 대의원대회 결의를 통해 사회적 교섭 참가를 시도했지만, 일부 정파의 폭력적 제지로 번번이 무산되고 조직 지도력의 취약성은 쉽사리 치유되지 못했습니다.

조직 확대

노동운동 진영은 매년 조직 확대를 가장 중요한 사업으로 책정해 왔습니다. 그러나 계획적인 조직화사업은 극히 부진했고 노동현장에서의 자발적인 신규 조직화가 대부분이었습니다. 1987년 노동자대투쟁 이후 대기업의 조직화는 크게 진척됐으나 중소영세기업의 조직화는 이루어지지 않았죠. 그 결과로 노동조합 조직률은 매년 하락했고, 특히 IMF 경제위기 이후 급증한 비정규직노동자들과 중소영세기업, 이주노동자 등이 조직대상에서 소외됨으로써 조직률 저하 경향은 더욱 가중됐습니다. 이러한 상황을 고려하여 민주노총은 전략조직화사업에 착수했으나, 초보단계부터 거북이 걸음이었습니다. 사업 논의는 2000년부터 시작됐고, 2003년 정기대의원대회에서는 비정규직노동자 조직화와 관련하여 5개년 사업계획을 수립하고 조합원들로부터 5억 원의 모금계획을 결의했습니다. 그 결과 3억여 원을 거두어들였죠.

이어 2005년 정기대의원대회에서는 제1기 전략조직화 사업의 기본방향을 수립하고 실행에 박차를 가했습니다. 민주노총은 이 사업을 조직문화 혁신의 일환으로 "핵심대상을 설정하여 인력과 재정을 집중하고, 체계적인 전략과 계획에 따라 공식적으로 진행하는 사업"이라 정의했습니다. 그리고 50억 원의 기금을 모으기로 결의했어요. 그 결과 2006년 1월부터 2011년 말까지 목표의 44%인 22억여 원이 모금되어, 조직화사업에 15억여 원을 투입했습니다. 사업은 1기(2006년 시작)와 2기(2011년 시작)로 나뉘어 지역본부와 산별조직들이 수행했고, 조직화 대상 설정, 전담부서 및 특별위원회 설치, 사회적 연대 확장 등의 측면에서는 일정한 성과를 거두었지만, 조직화 기금 모금, 전담부서 및 인력확보, 사업비 배정, 강령 및 규약 개정, 교육체계 상설화 등은 목표에 크게 미달했습니다(민주노총, 2009: 143~146).

2기 사업의 경우에도 23개 지역 및 산별조직에서 3,495명을 조직화한 성과를 거두었지만, 핵심사업 평가에서는 100점 만점에 54.17점에 지나지 않았어요(김종진, 2012: 146~147). 이처럼 민주노총은 비정규직 등 취약계층 노동자의 조직화를 위한 사업을 의욕적으로 추진하여 일정한 성과를 거두었으나, 여전히 조직의 중심은 정규직노동자들이 차지하고 있었습니다. 2010년 11월 현재 민주노총의 비정규직 조합원 수는 의무금 차등납부 대상자 4만 9,890명에 학교비정규 노동자 수 2만 220명을 합친 7만 110명으로, 그 비중은 민주노총 전체 조합원의 10.3%, 전체 비정규노동자의 1%에 미달하는 수준이었죠(김태현, 2012가: 22~23).

이처럼 취약지대의 조직화가 부진한 것은 노동자들이 분산되어 있어 조직화가 어려운 데다가, 사용자들의 방해가 극심하여 직접 조직화에 나설 수가 없기 때문이었습니다. 이 때문에 조직화 이후에도 파괴되거나 해산되는 사례들이 많이 나타났습니다. 이런 조건에 맞서서 조직화와 조직수호에 기여한 것은 지역일반노조와 여성노조 등이었어요. 일반노조는 대체로 지역조직에 속해 있고 여성노조는 주로 여성을 주된 조직대상으로 특화한 특징을 지니고 있습니다. 이들 노조들은 비정규직, 시간제, 용역, 하청, 특수고용 등 조직화가 어렵거나 열악하기 그지없는 노동조건 속에서 일하는 노동자들을 대상으로 조직, 교육, 교섭, 투쟁을 지도 지원하는 역할을 수행했습니다.

노동운동 내부의 시련과 혼란

1995년 출범한 민주노총은 1년 한 달 만에 1996~97년 총파업을 단행하여 조직의 위세를 과시했으나, 그 후 1년도 안 돼 밀어닥친 IMF 경제위기를 계기로 큰 충격과 시련을 겪었습니다. 1998년 2월 9일 민주노총 대의원대회는 격렬한 논쟁 끝에 2월 6일의 노사정 잠정합의안을 부결시켰고, 지도부 총사퇴와 비상대책위원회 구성, 그리고 정리해고법과 근로자파견법 등의 국회 상임위원회 상정 거부와 노사정위원회 재협상을 요구하며 총파업을 단행하겠다고 선언했습니다. 그러나 2월 12일 민주노총 비상대책위원회는 경제위기 속에서의 총파업 여론의 불리, 조직 내 갈등의 증폭, 투쟁 동력의 부재 등을 이유로 총파업을 철회했죠(민주노총, 1998: 155). 이후 민주노총은 노사정위원회 불참 → 노정협상(1998. 5.26~27) → 총파업(5.27) → 노사정위 참가(6.18) → 노사정위 철수 불참 선언(7.10) → 총파업(7.15) → 노정합의, 총파업 철회(7.23) → 노사정위원회 참가(7.27, 7.30, 10.31)를 거쳐, 1999년 2월 24일 제14차 대의원대회에서 노사정위원회 탈퇴를 결정했습니다.

한편, 한국노총은 1998년 초 노사정위원회 합의에 대해서는 나라 경제를 살리기 위한 대승적 결단으로 받아들이는 분위기였고, 이후에는 민주노총과 공조체제하에 노사정위원회 참가와 불참을 거듭하면서, 구조조정 공세에 대응하고자 했습니다. 그러나 신자유주의 공세 앞에서 격렬한 저항투쟁에도 수세적인 위치에서 벗어나지 못했을 뿐 아니라, 조직 내부에서도 많은 문제점들을 드러냈습니다. 민주노총의 경우 1998년 노사정 합의가 대의원대회에서 거부된 데 이어, 2002년에는 발전노조의 민영화 저지투쟁 지원을 위한 노정합의안이 현장조합원의 강한 반발에 직면하여 철회됐고, 지도부가 총사퇴하는 등 노동운동 지도부의 리더십 위기가 심각하게 드러났습니다.

노조 내부의 동요는 여러 가지 비리로 더욱 가중됐어요. 노조의 재정 비리는 조합비 유용비리, 조합비 이외의 재정 관련 비리, 복지시설 운영 관련 비

2005년 민주노총 대의원대회에서는 사회적 교섭 안건을 둘러싸고 심각한 내부 충돌이 발생했다.

리, 회사와의 담합 비리 등으로 구분됩니다만(김정한, 2005.5), 양대 노총 모두 금전적 비리까지 제기됨으로써 도덕성에 치명적인 상처를 입게 됩니다. 2000년 민주노총의 재정위원회 주식투자 사건과 2003년 기아자동차 노조에서의 건강검진 관련 비리사건에 이어, 2005년 이후에도 연달아 터져 나왔습니다. 2005년 1월 항운노조 사건, 국민은행노조 위원장 사건, 자동차노련 제주·마산 사건, 전 한국노총위원장·사무총장 수뢰사건, 기아자동차노조 및 현대자동차노조간부 취업비리 사건, 민주노총 부위원장 사건 그리고 민주노총 간부의 성희롱 사건 파동이 그것들이었습니다(배규식, 2005). 이러한 사건들로 단위노조는 물론이고 전국 중앙조직의 지도부가 임기 도중 사퇴하는 일이 빈번하게 발생함으로써, 도덕성만이 아니라 지도력의 유지 및 강화에도 많은 문제를 드러냈죠.

이와 함께 노동운동 내부의 민주주의에 대한 중대한 도전 상황이 나타났습니다. 민주노총의 경우 정파 간의 갈등과 대립이 겹쳐 더욱 심각한 위기 양상을 보였죠. 사건은 사회적 교섭 참가 여부에서 발단했습니다만, 오래 전부터 존재해온 정파 간의 대립 갈등이 폭발한 것이었어요. 2004년 1월 새로이 선출된 이수호 위원장 집행부는 2005년 1월 20일 대의원대회에 사회적 교섭안을 상정했습니다. 그러나 이 대회에서 안건은 회의 성원미달로 결정이 유보됐고, 2월 1일 대의원대회에 다시 상정됐으나 반대파 참가자들의 단상 점거와 충돌로 난장판이 되고 맙니다. 집행부는 총사퇴를 걸고 3월 15일 대의원대회에 다시 상정했으나, 이에 반대하는 노동단체 회원들이 시너와 소화기를 뿌리는 등 난동을 부리는 통에 개회선언도 못한 채 대회가 유회되고 말았죠. 그 주도 세력들은 의사결정을 위한 표결 등 노동조합의 민주적 절차를 "부르주아 민주주의 절차"일뿐 노동조합의 민주주의는 아니라는 독선적 태도를 보였습니다. 민주노총 내부에 오랫동안 진행되어온 정파 간의 대립 갈등과 조합민주주의의 몰이해가 노골화하여 폭발한 것입니다.

애당초 대중조직인 노동조합 안팎에 정파의 존재는 문제될 것이 없었습니다. 민주노조 건설 과정에서는 이념, 조직, 투쟁 면에서 서로 관점을 달리하는 현장조직들이 긍정적인 기능과 역할을 했습니다. 자본과의 치열한 대립 상황에서 현장조직들은 노조활동 과정의 견제와 감시기능을 통해 노조집행부의 독선을 막는 한편, 조합원들을 조직화하고 의식을 일깨워 활동가들을 재생산함으로써 노조의 현장기반을 강화해냈죠. 아울러 학습과 조직활동을 통해 조합원들의 정치의식을 높이고 노조운동을 경제적 이익 추구만이 아니라 정치사회적 운동으로 발전시키는 데도 크게 기여했습니다.

그러나 노동조합이 제 자리를 잡아가면서 현장조직들은 여러 갈래의 정파로 나뉘어 노조 내부의 단결을 저해하고, 노조의 공식적인 의사결정을 무력화함으로써 노조 지도력을 원천적으로 약화시켰어요. 이들은 노조 전체 이익보다 자신이 속한 정파의 이해를 앞세우고 조합 내부의 민주적 의사소통을 왜곡시키면서 이합집산을 거듭했고, 끝내는 노조집행부 장악을 위한 선거 사조직으로 전락하기도 했죠. 초기 노조운동의 성장에 기여했던 현장조직이 이제는 노조운동을 저해하는 암적인 존재로 변질돼 버린 것입니다.

신자유주의 세계화의 거친 공세 앞에서 일어나는 이러한 조직적 비리와 갈등은 정권의 탄압과 어우러져 각급 조직 지도부의 빈번한 교체를 가져옴으로써, 노동운동의 대응 태세에 중대한 장애요소로 대두됐습니다. 민주노총의 경우 1995년 11월 출범 이후 2009년까지 7대 집행부를 선출합니다만, 그 사이에 직무대행체제가 2회, 비상대책위원회체제가 3회, 보궐선거가 3회나 있었습니다. 그 원인은 위원장의 대선 출마와 정권의 탄압으로 인한 것도 있지만, 지도부 불신과 조직 내 비리로 인한 경우가 4회나 됐죠.

한국노총은 상대적으로 안정적인 지도부를 유지해왔지만 정치적 진출 또는 정당 건설과 관련하여 중도사퇴가 이어졌고, 2005년에는 전 위원장과 사무총장이 비리로 구속 사퇴하는 사태가 벌어졌습니다. 이에 한국노총은 임시대의원대회를 열어 노조간부 윤리강령 제정, 외부감사제도 도입, 임원 선거 선거인단제도 실시 등 조직혁신방안을 마련했습니다만, 그 충격과 파장은 매우 큰 것이었죠. 거기다 한국노총이 2005년 11월 말 정부의 비정규직법안 연내 입법방침에 동의함으로써 민주노총과의 공조체제가 파기되고 마찰을 빚게 됩니다. 그동안 양대 노총은 노사정위원회 참가와 불참으로 입장이 엇갈렸지만 공공부문 구조조정 저지, 비정규직 보호입법, 노동시간 단축, 경제특구법 저지, 공무원 노동기본권 확보, 노동탄압 반대, 남북한 노동단체 교류협력 증진 등에 공동보조를 취해왔었습니다.

이와 같이 노동운동 전체가 자본의 공세로 혼란을 겪고 있는 동안, 권력의 탄압과 내부 정파 간 대립 갈등의 심화, 사회적 교섭을 둘러싸고 벌어진 대의원대회 폭력 사태, 각종 비리와 부정 사건의 폭로, 대의원대회의 잦은 무산과 논쟁의 과열, 연대 공조체제 붕괴 등 도덕성과 조합민주주의에 대한 심각한 문제점이 드러나면서, 노동운동의 위기감을 더욱 심화시켰습니다.

6. 이명박 정권의 가중된 압박과 노동운동 위기의 심화

경제살리기 정책의 실상과 허상

이른바 민주정권 아래에서도 새로운 방향을 잡지 못하고 혼란과 방황을 거듭한 노동운동은 또 다시 안팎의 새로운 도전에 직면했어요. 나라 밖에서는 2008년과 2010년 세계적인 금융위기가 촉발되어 노동자들의 삶을 위협했습니다. 이 위기는 금융자본주의의 탐욕스럽고 더욱 격렬해진 경쟁의 결과로 초래됐고, 그만큼 자본주의체제 자체가 불안정하고 위기에 처했음을 드러낸 것이었죠. 이런 외부적 상황 변화 속에서 '747 공약'(연 7% 성장, 1인당 소득 4만 달러, 세계 7위 경제대국)과 '경제살리기'를 명분으로 2008년 집권한 한나라당 이명박 정권은 4월 총선거에서의 압승을 배경으로 신자유주의정책을 노골적으로 추진했습니다.

그 출발점은 광우병 파동으로 온 세계를 경악시킨 미국산 쇠고기 수입 허용이었어요. 국민의 생명과 건강 문제는 팽개치고 오로지 미국의 요구에 따라 쇠고기를 무한정 수입하려 한 것입니다. 이에 수백만에 이르는 시민들이 전국 각지에서 대대적인 촛불항의시위에 나서자, 이명박 정권은 반성의 기미를 보이는 듯하다가 곧바로 강경대응으로 전환하여 가진 자 중심의 반민주적 지배체제를 구축했죠.

경제정책은 4년간 100조 원에 이르는 부자 감세를 기조로 성장·수출·대기업·부자기득권·수도권 등 5대 중심론에 바탕을 두었습니다. 그러나 경제성장률은 연평균 3.1% 수준이었고, 1인당 국민소득은 2만 2천 달러에 그쳤으며, 세계경제 순위는 세계 15위권이었습니다. 일자리 창출은 연간 20여만 개로,

연간 60만 개를 내세웠던 공약의 3분의 1에 그쳤습니다. 그 중 여성 일자리는 겨우 6만여 개에 불과했죠. 물가는 매년 3.6% 이상 뛰었지만 노동자의 실질임금은 매년 제자리걸음이었고, 근로자 가구의 실질소득 역시 2008~2011년 사이 단돈 4천 원이 늘어났을 뿐이었습니다.

또한 가계와 기업 간 소득격차가 크게 확대됐어요. 기업소득은 51.4% 증가한 데 비해 가계소득은 21.2% 증가하는 데 그쳤습니다. 이는 국민 총소득 증가율보다 5.8%나 낮은 것이죠. 특히 수출을 주도한 재벌 대기업들은 골목 상권까지 장악하는 문어발경영을 통해 전례 없이 많은 부를 축적했어요. 그 결과로 국민경제에서 가계소득이 차지하는 비중은 3.0% 감소한 대신 기업 몫은 3.9% 증가했고, 노동소득분배율은 61.1%에서 59.0%로 낮아졌습니다. 가계소득의 정체는 가계부채의 급증으로 연결되어, 그 금액은 2007년 665조 4천억 원에서 2012년 6월 기준 922조 원으로 급증했습니다(경향신문, 2012.10.5).

이처럼 부자를 위한 경제정책으로 서민경제는 파탄에 빠지고 사회양극화는 더욱 심화됐으며 저출산·고령화, 이혼, 자살, 범죄 등 사회문제는 세계 최고 수준을 기록하게 됐죠. 그에 비해 부자감세로 인한 재정적자는 기하급수적으로 늘어 재정파탄의 위기에 봉착합니다. 그럼에도 이명박 정권은 4대강 토목사업, 제주강정 해군기지 건설, 한미 FTA 협정 체결 등을 강행했습니다. 이명박 정권은 5년 동안 부자감세와 재정적자정책 추진을 위해 107개 법안을 날치기 처리하고, '강부자-고소영', '묻지마-회전문'의 인사정책을 통해 부정비리의 철옹성을 구축했죠.

아울러 촛불시위 이후 여론을 잠재우기 위해, 소송으로 네티즌 재갈 물리기, 종편의 특혜 배정과 낙하산인사를 통한 방송언론 장악, 시국선언에 참여한 공무원·교사의 대량 징계, 과거청산 사업의 중단, 민간인 불법사찰 등 반민주적 횡포를 자행했죠. 또한 2009년 겨울 용산 철거민의 생존권 요구를 잔혹하게 진압하다 주민 5명과 경찰 1명이 사망하는 참사를 빚어냈으며, 쌍용자동차 노동자들의 정리해고 반대투쟁을 잔혹하게 진압했습니다. 남북관계 역시 종래의 평화와 협력의 관계에서 대립과 긴장관계로 치달은 나머지, 천안함 사건과 연평도 포격사건 등 전쟁 위기에 직면하기도 했습니다.

[표] 외환위기 이후 노동 관련 주요 지표 변화

	비정규직 비중(%)*	정규직 대비 비정규직 임금 비중(%)	고용률(%)	취업자 중 피용자 비중(%)	노동소득 분배율(%)	주당 노동시간 (시간)**	저임금 계층 (%)***	최저임금 미달자 (만 명)
1989	45.2		58.0	57.0	55.6	49.2	23.1	
1997	45.7		60.9	63.2	61.4	46.7	24.1	
1998	46.9		56.4	61.7	60.6	45.9	27.5	
1999	51.6		56.7	62.4	59.0	47.9	26.7	
2000	58.4	53.7	58.5	63.1	58.1	47.5	26.6	42
2001	55.7	52.6	59.0	63.3	58.8	47.0	25.8	44
2002	56.6	52.7	60.0	64.0	58.0	46.2	24.1	52
2003	55.4	51.0	59.3	65.1	59.2	45.9	27.5	49
2004	55.9	51.9	59.8	66.0	58.7	45.7	26.7	58
2005	56.1	50.9	59.7	66.4	60.7	45.1	26.6	81
2006	55.0	51.3	59.7	67.2	61.3	44.2	25.8	94
2007	54.2	50.1	59.8	68.2	61.1	43.5	27.4	119
2008	52.1	49.9	59.5	68.7	61.0	42.4	26.8	108
2009	51.9	47.2	58.6	70.0	60.9	42.3	27.3	128
2010	50.4	46.9	58.7	71.2	59.2	42.5	26.5	115
2011	49.4	48.6	59.1	71.8	59.0	41.9	26.7	108

자료: 노동연구원(2012), 김유선(2012)에서 재구성.
주: *) 매년 8월 기준, 1989~1999는 임시직일용직만 계산
　　**) 10인 이상 사업장 기준
　　***) 시간당임금 기준, 저임금 기준은 중위임금의 3분의 2 미만

비즈니스 프렌들리정권의 노동유연화 확장과 노조파괴

이명박 정권의 노동정책은 자본의 신자유주의 세계화전략에 충실히 복무했습니다. 김대중·노무현 정권은 교원과 공무원의 단결권 및 노동조합의 정치활동 보장, 필수공익사업의 직권중재제도 폐지, 손해배상 및 가압류의 개선 등 일정 정도의 노동기본권 보장과 함께 사회개혁의 틀 안에서 신자유주

[표] 이명박 정권의 선진화 계획 내용

구분		기관명
민영화 (38개)		금융공기업(7개): 산은·자회사(캐피탈, 자산운용), 기은·자회사(캐피탈, 신용정보, IBK시스템) 대한주택보증, 88관광개발(88골프장) 공적자금 투입 등 구조조정 기업(14개) 자회사(10개): 한국문화진흥(뉴서울CC), 한국자산신탁, 한국토지신탁, 경북관광개발, 한국건설관리공사, 안산도시개발, 인천종합에너지, 그랜드코리아레저, 농지개량, 기업데이타
	지분일부 매각(5개)	인천국제공항공사, 한국공항공사, 지역난방공사, 한전기술, 한전KPS
경쟁도입(2개)		한국가스공사, 한국방송광고공사
통합(38→17개)		○ 주공+토공, 신보+기보(금융시장 상황을 감안, 연말에 결정) ○ R&D관리기관: 9→4개 ·(지경부) 6→3개, (교과부) 3→1개 ○ 정보통신진흥기관: 10→4개 ·(지경부) 2→1개, (문화부) 3→1개, (방통위) 3→1개, (행안부) 2→1개 ○ 환경자원공사+환경관리공단, 환경기술진흥원+친환경상품진흥원 ○ 한국산재의료원+근로복지공단 ○ 저작권심의위+컴퓨터프로그램보호위 ○ 청소년수련원+청소년진흥센터 ○ 코레일 트랙+전기+엔지니어링, 코레일 개발+네트웍스
폐지(5개)		정리금융공사, 노동교육원, 코레일애드컴, 부산항부두관리공사, 인천항부두관리공사
기능조정(20개)		관광공사, 석유공사, 광업진흥공사, 국민체육진흥공단, 전기안전공사, 산업기술시험원, 예금보험공사, 자산고나리공사, 한국감정원, 가스기술공사 KOTRA·중소기업진흥공단·정보통신국제협력진흥원, 4대보험 징수통합(국민연금공단, 건강보험공단, 근로복지공단) 생산기술연구원, 디자인진흥원, 에너지관리공단, 한전 (R&D관리기능 이관)
경영효율화(8개)		한국전력 및 발전자회사(5개), 철도공사, 도로공사

자료: 송유나(2012), p.253

노동자들이 '쌍용차문제 정부 해결 촉구 전국노동자대회'에서 행진하고 있다.

의정책을 추진했던 데 반해, 이명박 정권은 경제살리기라는 미명 아래 노골적인 친기업business friendly을 내세우고 노동자들을 찍어 눌렀죠. 그의 노동정책의 두 축은 노동유연화의 확대와 노사관계 선진화였습니다.

전자는 정규직이든 비정규직이든 관계없이 고용총량을 증대시킨다는 명제 아래 파트타임 활성화, 기간제 사용기간 연장, 파견업종 확대, 유연근무 확산을 추진한다는 것이었죠. 이를 위해 정권은 이른바 '100만 실업 대란설'까지 유포하면서 고용 유연화를 법제화하려 했지만, 노동운동 진영의 반대로 무산됐습니다. 그리고 후자는 단체교섭 창구단일화를 전제로 한 기업단위 복수노조제도의 도입과 노조전임자제도 폐지, 법과 원칙에 의한 쟁의질서 확립, 노사협조주의 강화를 그 내용으로 했어요. 이 가운데 2010년 7월부터 시행된 타임오프제도는 노조의 자주적 조직활동을 억압했습니다. 또한 2011년부터 도입된 기업단위 복수노조제도와 교섭창구 단일화 제도는 사용자의 지배력을 강화하는 대신, 노동조합의 조직력과 교섭력을 근본적으로 제거해버렸습니다. 특히 노동운동이 열망하는 산별노조의 교섭권 행사는 거의 불가능하게 됐죠.

이런 기조 아래 정권은 공공부문의 구조조정과 공공서비스의 민영화를 강행했고, 전교조와 공무원노조에 대한 단체교섭 해태, 단체협약 개선명령, 단체협약 해지, 노조변경설립신고증 교부거부 등의 수단을 총동원하여 압박했습니다. 아울러 합법파업을 한 철도노조에 대해서 1만 2천여 명을 중징계하는 만행을 서슴지 않았죠. 민간기업의 경우에도 정권의 의도에 따르지 않을 경우 쌍용자동차의 경우처럼 가차 없이 폭력으로 짓밟아 버렸고, 조직력이 강한 민주노조들에 대해서는 이른바 강성노조라는 이름을 붙여 혹독하게 비난함으로써 사회적으로 고립시키려 했습니다. 그 결과 이명박 정권은 집권 후 2012년 10월 말까지 515명의 노동자를 구속시켰어요(구속노동자후원회, 2012.11.1.). 또한 전교조, 공무원노조의 민주노동당 지원에 대한 검찰의 조사와 처벌은 공공부문 노동운동을 근본적으로 위축시킬 뿐만 아니라 노동자 정치세력화를 저지하고자 하는 의도를 분명하게 드러냈습니다.

이런 정부의 반노동정책의 영향력 아래 상시적인 구조조정과 정리해고, 외주·하청화, 비정규직의 확대 등에 의해 고용불안과 사회 양극화는 날이 갈수록 확대됐죠. 사용자들은 각종 부당노동행위를 자행하는가 하면, 단체협약 해지, 손해배상청구 및 가압류 같은 강압수단을 동원하여 노조활동을 무력화했습니다. 이 때문에 노동조합의 파업 건수는 매년 감소하여 2008년 108건, 2009년 121건, 2010년 86건, 2011년 65건을 기록합니다.

그러나 이것이 노동자들의 생활개선이나 노사관계의 안정을 나타내는 것은 아니었습니다. 여전히 구조조정이나 정리해고를 둘러싼 심각한 갈등과 치열한 저항투쟁이 쉴 새 없이 전개됐어요. 2012년의 경우 8월까지 71건의 파업이 발생했고, 파업 참가자와 노동손실일수는 2008년 이래 가장 많이 나타났죠. 노동자들의 요구조건은 임금인상이 전체의 20% 수준에 그쳤고, 구조조정 반대 등 단체협약 관련사항이 대부분을 차지했습니다. 또한 국내 굴지의 대기업에서 행해지는 사내하청의 불법성과 노동시간 단축 문제가 대두되는 특징을 보였습니다. 이들 투쟁 가운데 가장 상징적이고 격렬했던 투쟁은 쌍용자동차, 한진중공업, 철도노조, 그리고 자동차산업의 노동시간 단축과 사내하청 철폐투쟁이었습니다.

쌍용자동차 노동자투쟁은 1997년 외환위기 때부터 시작된 구조조정 반대 투쟁이었습니다. 정부와 경영진은 세 차례의 구조조정을 통해 수많은 쌍용차 노동자들을 정리해고한 후 회사를 중국 상하이차에 팔아넘겼고, 상하이차는 생산기술을 빼내가는 한편 회계조작을 통해 쌍용차를 부실기업으로 만들어 또 다시 구조조정을 요구했습니다. 2009년 4월 2,646명의 정리해고를 결정한 회사와 정부가 노동자들의 피어린 호소를 외면하자, 6월 노동조합은 "해고는 살인이다"라고 절규하면서 77일간의 옥쇄파업투쟁에 돌입했어요. 그러자 이명박 정권은 동원할 수 있는 모든 살상무기를 앞세워 노동자들을 잔혹하게 짓밟아버렸습니다. "경기가 호전되면 복직시킨다"는 8·6 합의는 전혀 이행되지 않은 채, 참담한 상황에 절망한 23명의 노동자와 가족들이 스스로 세상을 버리는 참극이 이어졌습니다. 쌍용차 문제는 2012년까지도 중요한 정치 사회 문제로 제기되고 있습니다.

한진중공업은 내내 흑자를 내면서도, "인위적인 구조조정과 해외공장 운영으로 인한 국내 고용불안이 없도록 한다"는 노사합의를 팽개치고, 2009년 말 4백 명의 정리해고계획을 공표한 후 2011년 초 172명을 해고했습니다. 그리고는 회장 일가에게 막대한 주식배당금을 지급했죠. 노동조합은 곧 투쟁에 나섰고 특히 민주노총 부산지역본부 김진숙 지도위원과 채길룡 노조지회장은 '85호 크레인 농성'에 돌입했습니다. 비인간적인 정리해고 남발과 대기업의 부도덕성에 대한 사회적 비난여론이 높아갔고, 시민들이 대거 참여한 희망버스 운동이 거세게 전개되자, 국회 청문회가 열렸고 마침내 2011년 11월 10일 정리해고자의 재취업 등 노사합의를 이루게 됐죠.

한편, 2001년 민주노조로 탈바꿈한 이래 철도노조는 민영화 및 구조조정 저지를 위해 거의 매년 총파업투쟁을 전개해오던 중, 이명박 정권이 이른바 공공기관 선진화라는 미명하에 공기업의 민영화와 통폐합을 통한 구조조정, 성과급 차등연봉제 도입, 노동복지조건 개악 등을 강행하자, 2009년 11월 말부터 12월 초에 걸쳐 합법적인 절차를 거쳐 총파업을 전개했습니다. 그러자 공사 측은 단체협약 해지를 통보했고, 노조의 단체교섭 재개 요구를 장기간 거부했습니다. 그리고 업무방해 혐의로 100억 원에 가까운 손해배상을 청구하고, 2010년 초에는 1만 1,500여 명에 대한 대량징계를 단행했죠.

이 밖에 2011년 말부터 MBC, KBS, YTN, 국민일보, 부산일보, 연합뉴스 등 언론 노동자들이 이명박 정권의 언론장악정책 반대와 공정보도·편집권 독립을 요구하며 장기간 투쟁을 벌였고, 콜트악기, 시그네틱스, 대우자동차

한진중공업 투쟁으로 영도조선소 85호 크레인 위에서 농성 중인 김진숙 민주노총 부산본부 지도위원

판매, 코오롱, 풍산마이크로텍, 재능교육, 88CC클럽, 제일은행, 유성기업 등의 노동자들이 장기간에 걸친 투쟁들을 전개했습니다. 이 가운데 자동차 부품업체인 유성기업 노동자들의 파업은 심야노동 철폐를 요구조건으로 내건 투쟁으로, 2011년 1월부터 주간연속 2교대제 합의를 회사 측이 번복함으로써 야기된 사건입니다. 파업이 벌어지자 회사 측은 직장폐쇄와 함께 용역깡패를 투입했고, 정부는 공권력을 투입하여 조합원 전원을 강제해산, 연행했어요. 이 사건에는 주간연속 2교대제로 변경될 경우 부품공급 차질을 우려한 현대자동차가 개입했다는 의혹이 강하게 제기됐죠. 또한 이명박 대통령은 "고임금노동자들의 불법파업"이라고 매도하는 횡포를 저질렀습니다. 2011년 법원의 중재로 노동자들의 현장 복귀가 이루어졌으나 회사 측은 25명 해고를 포함한 1백여 명의 징계와, 어용노조를 내세운 교섭권의 박탈 등 탄압으로 일관했습니다. 이 사건은 재벌대기업과 부품업체의 지배·종속관계를 적나라하게 드러냈을 뿐 아니라, 노동시간 단축에 대한 사회적 관심과 자동차 대기업에서의 노동시간 단축과 관련한 단체교섭을 촉진했습니다.

이러한 이명박 정권의 폭력적인 노조탄압 술책은 노조파괴로까지 발전했습니다. 그 방식은 파업 → 직장폐쇄 → 용역깡패 투입 → 공권력 동원 → 대량 징계 → 어용노조 결성 → 교섭권 박탈 등의 순서로 진행됐죠. 노동조합이 단체교섭을 거쳐 정당한 파업에 들어가면 곧바로 직장폐쇄를 단행하고, 용역깡패와 공권력을 동원하여 농성 조합원들을 축출했습니다. 그리고 노조간부 및 열성 조합원들을 대량징계한 후, 조합원들을 협박하여 노조탈퇴와 어용노조 결성을 강요했죠. 소수 노조로 몰린 민주노조는 교섭창구 단일화 절차에 따라 교섭권을 상실하고 무력화됐습니다. 여기에 동원된 것이 '창조 컨설팅'과 같은 일부 노무법인이었습니다. 이로 인해 금속노조 산하조직인 발레오만도, 상신브레이크, 유성기업, SJM, 만도 등이 희생됐고, 보건의료노조의 대표적인 지부조직인 이화의료원도 같은 위험에 직면하기도 했습니다.

노동운동의 혼란과 침체의 심화

현장노동자들의 치열한 투쟁을 반영하여 산업별·지역별 노조조직과 전국 중앙조직들은 여러 가지 노력을 기울였습니다. 민주노총은 종래 남발돼 왔다고 평가되던 총파업을 자제하고, 내부 조직혁신을 추구하는 모습을 보였죠. 2007년 등장한 이석행·이용식 집행부는 "민주노총 지도부·현장간부·현장조합원 사이의 신뢰와 결합력을 강화하여 현장에서의 조직력을 회복하는 것"(이석행, 2011: 142)을 위기 극복의 핵심으로 인식하고, 이른바 '현장 대장정'을 실시했으며, 이랜드투쟁 등의 현장투쟁을 적극 지원했습니다. 아울러 임원직선제를 채택하여 힘의 집중과 지도력의 확립을 도모했죠.

이와 함께 민주노총은 2008년 초 이명박 정권이 미국산 쇠고기를 무차별 수입하려는 것에 반대하는 전국적인 촛불시위에 적극 참여했습니다. 그러나 이석행 위원장의 구속과 2008년 말 내부에서 발생한 성폭력 사건으로 집행부가 총사퇴함으로써, 민주노총은 또 다시 도덕성에 결정적인 타격을 입고 나름대로 추진했던 변화와 모색은 좌절됐죠. 이에 민주노총은 2009년 3월 노동운동혁신위원회를 구성하고 조직의 재활성화를 도모하는 한편, 4월에는 임시대의원대회를 열어 "사회연대 노총"을 선언한 임성규·신승철 집행부를 선출했어요. 그리고 2010년 1월에는 김영훈 위원장 집행부를 구성하여, "노동이 존중받는 사회" 실현과 이명박 정권 응징을 다짐했죠.

그러나 이명박 정권의 탄압은 더욱 가중됐고, 노조현장의 활력은 확실하게 복원되지 않은 채 위기상황은 계속됐습니다. 민주노총의 경우 2009년 들어 탈퇴하는 조직들이 많이 나타났어요. 울산 NCC(35명), 영진약품(270명), 천안숭일실업(120명), 진해택시노조(90명), 그랜드힐튼호텔(203명), 서울도시철도(5,800명), 인천지하철(815명), 인천국제공항(699명), 군포 서진운수(86명), 충북지역 상용직(334명), 컨테이너 부두공단(49명), KT(3만 400명) 노조 등이 그들입니다(조선일보, 2009.7.18). 또한 민주노총이 조직혁신의 한 방안으로 밀어

붙인 임원직선제는 애당초 산업별조직의 결집체라는 전국적 중앙조직의 위상이나 성격에 맞지 않을 뿐 아니라, 구체적인 실천에도 어려움이 많아 유보되기에 이릅니다.

설상가상으로 민주노총이 노동자 정치세력화를 위해 총력을 모아 지원한 민주노동당이 2008년 2월 내부 노선투쟁을 극복하지 못한 채 분열됐고, 4월 총선거에서는 종래 의석의 반 토막인 5석만 겨우 건지는 위기상황을 맞았습니다. 이후 진보 세력을 총결집하려는 시도가 있었으나 실패했고, 한편으로 2012년 총선거에 즈음하여 통합진보당을 출범시켰으나, 국민참여당과의 통합을 둘러싼 의견 대립과 비례대표 국회의원 후보선출 과정에서 발생한 부정사태로 또 다시 분열 상태에 빠졌죠.

한편 한국노총은 기업별노조체계의 한계를 타파하기 위해 산별노조 전환활동과 노동자 정치세력화를 추진하는 한편, 대화와 타협이라는 합리적인 노동운동을 운동기조로 하고 산하조직에 대한 지도 지원과 노사정위원회 참여, 정책 개발 및 건의와 청원 등을 통한 법률 제도개선활동에 주력해왔습니다. 그러나 갈수록 강화되는 신자유주의 세계화 공세 앞에 한국노총의 위기의식도 심화됐고, 이를 위한 조직혁신 문제가 끊임없이 제기됐어요. 그 대안은 민주노총과 마찬가지로 산별노조와 정치세력화 '양 날개론'이었습니다. 그러나 산별노조 전환은 금융산업노조를 제외하고는 대부분 중도하차했고, 정치세력화 역시 2004년 총선 참패로 좌절됐습니다.

이로부터 한국노총은 내셔널센터의 기능강화와, 아울러 기존 정당과의 정책연대를 통해 제도 개선의 실리를 확보하고자 했습니다. 한국노총은 정책연대를 "특정정책의 실현을 도모하기 위해 상호 간의 협의 하에 제휴나 행동 통일을 결정하는 일"이며 "정책연대 후보와의 협정을 체결하여 노동자의 이익을 추구하고자 하는 것"이라 규정했습니다(양정주, 2008). 이에 따라 한국노총은 조합원 투표를 거쳐 2007년 12월 10일 한나라당 이명박 대통령 후보와 정책협약을 체결했고, 2008년 4월 총선거에서는 "대선 정책연대의 일관성을 유지하기 위해" 한나라당 지지를 결의하여, 지역구 3명과 비례대표 1명의 국회의원을 진출시켰습니다.

이러한 양대 노총의 행보에 대해 이명박 정권은 상호 분리의 양면작전을 구사했죠. 민주노총에 대해서는 철저하게 배제와 탄압의 기조를, 한국노총에 대해서는 정책연대를 통한 편입과 협력의 기조를 유지했습니다. 그러나 노조전임자 임금지급 금지, 복수노조제도, 교섭창구 단일화 문제 등에 정권은 사실상 한국노총의 요구를 배제함으로써 긴장관계를 조성했어요. 이로 인해 한국노총 조직은 분열을 거듭하다가, 노동법 개정투쟁을 들고 나온 이용득 집행부가 2011년 초 들어서게 됐습니다. 이용득 집행부는 노동조합 파견전임자에 대한 임금지급 약속이 이행되지 않자 한나라당과의 정책연대를 파기했고, 정권은 한국노총에 대한 재정지원을 전면 중단했습니다. 한국노총은 곧바로 야당인 민주당과의 결합을 강행함으로써 여당과의 관계를 단절시켰지만, 조직 내부의 갈등과 분열은 더욱 심화됐죠. 한편, 정권의 양대 노총에 대한 배제전략이 구체화하는 틈새에서, 이른바 뉴라이트 노조운동을 배경으로 한 국민노총이 2011년 11월 등장합니다만 그 세력은 극히 미미했습니다.

7. 노동운동의 재도약을 위한 시도

2012년 정권교체의 좌절과 우울한 전망을 넘어

이명박 정권의 5년에 걸친 반민주적·반민중적·반평화적 정책과 그로 인한 삶의 피폐화에 대해 국민들의 불만은 급격히 고조됐습니다. 특히 이명박 대통령의 친인척과 측근들의 부정비리가 터져 나오면서 급기야 권력의 위기로 발전했습니다. 한나라당 이명박 정권의 파시즘적인 행태로 인해 정권교체는 틀림없을 것으로 전망됐고, 서울시장 보궐선거에서 민주당 박원순 후보의 승리는 여기에 큰 힘을 실어줬죠. 이에 한나라당은 대통령을 꿈꾸는 박근혜 의원을 내세워 위기 타개를 서두르며 2012년 4월 총선거에 나섰습니다.

박근혜 세력은 '과거와의 단절'이라는 이름으로 이명박 정권과의 차별을 전면에 내세웠습니다. 한나라당은 당명을 새누리당으로 바꾸고, 당의 정강·정책 개정 등 조직혁신을 도모했습니다. 한편 야당과 진보 진영은 민주통합당과 통합진보당으로 조직을 재편하고, 후보 및 정책 연대를 추진하여 성사시켰죠. 그러나 총선거 결과는 새누리당의 압승과 야당의 참패로 나타났어요. 지역패권주의의 폐해가 재현되기도 했지만, 섣부른 승리감에 도취된 야당이 민중의 절박한 삶의 요구를 파고들지 못한 것이 패인이었죠. 이런 가운데 통합진보당은 13석을 확보했지만 비례대표의원의 선거부정이 불거져, 극심한 분란과 폭력 사태 끝에 분당이라는 괴멸적 상황을 맞기에 이르죠.

새누리당과 이명박 정권에 대한 국민적 저항과 심판 열기는 제18대 대통령 선거로 이어졌습니다. 새누리당은 박근혜 후보를 내세워 총선거 승리의 여세를 몰아가려 했고, 야당 진영은 정권교체를 위한 연합전선을 구축했습니다. 그리고 참여정부 때 대통령 비서실장을 지낸 문재인 의원을 후보로 내세우고, 새로운 정치개혁을 외치며 등장한 서울대 안철수 교수와의 후보단일화를 추진했죠. 우여곡절 끝에 후보 등록 직전에 안철수 교수가 사퇴함으로써 문재인 후보로 결정이 됐습니다. 선거 공약은 국민의 열망이 그대로 반영됐습니다. 복지, 경제민주화, 정치개혁이 그것이었습니다. 여당과 야당의 구체적인 공약내용은 다르지만 기본적으로는 오래 지속된 경제성장과 시장제일주의정책으로 삶이 극도로 피폐해지고, 극심해진 사회양극화를 해결하는 방책이 필요하다는 데는 공감대가 형성된 셈이죠.

제18대 대통령 선거는 매우 치열했습니다. 노동자 후보 2명을 포함하여 모두 6명이 출마했고, 서울시 교육감과 경남도지사 보궐선거를 함께 치렀지만, 국민적 관심은 대통령 후보 두 사람의 맞대결에 집중됐습니다. 결과는 "준비된 여성대통령", "행복한 국민"을 내건 박근혜 후보가 51.6%를 득표한 반면, 정권심판과 교체를 내세운 문재인 후보는 48.0%에 그쳐 패배합니다.

노동운동 진영은 노동 없는 민주화, 진보 없는 선거를 한탄하면서도 양대정당의 대결 국면으로 휩쓸려 들어갔어요. 민주노총은 투표시간 연장운동에 이어 '조합원 3대 대중운동'을 내세웠죠. "참여: 반드시 투표하기, 연대: 미조직 비정규노동자 투표참여 보장운동, 확산: 좋은 영화보기, 투표참여 SNS 전파운동"이 그것이었습니다. 통합진보당과 결별한 진보정의당은 대통령 후보를 사퇴했고, 노동운동 진영은 사분오열된 상태로 각개약진하면서, 야당이 승리해야만 노동운동의 숨통이 트일 수 있다고 전망했습니다. 새누리당은 신자유주의정책을 고수하는 데다 노동기본권 보장은 전혀 공약하지 않은 데 비해, 야당은 구체적으로 노동악법 개정을 공약하고 있었기 때문이었습니다. 그러나 노동운동 진영의 희망은 야당의 패배로 공염불이 됐고, 박정희 유신독재권력의 후예이자 경제성장주의와 시장제일주의시대의 상속자 집단인 새누리당의 지배하에 새로운 길을 찾아야 하는 상황을 맞게 됐습니다.

다시 노동의 희망을 향하여

1987년 노동자대투쟁 이후 급속하게 성장했던 노동운동은 1997년 말 엄습한 외환위기를 계기로 심각한 시련과 혼란을 겪은 나머지 위기 국면에 이르게 됐습니다. 외환위기 불과 1년 전에 전국을 뒤흔들며 권력과 자본의 간담을 서늘하게 했던 노동운동의 위력이 이처럼 허약하게 무너진 원인은 어디에 있었을까요? 그것은 급격한 상황변화에 노동운동이 제대로 대응하지 못한 데 있습니다. 즉 1987년 체제의 관성에서 벗어나 1997년 체제에 대응하지 못한 것입니다.

87년 체제란 정치적 민주화, 경제성장, 노동자의 시민권 획득, 민주노조운동의 성장, 전투적 조합주의에 의한 노동자 요구의 관철, 노동운동의 사회중심 세력화 등으로 특징 지을 수 있습니다. 그에 비해 97년 체제에서는 신자유주의 세계화, 금융시장 자본주의 등장, 서비스업 중심의 산업구조의 변화, 자본의 신경영전략 등에 의한 자본주의 축적체제의 변화로 인해 노동운동 존립기반 자체가 흔들렸습니다. 이로 인해 87년 체제에서 노동운동에 유용하게 작용했던 노사관계 틀과 운용규칙이 근본적으로 바뀌어버렸고, 임금 노동조건 개선은 고사하고 고용 자체가 불안정한 상태에서 기존 운동방식은 더 이상 통할 수 없게 된 것이죠.

노동운동에 드리워진 이런 그림자들은 자본과 권력의 치밀하고도 잔혹한 억압과 배제의 전략에서 비롯된 측면이 강합니다. 그러나 그것은 주어진 조건일 뿐, 문제해결의 핵심은 노동운동 주체의 대응 역량에 달려 있는 것이죠. 노동운동은 새로운 상황변화에 맞서기 위해 이념과 조직의 혁신을 도모했습니다. 산별노조 건설과 노동자 정치세력화라는 양 날개 전략이 그것이었어요. 노동운동의 미래를 좌우할 만큼 중차대한 과제로 떠올랐던 이 사업은 민주노총의 경우 일정한 성과를 거두었습니다. 그러나 노동운동의 근본적인 변화를 추동해내지는 못했어요. 현상유지는 고사하고 오히려 더 악화된 측면이 있다는 점을 부정하기 어렵습니다.

또한, 운동이념이나 기조, 방향, 전략이 불분명하거나 실천과 동떨어진 관념 수준에서 머물고 있는 상태에서, 운동의 힘을 구성하는 가장 기초적인 요소인 조직률은 1989년 이후 20년 넘게 매년 하락해 10% 미만까지 이르렀는데도 신통한 방책은 제시되지 못했습니다. 매년 수많은 열사들이 목숨을 내던지고 수백 수십 건의 치열한 투쟁을 벌였지만, 고립 분산된 형태의 방어적이고 수세적인 성격을 벗어나지 못했죠. 단체교섭을 통한 노동자 권익의 신장은 기업별노조의 교섭틀과 협소한 단체협약 적용범위를 벗어나지 못했고, 급기야는 공장 울타리 안에서 함께 일하는 간접고용과 비정규직마저도 소외시켰습니다. 제도개선 역시 숱한 총파업에도 사회적 의제를 제기하는 수준에 그쳤을 뿐, 노동자 보호장치로서의 과제 실현을 이루어내지 못했습니다.

결국 노동조합운동은 노동자의 절대다수를 차지하고 있는 중소영세기업과 비정규직노동자를 끌어안지 못하고, 대기업·남성·정규직노동자 중심의 구조에 안주함으로써, 대표성의 위기를 자초했습니다. 설상가상으로 각급 노조간부들의 비리와 부정이 연이어 드러나면서 노동운동의 가장 기초적인 덕목이라 할 수 있는 도덕성마저도 심각하게 훼손됐죠. 여기에 자본·권력·보수언론의 민주노조운동에 대한 일방적이고 악의적인 비난으로, 노동운동에 대한 사회적 인식은 더욱 심하게 왜곡되어 갔습니다. 사회적 외면과 불신은 물론이고 현장 조합원의 불신과 무관심마저 날로 증가하면서 노동운동이 딛고 설 땅은 더욱 좁아졌던 것이죠. 노조의 존립 자체를 위협하는 신자유주의 공세 앞에서, 노동운동은 과거의 것은 더 이상 작동하지 않고 새로운 것도 만들어내지 못하는 위기국면에 맞닥뜨리게 된 것입니다.

[표] 1997~2011년 노동조합 및 노동쟁의 추이

연도별	노조 (개)	조합원 (천 명)	조직률 (%)	파업건수 (건)	파업 참가자 (천 명)	노동손실일 (천일)	구속노동자 (명)
1997	5,733	1,484	11.2	78	44	444	43
1998	5,560	1,401	11.5	129	46	1,452	219
1999	5,637	1,480	11.8	198	92	1,366	129
2000	5,698	1,526	11.6	250	177	1,893	97
2001	6,150	1,568	11.8	235	38	1,083	241
2002	6,506	1,605	11.3	322	93	1,580	194
2003	6,257	1,550	11.0	320	137	1,298	204
2004	6,017	1,537	10.6	462	185	1,199	337
2005	5,971	1,506	10.3	287	118	848	109
2006	5,889	1,559	10.3	138	131	1,201	271
2007	5,099	1,688	10.8	115	93	536	121
2008	4,886	1,666	10.3	108	114	809	141
2009	4,689	1,640	10.0	121	81	627	214
2010	4,420	1,643	9.7	86	40	511	31
2011	5,120	1,720	10.1	65	33	429	63

자료: 한국노동연구원(2012), 매일노동뉴스(2012.10.8)

노동운동의 위기논쟁은 꽤 오래 전부터 제기되어 왔지만 위기상황은 치유되기보다는 갈수록 더욱 심화됐어요. 한때 '왕자병'에 걸려 허둥대고 있다는 비판이 이목을 끈 적도 있었지만, 현상과 원인을 둘러싸고 여러 가지 논의와 해석들이 제기되고 있습니다. 민주노조운동이 방향타를 잃은 채 정처 없이 추락하고 있다는 데서부터, 민주노총은 진보가 아니라 '진상'이며 이대로 가면 민주노총도 타도대상이 될 것이고, 병원에 다 있는 응급실조차 갖추지 못한 민주노총은 이미 죽었으니 부수고 새로 지어야 한다는 극단적 지적까지 다양했죠(민주노총, 2009.4 : 166~217).

노동조합운동이 대표성을 상실했다는 지적은 대부분의 분석에서 공통됩니다. 실제로 대표성의 지표인 조직률은 1989년 19.8%를 정점으로 2000년에는 11.6%까지 하락했고, 2010년에는 한 자릿수인 9.7%까지 내려앉았습니다. 이를 양대 노총으로 나누어 보면 각 조직의 대표성은 겨우 5% 안팎에 불과합니다. 사실 조직률 하락은 23년간 지속되어 왔고 새삼스러운 문제로 볼수는 없습니다. 그 사이 대표성을 확보하기 위한 운동이 제대로 이루어지지 않은 것이 문제죠.

구조적인 한계나 노동운동의 원리에 근거한 분석도 있습니다. 노동운동의 중심축인 노동조합의 위기는 자본주의 경제체제에서는 구조적인 것으로, 위기에 빠질 위험성은 항상 갖고 있다는 주장, 우리나라 노동조합들은 노동자 대중의 이익을 대변하지 못하고 있다는 점에서 대표성·연대성을 상실했다는 주장, 노동조합이 국가와 자본의 공세에 휩쓸려 들어갔을 뿐만 아니라 조직 내부 민주주의가 붕괴됐다는 점에서 자주성, 민주성이 위기에 처해 있다는 주장도 있습니다.

민주노총은 민주노조운동의 위기와 침체 양상이 민주성, 자주성, 투쟁성, 연대성의 원리가 노동현장에서부터 무너짐으로써 더욱 가중됐다고 보고 있습니다. 민주성은 각종 정파들 사이의 갈등과 패권주의의 이전투구 속에 실종됐고, 이로 인해 현장 조합원의 불신과 냉소는 갈수록 심화 확대됐죠. 투쟁성에 대한 지적은 당위적 투쟁에 복무하기 위한 성격이 짙고 판에 박은 듯 되풀이되는 집회와 시위가 조합원들을 감동시키기보다는 지치게 만들어 투쟁에 대한 적극적인 참여를 가로막고 있다는 것입니다. 또한 자본의 일상적 노무관리체계 아래서 노조간부들과 대의원들은 담합관계 속에 편입됨으로써 자주성은 약화되거나 상실됐고, 자주성의 상실은 자본이 용납하지 않은 연대투쟁과 정치투쟁 참가를 꺼리게 만들고, 스스로를 기업테두리에 가둠으로써 운동성을 상실하도록 만들었다는 비판이 제기됐죠. 마지막으로 연대성은 정규직노조원들이 고용안정의 안전판으로 활용하기 위해 비정규직노동자를 배제하는 데서 전형적으로 나타나고, 정규직 내에서도 자기 이해를 앞세워 상생을 위한 배치전환이나 일감나누기마저 어려운 상황이 지속되고 있다는 지적도 제기됩니다(김태현, 2012나: 18~19).

　한국노총도 신자유주의 세계화의 상황 변화 앞에서 총체적인 위기로 비슷한 진단을 하고 있습니다. 노동조합운동이 노조간부의 부정부패와 비리로 인한 자주성 및 도덕성의 위기, 조합민주주의·관료주의화와 민주적 집중의 한계로 인한 민주성의 위기, 노조조직률 하락과 낮은 단체협약 적용률에 의한 대표성의 위기, 남성·대공장·정규직 중심의 노동운동과 노동자 간 양극화의 심화로 인한 연대성의 위기, 현장조직 동원력 및 총파업 위력의 약화로 인한 운동성의 위기, 이념 대안 전략의 부재로 나타난 정체성의 위기, 인적 자원의 이탈과 부족에 의한 재생산의 위기 등 총체적인 위기에 봉착해 있다는 것입니다(한국노총, 2006가: 60~71).

　그렇다면 노동운동이 위기극복을 위해 해야 할 일은 무엇일까요? 각기 입장에 따라 다양한 방책들이 제시되고 있고, 일부는 실천되는 경우도 있습니다. 변화된 상황을 제대로 보고 노동자계급 전체의 이해와 요구를 실현하는 활동기조와 내용을 갖추어야 한다는 얘기도 있고, 변혁적 이념 정립과 현장 조직력 복원이 급선무라는 얘기도 있습니다. 지도력의 확립, 조직 간 소통과 위상 역할의 재정립, 운영방식 사업관행의 개혁, 선거제도 및 승자독식구조의 극복도 제시되고 있습니다. 민주노조운동을 넘어 사회연대노조운동으로 가야 되고, 끼리끼리 제 이익 챙기기로 변질된 정파운동을 혁파해야 한다는 주장도 있죠. 그런 한편에 기존 대기업 정규직 중심의 조직운동은 더 이상 한계를 극복하기 어려우므로, 상황 변화에 조응하는 새로운 운동체제를 모색해야 한다는 주장도 있고, 현실적으로 희망버스운동과 같이 일반시민들이 직접적인 행동으로 노동문제에 대한 사회적 해결을 도모하는 사례를 주목해야 한다는 주장도 나타나고 있습니다.

　모든 운동이 비슷합니다만 위기극복을 위해 가장 먼저 살펴야 할 일은 노동운동이 나아가야 할 방향을 제대로 잡는 일인 듯합니다. 운동이념이기도

노동운동의 재도약을 모색할 때 늘 되새기게 되는 이름, 전태일

하고 운동방향, 운동기조일 수도 있습니다만, '노동운동은 어떤 사회를 어떻게 만들 것인가'를 밝혀야 한다는 것이죠. 이와 관련하여 이미 민주노총은 노동해방과 평등사회를 지향하는 내용의 안을 논의한 적이 있고, 한국노총은 사회개혁적 조합주의를 제시한 바 있습니다.

한편, 기존의 경제적 조합주의, 정치적 조합주의, 사회적 조합주의가 한계를 드러냈으므로, 사회운동 조합주의를 지향해야 한다는 주장도 있습니다. 사회운동 조합주의는 여러 나라 노동운동의 경험을 토대로 형성되고 있는 이념으로, 다음과 같은 특징을 지니고 있습니다. 첫째, 경제적 개선을 넘어서 전체적인 사회·정치·경제적 조건 개선에 목적을 두며, 둘째, 운동의 주체로 노동자계층만이 아니라 다양한 사회계층·조직·집단과 연대하여 투쟁하며, 셋째, 여성·비정규노동자, 소수인종 등 취약계층 전체의 조직화를 우선하며, 넷째, 조합원의 직접 참여에 의한 조합 내 민주주의를 운영의 규범으로 삼고, 다섯째, 다양한 투쟁과 교섭의 운동방식을 추구하며, 여섯째, 자본의 글로벌화에 대응하여 국제적 연대주의를 강조합니다(윤진호, 2007: 51~55).

이 이념은 노동조합의 운동성과 현장성, 그리고 아래로부터의 역동성을 강조한다는 점에서 장점을 지니고 있습니다. 하지만 노동조합운동의 궁극적 목표에 대한 명료한 상을 제시하지 못하고 있으며, 관료주의에 대한 깊은 경계의식으로 인해 조직화된 노동운동에 대해 지나친 거부감을 보인다는 단점을 보이죠(민주노총, 2011가: 20). 아무튼 주객관적 조건이 급변한 상황에서 운동 방향의 새로운 정립은 아무리 강조해도 지나침이 없을 것입니다.

조직 문제에 관한 기업별노조의 극복이 여전히 핵심 문제로 제기되고 있고, 그 대안으로 산별노조 건설에 논의가 모아지는 것은 당연한 순서인 듯합니다. 그것은 계급적 노동운동의 발전을 대명제로 기업별노조의 한계를 극복하는 새로운 노동운동의 정립이라는 의미를 갖고 있으며, 전반적인 사회개혁 투쟁과 정책제도개선, 노동운동의 정치세력화를 실현할 수 있는 유일한 경로

이기 때문입니다. 이를 실현하기 위해서는 산별노조 건설을 향한 범조직적 결의가 굳게 정립되어야 하고, 지난날의 산별노조의 성과와 한계에 대한 역사적 평가에 토대를 둔 구체적인 전환계획이 수립되고 실천되어야 할 것입니다. 특히 이 사회의 최대 모순이라 할 수 있는 문제의 해결, 곧 다수이면서 사회적 약자인 비정규직노동자, 중소영세기업 노동자, 외국인노동자들을 노동운동이 가까운 시간 안에 확실하게 끌어안을 수 있어야 하겠죠.

이 밖에 투쟁노선의 재정비와 조직운영의 혁신, 노동자의 정치세력화에 대해서도 많은 고민과 논의들을 하고, 실천적인 노력들을 기울여야 합니다.

어떤 일이든 가장 중요한 것은 노동운동의 주체인 노동자대중의 의견을 하나로 모으는 일일 것이며, 이를 위한 광범한 노동대중의 현장토론과 실천활동이 뒤따라야 할 것입니다. 자본으로부터 가해지는 경쟁과 실리주의 공세 속에서 위로부터의 간부 중심 결정, 내리꽂기식 투쟁, 관료주의적 운영과 패권주의적 작풍 등을 운동의 위기를 부추기는 내부 원인으로 본다면, 그 중요성은 아무리 강조해도 지나치지 않죠.

노동운동의 장래를 걱정하는 사람도 많고 위기의 책임을 묻는 준엄한 질책도 있습니다. 그러나 그 누구도 '노동이 희망'이라는 데는 이론異論이 없는 듯합니다. 그것은 노동운동은 성공과 패배, 도약과 침체를 거듭하면서 발전해 왔다는 역사발전의 법칙을 확신하는 데서 나온 것이죠. 스스로 주어진 상황을 냉정하게 진단하고 처음부터 다시 시작한다는 각오로 부단히 자기혁신을 펴나감으로써, 새로운 도약을 치열하게 모색해야 하는 것이 지금 할 일이라는 것을 재확인해주는 것이라 생각합니다.

| 참고문헌 · 자료 |

강동진(1985), 「일제 지배하의 한국노동자의 생활상」, 『한국근대사론Ⅲ』, 지식산업사.
강만길(1994), 『고쳐 쓴 한국현대사』, 창작과 비평사.
_____(2004), 『한국노동운동사-근대노동자계급의 형성과 노동운동』, 지식마당.
강만길 외(2000), 『우리민족해방운동사』, 역사비평사.
강순희(1998), 『한국의 노동운동-1987년 이후 10년간의 변화』, 한국노동연구원.
구속노동자후원회(2012), 『구속노동자』73호, 11.1자, 구속노동자후원회.
김경일(1992), 『일제하 노동운동사』, 창작과 비평사.
_____(2004), 『한국노동운동사-일제하의 노동운동』(제2권), 지식마당.
김금수(1986), 『한국노동문제의 상황과 인식』, 풀빛.
_____(1995), 『한국 노동운동의 현황과 과제』, 과학과 사상.
_____(1996), 「산별노조체제 구축을 위한 조직론적 관점」, 김금수 외, 『산별노조의 과거, 현재, 그리고 미래』, 한국노동사회연구소.
_____(2004), 『한국노동운동사-민주화이행기의 노동운동』, 지식마당.
김낙중(1982), 『한국노동운동사-해방후편』, 청사.
김남식·심지영(1986), 『박헌영 노선 비판』, 세계.
김대환(1976), 『1950년대 한국의 공업화에 관한 연구』, 서울대학교 석사학위 논문.
김영곤(2005), 『한국 노동사와 미래』, 선인.
김용기·박승옥(1989), 『한국노동운동논쟁사』, 현장문학사.
김유선(1998), 『노동조합운동의 현황과 과제』, 한국노동연구원.
_____(2005), 「노동시장의 구조변화와 비정규직」, 최장집 편 『위기의 노동』, 후마니타스.
_____(2007가), 『한국의 노동 2007』, 한국노동사회연구소.
_____(2007나) 「1987년 이후 노동운동 15년사」, 시민의신문사 『한국 시민사회운동 15년사 (1987-2002)』, 시민의신문사.
김윤환(1982), 『한국노동운동사-일제하편』, 청사.
김익진(1985), 「운동노선을 통해 본 한국의 노동운동 (1)」, 김금수·박현채 외 『한국노동운동론 1』 미래사.
김인동(1985), 「70년대 민주노조운동의 전개와 평가」, 김금수·박현채 익, 『한국노동운동론 1』, 미래사.

김장한(1989), 『80년대 한국노동운동사』, 조국.
김정한(2005.5), 「노동조합 재정비리의 원인과 향후과제」, 한국노총 조직혁신기획단, 『노동조합 도덕성과 재정투명성, 어떻게 확보할 것인가?』공개토론회 자료집, 한국노총.
김종진(2012), 「민주노총 전략조직화사업은 무엇을 남겼나」, 한국노동사회연구소, 『노동사회』 11/12월호, 한국노동사회연구소.
김　준(1999), 「20세기 한국의 노동 : 역사적 경험의 반추」, 『경제와 사회』 겨울호, 한울.
＿＿＿(1999), 「일제하 노동운동의 방향전환에 관한 연구」, 한국사회사연구회, 『일제하의 사회운동』, 문학과 지성사.
김진옥(1985), 「80년대 노동운동의 전개」, 임채정 외, 『노동현실과 노동운동』, 현장 2, 돌베개.
김태현(2012가), 「96-97 노동법 개정 총파업투쟁 그 의미와 과제」, 민주노총 정책연구원, 『96-97 노동법 개정 총파업투쟁! 현재적 의미와 과제』, 민주노총.
＿＿＿(2012나), 「87년 노동자대투쟁 25주년과 민주노조운동의 과제」, 민주노총 정책연구원, 『87년 노동자대투쟁의 역사적 의미와 민주노조운동의 과제』, 87년 노동자대투쟁 기념 심포지엄 종합토론회 자료집, 민주노총.
노광표(2012), 「공공기관 선진화정책 평가와 대안적 정책의 모색」, 한국산업노동학회, 『산업노동연구』 제18권 2호, 산업노동학회.
노동부(1980), 『노사협의회합동보고서』, 노동부.
＿＿＿(1998), 『1987년 여름의 노사분규 평가보고서』, 노동부.
노무현재단(2010), 『운명-노무현자서전』, 돌베개.
노중기(1995), 『국가의 노동통제전략에 관한 연구:1987-1992』, 서울대학교 대학원 박사학위 논문.
노진귀(2007), 『8.15 해방이후의 한국노동운동』, 한국노총 중앙연구원.
민주노총(전국민주노동조합총연맹: 1996), 『민주노총-창립까지의 사업보고·자료모음』, 민주노총.
＿＿＿(전국민주노동조합총연맹: 1997-2012), 『사업보고』, 민주노총.
＿＿＿(전국민주노동조합총연맹: 2000가), 『노동운동 발전전략위원회 전체회의-자료』, 민주노총.
＿＿＿(전국민주노동조합총연맹: 2001가), 『민주노조 투쟁과 탄압의 역사』, 민주노총.
＿＿＿(전국민주노동조합총연맹: 2007가), 『민주노총 연표』, 민주노총.
＿＿＿(전국민주노동조합총연맹: 2009가), 『민주노총 전략조직화사업평가토론회 자료집』, 민주노총.
＿＿＿(전국민주노동조합총연맹: 2009.4), 『민주노총 혁신대토론회 자료모음』, 민주노총.
＿＿＿(전국민주노동조합총연맹: 2011가), 『산별노조시대, 민주노총의 위상과 역할』, 민주

노총.
_____(전국민주노동조합총연맹: 2012.9),「산별노조운동 평가와 제2산별노조 발전전략」, 민주노총,『87년 노동자대투쟁 25주년 기념심포지움 의제별 토론회자료 5』, 민주노총.
_____(전국민주노동조합총연맹)·한국노동연구단체협의회(1997),『87에서 97! 그리고 21세기: 노동운동의 전망을 연다』, 87년 노동자대투쟁 10주년 기념 심포지엄 자료, 민주노총.
박경식(1986),『일본제국주의의 조선지배』, 청아.
박노영(2001),「김대중 정부하의 공기업 민영화에 대한 비판적 고찰」, 한국사회과학연구소『동향과 전망』가을호, 박영률출판사.
박동섭(1972),『중소기업론』, 박영사.
박석운(1997),「87년 노동자대투쟁 평가와 의의」, 전국민주노동조합총연맹·한국노동연구단체협의회(1997),『87에서 97! 그리고 21세기: 노동운동의 전망을 연다』, 87년 노동자대투쟁 10주년 기념 심포지엄 자료.
박준식(2007),「산업화와 민주화를 넘어서:민주화시대의 노조운동과 미래의 선택」, 한국노총,『한국노총토론회 자료집』, 한국노총.
박현채(1971),「한국노동쟁의의 원인과 그 대책에 관한 연구」, 고대노동문제연구소,『노동문제론집』(제2집), 노동문제연구소.
배규식(2005),「노동조합지배구조의 위기」, 한국노동연구원,『노동리뷰』2005.7, 한국노동연구원.
배진한(1978),「농촌노동력유출과 노동시장」, 한국노동경제학회,『노동경제논집』, 한국노동경제학회.
변태섭 외(1981),『전통시대의 민중운동(하)』, 풀빛.
변형윤(1983),「한국독점자본의 형성과 운동논리」,『민중』(제1권), 청사.
사공일(1980),「경제성장과 경제력집중」, 한국개발연구원,『한국개발연구』제2권 1호, 한국개발연구원.
송유나(2012),「공공부문 민영화의 문제점과 재공공화 쟁점: 사회기반시설 공공서비스 기본법을 제안하며」,『87년 노동자대투쟁기념 심포지엄 자료집』, 민주노총
서울노동운동연합(1986),『선봉에 서서』, 돌베개.
신용하(1986),「조선노동공제회의 창립과 노동운동」,『한국의 사회신분과 사회계층』, 한국사회사연구회 논문집 제3집, 문학과지성사.
안재성(2007),『청계, 내 청춘-청계피복노조의 빛나는 기억』, 돌베개.
안태정(2001),『조선노동조합전국평의회 연구』, 성균관대학교 대학원 박사학위 논문.
_____(2007),「해방이후 노동자계급의 주체형성문제」, 제4기 민수노총 노동대학,『일제시대부터 현재까지 한국노동운동사』, 민주노총.

양정주(2008), 「한국노총 18대 총선대응 평가」, 한국노동사회연구소 『노동사회』, 2008.5, 한국노동사회연구소.

엄주웅(1994), 「노동운동의 폭발적 고양과 민주노조운동의 구축」, 한국민주노동자연합, 『70년대 이후 한국노동운동사』, 동녘.

원풍모방해고노동자복직투쟁위원회(1988), 『민주노조10년』, 풀빛.

유동우(1984), 『어느 돌멩이의 외침』, 청년사.

윤진호(2007), 「선진국 노동조합의 조직혁신정책과 한국 노동운동에의 시사점」, 한국노총중앙연구원, 『노동자대투쟁 20주년 기념토론회 자료집』, 한국노총중앙연구원.

윤여덕(1991), 『한국 초기노동운동 연구』, 일조각.

이내영(1987), 『한국경제의 관점』, 백산서당.

이대근(1983), 「한일경제관계의 기본성격과 그 실태」, 강만길·송건호 외 『한국민족주의론 2』, 창작과 비평사.

이석행(2011), 『아주 평범한 노동자』, 북산.

이원보(2004), 『한국노동운동사-경제개발기의 노동운동』(제5권), 지식마당.

이원보 외(2012), 『한국산별노조의 문제진단과 발전방안』, 한국노동사회연구소·프리드리히 에버트재단.

이재희(1984), 「자본축적과 국가의 역할」, 이대근·정운영, 『한국자본주의론』, 까치.

이종오(1988), 「80년대 노동운동론 전개과정의 이해를 위하여」, 한국기독교산업개발원, 『한국노동운동의 이념』, 정암사.

이주희(2004), 「노사관계 2003년 평가와 2004년 전망」, 한국노동연구원, 『매월노동동향』 1월호 한국노동연구원.

이태호(1983), 「1970년대 노동운동의 궤적」, 실천문학, 『실천문학』(제4권), 실천문학사.

임영일(1998), 『한국의 노동운동과 계급정치(1987~1995)』, 경남대학교 출판부.

장홍근(1999), 「한국 노동체제의 전환과정에 관한 연구(1987~1997)」, 서울대학교 사회학과 박사학위 논문.

전국금융산업노동조합(2007), 『IMF10년백서-금융산업의 변화와 노동조합의 과제』, 금융노조.

전국노동조합대표자회의(1993), 『사업계획』, 전국노동조합대표자회의.

전국노동조합협의회(1990), 『전노협창립대회 자료집』, 전국노동조합협의회.

전국노동조합협의회 백서발간위원회(1997), 『전노협 백서』(제1권~13권), 도서출판 전노협.

전YH노동조합·한국노동자복지협의회(1984), 『YH노동조합사』, 형성사.

전우용(1997), 「19세기 말-20세기 초 한인회사 연구」, 서울대학교 박사학위 논문.

전태일기념관건립위원회(1983), 『어느 청년노동자의 삶과 죽음』, 돌베개.

정대용(1988), 「재야 민주노동운동의 전개과정과 현황」, 한국기독교산업개발원, 『한국노동운동의 이념』, 정암사.
정이환(1986), 『저임금구조에 대한 노동자들의 경제적 적응양식』, 서울대학교 대학원 사회학과 석사학위 논문.
조돈문(2011), 「비정규직 노동자투쟁의 승패와 조직력변화」, 한국산업노동학회 『산업노동연구』 제17권 제1호, 한국산업노동학회.
_____(2011가), 「비정규직노동자 실태와 비정규직투쟁」, 한국인문사회과학회, 『현상과 인식』(봄 여름호).
최장집(1988), 『한국의 노동운동과 국가』, 열음사.
한국경영자협의회(1972), 『한국의 노동쟁의 동향분석』, 한국경영자협의회.
한국기독교교회협의회(1984), 『1970년대 현장과 증언』, 풀빛.
한국기독교사회문제연구원(1985~86), 『'85년 노동사회사정』, 민중사.
_____(1987), 『한국의 노동통제』, 민중사.
한국노동사회연구소(1997), 「한국노동운동의 전진: 총파업의 의의와 19일째 경과」, 『노동사회연구』(1월호 별책부록).
_____(2004), 「노동운동의 선배 이일재선생과의 대담」, 김금수선생 강의록 『간부활동론』, 한국노동사회연구소.
_____(2012.10), 「한국 독일 프랑스 산별노조: 진단과 과제」, 1987년 노동자대투쟁25주년 기념 국제심포지엄 자료, 한국노동사회연구소.
한국노동연구원(2012), 『노동리뷰』 2012년 판, 한국노동연구원.
한국노총(한국노동조합총연맹 : 1963-2012), 『사업보고』, 한국노총.
_____(한국노동조합총연맹 : 1979가), 『한국노동조합운동사』, 한국노총.
_____(한국노동조합총연맹 : 1988가), 『1987년도 노동쟁의』, 한국노총.
_____(한국노동조합총연맹 : 1998가), 『1996~97, 그해 겨울 -총파업에서 정책연합으로』, 한국노총.
_____(한국노동조합총연맹 : 2006가), 『다시 힘찬 발걸음! 한국노총의 운동이념, 운동기조, 발전전략』, 한국노총.
한국사회연구소(1991), 『한국경제론』, 백산서당.
한국은행(1967), 『임금기본조사보고서』, 한국은행.
홍승태(1994), 「광주민중항쟁의 좌절과 진보적 노동운동의 모색」, 한국민주노동자연합, 『1970년대 이후 한국노동운동사』, 동녘.
隅谷三喜男(1976), 『韓國の 經濟』, 岩波書店.
나카오 미치코(中尾美知子, 1984), 『해방후 전평 노동운동』, 춘추사.
경향신문, 동아일보, 매일노동뉴스, 산업경제신문, 서울신문, 조선일보 등.

한국노동운동사 연표(1801~2012)

- **1801**
  공노비, 양인으로 해방
  신유사옥(천주교도 탄압) → 1831 조선교구 독립 → 기해사옥

- **1811**
  홍경래의 평안도 민중봉기

- **1862**
  진주농민항쟁 삼남 지방 전역으로 확산

- **1866**
  07. 병인양요
  09. 신미양요

- **1868**
  일본 메이지유신

- **1876**
  02.02. 일본과 병자수호조규(강화도조약) 체결, 부산·인천·원산 개항

- **1877**
  06. 함경도 갑산군 초산에서 광부 파업

- **1882**
  06. 임오군란

- **1884**
  12.04. 갑신정변

- **1894**
  02.15. 전라도 고부군에서 갑오농민항쟁 시작
  07.23. 갑오경장 제1차 개혁안 채택(노비제와 반상제 폐지, 은본위화폐제도, 조세의 금납화, 일본화폐 유통 허용)
  07.25. 아산만에서 청일전쟁 발발
  08.01. 청일전쟁 선전포고

- **1895**
  01.07. 홍범14조 발표(제2차 개혁안)
  평안도 운산금광에서 광부들 취업거부

- **1898**
  02. 목포항 부두노동자 6백여 명 파업
  05. 함경도 성진 본정부두조합 조직(운반부 46명) 파업

- **1899**
  12. 강원도 금성 당현금광 광부 소요

- **1900**
  01. 경인철도회사 노동자 임금인상 요구파업 (~2월)

- **1905**
  11.17. 을사늑약(을사보호조약) 조인, 전국 각처에서 의병전쟁 발발

- **1906**
  06.10. 평안남도 진남포조선노동조합 조직

07.10. 마산노동야학 창설

● 1908
12.28. 일제, 동양척식주식회사(동척) 설립

● 1909
10.26. 안중근 열사, 만주 하얼빈 역에서 이토 히로부미 저격 살해

● 1910
08.29. 한일합방 조약 공포, 일제 조선총독부를 설치

● 1914
07.28. 제1차 세계대전 발발

● 1917
10.17. 러시아 프롤레타리아 사회주의혁명 성공

● 1919
03.01. 독립만세운동 전국적 시위(6개월간 참가자 136만 명)
04.10. 대한민국임시정부 수립 선포(중국 상해)

● 1920
04.11. 조선노동공제회 창립(박중화 등 주도, 1922. 10.15 해체)
05.01. 조선노동대회 창립(김광제 등 주도)
09.22. 경성양화직공 공임인하 반대 동맹파업

● 1921
06.21. 경성 양복공 파업
07.15. 조선 최초의 노동공제회 소비조합 개설
09.26. 부산부두 노동자 5천여 명 임금인하 철회 요구 총파업

● 1922
03.01. 부산 조선방적 방적공 5백여 명 동맹파업
       평양 공신합명회사 양말공 등 임금인하 반대 동맹파업
06.15. 재일 후쿠오카 조선인노동자 옹호단 조직
07.   일본 오사카 기시와다의 방적회사에서 조선인 차별대우 저임금 반대파업
07.05. 태흥양말 등 3개사 직공 임금인하 반대 동맹파업
       경성양말직공조합 결성(사상 최초의 직업별노조)
10.18. 조선노동연맹회 결성
10.21. 재외 조선인노동자조사회 창립
11.22. 경성인력거부, 인력거 삯 인하 반대 동맹파업
12.01. 일본 오사카 조선인노동동맹회 결성
12.09. 경성양화직공 공임인하 반대 동맹파업

● 1923
03.01. 평양 양말공 120명 동맹파업
04.25. 진주 백정 이학찬 등 백정의 해방을 목적으로 조선형평사 결성
05.01. 노동절 각 지방 직공 다수 휴업. 조선노동연맹 주최 노동절 강연회
07.03. 경성 4개 고무공장 여성노동자 임금인하 반대, 악질감독 파면 요구 동맹파업(사상 최초의 '아사동맹'), 경성여직공회 결성
08.11. 평양 양말직공 1천여 명 임금인하 반대 동맹파업
09.01. 일본 관동대지진 일 관헌이 한인 폭동설 조작, 조선인 5천여 명 학살
11.23. 일본 오사카 이즈미방적, 테라다방적 등 3개사 임금인상 등 요구 동맹파업에 조선인 노동자 대거 참여

● 1924
03.09. 남선노동동맹 창립총회
03.16. 군산 낙합정미소 임금인하 반대 파업에 군산 시내 노동자들 합세 지원
04.15. 전조선노농대회 개막
04.19. 조선노농총동맹 결성
04.20. 대구제사 여공 하루 13시간 노동 등 혹사에

동맹파업
05.08. 원산고무공장 여공, 대우개선 등 요구 동맹파업

● **1925**
01.28. 경성전차승무원 근로조건 개선 요구 노동쟁의 제기(3.4 파업 돌입)
02.22. 재일본조선노동총동맹 결성(일본 내 12개 노동단체)
03.04. 평양 인쇄공 8시간노동, 임금인상 등 요구 동맹파업
04.11. 평양 양말공 1천여 명 분규. 전선노동대회 준비위원회 발족
04.17. 조선공산당 창건(김찬, 조봉암 등 주도)
04.18. 고려공산청년회 결성(박헌영 등 주도)
04.20. 민중운동자대회(420여 개 단체, 500명 대표), 일제 경찰 대회 금지령
04.30. 평양면옥 노동자 채용 및 임금인상 등 요구 동맹파업
04.24. 전선 형평대회(~4.26)
안동군 풍산축방 노동자 동맹파업
05.01. 경성양말직공조합 노동절 기념휴업
평양면옥 노동자 208명 동맹파업
05.08. 일제 치안유지법 공포(5.12 시행)
07.28. 서울 한강인도교 공사 인부 5백여 명 체불임금 지불 요구파업, 회사 측 및 경찰과 충돌
10.14. 전남 무안군 초도 소작쟁의 1천여 군중 무장경관과 충돌
11.19. 조선노농총동맹, 조선노동총동맹과 조선농민총동맹으로 분리 결정
11.27. 조선공산당 제1차 검거사건(220명 피검, 101명 재판, 83명 유죄판결)
12.15. 제등양말공 파업

● **1926**
01.15. 전남 무안군 하의도 소작쟁의 8천여 주민 참여

목포제유직공노조, 임금인상 노동시간 단축 요구파업, 전국적인 지원운동 전개
03.11. 전조선신문배달조합총동맹 서울에서 창립대회
03.21. 조선인쇄직공총연맹 결성, 조선철공조합총동맹 결성
04.14. 무산자동맹·노동당·북풍회·화요회 합동총회, 정우회로 통합(1927. 1 해산)
04.21. 경성제사 여공 동맹파업. 나남인쇄 직공 파업.
05.09. 경성방직공 180명 파업
06.10. 6·10 만세운동 발발(순종 국장일, 청년 학생들 유인물 살포, 독립만세 시위, 학생 110명 피검)
06.21. 조선공산당 제2차 검거사건(공산당원 100여 명 피검, 82명 실형 언도)
07.08. 평양 대동양말 직공 1백여 명 파업
07.11. 평양물산 직조부 여공 동맹파업
07.27. 광화문 밖 직물공장 파업
08.25. 평양 시내 12개 유기공장 노동자 임금인하 항의 동맹파업
11. 정우회 노동운동 방향전환 선언(분파투쟁 청산, 민족독립정치투쟁노선 등)
11.15. 일본 오사카 조선인 염공 50명 파업
11.27. 평양 양복공 노동시간 단축 임금인상 등 요구 동맹파업
12.28. 조선의열단원 나석주, 식산은행과 동척에 폭탄 투척, 일경과 교전하다 자결

● **1927**
01.21. 밀양 양화직공들 임금인상 요구 동맹파업
02.15. 신간회 민족유일당 민족협동전선 표방 창립(서울YMCA, 회장 이상재)
04.12 중국 장개석 상해에서 반공쿠데타
04.14. 경성직유직공 동맹파업
05.27. 여성운동의 단일전선, 근우회 창립
05.08. 원산부두 노동자 임금인상 요구파업에 원산노련 총파업 단행
07.28. 서울 대동인쇄소 인쇄공 무임금시간 거부

등 내걸고 파업
09.07. 조선노농총동맹, 서면대회로 조선노동총동맹과 조선농민총동맹으로 분리
10. 영흥흑연 광부 최저임금 인상 등 요구 동맹파업, 영흥지역 총파업으로 발전, 승리
12.28. 조선노동총동맹 제1회 중앙위원회 서면대회

● 1928
01. 조선공산당(ML당) 제3차 검거사건(김준연 등 2백여 명 연행, 34명 구속)
04.25. 전국형평대회
05.01. 일제, 노동절 기념행사 금지, 노동운동자 대검속
07. 조선공산당 제4차 검거사건(10월까지 공산주의자 170여 명 피검)
09. 원산 문평제유공장 노동자 파업(일본인 감독의 민족차별과 폭행 금지 등 5개항 요구)
12. 코민테른, 조선의 농민 및 노동자 임무에 관한 테제(12월 테제) 발표

● 1929
01. 노동자 동우회 조직(경성, 회원 1천여 명)
01.14. 원산 문평제유노조, 문평운송조합, 원산부두노조 동맹파업(원산 총파업의 개시, ~4.6)
05.01. 일제의 노동절 집회 금지에도 각지에서 기념식 강행
06.18. 조선공산당 제5차 검거사건(인정식 등 50여 명 피검)
10.29. 뉴욕 주가 대폭락(세계대공황 시작)
11.03. 광주학생운동 일어남(1930. 3월까지 전국 194개교 5만 4천여 명 참가, 580여 명 투옥 무기정학 2,350명)

● 1930
01.10. 조선방직(조방) 3천여 직공 임금인상 8시간노동제 등 요구 총파업
05.03. 신흥탄광 노동자들, 폭력행사 금지 등 요구 파업시위 탄광 습격 등 일제와 정면 대결
05. 흥남 중심의 조선노동조합전국협의회 결성(혁명적 노동조합)
05.30. 김근 등 간도의 공산당원 5백여 명 반일폭동, 60여 명 피살
07.26. 길림에서 한국독립군 조직(홍진, 신숙, 이청천 등)
08.08. 평양고무직공조합, 임금인하 반대 총파업
09. 프로핀테른 집행위원회, 총 11개항의 조선의 혁명적 노동조합운동의 임무에 관한 결의(9월 테제) 채택

● 1931
04. 제1차 태평양노동조합 사건(노동자 17명 피검 투옥)
05.10. 신간회, 전국대회에서 해체 결의
05.16. 평원고무공장 노동자 임금인하 반대파업, 여성노동자 강주룡은 5.28 여공 48명과 파업시위, 을밀대 지붕 위에서 9시간 30분간 일제 규탄 연설
07.02. 만보산 사건 발생(수전 개발을 둘러싸고 한국·중국인 충돌)
08.02. 평양 혁명적노조(적색노조) 전기공 동맹파업 계획 탄로(범태평양노조 사건)
09.18. 일제, 유조구 사건 조작 만주 침공(만주사변)
10. 범태평양노동조합 비서부, 조선에서의 범태평양노동조합 비서부 지지에 대한 동비서부의 서신(10월 서신) 채택
11. 신의주 혁명적노동조합 사건(신의주 적색노조 사건)
12.11. 재만 한인무장독립단체 통합, 중국 팔로군과 한중항일연합군 편성

● 1932
1.08. 한인애국단원 이봉창 동경에서 일제 천황에 폭탄 투척 실패(10.10 사형)
01. 평양 혁냉석노롱조합 사건(평양 적색노조 사건)

연표 427

01.12. 전남 광양금광 노동자 890여 명 임금인하 반대 동맹파업
03.07. 평양 시내 양말공장 노동자들 임금인상 등 요구 연쇄동맹파업
04.06. 청진부두 노동자들 단체협약 체결 등 요구 총파업
04.29. 한인애국단원 윤봉길 의사 상해 홍구 공원의 일제 천황 생일경축식에 폭탄 투척
05. 제2차 태평양노동조합 사건(노동절 행사관계로 5백여 명 피검, 135명 검찰 송치)
 흥남 혁명적노동조합 사건(흥남 적색노조 사건, 노동절 활동 중 99명 피검 송치)
05.19. 해주 혁명적노동조합 사건(해주 적색노조 사건)
06.17. 함흥 혁명적노동조합 제3차 계획 탄로 피검
07.30. 카타쿠라 제사회사 함흥, 전주공장 노동자들 처우개선 요구 연쇄파업, 이후 서울, 대전, 광주, 진해 제사공들 연쇄파업
10. 제3차 태평양노동조합 사건(노동자 30여 명 피검 송치)

● 1933
02.03. 일제 경찰 목포 자유노조 사건 검거
 경성 혁명적노동조합 사건(경성 적색노조 사건)
04.05. 해주 혁명적노동조합 사건(해주 적색노조 연합사건)
07. 이재유 등 조선공산당 재건, 경성트로이카 결성
10.17. 부산 대화고무공장 등 수 개의 공장의 노동자들, 임금인하 반대 연쇄파업

● 1934
05. 권영태 등 경성공산주의자그룹(경성콩그룹) 결성(5.19 피검)
10.11. 편창 경성제사 소직공 3백여 명 파업
10.16 중국 홍군 대서천 대장정 개시(장시성 루이진에서 산시성까지 1만 5천 킬로미터 이동)

10. 부산 혁명적노동조합 사건(부산 적색노조 사건)
11. 제4차 태평양노동조합 사건

● 1935
03.09. 평북 삭주 교동금광 6백여 광부들 임금인상 요구파업
03.30. 함남 영흥 동척금광 5백여 노동자 임금인상 등 요구파업
04.14. 대창직물 2백여 직공 동맹파업
04.15. 평북 의주광산 광부 254명 임금인상 요구 파업
05.20. 일제 원산 혁명적노동조합 20여 명 구속 송치(원산 적색노조 사건)
06.12. 인천부두 1천여 명 노동자 총파업
 평양 동양제사 여공 4백여 명 태업
07.05. 종방 철원 제사공장 3백여 명 직공 동맹파업
07.13. 평남 진남포제련소 1천2백여 명 노동자 임금인상 등 요구파업
07.25. 코민테른 제7차 대회, 인민전선 전술 채택
08.25. 대전 군시제사 5백 명 여공 파업
10. 경성 혁명적노동조합 사건(산별노조 점원조합 조직협의 사건)

● 1936
07.23. 일본 나고야 조선노동자 3천여 명 동맹파업
12.12. 일제 사상범보호관찰법 공포(12.21 시행)

● 1937
07.07. 중일전쟁 발발

● 1938
03.15. 함남노동회 소속 조선석 유인부 6백여 명 임금인상투쟁
05.10. 일제 국가총동원법의 조선 적용을 공포
07.07. 조선 전국에 근로보국대 결성
12. 경성콩그룹 결성

- **1939**
  - 08.16. 개천삼성 직조공 동맹파업
  - 09.01. 독일군 폴란드 침략(제2차 세계대전 발발)
  - 10.01. 일제 국민징용 실시(1945년까지 45만여 명 동원)
  - 11.10. 조선인의 씨명에 관한 건(창씨개명) 공포 (1940. 2.11 시행)

- **1940**
  - 02.23. 선원보험법 실시

- **1941**
  - 11.28. 임시정부 대한민국 건국강령 발표
  - 12.08. 일제 하와이 진주만 기습(태평양전쟁 시작)

- **1942**
  - 10.01. 일제 조선어학회 사건 발표

- **1943**
  - 10.19. 모스크바 삼상회담
  - 10.20. 일제 조선학병제 실시
  - 12.01. 미·영·중·소 정상회담에서 조선은 '적당한 시기'에 자유 독립국가가 될 것임을 선언 (카이로선언)

- **1944**
  - 02.08. 일제, 총동원법에 의해 전면 징용 실시

- **1945**
  - 02.11. 미·영·소 정상회담 전후 처리방안 결정(얄타협정)
  - 05.07. 독일, 연합군에 무조건 항복
  - 08.15. 일제, 연합국에 무조건 항복, 조선해방 조선건국준비위원회(건준) 발족
  - 08.16. 이영 등 장안파(옛 서울파) 공산주의자그룹 공산당 결성
  - 08.20. 박헌영 등(옛 화요계) 조선공산당재건준비위원회 결성, 현 정세와 우리의 임무(8월 테제) 초안 발표
  - 08.24. 소련군 평양에 진주
  - 09.05. 경전 총파업 단행
  - 09.06. 건준 조선인민공화국 수립 선포
  - 09.08. 미군 인천상륙 군정 선포(9.9 조선총독의 항복서명 받아냄)
  - 09.16. 지주 자산 세력, 한국민주당(한민당) 결성 (수석총무 송진우)
  - 10.11. 서울 경성방직 노동자 파업
  - 10.25. 북조선임시인민위원회 발족(위원장 김일성) 대한독립촉성중앙협의회 결성(총재 이승만)
  - 11.05. 조선노동조합전국평의회(전평) 결성
  - 12.08. 조선농민총동맹 결성(300만여 명 대표, 대의원 수는 556명)
  - 12.16. 미·소·영 삼상회담 전후처리문제 협의, 조선에 관한 모스크바 삼상회의 의정서(모스크바 삼상협정) 채택

- **1946**
  - 03.10. 대한독립촉성노동총연맹 결성
  - 05.01. 해방 후 첫 노동절, 대한노총과 전평 각각 행사 거행
  - 05.06. 제1차 미소공동위원회
  - 05.15. 미군정, 조선정판사 위조화폐 사건 발표
  - 05.23. 38선 무허가 월경 금지령
  - 07.28. 북조선노동당 결성
  - 09.24. 전평 9월 총파업
  - 10.01. 대구 민중항쟁 발발 경북·경남·경기·전남 일대로 확산(300만여 명 참가, 3천7백여 명 피검, 16명 사망)
  - 11.23. 조선공산당·인민당·신민당 합당, 남조선노동당(남로당) 결성(위원장, 허헌)

- **1947**
  - 01.18. 대한노총 운수부연맹 결성식(위원장 오치진)
  - 03.17. 대한노총 전국대의원대회
  - 03.22. 전평 24시간 시한부 전국총파업(경찰 민주

화, 테러 방지, 구속자 석방 등 요구)
03.30. 세계노련(WFTU)조사단 입경. 노농청년총동맹 결성
05.01. 노동절, 전평과 대한노총 별도 기념행사
05.21. 제2차 미소공동위원회
06.08. 미군정 전평 불법화 선언
07.19. 몽양 여운형 피살
08.31. 대한독립농민총연맹 결성

- 1948
02.07. 전평, 남한 단독선거 위한 유엔감시단 방한 반대 총파업(2·7 구국투쟁)
04.01. 소련, 독일 베를린 육상수송 차단(베를린 봉쇄)
04.03. 제주도 민중항쟁 발생
04.19. 김구·김규식 평양 방문, 남북대표자연석회의 참석
05.08. 전평, 남한 단독선거 반대 총파업
08.15. 대한민국 정부수립 선포(대통령 이승만, 부통령 이시영)
08.27. 대한독립촉성노동총연맹 임시대의원대회(대한노동총연맹으로 개칭, 선언 강령과 행동강령 개정)
09.09. 조선민주주의인민공화국 수립 선포
10.20. 제주도 민중항쟁 진압 위해 출동한 국군 일부가 여수·순천에서 반란
12.01. 국가보안법 발효

- 1949
04.29. 대한노총 전국광산노동연맹 결성대회
06.29. 백범 김구 피살
07.07. 반민족행위자조사특별위원회 위원 총사직
10.01. 중화인민공화국 정부 수립 선포

- 1950
04.10. 남한 농지개혁 실시
05.30. 제2대 국회의원 선거
06.25. 한국전쟁 발발

09.15. 미군 인천상륙작전

- 1951
01.04. 중국군 서울 진입
02.11. 거창 양민학살 사건 (주민 5백여 명을 공비로 몰아 학살)
12.01. 부산, 대구를 제외한 전국에 비상계엄령
12.2 지리산 빨치산 토벌작전 개시(1952. 3.12 종결)
12.14. 부산 조선방직 노동쟁의 발생(조방쟁의, 1952. 3.14 종결)

- 1952
05.26. 부산 정치파동(대통령직선제 강행 처리)
06.02. 대한노총 전국자유노조연맹 창립(위원장 박중정)
07.17. 부산부두노동조합, 노임 280% 인상 요구 1일 파업

- 1953
01.23. 노동조합법 국회통과(1.27 노동위원회법, 1.31 노동쟁의조정법, 4.15 근로기준법 국회통과)
07.27. 판문점에서 휴전협정 조인

- 1954
03.30. 대한노총 전국섬유노조연맹 창립(위원장 김순태)
04.01. 대한노총 대의원대회(노동법 제정에 따른 중앙연맹체 설립, 임원선거, 이승만 대통령 노선 준수 선언)
07.10. 대한석탄광노조연합회 결성(위원장 김정원)
08.09. 부산 미군부대 한국인 노조원 1만 2천여 명 임금인상 요구파업 돌입
09.30. 전국자유노동조합연맹, 하역 노동자 임금인상 요구파업
10.27. 대한노총 전국항만자유노조연맹 창립

11.29. 초대 대통령 재선 제한 철폐 개헌안 부결 번복('사사오입' 개헌 파동)
12.04. 내외방직노조 사측이 노조 요구 거부하자 파업(폭력배 경찰 동원 탄압, 12.8 파업 철회 후 어용화)

● 1955
04.01. 대한노총 전국대의원대회 정대천 등 최고위원 선출(5.5 반대파에서 4월 대회 무효선언)
05.   부산사범학교, 부산고교생들 사회과학토론 서클 암장(暗葬) 결성
05.31. 한미잉여농산물원조협정 조인
06.13. 전국전업노조연합회 결성(위원장 조창화)
09.13. 전국부두노조연맹결성(위원장 김기옥)
09.15. 대한노총 전국대의원대회, 정대천 등 최고위원 선출

● 1956
02.01. 대한방직 대구공장 종업원대회 임금인상 등 요구 쟁의 돌입 결의
03.12. 대한노총, 이승만 대통령 재출마 요구 정치파업 결의, 우마차 8백여 대 동원 이승만의 대통령 재출마 요구 시위
05.15. 제3대 대통령 선거(대통령 이승만, 부통령 장면 당선, 진보당 조봉암 대통령 후보 20.2% 획득)
11.10. 진보당 창당대회(위원장 조봉암)

● 1957
1.04. 인천 POL 노무자 복직 요구 농성투쟁
03.11. 밀양 한국모직 노동자 체불임금 지급 요구하며 사장의 집으로 집결
10.25. 대한노총 제10차 전국대의원대회, 정대천 파와 김기옥·김주홍파 대결

● 1958
01.13. 진보당 조봉암 위원장 등 간부 7명 간첩 혐의로 구속(1959. 7.31 조봉암 사형 집행)

03.24. 전국체신노조 결성대회
05.02. 제4대 민의원선거(자유당 126석, 민주당 79석, 무소속 27석)
10.30. 대한노총 전국대의원대회, 위원장제로 규약 개정(위원장 김기옥)
11.03. 부산 조선방직 노동쟁의

● 1959
01.01. 쿠바혁명 성공
01.15. 신 국가보안법 발효
01.26. 대한노총 버스 종업원 8시간 노동제 실시 요구
02.25. 섬유연맹 8시간 노동제 요구 전국적 쟁의 돌입
03.10. 제1회 노동절 기념행사
10.05. 대한노총 분열 심화, 전국노동조합협의회(전국노협) 측에서 별도 대회 개최 성명
10.26. 전국노협 결성대회(중앙위원회 의장 김말룡)
11.08. 미군종업원노조 결성(위원장 이광조)

● 1960
01.05. 섬유노조연맹 총파업단행 결의, 8시간 3교대제 요구
02.28. 대구 민주당 부통령 후보 유세장에 학생 참가를 막기 위해 자유당 경북도당이 각 학교에 일요일 등교를 지시, 경북고교 등 학생시위 폭발
03.15. 제5대 대통령 선거(대통령 이승만, 부통령 이기붕 당선), 민주당 부정선거 결과라 주장 마산에서 1만여 명 부정선거 규탄시위, 경찰 발포로 경찰서·서울신문총국·자유당사 방화
03.24. 부산에서 대규모 시위
04.11. 마산 김주열 군 시체 부상, 제2차 마산 시위 격화
04.18. 고려대 학생 부정선거 규탄 시위 중 테리단 피습

04.19. 피의 화요일 학생시위 폭발(4·19 혁명), 경찰 발포로 총 124명 사망
04.25. 서울에서 대학교수단 시위
04.26. 시민 시위 격화, 24명 사망, 113명 부상, 이승만 대통령 하야, 자유당 정권 붕괴
04.27. 대한노총 위원장 김기옥 축출, 부산부두노조 산하 5천여 명 시위
05.03. 부산·인천 항만하역작업 노무자, 어용노조 간부 사퇴 요구 데모
05.07. 대구상고에서 대구지구교원노동조합 결성(위원장 김장수), 대구초등학교에서 초등교원노동조합 결성(45개교 1천3백여 명 참가)
05.09. 대한노총 간부 과거 사죄 전원 사퇴
05.15. 대구일보노조 결성(6.17 연합신문노조, 6.22 평화신문노조 결성)
05.22. 대한교원노조연합회 결성(위원장 조일문)
05.26. 대전방직 8백여 명 노동자 임금인상과 8시간 노동제 요구 연좌시위
대구 삼호방직 1천여 노동자 어용노조 규탄 시위
05.27. 4월 혁명 유족회 발족
06.02. 조흥은행노조 결성(6.8 상업은행노조, 6.11 제일은행노조와 한일은행노조, 6.18 서울은행노조 결성)
06.12. 민주민족청년동맹(민민청) 결성
06.26. 대구 내외방직 680명 여직공 노임인상 요구 데모
07.04. 대구 제일모직 노조원 노조결성 보장 요구 데모, 경찰과 유혈충돌
07.23. 전국은행노조연합회 결성
07.25. 전국실업자구호대책투위 결성
07.29. 민·참의원 총선거(민주당 압승 혁신계 지역구 8명 당선, 13개구 투표구 파괴 등 혼란 322명 방화 소요죄로 구속)
08.08. 제2공화국 민·참의원 개원
08.14. 북한 김일성 수상, 남북연방제 제의
08.16. 경방여공 8시간 노동제 요구 데모
09.04. 부산지구 일간신문, 신문방송 종업원 노조연합회 결성. 전국실업자연맹 농성
09.20. 전국미군종업원노조연맹에서 한미행정협정 체결 촉구 100만인 서명운동
09.29. 대구 시내 7개 중·고교생 1만 4천여 명 교직원노조 지지 궐기데모
11.01. 서울대 민족통일연맹 결성
11.25. 전국노동단체 통합대회(철도회관), 한국노동조합총연맹 결성
12. 통일민주청년동맹 결성

● **1961**

01.27. 철도노조 임금인상 요구 1시간 통신파업
02.13. 민족일보 창간호 발행
02.14. 한미경제협정 반대 공동투쟁위원회 결성
02.25. 혁신 각 정파와 사회단체 참가 민족자주통일중앙협의회(민자통) 결성
03.08. 정부의 집회 시위규제법과 반공특별법 제정 시도에 학생 재야단체 일제히 반대, 전국적 시위투쟁
05.13. 민자통 주최 남북학생회담 환영 및 통일 촉진 궐기대회
노동단체 통합대회 반년 만에 속개
05.16. 군사쿠데타 발발, 혁명위원회 구성, 계엄령 선포, 혁명공약 6개항 발표
05.19. 군사정권 임금동결 발표
혁명위원회를 국가재건최고회의로 개편
05.22. 군사정권 정당 및 사회단체 해체령 공포
군사정권 용공분자 2천여 명, 깡패 4천2백여 명 검거 발표
05.27. 최고회의 비상계엄을 해제하고 경비계엄 선포(1962. 12.6 해제)
06.10. 국가재건최고회의법, 중앙정보부법, 농어촌 고리채 정리법 공포
07.02. 최고회의 의장에 박정희 소장, 내각 수반에 송효찬
반공법 공포
08.03. 근로자의 단체 활동에 관한 임시조치법 공포
08.30. 한국노동조합총연맹(약칭 노총, 위원장 이

규칙) 결성
10.07. 한국노총 전국노동자 총단결 궐기대회(서울시청 광장)
10.13. 중앙노동위원회 발족(공익위원·근로자위원·사용자위원 각3인)

● 1962
01.15. 군사정권 제1차 경제개발 5개년 계획 발표
05.17. 한국노총 5·16혁명 1주년 경축 전국노동자 총궐기대회 개최(서울시청광장)
05.20. 한국노총 기관지 〈노총〉 창간호 발행
06.06. 고려대·서울대 학생 한미행정협정 촉구 데모
06.10. 군사정권 제2차 통화개혁(10환을 1원으로 평가절하, 물가는 6월 9일 수준으로 억제) 시행
11.12. 김종필·오히라 메모 합의(청구권 문제, 한·일 문제 타결 등)
12.13. 한국노총 계엄령 해제에 따라 쟁의권 자동 부활 선언
12.26. 제5차 개정헌법 공포

● 1963
01.01. 군사정권 민간인 정치활동 재개 허용
01.11. 광산노조 김정원 등 8개 산별위원장 한국일보에 가칭 민주노동당 발기 취지문 발표
01.18. 군사정권 민주공화당 발기 선언
02.14. 화학노조 미왕분회 부당해고 반대와 체불임금 요구파업(쟁의권 부활 논쟁)
02.17. 한국노동조합총연합회(한국노련) 결성준비위 구성(대표 김말룡)
02.26. 금속노조 위원장 지연일 등 10명 재건조직 탈퇴 성명
04.17. 노동조합법, 노동쟁의조정법, 노동위원회법 등 개정
04.26. 한국노총 보수통제법 폐기투쟁 돌입
09.01. 노동청·철도청 발족
10.15. 제5대 대통령 선거(투표율 84.99%, 박정희 당선)

11.26. 제6대 국회의원 선거 실시(투표율 69.8%, 공화당 110석, 민정당 41석, 민주당 13석 등)
12.17. 제3공화국 출범
12.21. 첫 인력 수출 서독에 광부 1진 123명

● 1964
02.01. 민주당 군사정권의 3분(밀가루·설탕·시멘트) 폭리 진상 폭로
03.06. 야당과 재야 각계 대표 2백여 명 대일굴욕외교 반대 범국민투쟁위원회 결성
03.24. 서울대·고려대·연세대 학생 5천여 명 대일굴욕외교 반대 데모, 학생데모 전국 확산
03.30. 박정희 대통령 학생·대표 11명과 면담
05.02. 공정 환율 255 대 1로 인상, 쌀값 1가마당 5천 원 돌파
06.03. 1만여 명 서울 학생들 대일굴욕외교 반대 격렬 데모, 서울 일원에 비상계엄령선포 (6·3 사태, 7.29 비상계엄 해제)
07.22. 인천에서 노총 중앙위원회 개최. 노동법 개악 반대 전국 총파업 결의
08.14. 중앙정보부, 인민혁명당 사건 41명 검거 수사발표(제1차 인혁당사건)
10.31. 한국노총 전국대의원대회 난투극 끝에 유회
11.23. 부산 조선방직 불황 이유로 노동자들 1천여 명 해고에 사무실 점거농성, 난투극으로 3명 중상

● 1965
01.26. 1964년도 노총 전국대의원대회 속개, 위원장에 이춘희 선출
02.07. 미국 베트남 폭격 개시
02.21. 베트남 파병 한국군 선발대 베트남 사이공 도착
02.26. 대한상의 종합경제시책 건의(쟁의권 보류, 근로기준 인하, 노동법 개악 등 요구)
04.17. 굴욕외교 반대 시민궐기대회(효창공원)
05.09. 외기노조 5천여 명 노동기본권 수호 궐기대회, 미군 횡포 규탄 총파업 결의

05.13. 한국 최초로 국제노조회의, ICFTU-ARO 집행위원회 개최(~5.16)
06.22. 한일협정 정식 조인
08.26. 서울 지구에 위수령 발동
12.18. 한·일협정 비준서 교환으로 국교정상화

● 1966
02.05. 외기노조 파주지부에서 쟁의 중 노동자와 미군 충돌, 3일간 파업
04.20. 섬유노조 동양제사 외 15사 임금인상 쟁의(4,440명 참가)
07.09. 한미 행정협정 조인(대전협정·마이어협정 폐기, 10.14 국회비준)
07.25. 금속노조 조선공사지부 기본급 및 상여금 인상 쟁의 1천5백여 명 참가
08.16. 섬유노조 조선방직 외 15개사 임금인상 쟁의(2만 4,625명 참가)
09.15. 삼성재벌 한국비료의 사카린 원료 밀수사건 정치쟁점화(5.5 밀수), 학생시위
10.02. 간호원 251명 독일로 출발
12.17. 권중동 체신노조 위원장 일본 총평 산하 체신노조와 교류한 혐의로 반공법 위반 구속

● 1967
04.01. 쌀값 1가마당 4천 원으로 폭등
       구로동 수출공업단지 준공
05.03. 제6대 대통령 선거(박정희 110만여 표차로 당선)
06.08. 제7대 국회의원 선거, 전국적으로 공개 대리투표 폭행 등 부정선거(공화130석, 신민 44석)
06.10. 부정선거 규탄시위 전국 대학으로 확산, 민주공화당 의원 9명 제명
06.23. 섬유노조 동양제사 외 8개 업소 임금인상 쟁의 제기(5,895명 참가)
07.08. 중앙정보부 동베를린 거점 북한대남공작단 사건 발표(관련자 194명, 구속수 107명)
08.07. 섬유노조 판본방적 외 15사 임금인상 쟁의

(2만 4,423명 참가)
08.26. 서울전차 승무원 임금인상 요구 러시아워 파업

● 1968
01.05. 강화도 심도직물 분회장 해고, 노조결성 방해 가톨릭신자 해고 부당노동행위 발생
01.16. 강원도 장성 도계 광부들 주유종탄(主油從炭)정책 반대 시위, 전국 광산지대로 확산
01.21. 북한군 무장 부대원 31명 서울 침입(1·21사태)
01.23. 동해서 미국 푸에블로호 북한에 피랍
04.23. 금속노조 대한조선공사지부 파업 돌입
06.01. 전국경제인연합회 노동법 개정건의안 국회 제출(근로시간 연장과 유급휴가 단축 등)
06.28. 섬유노조, 대한방직협회 상대 16개 공장 임금인상 쟁의 제기(2만 3,784명 참가)
07.03. 자본시장육성법 제정에 반대 3만 5천여 노동자 집단 사표
08.24. 중앙정보부 통일혁명당 지하간첩단 사건 발표(158명 연행, 50명 구속, 73명 검찰 송치)
09.9. 검찰 통혁당 사건 관련 남조선해방전략당 사건 발표(11명 국가보안법, 반공법으로 구속 기소)
11.21. 주민등록증 발급 시작
11.30. 금속노조 대한조선공사지부 임시공 집단해고에 항의 총파업
12.05. 정부 국민교육헌장 선포
12.12. 정부 금속노조 시그네틱스지부에 해산 경고
12.   전국경제인연합회 근로조건 저하 등 정부에 건의

● 1969
01.24. 정부 쌀값 통제령 발표, 3대 도시 쌀값 5,220원으로 동결
02.03. 전국경제인연합회 대한상공회의소 근로기준 대폭 인하, 생산성임금제 등 건의
05.09. 재부무 차관업체 83개 중 45%가 부실업체

라고 발표
06.21. 섬유노조 삼호방직 외 14업체 단체협약 체결요구 쟁의 제기(2만 1,061명 참가)
06.07. 서울대 법대생들의 첫 개헌반대 성토 대회 이후 고려대 등 전국 대학가에 2학기까지 박정희 삼선개헌 반대 데모 확산
07.01. 섬유노조 면방 16개 업체 제사 27개 업체 대상 임금인상 쟁의
08.18. 장항부두노조 기계화 반대파업
09.09. 섬유노조 방림방적·태평방직 파업 단행, 전국으로 확산 계획 공표
09.11. 대한방직협회, 섬유노조 파업에 면방 전 사업장 직장폐쇄 선언
09.19. 대한조선공사 쟁의에 사상 최초로 긴급조정권 발동
10.17. 삼선개헌안 국민투표 가결(투표율 77.1%, 찬성 65.1%)
12.15. 한국노총 전국노동자대표 노동기본권 수호 투쟁 궐기대회 개최(외국인투자기업 노동운동 규제 항의)
12. 대한상공회의소, 근로기준 인하, 산별노조 해체, 생산성임금제 도입 등을 신년 경제종합정책으로 채택 건의

● 1970
01.01. 외국인 투자기업의 노동조합 및 노동쟁의 조정에 관한 임시특례법 발효
01.30. 한국노총 외국인투자기업 임시특례법 반발 정치활동 선언
02.21. 화학노조 한국화이자지부 노조인정, 부당해고자 복직 요구 260명 단식농성
03.03. 한국민권투쟁위원회 발족(삼선개헌반대 범국민투쟁위원회 후속)
04.08. 서울 와우아파트 붕괴
06.21. 중앙정보부 고대 NH회 사건으로 학생 11명 구속
07.07. 경부고속도로 개통
07.15. 한국경영자협의회 창립총회

09.01. 서울·부산 등 대도시 쌀값 폭등, 한 가마에 7천5백 원에서 8천 원대로 인상
09.25. 서울대학병원 및 국립의료원 간호원 처우 개선 요구 간호업무 거부
09.29. 정부 김지하의 시 '오적' 게재 이유로 사상계 등록 말소
11.13. 서울 평화시장 재단사 전태일 근로조건 개선 요구 항의 분신
11.20. 서울대 법대·문리대 학생들 노동조건 개선 요구 시위
11.21. 고려대·연세대 고(故) 전태일 추도식 및 노동조건 개선 요구 시위
11.25. 조선호텔노조 결성하다 해고당한 이상찬 씨 분신자살 기도
11.26. 서울대 법대·문리대 학생들 노동실태 조사단 구성
11.27. 전국연합노조 청계피복지부 결성
12.12. 전국관광노조 철도노조에서 분리 결성
12.30. 호남고속도로(대전~전주) 개통

● 1971
01.09. 청계피복지부 서울 평화시장 제1회 노사협의회
01.11. 서울고법 1백여 명 판사들 사법권 독립 내걸고 법관정화운동 전개
01.12. 광주 아시아자동차 노조간부 18명과 조합원 2백여 명 부당전출 불응 노조 인정 요구 단식농성
01.21. 16인 이상 고용사업체 98.2%가 근로기준법 위반이라 노동청 발표
02.02. 서울 한국회관 종업원 김차호 씨 근로조건 개선 요구 분신 위협
02.06. 조선호텔노조 조합원 150여 명 노조활동 보장 요구 연좌시위
02.25. 미국 닉슨독트린 선언(외국에 대한 군사개입 자제, 경제원조에 치중 등)
03.18. 섬유노조 한영섬유분회 조합원 김진수 씨 노조 탈퇴에 불응하다가 드라이버로 피습

(4.10 절명)
04.02. 연세대 학생 5백여 명 교련 강화 반대시위, 전국 확산
04.14. 민주수호전국청년학생연맹 결성(6.14 전국학생연맹으로 변경)
04.19. 민주수호국민협의회 결성(대표위원 김재준, 이병린, 천관우)
04.21. 민주수호청년협의회 결성, 언론자유·공명선거·민주수호 선언문 채택
04.27. 제7대 대통령 선거(박정희 당선)
05.15. 한국기자협회 언론자유 수호 행동강령 채택
05.25. 제8대 국회의원 선거(민주공화당 113석, 신민당 89석)
07.07. 서울대 등 4개 국립대학병원 레지던트 429명 처우개선 요구 48시간 파업
07.28. 서울형사지법 판사들 사법부 독립 요구하며 집단사표, 전국 판사 동조(사법부 파동)
08.10. 광주대단지 3만여 주민 토지불하 반대 주거권 보장 요구 격렬 시위
08.18. 서울대 문리대 교수들 대학자주화 선언(이후 전국 지방 국립대로 확산)
08.23. 인천 실미도에서 군 특수부대원 탈주, 서울 시내 진입 시도 중 군경과 충돌
08.26. 인천 부평 공설시장 앞 노점상인 5백여 명 철거 반대 시위
동대문상가 상인들 세금 중과에 항의 철시
08.28. 대한방직협회 섬유노조에 방직공업 중앙노사협정서 파기 통고
09.10. 국립의료원·경찰병원·세브란스·이화여대병원 인턴들 동맹파업
09.15. 한진 파월 기술자 4백여 명 체불임금 149억원 지불 요구 한진 본사 빌딩 방화 시위
방림방적 1백여 노동자, 체불 노임 6천만원 지불 요구 농성
10.5 수도경비사 장교들 부정부패 대자보 관련 고려대에 난입해 학생 5명 납치 연행, 각 대학 학생 항의시위 격화
10.11. 연세대·고려대 학생 3천여 명 무장군인의 고려대 난입에 항의하여 가두데모
10.12. 중앙정보부 통일혁명당 재건사건 발표
10.15. 박정희 대통령 학원 질서 확립 특별 9개항을 발표하고 위수령 발동
11.12. 중앙정보부 서울대 학생 4명, 사법연수원생 1명을 내란예비음모 혐의로 연행 구속
12.06. 박정희 대통령 국가비상사태 선포
12.27. 국가보위에 관한 특별조치법 국회 변칙통과

● 1972
02.29. 노동청 국가비상사태하의 단체교섭권 등 조정업무 처리요령(노동청 예규 제103호) 시달
03.28. 국제엠네스티 한국지부 설립
04.01. 서울 87번 급행버스 여차장 43명 몸수색과 열악한 기숙사 시설에 항의하며 회사 탈출 농성
04.14. 전국 11개 대학 대표 2백여 명 민주수호 전국청년학생연맹 결성(교련 반대, 선거 참관 등 결의)
05.10. 금융노조 당국의 임금인하에 반발 넥타이(남자), 흰 옷깃(여자)을 뗀 채로 근무 시위
06.30. 서울 동대문시장 5백여 점포 불경기 중의 중과세 항의 철시
07.04. 남북공동성명 발표(7·4 남북공동성명, 자주·평화·민족대단결의 통일 원칙 천명)
07.29. 섬유노조 면방부회 및 생사부회 국가보위법 이후 처음으로 조정결정 받음
08.03. 대통령 긴급조치(8·3조치) 발표로 기업사채 동결(최고이자율 연 25%로 은행금리도 인하)
08.09. 섬유노조 한국모방지부 조합원 1천여 명 노조활동 보장 요구 농성
10.17. 박정희 대통령 10월 유신 특별선언으로 국회 해산, 전국 비상계엄선포
11.21. 유신헌법안 확정
12.01. 서울 광진섬유 노동자 150여 명, 성수동성

당에서 노조활동 보장 등 요구 농성

● **1973**
- 01.15. 미국 베트남전쟁 전면 정지 발표(1.28 정전)
- 01.20. 동아일보 기자들 언론자유수호 제2선언 발표(11.27 이후 한국일보, 조선일보, 중앙일보 기자들 동참)
- 02.27. 제9대 총선거(민주공화당 73석 38.7%, 신민당 52석 32.5%, 민주통일당 2석 10.2%)
- 03.13. 노동쟁의조정법, 노동조합법, 노동위원회법, 직업훈련법, 산업재해보상 보험법의 개정법률 공포
- 03.30. 광주지검, 전남대 재학생과 졸업생 15명을 박정희 독재정권을 비판한 〈함성〉지 제작 배포한 데 대해 국가보안법과 반공법 혐의로 구속
- 05.24. 중앙정보부 고려대 노동문제연구소 중심의 NH회 학원침투 간첩단사건 발표(한맥회와 〈민우〉지 관련 국가보안법·반공법 위반 혐의로 8명 구속)
- 07.25. 경찰 고려대 검은 9월단 사건(야생화 사건) 발표(한사회 후신 검은 9월단과 유인물 〈야생화〉를 붙인 서클과 문서로 보고 7명 구속)
- 08.08. 김대중 신민당 전 대통령 후보 일본 도쿄에서 중앙정보부 부원에게 피랍(김대중 납치사건)
- 08.13. 김대중 전 대통령 후보 서울 동교동 자택으로 귀환
- 09.18. 삼립식품 1천여 노동자 임금인상 요구파업(주동자 6명 최초로 국가보위법 위반으로 구속)
- 10.02. 서울대 문리대 학생 5백여 명 자유민주체제의 확립 등을 요구하는 선언문 낭독 후 시위(유신체제하 첫 학생시위), 이후 학생시위 전국 확산
- 10.06. 제2차 중동전쟁 발발(석유파동 엄습)
- 12.01. 인천 부평공단 삼원섬유 노동자 120명 노조활동 보장 요구파업 농성
- 12.10. 한국도시산업선교연합회 한국의 노동실태 개선을 한·미·일 3국 정부에 건의
- 12.24. 헌법개정청원운동본부 개헌청원 100만인 서명운동 선언
- 12.25. 섬유노조 유림통상분회 조합원 2백여 명 부당노동행위 중단 요구 명동성당 농성

● **1974**
- 01.05. 신·구교노동문제공동협의회 한국모방 지부장 폭행 사건에 대해 한국노총과 섬유노조 비난 성명 발표
- 1.08. 대통령 긴급조치 1호(유신헌법 개정 논의 중지) 선포
- 01.14. 국민생활 안정을 위한 대통령 긴급조치 3호 선포
- 02.26. 인천 부평공단 반도상사 1천여 명 노동자 임금인상 및 작업장의 시설 개선을 요구하며 파업농성
- 03.06. 동아일보노조 결성(기자 33명, 3.8 회사 측 노조간부 해고)
- 04.03. 긴급조치 4호(민청학련 관련활동 조치) 선포
- 04.25. 중앙정보부 민청학련 사건 발표, 인민혁명당이 배후라 주장
- 08.15. 광복절 기념식장에서 대통령 피격사건 발생, 육영수 대통령 부인 사망
- 09.19. 울산 현대조선소 기능공 2만 5천여 명 도급제 철폐 등 13개항 요구 격렬 시위
- 09.24. 지학순 주교 등 원주에서 천주교정의구현전국사제단 발족
- 10.24. 동아일보 기자 일동 자유언론실천선언 발표
- 11.18. 자유실천문인협의회 문학인 101인 선언 발표
- 11.27. 정계·종교계·언론계·학계·문화계 등 재야 인사 71명 민주회복국민회의 결성 공표
- 12.14. 정부, 노동분쟁 개입 혐의로 조지 오글 목사 추방
- 12.26. 동아일보 무더기 광고해약 사태 발생

- **1975**
    - 02.03. 삼원섬유 조합원 80명 분회장 해고 반대 취업장 집단이탈
    - 02.07. 청계피복노조 노동교실 운영을 요구하고 농성
    - 02.12. 유신헌법에 대한 국민투표
    - 02.19. 남영나이론 노조원 871명 임금인상 요구 작업거부
    - 03.06. 조선일보 기자 1백여 명 자유언론 수호 요구파업 농성 돌입, 동아일보·조선일보 기자 해직 사태 발생
    - 03.17. 섬유노조 13개 면방 지부장들 대한방직협회에서 임금 75.6% 인상 요구하며 농성
    - 03.27. 민주회복구속자협의회 결성(위원장 박형규 목사)
    - 04.08. 긴급조치 7호(고려대 휴교령) 선포
    - 04.9. 대법원 상소 기각 직후 인혁당 관련자 8명 사형 집행
    - 04.11. 서울대 농대 학생 김상진 유신 철폐 요구 할복자살
    - 05.13. 긴급조치 제9호 선포
    - 08.17. 월간지 〈사상계〉 대표 장준하 포천군 약사봉에서 의문사
    - 10.14. 한국노총회관 준공(서울 여의도)

- **1976**
    - 01.05. 버스안내양 이영복 회사의 '삥땅' 추궁에 항의하며 할복
    - 01.10. 서울 영등포 조선맥주 임시고용원 150여 명, 노조 사무실에서 처우개선 부당해고 철회 요구 농성
    - 02.29. 남조선민족해방전선(남민전) 준비위원회 결성
    - 03.01. 김대중·함석헌 등 명동성당에서 3·1절 기념미사 후 민주구국선언 발표
    - 07.24. 섬유노조 동일방직 인천지부 여공 5백여 명 회사 측의 어용노조화 반대하며 27일까지 항의 농성(동일방직 민주노조 수호투쟁 사건 시작)
    - 08.29. 서울 대협노조원들 어용노조 강제 가입 반대 어용노조 규탄 시위
    - 09.08. 서울 성수동 풍천화섬 노동자 집단해고 반대와 추석휴무 등 요구 시위
    - 10.14. 한국양심범가족협의회 결성(회장 공덕귀)
    - 10.21. 한국노총 전국대의원대회(위원장 정동호, 사무총장 지용택 선출)
    - 11.21. 대한방직협회 방직공업 중앙노사협의회 일방적 파기 통고

- **1977**
    - 02.02. 방림방적 노동자들 잔업수당 지급 등 22개 요구 진정서를 관계기관에 제출
    - 02.17. 대구지법 "단체협약 불이행 업주에 대해 국가보위법 위반을 적용할 수 없다"고 판시
    - 03.04. 노동청 저임금 기준을 기본급 월 2만 원 미만으로 명시
    - 03.10. 한국교회사회선교협의회 노동자인권선언 발표
    - 04.21. 인선사 노동자들 노조결성 신고하러 갔다가 유령노조 존재 확인, 유령노조 투쟁 사건 시작
    - 05.07. 남영나이론(영등포) 노동자 1천여 명 임금 인상 및 불공평한 임금조정의 시정 요구하며 작업거부 및 농성(~6.24)
    - 07.02. 협신피혁(영등포) 노동자 민종진 배수관 청소 중 질식사, 경인지역 노조원 영안실 앞과 노동청 앞에서 농성 시작
    - 07.19. 전태일 어머니 이소선 장기표 재판 중 검사에 항의한 죄로 법정모독죄 적용 구속
    - 09.09. 청계피복노조 정부당국이 노동교실 폐쇄하자 이소선 어머니 즉각 석방, 노동교실 강제 무기폐쇄 철회, 폭력경찰 처단, 노동탄압 중지 요구하며 경찰의 제지 뚫고 노동교실 점거 격렬 시위 농성
    - 10.26. 화학노조 간부 7백여 명과 제일제당(미풍) 사원, 기동대와 대치 3시간여 동안 난투극

11.08. 한국노총 저임금 및 근로 환경개선 대책위원회 설치 및 조직활동대 재편성
12.02. 롯데제과 여공 1천5백여 명, 임금인상 요구 가두시위
해직교수협의회 창설

● 1978
01.21. 아리아악기 노동자들 저임금과 폭력에 항의, 부사장 가족을 인질로 삼아 농성
01.24. 한국인권운동협의회 결성
01.27. 강원 황지 함태탄광 노동자들 노조 지부장의 부정선거 및 저임금에 항의 파업 농성(긴급조치 9호, 집시법 위반으로 62명 연행 3명 구속)
02.21. 동일방직 인천공장 '똥물 사건' 발생(사측 노조대의원선거 방해 위해 여성조합원들에게 똥물 세례)
02.24. 윤보선·함석헌 등 재야인사 66명 3·1 민주선언 발표
03.10. 동일방직 여공 80여 명 장충체육관 노동절 기념행사장에서 항의 시위
03.12. 인천 답동성당, 동일방직 노동자 등 1천여 명 노동 3권 보장 요구하는 노동자를 위한 기도회 개최
03.20. 동일방직·원풍모방·방림방적 노동자 1백여 명 기독교방송국의 노동문제 외면 항의 시위
03.26. 6명의 해고 여성노동자 서울 여의도 부활절 새벽예배 제단에서 항의 호소(전원 구속)
04.01. 동일방직노조 조합원 124명 집단해고
04.08. 천주교 주교단 동일방직 문제 등에 관한 성명서 발표
04.24. 광주 북동 천주교회에 함평농민회 회원 7백여 명 집결 고구마 피해 보상 등 요구 농성
05.12. 민청학련 사건 출소자 중심 민주청년인권협의회 결성
05.16. 천주교정의구현사제단 노동자를 위한 특별미사에서 "노동자의 권익 민생과 생존권의 보장은 민주회복과 직결" 선언

06.12. 서울대 학생 3천여 명 학원민주선언 낭독, 유신철폐 요구 광화문 연합시위
06.26. 서울대·고려대·숭실전문대 등 대학생 7백여 명 광화문 대로에서 유신반대 데모
06.27. 전남대 송기숙 교수 등 11명 우리의 교육지표 선언
09.14. 성모병원 간호부 290명 임금인상을 요구하며 파업 단행
고대생 3천여 명 1978 민중선언 발표 후 유신반대 시위
09.22. 노동자를 위한 기도회에서 동일방직 해고 여공 가두시위(27명 경찰 연행)
10.17. 재야인사 420명 민주국민선언 발표
12.12. 제10대 국회의원 총선거(민주공화당 68석 31.7%, 신민당 61석 32.8%, 민주통일당 3석 7.4%)
12.23. 섬유노조 국제방직에 전국조직 동원 파업 농성시위(55명 연행, 국가보위법 위반혐의로 4명 구속, 44명 불구속 입건)

● 1979
1.05. 노동청 임금의 행정지도선을 4만 5천 원으로 책정, 재무부 정부 공사 노임을 작년 10월 중 시중 노임의 90%로 책정
02.27. 산유국들 석유 값 인상 러시(제2차 석유파동)
03.01. 민주주의와 민족통일을 위한 국민연합 결성
03.13. 대법원 연장근로 등 준법운동 무죄선고
03.23. 한국사회선교협의회 노동자를 위한 기도회 개최(28명 연행, 3명 구속)
04.03. 크리스천 아카데미 관련 구속자 대책위원회 구성
04.13. YH무역 5백여 명 종업원, 공장폐쇄에 반대 작업거부
07.05. 농민들의 감자 피해 보상운동에 앞장섰던 가톨릭농민회원 오원춘 양심선언
07.23. 해태제과 노동자들 작업시간 단축 요구 작업거부
08.09. YH무역 여공 2백여 명 신민당사 농성 돌입

08.11. 경찰 8월 11일 새벽에 신민당사에 난입 농성 중인 YH무역 여공 강제해산(조합원 김경숙 사망하고 노조지부장 최순영 등 노조간부 3명 구속, 9.11 서울지검 YH사건 배후조종 혐의로 이문영 교수 등 5명 구속)
08.16. 박정희 대통령 외부세력의 산업체 침투 실태 조사 지시
09.03. 강원대 학생 8백여 명 긴급조치 해제와 유신헌법 철폐 요구 농성, 이후 대구 계명대 학생 시위, 경북대·영남대 경북학생협의회 구국선언(9.4), 서울대 학생시위(9.11), 이화여대 집회(9.26), 연세대 시위(9.27) 등으로 이어짐
10.09. 내무부 남조선민족해방전선 사건 발표
10.16. 부산·마산 시민항쟁(부마항쟁) 폭발, 학생·시민들 유신 철폐와 독재정권 퇴진 요구하며 격렬 가두시위, 마산·창원으로 확산
10.26. 김재규 중앙정보부장 박정희 대통령 살해, 전국에 비상계엄
12.07. 한국노총 국가보위법 철폐 청원 정부 긴급조치 9호 관련자 석방
12.12. 정승화 계엄사령관 연행 총격사건 발생(12·12 사태)

● 1980
02.11. 화학·금융·운수 등 8개 산별노조 위원장 김영태 노총 위원장의 즉각 사퇴 요구
04.09. 청계피복 노조원 임금인상·노동 3권 보장·노동투사 복권복직 요구 철야농성
04.21. 강원도 사북동원탄좌 광부들 임금인상과 어용노조 퇴진 등을 요구하며 파업농성 돌입(경찰과 충돌, 사북읍 점거)
04.29. 동국제강 부산공장 1천여 명 임금·상여금 인상요구 시위(경찰과 투석전)
05.04. 전국민주노동자연맹(전민노련) 결성(변혁적 노동운동 지향)
05.13. 한국노총 노동기본권 확보 궐기대회(노총 강당)

05.15. 30개 대학생 서울 도심에서 대규모 시위 서울 구로동 서통노조 결성(6.1 노조지부장 등 폭력행위 및 제3자 개입금지 위반으로 최초 구속)
05.16. 서울역광장 학생시위, 전국 17개 대학 총학생회장 교내외 시위중단 결정(서울역 회군)
05.17. 신군부 비상계엄령 전국 확대조치
05.18. 광주 시민·학생 시위 계엄군과 충돌(광주민중항쟁 발발)
05.27. 신군부 광주에 4천여 명의 병력 투입 시민항쟁 무력 유혈진압
05.31. 신군부 국가보위비상대책위원회 신설(상임위원장 전두환)
08.19. 한국노총 위원장 산별노조 위원장 등 11명 사퇴서 제출
08.21. 노동청장 노동조합 정화지침 시달
08.27. 전두환 통일주체국민회의에서 제11대 대통령에 선출
09.18. 한국노총 노조간부 191명 정화대상자 및 자진사퇴자 확정 통고(정화자 121명, 자진사퇴 70명), 3년간 노조임원 금지·노조간부 겸직 금지
12.08. 계엄사 민주노조 간부 대량 연행 조사
12.11. 서울대 학생 반파쇼학우투쟁선언문 살포 교내시위, 9명 구속, 장기간 수사(무림사건)
12.30. 노동관계법 전면 개악

● 1981
01.06. 서울시장 청계피복노조에 해산명령서 발부
01.24. 비상계엄 전면 해제
01.30. 청계피복노조 조합원들 노조 해산명령 철회 요구하며 아프리 한국사무소 점거농성(~2.11, 11명 구속)
02.27. 전국민주학생연맹 결성
03.25. 제11대 국회의원 선거(민정당 151석, 민주한국당 82석, 한국국민당 25석, 민주사회당 2석, 민주농민당 1석, 무소속 10석)
08.21. 서울 동남교통 시내버스 안내양 80여 명 몸

　　　　수색에 항의하며 여의도 KBS 앞에서 농성
12.20. 대학생불교연합회 노동야학 사건 발표(150여 명 연행, 3명 구속)

● 1982
01.05. 야간통행 금지 전면 해제
03.15. 콘트롤데이타 부당해고에 항의 작업 거부, 철야농성 돌입(6.4 노조간부 경찰연행, 7.10 노동부장관 면담 요구 농성, 7.20 공장 철수 발표)
03.18. 미국의 광주민중항쟁 진압 지원에 항의하는 부산 미국문화원 방화사건 발생
04.22. 서울 개포동 주민 3백여 명 주택철거에 항의농성 시위
05.03. 한국공해문제연구소 창립
05.17. 일신제강 노동자들 체불임금 지급 요구 시위
07.10. 콘트롤데이타 노동자 50여 명 공장 철수 반대와 해고자 복직 요구 노동부 항의농성(전원 강제연행, 3명 구속)
09.27. 구사대 1백여 명 난입하여 노조위원장 감금·연행함에 따라 원풍모방노조 항의농성 돌입
10.07. 원풍모방 조합원 1천5백여 명 가두시위

● 1983
04.28. 대구 중앙섬유 노동자 4백여 명 체불임금 지급 요구하며 농성
06.29. 정부 임금억제시책 발표
07.07. 태창메리야스 해고노동자들 단식농성
07.11. 창성섬유·덕창실업·창성계열사 노동자 2백여 명 체불임금 요구 농성
08.27. 치안본부 야학교사 관련 대학생 3백여 명, 노동자 2백여 명, 다수 성직자들 강제연행 불법조사(야학연합회 사건)
09.30. 민주화운동청년연합(민청련) 결성(1970년대 학생운동 출신 중심)
10.09. 전두환 버마 방문, 랑군의 아웅산 묘소 폭발 사건 발생

12.06. 태창메리야스노조 부당해고 항의 단식투쟁 이리·인천 해고노동자 블랙리스트 철폐투쟁
12.20. 해직교수협의회 결성
12.21. 정부 제적대학생 1,363명에 대한 복교 허용 조치 발표

● 1984
01.04. 경제기획원 장관 임금 3% 인상 방침 발표
01.06. 한국노동자복지협의회(한국노협) 결성
01.19. 민주노동자 블랙리스트 철폐위원회 결성 (위원장 문익환 목사)
03.04. 한국자동차보험 노동자들 부당해고 항의 철야농성
03.10. 한국노협 홍제동 성당에서 2천여 명 참석 창립선언대회
03.27. 청계피복노조 복구 준비위원회 결성
04.14. 민족문화운동협의회 결성, 해직언론인협의회 발족
04.23. 부산 태화고무 노동자 6백여 명 공장폐쇄 항의 농성
05.18. 민주화추진협의회(민추협) 발족
05.25. 대구 택시 노동자 2천여 명 사납금 인하, 부제 완화 등 요구하며 파업시위, 부산 등 전국 주요 도시로 확산
05.26. 노동부 블랙리스트 해당자 125개 업체 581명 해고 발표
06.29. 민중민주운동협의회 결성
09.19. 청계피복 합법성 쟁취대회 개최(노동자·학생 2천여 명 가두시위)
10.07. 민주화추진위원회(민추위) 결성(학생운동과 노동운동의 전위조직 구축 추진)
10.16. 민주통일국민회의 결성
10.25. 대우어패럴 단체협약 체결 요구하며 노조원 8십여 명 노총회관 점거농성(~10.31 민한당 농성)
11.10. 대우자동차(부평) 부서이농 항의 0백여 명 노동자 농성
11.14. 대학생 2백여 명 민정당사 점거농성

연표 441

11.20. 전국대학생총연맹 결성
11.30. 민경교통 노동자 박종만 씨 노조활동 보장 등 요구하며 분신자살
12.19. 자유실천문인협의회 결성
12.28. 한국노총 16개 산별노조 위원장 노동법 시행령 조속한 개정 요구 무기한 농성 돌입

● 1985
02.12. 제12대 국회의원 선거(민정당 148석, 신한민주당 67석, 민주한국당 35석, 한국국민당 20석)
02.21. 정부, 부실기업 정리방침에 따라 국제그룹 해체
02.28. 영창악기 임금인상과 어용노조 퇴진 요구 1천여 명 서명 및 농성
03.02. 장성탄광 노조 지부장 부정선거 규탄 5백여 명 농성(3.5 지부장 사퇴)
03.29. 민주통일민중운동연합(민통련) 결성(민주통일국민회의와 민중민주운동협의회 통합)
04.10. 노동운동 탄압 저지 투쟁위원회 발족
04.12. 청계피복 합법성 쟁취 및 노동운동 탄압 규탄대회, 노동자·학생 3천여 명 가두시위
04.16. 대우자동차 임금인상 요구파업(4.24 종결)
04.17. 전국 23개 대학 대표 및 2천여 명 학생들 전국학생총연합(전학련) 결성
05.04. 민중불교운동연합 결성
05.20. 교육현장의 문제를 제기하는 비정기 무크지 〈민중교육〉 창간
05.23. 민족통일민주쟁취민중해방투쟁위원회(삼민투위) 대학생 73명 서울 미국문화원 점거 단식농성
06.01. 구로지역노조민주화추진위원회(구민추) 결성
06.24. 구로 동맹파업 발발, 대우어패럴 노조간부 구속에 항의 9개 노조 파업농성(~6.29)
07.18. 삼민투위 사건 검찰 발표(63명 검거, 56명 구속)
07.31. 한국노총 전문직 간부 5명을 민주노동운동 지원 이유로 해고
08.25. 서울노동운동연합(서노련) 결성
08.27. 서울 목동 주민 신시가지 조성에 반대 시위
09.23. 전주에서 외국 농축산물 수입 반대 농민대회 개최
10.05. 서노련 등 전국노동자 민중민주민족통일(삼민)헌법쟁취위원회 결성
11.18. 재경 14개 대학생 191명 "독재 타도, 미국은 물러가라"고 요구하며 민정당 중앙정치연수원을 기습 점거농성
11.20. 민통련 등 23개 단체 민주헌법쟁취위원회 결성
12.12. 민청련 간부 구속자 가족 중심으로 민주화실천가족운동협의회(민가협) 결성

● 1986
01.20. KBS 시청료 거부 기독교 범국민운동본부 출범
02.07. 인천지역노동자연맹 결성
02.12. 신민당 민주화추진협의회 개헌서명운동 개시
03.17. 서울 구로동 신흥정밀 노동자 박영진 씨 노동 3권 보장 요구 분신자살
03.19. 서노련 가리봉오거리 모세미용실 점거, 생활임금 쟁취 등 요구하며 농성 및 가두시위
03.29. 서울대 구국학생연맹 결성
04.10. 반미자주화반파쇼민주화투쟁위원회(자민투) 결성
04.26. 한국노동교육협회 출범
05.03. 인천 개헌서명운동대회 개최, 3만여 명 시민·학생·노동자들이 독재 타도와 노동권 쟁취 등 구호 외치며 대규모 격렬 시위(인천 5·3 사태, 319명 연행, 129명 구속)
05. 경인지역 노동운동권의 핵심 조직원들 전국노동자연맹추진위원회(전노추) 결성(의장 신철영, 10.18 치안본부에서 국가보안법 위반혐의로 대량 수배)
05.10. 교사 450여 명 서울 YMCA에서 교육민주화 선언 발표
05.15. 민주교육실천협의회 결성

06.04. 부천경찰서 서울대 의류학과 출신 권인숙을 연행해 성고문 자행
06.21. 한국출판문화운동협의회 결성
07.25. 삼척 경동탄광 노동자와 가족 5백여 명 어용노조 퇴진과 차별대우 철폐 등 요구 철야농성
08.09. 제헌의회(CA)그룹 결성
08.12. 민주화운동유가족협의회(유가협) 결성(회장 이소선)
09.02. 구로지역 노동자·학생 3백여 명 독산동 일대에서 군부독재 타도 등 외치며 가두시위 (67명 연행, 19명 구속)
09.06. 민주언론운동협의회 〈말〉지 특집호를 통해 '보도지침 사례집' 발표
09.09. 강원도 삼척 경동탄광 광부 1천여 명 가족수당 등 요구하며 영동선 철도 점거 운행정지 등 격렬 파업시위
10.24. 서울지검 9개 대학생 중심의 마르크스·레닌주의당(ML당) 사건 발표
10.28. 26개 대학 학생 2천여 명 건국대에서 전국반외세반독재애국학생투쟁연합 결성식, 4일간 경찰과 대치 철야농성(10.31일 무력진압 1,525명 연행, 1,287명 구속)
11.12. 서울대 제적생과 휴학생 중심의 반제구국노동자동맹당 사건 경찰 발표
11.12. 한국노총 노동관계법 개정촉구 전국대표자궐기대회 개최
12.01. 최저임금법 제정

● **1987**
01.14. 서울대 학생 박종철 군 경찰고문으로 사망, 항의집회와 시위 확산
01.25. 한국노동자복지협의회·한국기독노동자연맹 등 9개 노동운동단체 고(故) 박송철 추모식 및 노동자대회 개최 가두시위
02.26. 전국농민협회 결성, 민주헌법쟁취 국민운동본부 구성
03.21. 한국여성노동자회 창립대회

04.06. 전국자동차연맹 서울택시지부 조합장 2백여 명 노조연맹회관 강당에서 업적급제 폐지와 완전월급제 요구 농성, 조합원 1천여 명 테헤란로에서 격렬 시위(4.9 2천여 명 조합원 경적시위)
04.13. 전두환 대통령 대통령직선제 개헌 거부 특별담화(4·13 호헌선언)
04.21. 천주교 신부 13명 광주에서 직선제 개선을 요구하며 단식기도(~4.29), 서울 등 전국 확산
04.27. 한국노총 4·13 대통령 특별담화 환영 성명
05.01. 치안본부 서울남부지역노동자동맹(남노련)을 지하혁명조직으로 발표(13명 구속)
05.08. 금융노련 산하 13개 노조 노총의 4·13 호헌 지지 반대 공동성명서 발표
05.27. 민주헌법쟁취국민운동본부(국본) 결성 서울대 총학생회 박종철 치사사건 규탄 동맹휴업(~5.29)
06.09. 연대생 이한열 군 교문 앞 시위 중 최루탄에 맞고 부상(7.5 사망)
06.10. 민정당 전당대회 노태우 대표위원을 대통령 후보로 지명
국본 주최로 박종철 고문치사 규탄 및 호헌철폐를 위한 범국민대회 개최(전국 22개 주요 도시에서 24만여 명 참가).
창원공단 노동자들 퇴근길에 "노동3권 보장하라, 쪽바리는 물러가라" 등을 외치며 공단파출소 파괴 격렬 시위
06.18. 6·18 최루탄추방대회 개최(전국 14개 도시)
06.26. 국본 6·26 평화대행진 개최(전국 33개 지역에서 180여만 명이 참가)
06.29. 노태우 민정당 대표, 6·29 선언 발표(대통령 직선제 등 시국수습 위한 8개항). 성남지역 26개 택시회사 노동자 2백여 명 월급제 요구 가두시위
07.05. 현대엔진(울산) 노동자 101명 노동조합 결성(위원장 권용목), 1987년 노동자대투쟁 점화

07.06. 전국 17개 노동운동단체 대표, 민주헌법쟁
취전국노동자공동위원회 결성
07.12. 한국노총 5개 산별연맹 산하 33개 단위노
조간부 112명 금융노련 간부들과 노동조합
민주화실천위원회(노민위) 결성
07.16. 현대미포조선 노조설립신고서 탈취
07.21. 민주화를 위한 전국교수협의회(민교협) 출범
08.08. 현대그룹노조협의회 발족
08.10. 거제 대우조선 경찰의 농성장 난입에 항의
5천여 명 도로점거 시위
동원 탄좌(사북광업소)등 16개소 1만여 명
파업
08.12. 정부 노사관계부처 장관회의 파업 중 시설
파괴·점거행위 엄단방침 천명
08.17. 울산 현대그룹 노동자 3만여 명 휴업조치에
항의 연합가두시위
08.13. 전국사무금융노조연맹 결성
08.19. 전국 95개 대학 4천여 명 충남대에서 전국
대학생대표자협의회(전대협) 결성대회 개최
08.22. 대우조선 노동자 이석규 경찰 최루탄에 맞
아 사망
08.27. 국무총리 좌경용공세력 척결을 위한 담화
문 발표
좌경사건 관련 1,618명 수사방침 대검 발표
옥포 대우조선 노동자 고(故) 이석규 열사
장례식 및 살인규탄대회 국본 주최로 개최
(전국 13개 시에서 동시 개최, 933명 연행)
09.12. 한국여성민우회 결성(회장 이효재)
09.17. 자유실천문인협의회가 민족문학작가회의
로 재창립
09.27. 민주교육추진전국교사협의회(전교협) 창립
대회(회장 윤영규)
10.27. 국본, 노동자위원회 노동운동 탄압분쇄 결
의대회 개최
11.15. 민중대표 대통령후보 전국추대위원회 결성
11.27. 한국자유금융노련 결성(한국노총 금융노련
과 결별)
11.28. 정부 개정 노동법 공포

12.12. 전국병원노조협의회 결성
12.14. 마산창원지역노조총연합 결성(의장 이흥석)
12.16. 제13대 대통령선거 실시(재야민주 세력 분
열, 노태우 당선)
대통령선거 부정 항의 구로구청 점거농성
사태 발생

● 1988

03.03. 전국보험노련 결성(한국노총 금융노련에서
독립)
04.03. 노조탄압저지전국노동자공동대책위원회
발족
현대그룹노조 탄압규탄 및 구속노동자 석
방 촉구대회(연세대, 1만여 명 참가)
04.26. 제13대 국회의원 선거(민정당 125석, 평민
당 70석, 민주당 59석, 공화당35석, 한겨레
민주당 1석으로 여소야대 구도 형성)
05.02. 청계피복노조 강제해산 7년 만에 합법성 쟁취
05.21. 현대그룹노조연합회 결성대회
05.26. 가톨릭농민회 등 농민단체 전국농민궐기대
회 열고 정부의 농·축산물 수입개방정책 철
회 요구
05.29. 서울지역노조협의회 결성 총회
06.07. 전국노동운동단체협의회(노운협) 출범(전
국적 공개적 상설공투체, 민주노조보다 한
발 앞서가는 자주적인 운동체로 자기규정)
06.18. 인천지역노조협의회 창립총회
07.22. 원진레이온 퇴직자 2명 이산화탄소 중독 판
명(원진레이온 직업병투쟁 시작)
07.25. KBS노조 방송 민주화와 경영진 퇴진 등 요
구 농성
07.26. 철도노조 전국파업(기관사들 근로조건 개
선과 수당인상 요구, 7.28 정상운행)
08.02. 자주민주통일국민회의 결성
08.25. 한국노동연구원 개소(원장 배무기)
08.26. MBC노조 방송사상 첫 파업(공정방송의 제
도적 보장 요구)
09.17. 제24회 서울하계올림픽대회 개막(~10.2)

10.06. 전국노동법개정투쟁본부(전국투본) 출범
11.13. 전국투본 전태일 열사 정신계승 및 노동악법 개정을 위한 전국노동자대회 개최(연세대, 여의도 행진)
11.20. 전교협 참교육 실천을 위한 민주교육법쟁취 전국교사대회 개최
12.09. 한국노총 노동법개정 촉구 및 삼성재벌 규탄 전국대표자 궐기대회(잠실학생체육관, 1만 2천여 명 참석)
12.12. 현대중공업 원직복직과 유니온숍 인정 등 요구파업 돌입(~1989. 4.18, 128일간 파업)
12.28. 노태우 대통령, 민생치안에 관한 특별지시(불법 집단행동 엄중대처, 법과 질서 확립 등)

● 1989
01.02. 풍산금속 안강공장에 경찰 투입 파업 강제 해산
01.15. 전국투본, 노동운동 탄압 분쇄 및 테러만행 규탄 전국노동자대회 개최(울산)
01.21. 노동·농민 등 8개 부문 단체와 전국 12개 지역조직 참가하는 전국민족민주운동연합(전민련) 발족
02.16. 수세 폐지 및 농산물 제값받기 전국농민대회 개최
03.07. 정부 노사관계안정 대책회의 개최(무노동 무임금 원칙 고수방침 천명)
03.09. 근로기준법·노동조합법·노동쟁의조정법 개정안 국회통과(공무원 단결권과 단체교섭권, 방위산업체 파업권 인정)
03.10. 한국노총 노동절 및 임투승리를 위한 결의대회(1만여 명 참석)
03.16. 서울지하철노조 합의각서 이행과 위원장 석방 등 요구 전면파업(경찰 농성 노조원 2천1백여 명 연행)
03.22. 노태우 대통령, 노동조합법·노동쟁의조정법·국민의료보험법·지방자치제법 등 4개 법안 거부권 행사
03.26. 문익환 목사 베이징 경유해 평양에 도착, 김일성 주석과 회담
04.03. 공안합동수사본부 발족으로 공안정국 전개
04.30. 세계노동절 100주년 기념 전국노동자대회(경찰의 원천봉쇄로 무산)
05.01. 전국투본 총파업
05.11. 조선대 학생 이철규 공안합수부의 수배를 받고 도피하던 중 변사체로 발견
05.28. 전국교직원노동조합(전교조) 결성
06.29. 전대협 한국외국어대 학생 임수경을 평양축전 남한대학생대표로 파견(8.15 문규현 신부와 판문점 통해 귀국)
07.26. 서울시 교육위원회, 전교조 가입 공립 초·중·고 교사 485명을 8월 1일자로 직위해제
08.05. 부당징계 저지 및 전교조 사수를 위한 범국민대회(명동성당)
09.08. MBC 방송민주화 요구 전면파업
09.30. 노동부 노사관계 종합대책 발표(노사분규 특별대책본부 구성, 5백여 명 민주노조 특별관리 방침 천명)
11.01. 마창노련 공권력 투입에 항의하며 25개 노조 2만 5천여 명 연대파업
12.23. 경제 6단체 전국경제인단체협의회(경단협) 결성(무노동 무임금 원칙, 경영권·인사권 수호 선언)

● 1990
01.10. 현대그룹노조총연합(현총련) 결성
01.16. 헌법재판소 노동관계법상 제3자 개입금지는 합헌이라 판결
01.22. 전국노동조합협의회(전노협) 출범(570개 노조, 19만여 명)
민정, 민주, 공화 3당 무조건 통합선언
01.31. 노동부 전노협 소속 노조 선별 업무조사 실시 발표
02.05. 한국노총 노동부 장관실 점거농성(노동시간 단축에 따른 임금삭감 항의)
03.05. 대기업노조대표자비상회의 결성
04.10. 한국노총 등 국민경제사회협의회 창립총회

04.12. KBS 관제사장 반대 농성 중 공권력 투입돼 117명 강제연행
04.21. 전노련·전노협·전대협 등 13개 재야단체 연세대에서 국민연합 결성대회
04.24. 전국농민운동연합과 전국농민협회가 전국농민회총연맹으로 통합
04.28. 경찰 파업농성 중인 현대중공업에 공권력 투입 강제해산
05.01. 한국노총 노동절기념대회(잠실체육관) 전노협 총파업(70여 개 노조, 12만여 명)
05.09. 국민연합 민자당 해체 및 노태우 정권 퇴진 촉구 국민총궐기대회(5만여 명 가두시위)
05.30. 전국업종노조회의(업종회의) 결성
06.09. 국민연합 민족민주열사 희생자 합동추모제 및 6월 항쟁 계승 국민전진대회 개최(~6.10)
07.08. 경북 청도 주신기업노조 최태욱 위원장 노조파괴에 항의 분신(7.14 사망)
10.03. 독일 베를린 장벽 철거, 동서독 통일
10.04. 윤석양 이병 양심선언, 보안사 민간인 사찰 대상자 명단 폭로
10.13. 노태우 대통령 '범죄와의 전쟁' 선포
11.10. 민중당 창당(민중의 당, 한겨레민주당 인사 중심으로 진보대중정당을 표방)
11.12. 전노협과 업종회의 전태일 열사 20주기 추모 1990년 전국노동자대회 개최(고려대)
11.25. 국민연합 노태우 정권 퇴진 1990년 민중대회 개최(전국 11개 도시, 내각제 저지와 우루과이라운드 거부 등 결의)
12.03. 대우그룹노조협의회 결성
12.09. 연대를 위한 대기업노조회의 결성

● **1991**
01.14. 정부, 3백여 개 기업 한 자릿수 임금동결 방침 발표
02.08. 대우조선노조 조합원 해고 시 노사합의와 무노동 무임금 철폐 등 요구하며 전면파업(결사대 51명 골리앗 점거농성)

03.16. 수서비리 은폐 정권 규탄 국민대회(전국 2만 4천여 명 참가)
03.26. 전국지방기초의회의원선거 실시
04.26. 명지대 학생 강경대 군 경찰 백골단의 쇠파이프에 맞아 사망
05.01. 한국노총 1991년 노동절 기념대회(88실내체육관) 전노협 세계노동절 102주년 기념대회(연세대, 6만여 명)
05.02. 원진레이온노조 직업병 대책 요구 총파업
05.04. 백골단 전경 해체 및 공안통치 종식을 위한 범국민결의대회(전국 21개 도시, 20만여 명 가두시위)
05.06. 한진중공업노조 박창수 위원장 안양병원에서 의문사
05.09. 전국투본 시한부 총파업 실시 범국민대책회의, 민자당 해체와 공안통치 종식을 위한 범국민대회 개최(전국 50여만 명 가두시위)
05.25. 노태우 정권 퇴진 제3차 국민대회(19개 도시, 17만여 명 가두시위)
06.20. 전국지방자치단체장 선거
06.22. 현대그룹노조총연합 출범 대의원대회
09.17. 남북 유엔 동시 가입
10.09. ILO 기본조약 비준과 노동법 개정을 위한 전국노동자 공동대책위원회(ILO공대위) 출범
11.01. 한국노총 박종근 위원장 노동법 개악 반대 단식농성(~11.9)
11.10. ILO공대위, 전태일 정신계승과 노동법 개정을 위한 전국노동자대회 개최(여의도)
12.01. 민주주의민족통일전국연합(전국연합) 창립
12.09. 정부 ILO 헌장 준수 서약서 제출, 국제노동기구(ILO) 가입(152번째 회원국)
12.13. 제5차 남북고위급회담 개최, 화해와 불가침 및 교류협력에 관한 합의서 서명
12.31. 한반도의 비핵화에 관한 공동선언 남북한 합의

● 1992

- 01.07. 노동부, 총액임금제 적용 대상 326개 사업장의 임금협상을 총액기준 5% 내로 타결 지도 결정
- 01.18. 세일중공업·대림자동차·효성중공업 노조 탄압 규탄 경찰철수 요구 집회(1천3백여 명 가두시위)
- 01.25. 공명선거실천시민운동협의회(공선협) 발족 (발기단체 57개, 회원단체 3백여 개)
- 02.19. 총액임금제 적용사업장 1,574개 최종 확정 정부 발표(2.25 1,528개로 수정)
- 03.24. 제14대 국회의원 선거(민자당 149석, 민주당 97석, 국민당 31석, 무소속 21석)
- 05.01. 한국노총 1992년도 노동절 기념 및 총액임금제 분쇄를 위한 결의대회 강행
- 05.19. 전국연합 민자당 재집권 저지·민주정부 수립을 위한 1차 국민대회 개최(3만여 명 참가)
- 05.21. 한국노총 163개 노조 임금인상 요구 동시 쟁의발생 신고
- 05.22. 원진레이온 노동자들 작업환경 개선과 직업병 인정기준 확대 요구(1백여 명 노동부 의정부 사무소 점거농성)
- 06.19. 세일중공업 공권력 투입에 맞서 노조간부 옥상 및 굴뚝 점거농성, 조합원 3백여 명 투석전(6.20 경찰 농성자 전원 연행, 10명 구속)
- 07.16. 병원노련 설립신고서 반려처분 취소 청구소송에서 승소판결
- 09.02. MBC노조 공정방송 쟁취와 해고자 복직 등 요구파업(10.2 공권력 강제 해산, 7명 구속)
- 09.09. 택시노련 서울지부 조합원 2백여 명 한국노총에서 임금협정 날조에 항의하며 농성
- 10.17. ILO공대위, ILO 기본조약 비준·노동법 개정·해직교사 원상복직을 위한 걷기대회 개최(연세대~여의도)
- 12.18. 제14대 대통령 선거(김영삼 민주자유당 후보 당선)
- 12.22. 대법원, 노동부의 언론노련 설립신고 반려처분 취소 결정
- 12.29. 1993년도 경제운용계획에서 총액임금 3% 이내 억제 정부 방침 강행 천명

● 1993

- 01.21. 언론노련 노조설립신고필증 교부받아 합법화 쟁취
- 02.09. 한국노총 경제5단체와 임금인상 단일안 마련을 위한 노사대표자회의 진행
- 02.25. 김영삼 문민정부 출범
- 03.04. ILO, 한국정부에 복수노조와 공무원·교사의 노조 인정, 제3자 개입 금지 철폐, 구속노동자 전원 석방 등 권고
- 03.10. 이인제 노동부 장관 해고노동자 5천2백여 명 복직 적극추진 발표
- 03.11. 헌법재판소 공무원 노동쟁의 행위 전면적 금지는 위헌이라고 판결
- 04.01. 한국노총·경총 1993년도 중앙노사 임금조정(안) 합의(임금인상률 4.7~8.9 %)
- 05.01. 한국노총 1993년도 노동절 기념 및 경제개혁 촉구대회
  전노협 세계노동절 기념대회(3만여 명 참석, 연세대~여의도 가두행진)
- 05.06. 경주 아폴로산업 파업장에 공권력 투입(노동자 강제해산 및 2명 구속)
- 05.22. 한국노총·경실련 등 경제개혁 촉구 범국민대회 개최(여의도, 1만여 명)
- 05.25. 병원노련 대법원에서 노조설립신고 합법 승소판결
- 05.27. 한국노총 등 37개 단체, 정의로운 사회를 위한 시민운동협의회(정시협) 결성
- 06.01. 민주노조 진영 전국노조대표자회의(전노대) 결성(전국 1,145개 노조, 41만 조합원)
- 06.15. 대학노련·건설노련, 설립신고필증 교부받아 합법화
- 06.30. 현총련 1993 공동임투 결의대회 개최(3만여 명 참가, 7.7 종파업)
- 07.14. 전노대 전국단위노조대표자 비상결의대회 개최(노·경총 임금인상 상한선 거부, 노동

법 독소조항 폐지, 근로기준법 개악 저지 등 결의)
07.20. 현대자동차노조 파업에 긴급조정권 발동
07.24. 해직교사에 대해 전교조 탈퇴를 전제로 보직허용 정부 방침 천명
08.11. 금융실명거래 및 비밀보장에 관한 긴급명령, 금융실명제 전격 실시 발표
09.15. 전교조 조건 없는 원직복직 촉구 3천여 명 무기한 철야농성 돌입
09.26. 복직 지연에 항의하며 전교조 길옥화 해직교사 투신자살
10.10. 성실교섭 촉구하며 부천 10개 택시노조 총파업 돌입
10.27. 한국노총·경총과 정부 노사관계 안정 합의문 채택
10.31. 전노대, 전태일 열사 정신계승 노동법 개정과 근로자파견법 및 공공자금관리기금법 제정 저지를 위한 1993년 전국노동자대회 개최(효창운동장~여의도 2만여 명 가두행진)
11.06. 원진직업병비상대책위원회 노동부·산업은행과 합의안 마련(직업병기금 150억 원 조성, 평균임금 7.5개월 분 폐업수당으로 지급 등)
12.03. 우리 쌀 지키기 범국민비상대책위원회 결성
12.13. 한국과 미국 쌀시장 개방안 완전 타결

● 1994
01.06. 김영삼 대통령 연두 기자회견에서 노사협력체제 구축 노사분규 없는 원년 선포
01.23. 전노협 정기대의원대회(위원장 양규헌 선출)
01.24. 국회 노동위원회 김말룡 의원, 한국자동차보험 부당노동행위 관련 돈 봉투 사건 폭로
03.01. 선 탈퇴 후 복직 조건으로 전교조 해직교사 1,294명 복직
03.03. 근로자의 날에 관한 법률 개정(5월 1일 노동절 부활)
03.10. 우리 농업 지키기 범국민운동본부 발족
03.16. 전국지하철노조협의회(전지협) 창립
03.30. 한국노총·경총 1994년도 중앙노사 임금 및 정책제도 개선에 관한 사회적 합의 발표(임금 8.7% 인상 등 포함)
04.09. 우리 농업 지키기 범국민운동본부 우루과이라운드 밀실협상 규탄 국회비준 저지 국민대회 개최(1만 5천여 명 참가)
05.01. 한국노총 노동절 기념대회(세종문화회관) 전노대 세계노동절 기념대회(3만여 명)
05.14. 전국해고자복직투쟁위원회(전해투) 45명 한국노총 본부 점거농성(어용노총 해체, 임금합의 분쇄 등 요구)
05.23. 경찰, 전국기관차협의회(전기협) 전국 14개 지부 농성장에 공권력 투입(641명 강제연행)
05.29. 현대중공업노조 임금인상과 단체협약 체결 등 요구 전면파업(~8.25)
금호타이어·대우기전에 공권력 투입
06.23. 전기협 전국 14개 지부 농성장에 공권력 투입(641명 강제연행), 노조지도부 총파업 선언 및 기독교회관에서 농성(6.24 서울지하철 총파업 돌입, 6.25 부산지하철 파업 개시)
07.09. 북한 김일성 주석 사망
08.15. 제5차 범민족대회(서울대, 2만여 명 참가) 경찰의 원천봉쇄와 폭력진압 속에서 강행(남북정상회담 재개, 평화협정 체결 요구)
09.10. 참여민주사회와 인권을 위한 시민연대(참여연대) 출범
10.15. 한국노총 전노대에 통합 제의
11.13. 민주노총 건설을 위한 전국 노동자대회(경희대, 3만여 명 참가), 민주노총준비위원회(민노준) 발족 선포
12.08. 삼성승용차 진출 반대 기아·대우·아시아 자동차 연대파업(~12.12)
12.10. 전국연합 12·12 군사반란 재판 회부와 우루과이라운드 이행 특별법 제정을 위한 국민궐기대회 개최(2만여 명 참가)
12.16. 세계무역기구(WTO) 가입 비준동의안 국회 의결

● 1995
- 02.21. 전국사무금융노련과 보험노련 합동으로 전국사무금융노조연맹 통합 결성
- 03.25. 전국자동차노조총연합(준) 출범
- 04.28. 한국노동사회연구소 발족
- 05.12. 현대자동차 현장 통제와 노동운동 탄압에 항의 중 해고자 양봉수 대의원 분신사망
- 06.06. 한국통신노조에 경찰 투입, 명동성당과 조계사에서 노조간부 13명 강제연행·구속
- 06.23. 대우조선 박삼훈 조합원 노동탄압에 항의 공장에서 분신자살
- 06.27. 전국지방자치단체선거 실시
- 08.18. 경찰 영남대의료원 파업 농성자 294명 전원 연행(3명 구속)
- 11.11. 전국민주노동조합총연맹(민주노총) 출범 (서울 연세대 대강당, 866개 노조 41만여 명 조합원, 대의원 366명)
- 11.12. 전국자동차산업노동조합연맹 창립보고대회 및 출정식
- 11.24. 한국노총과 조직대상 중복 등을 이유로 노동부가 민주노총 설립신고서 반려
- 12.02. 전노협 임시대의원대회 및 해산식(연세대)
- 12.12. 한국노총·경총, 1995년 노사한마당 개최 (노사화합과 협력을 다짐하는 노사공동발전 선언문 채택)
- 12.15. 대우정밀 병역특례 해고자 조수원, 민주당 서울시지부당사 전해투 농성장에서 목매자살
- 12.26. 한국노총, 민주노총에 통합대회 개최 제안서 정식 전달

● 1996
- 01.13. 전력노조 한일병원 김시자 지부장 징계 철회와 노조민주화 등 요구 분신자살
- 01.21. 전국민주금속노동조합연맹(민주노총) 부산에서 출범(위원장 단병호 선출)
- 02.01. 전국출판노조협의회 출범식 및 대의원대회 (초대 의장 박강호)
- 02.22. 노동부 1996년도 적정임금인상률 6.6% 노사에 권고
- 03.01. 화학노협 대전에서 창립대표자회의 및 출범식
- 03.14. 문화방송노조, 사장 퇴진과 공정방송 실현 등 요구 전면 파업(~4.4)
- 03.23. 공공부문노동조합대표자회의(공노대), 서울 장충단공원에서 노조탄압분쇄 및 96년 임단투 완전승리를 위한 공공부문 노동자 결의대회 개최(1만여 명 참가)
- 04.11. 제15대 국회의원 선거(신한국당 139석, 새정치국민회의 79석, 자유민주연합 50석, 통합민주당 15석, 무소속 16석)
- 04.24. 김영삼 대통령 신노사관계 구상 발표
- 05.01. 민주노총 노동절 기념대회(보라매공원, 2만여 명) 개최(정부의 노사관계 개혁 추진에 '참여와 투쟁' 기조 천명) 한국노총 노동절 기념대회(서울 올림픽공원)
- 05.09. 노사관계개혁위원회 발족(위원장 현승종, 민주노총 참가)
- 05.26. 전교조 교사의 노동기본권 확보와 교원지위 향상을 위한 전국교사대회 개최(보라매공원, 8천여 명)
- 07.20. 현총련 산하 6개 노조 임금인상 요구 공동파업
- 09.07. 전국연합·참여연대·민변 등 15개 사회종교단체, 민주적 노사관계와 시민·사회·종교단체 공동대책위원회 구성
- 10.11. 경제협력개발기구(OECD) 한국 29번째 회원국 가입 결정
- 11.10. 민주노총 노동법 개정을 위한 전국노동자대회 개최(10만여 명 참가, 노동법의 민주적 개정 촉구, 노동법 개정 총파업 불사 결의)
- 11.24. 한국노총 생존권 사수 및 노동악법 철폐 결의대회
- 12.26. 신한국당 단독으로 노동법·안기부법 등 새벽 날치기 통과
민주노총 제1단계 총파업 돌입(12.26에만

85개 노조 14만 3,695명 참가, 전국 12개 지역 10만여 명 집회)
12.27. 민주노총 날치기 노동법·안기부법 원천 무효와 김영삼 정권 퇴진 결의대회 개최 및 전국동시다발 집회 진행,
민주노총 제1단계 총파업(1997. 1.2까지 781개 노조 99만 3,996명 참가)
12.28. 한국노총 제1단계 총파업 돌입(533개 노조 15만 6,561명)
민주노총 여의도광장에서 신한국당 규탄 집회 3만 5천여 명 참가
12.30. 민주노총 전국 20개 도시에서 10만 조합원 결의대회

● 1997

01.03. 민주노총 제2단계 1차 총파업 돌입(~1.7, 410개 노조 52만 4,365명 참가)
01.06. 민주노총 148개 노조 19만 72명 파업 참가
01.07. 방송 4사 노동법 개악 항의 연대파업 돌입
김영삼 대통령 연두 기자회견 총파업 중단 요구
01.08. 민주노총 제2단계 2차 총파업 돌입(~1.14, 연인원 169만 5천여 명 참가)
교수들·각계 원로들·문학인·문화예술인들 날치기 법률의 무효화와 파업노동자들의 사법처리 반대 성명
01.09. ILO 사무총장이 김영삼 대통령에게 민주노총 지도부 영장발부와 사무실 압수수색 항의 서한 발송
01.10. 국제자유노련·국제노동기구·경제협력개발기구·국제금속노련 간부 방한
01.11. 노동법·안기부법 날치기 통과 규탄 범국민 결의대회 개최(종묘공원, 3만여 명 참가, 전국 20여 개 지역 10만여 명)
박형규 목사 등 각계 원로·교수 등 1,997명 시국선언 발표
국제자유노련(ICFTU)·경제협력개발기구 노동조합자문위원회(OECD-TUAC) 특별 조사단 내한
01.12. 북한 황장엽 국제담당 당비서 북경 주재 한국 영사관에 망명 신청
01.14. 한국노총 제2단계 총파업 돌입(~1.15, 전국 25개 지역 동시 집회 25만 명 참가)
01.15. 민주노총 제3단계 총파업 돌입(~1.19, 915개 노조 100만 5,385명 참가), 전국 13개 지역 16만 명 집회 참가
한국노총 제2차 총파업(1,510개 노조, 37만 7,936명 참가), 날치기 노동법 철폐 촉구 결의대회(여의도, 5만여 명)
01.17. 민주노총, 수요파업 전환과 2월 18일 4단계 총파업 방침 발표
01.21. 김영삼 대통령 여야 3당 대표와 청와대 회동해 날치기법안 무효화 등 논의
01.22. 민주노총 수요파업(135개 노조 14만 373명 참가), 전국 집회 7만여 명
01.23. 한보사태 한보철강 부도(부채, 3조 5천억 원)
01.26. 한국노총·민주노총 날치기 노동법·안기부법 무효화와 민주적 노동법 개정을 위한 전국노동자대회 공동개최
02.28. 민주노총 4단계 투쟁(4시간 부분파업에 107개 노조 13만 1,448명 참가)
03.10. 노동관계법 여야 단일 재개정안 국회통과(상급단체 복수노조 즉시 허용, 노조 정치활동 금지 삭제, 노조전임자 임금지급 금지, 정리해고 입법 후 2년간 시행유보 등)
03.16. 민주노총 전국민주화학노동조합연맹(위원장 오길성) 창립
03.26. 서울 시내버스노조 87개 지부 오전 4시를 기해 전면파업 돌입
04.12. 전국민주상업노조연맹 창립(위원장 김형근)
04.29. 민주금융노조연맹 창립(43개 노조, 1만 6천7백여 명 조합원, 위원장 심일선)
05.01. 민주노총 제107주년 세계노동절 기념대회(서울 130여 명, 대구 171명 연행)
한국노총 노동절 기념대회(1997년 임단투 승

리 및 고용안정, 노동법의 민주적 개정 촉구)
05.08. 민주노총·전국연합·민변·민교협 등 9개 전국규모 시민 종교단체, 민주개혁 사회단체 연대회의(민주연대) 출범 선언
05.19. 전국민주택시노조연맹 창립대회(350여 개 노조 4만여 명 조합원, 위원장 강승규)
05.24. 전지협 임시대의원대회에서 전국민주철도지하철노동조합연맹 공식 출범
06.15. 민주노총 임금인상 1차 시기집중 총파업
07.15. 기아자동차 부도사태 발생, 기아그룹 부도방지 협약대상 지정
07.16. 민주노총 2차 시기집중 총파업
08.08. 민주노총, 민족회의 등 50개 단체와 8·15 평화통일 민족대회 개최(~8.15)
08.21. 정부출연기관 12개, 전국연구전문노조(연전노조) 참여(위원장 박용석)
08.27. 민주택시연맹 전국택시노동자대회 3만여 명 참가
09.03. 전국민주화섬유연맹 창립대의원대회(위원장 임만수)
09.06. 삼미특수강노조 고용승계 요구 167일째 삼미본사 상경농성(178명), 포항제철 교섭 일체거부
10.26. 국민승리21 본조직 결성식 및 권영길 대통령 후보 선거대책본부 출범식
11.18. 전국농민회총연맹 1997년도 전국농민대회 개최(서울 여의도, 3만여 명 참가, 농산물 가격안정 등 농촌문제 해결 촉구)
11.20. 한양대병원노조에 8백여 명 공권력 투입(노조원 117명 연행)
11.21. 한국정부 국제통화기금(IMF)에 구제금융 지원 요청 공식 발표
12.03. 한국정부와 IMF, 직접지원자금과 미국·일본 등의 협조융자를 포함해 총 550억 달러의 긴급자금지원에 합의
12.04. 한국노총 정책연합 실현을 위한 전국노조대표자대회 개최(잠실 역도경기장)
12.17. 제15대 대통령 선거(국민회의 김대중 후보 당선, 국민승리21 권영길 후보 1.2% 30만 6,026표 획득)

● **1998**

01.15. 한국노총·민주노총, 국민회의와 합의하여 (1.14) 노사정위원회(노사정위) 출범
01.20. 경제위기 극복을 위한 노사정 간 공정한 고통분담에 관한 공동선언문을 노사정위에서 채택 발표(37개 의제 일괄 타결 합의)
02.06. 교사·공무원 노동기본권 보장, 정리해고제 조기 도입, 근로자파견 법제화, 실업·고용안정대책 등 노사정위 잠정합의
02.09. 민주노총 제8차 대의원대회에서 노사정위 잠정합의 승인거부(집행부 총사퇴, 비상대책위원회 구성)
02.13. 대우조선노조 최대림 조합원 정리해고법제화 반대 민주노총 총파업 동참 촉구하며 유조선 갑판 위에서 분신 투신
02.15. 민주노총 금속 3조직 전국금속산업노조연맹으로 통합(184개 노조, 19만 742명)
02.27. 전국보건의료산업노동조합 산별노조로 출범(위원장 이상춘)
03.05. 창원 통일중공업노조 오만우 조합원 고용불안 배치전환 항의 자살
03.31. 민주노총 제10차 임시대의원대회(이갑용 위원장·고영주 사무총장 선출)
04.19. 전국공공노동조합연맹(공공연맹) 출범
04.23. 전국민주택시연맹 전면적 택시운행제도 개혁·완전월급제 요구 총파업
05.01. 민주노총 노동절 기념집회(4만 명 참가)에서 경찰 최루탄 난사
한국노총 노동절 기념대회(KBS 88체육관)
05.27. 민주노총 노정협상 결렬 총파업 전개(132개 노조, 12만 3천여 명 참가)
동아엔지니어링노조 신길수 전 위원장 임금체불 항의 자살
05.29. 기아자동차노조 송인도 조합원 부당결근 처리 항의 분신자살

06.03. 제2기 노사정위원회 출범(위원장 김원기)
06.04. 전국지방자치단체선거 실시
06.16. 정주영 현대그룹 명예회장 소 5백여 마리 실은 트럭과 함께 판문점으로 방북
06.18. 금융감독위원회, 5대그룹 계열사 20개가 포함된 55개 퇴출 대기업 명단 발표
06.29. 금융감독위원회, 대동·동남·동화·경기·충청은행 등 5개 은행 1차 퇴출 대상으로 확정
현대자동차 노동부에 4,830명 정리해고 계획 신고
07.12. 양대 노총 노사정위원회 불참 선언, 여의도 연대집회
07.20. 대우자동차 정리해고자 2,995명 발표
현대자동차노조 정리해고 반대 천막농성, 굴뚝농성 돌입
07.23. 금융·공공부문 구조조정과 현대자동차 등의 정리해고 문제를 제외한 8개 항에 노·정 대표 합의
만도기계 1,163명 정리해고 계획 통보
07.27. 정부·재계 5대그룹 빅딜 합의문 발표
07.31. 상업은행·한일은행 합병
현대자동차 1,569명 정리해고 최종통보
09.29. 금융노련 은행퇴출 대량해고 및 구조조정 반대 총파업
11.21. 교사 2만 5천여 명 전국교육자총궐기대회 개최

● **1999**
01.06. 교원의 노동조합설립과 운영 등에 관한 법률 국회통과(10년 만에 전교조 합법화)
02.24. 민주노총 대의원대회(노사정위 탈퇴 결의)
03.22. 고용실업대책과 재벌개혁 및 IMF 대응을 위한 범국민운동본부, 상설공동투쟁체 건설 논의
04.19. 민주노총 노정교섭 요구 총파업
05.07. 민족자주통일협의회 결성(상임의장 오종렬)
05.12. 보건의료노조 10여 개 지부 파업돌입(고용 안정, 인력확보, 경영참가 등 쟁취)
05.14. 전국 41개 대학의 교수 536명, 구조조정의 패러다임 전환·사회개혁 요구 시국선언문 발표
05.30. 체신노조, 여의도 문화마당에서 인력감축 철회 및 생존권 사수 궐기대회 개최(2만여 명 참가)
06.07. 진형구 전 대검 공안부장 조폐공사 파업을 유도했음을 실토
06.11. 한국노총 시한부 총파업 전개
06.15. 서해상에서 남북 해군함정 간 교전 발생
06.30. 경기도 화성군 씨랜드 청소년 수련원에서 화재 발생으로 어린이 19명 등 23명 희생
09.01. 노사정위원회법 제정(1999. 5.24)에 따른 제3기 노사정위원회 출범(위원장 김호진)
09.17. 민주노총 대의원대회(위원장 단병호·사무총장 이수호 선출)
09.29. 미국 AP통신, 한국전쟁 당시 충북 노근리 양민 학살사건 진상 폭로
10.20. 노사정위원회 운영에 관한 공동선언문 채택(전력구조 개편, 노조전임자 임금지급, 단체협약 이행 촉진방안 등 의제 채택)
10.30. 인천 인현동 호프집 화재로 57명 사망
11.15. 한국노총 전임자 문제 해결 지연 이유로 노사정위원회 활동 중단
11.23. 노동부 민주노총 설립신고증 교부
11.25. 대우재벌 김우중 회장 사퇴
12.06. 한국노총 전경련 기습점거농성 및 국민회의 중앙당사 점거농성
12.13. 한국노총 김대중 정권과의 정책연합 파기 선언
12.17. 한국노총 1단계 경고파업, 노정합의 관철 및 배신정권 규탄 총파업투쟁 실천대회 개최
재능교육 교사노조 설립신고증 교부(특수고용노동자 조직에 최초 노조설립 인정)

● 2000

01.14. 대의원 간접선거로 선출된 전국대의원은 무효라고 대법원 판결(철도·체신· 전력노조 등 문제 발생)
01.29. "20의 사회를 80의 사회로!"라는 구호와 함께 민주노동당 창당(상임대표 권영길)
02.22. 민주노총 화학연맹과 섬유연맹 통합하여 전국민주화학섬유노동조합연맹 결성
02.25. 민주노총 노동운동발전전략위원회 분과위원회 구성 확정 및 본격 활동 개시
03.03. 전국금융산업노동조합 산별노조 결성대회 (위원장 이용득)
03.27. 민주노총·전농·전빈련 등 30여 개 시민사회단체, 자동차산업 해외매각 저지 범국민대책위원회 결성
04.01. 민주노총 등 32개 민중 사회단체, 신자유주의 반대 민중생존권 쟁취 민중대회 전국 12개 도시에서 개최
04.06. 완성차 4사 노조, 해외매각 반대·주40시간제 촉구 전면파업
민주노총·민가협·유가협 등 37개 민주화운동단체, 민주화운동 정신계승 국민연대 결성
04.07. 강원 고성군에서 대형 산불 발생, 동해안 일대로 확산
04.13. 제16대 국회의원 선거(한나라당 133석, 새천년민주당 115석. 정당별 득표율 민주노동당 1.2%, 청년진보당 0.7%)
05.08. 민주노총 등 28개 단체, 철도비리 척결 및 철도노조 사태 해결을 위한 공동대책위원회 결성(철도노조 직선제 관련 탄압 진상조사 결정)
05.31. 민주노총, 주5일 근무제 도입·IMF 피해 원상회복·비정규직 문제해결 등 3대 요구를 내걸고 지역·권역별 총파업 돌입
06.15. 김대중 대통령 방북(13일)하여 6·15남북공동선언(5개항) 발표
06.22. 민주노총·민주노동당·사회진보연대 등 15개 노동시민단체, 파견용역노동자 노동권 쟁취와 간접고용 철폐를 위한 공동대책위원회 구성
06.26. 양대 노총과 26개 노동시민사회단체, 비정규노동자 기본권 보장과 차별 철폐를 위한 공동대책위원회 구성
06.29. 민주노총·민교협·민변 등 8개 단체, 삼성 등 재벌 불법세습 척결을 위한 공대위 구성
파업 중인 호텔롯데노조 조합원 1천여 명을 경찰이 연막탄과 섬광탄 등을 동원해 진압·연행
06.30. 각계 단체, 매향리 미군 국제폭격장 폐쇄 범국민대책위원회 구성
07.01. 파업 중인 스위스그랜드호텔과 국민건강보험관리공단 조합원 대량 연행
07.11. 한국노총 금융산업노조 총파업 돌입(정부와 합의서 작성)
민주노총 공안탄압분쇄와 현 정권 규탄대회 개최
07.21. 민주노총 참여연대 등 232개 시민사회단체, 국가보안법 폐지 국민연대 발족
08.09. 민주화운동 명예회복 및 보상심의 위원회 출범
08.28. 제주 4·3사건 진상규명 및 희생자 명예회복 위원회 발족
09.20. 의약분업 반대 의료계 전국 파업
10.08. 양대 노총 공공부문 노조, 공공부문 노동자 총력투쟁 결의대회 개최
10.17. 의문사 진상규명 위원회 출범
11.12. 민주노총 구조조정 노동법 개악저지 투쟁 결의, 전태일 열사 정신계승 신자유주의 구조조정 노동조건 개악저지 전국노동자대회 개최(가두시위 중 경찰과 충돌)
11.14. 양대 노총 공기업 구조조정 반대 총력투쟁 결의대회
11.19. 한국노총 노동기본권 쟁취·일방적 구조조정 저지 전국노동자대회 개최(여의도 둔치, 5만 명 참가)
11.24. 전국언론노조 출범(위원장 최문순)

12.05. 양대 노총 노동시간 단축·구조조정 저지 경고파업 및 공동집회(서울역 1만 명)
12.16. 전국실업극복단체 연대회의 서울역에서 전국실업자대회 개최
대우자동차·부품사 노조·인천지역 노동시민사회단체, 대량해고 반대 결의대회 개최
12.22. 국민은행, 주택은행과 합병 반대 노조 총파업 돌입(12.27 공권력 투입)
12.29. 한국노총 강제합병 철회와 국정파탄 노동자탄압 책임자 처벌을 위한 전국노조대표자대회에서 정권퇴진 투쟁 선언

● **2001**
01.16. 한국노총 제조부문 노조연대회의(제조연대) 공식 출범
02.09. 전국금속산업노조 창립대회(114개 노조, 조합원 3만 1,213명, 위원장 이승필)
02.23. 민주노총 전국민간서비스산업노조 출범
02.28. 기업단위 복수노조 허용과 전임자 임금지급 금지 5년 유예 등 노동관계법 개정안 국회통과
03.11. 양대 노총과 북한 직업총동맹, 조국통일을 위한 남북노동자회의 구성 합의
03.14. 민중운동 진영의 상설공동투쟁체로 민족자주·민주주의·민중생존권 쟁취 전국민중연대(민중연대) 출범
금융노조 불법 파업혐의로 노조간부 이용득·김기준·김철홍·이경수 등 구속
03.24. 전국공무원직장협의회총연합(전공련), 정부의 불허방침에도 제1차 대의원대회 강행
03.28. 한국통신계약직노조 조합원 198명 비정규직 정규직화 요구하며 목동전화국 점거
03.31. 민중연대(준) 종묘공원에서 1만 명 전국민중대회 개최
04.13. 민주노총 인천 부평역에서 개최된 정리해고 분쇄 살인적 폭력만행 김대중 정권 퇴진 결의대회에서 경찰과 충돌
04.20. 대우캐리어 사내하청노조 원청업체인 대우캐리어의 직접교섭과 비정규직의 정규직화 요구하며 전면파업 돌입
04.29. 한국노총 이남순 위원장 직무대행 공안탄압 항의 무기한 단식농성 돌입(~5.10)
05.01. 민주노총 제111주년 세계노동절 기념 노동자대회 개최 후 시가행진
서울역 광장에서 한국노총 5·1 노동절 기념 및 공안적 노동탄압 분쇄 전국노동자대회 개최
금강산에서 남북 노동자 1천명 5·1절 통일대회 개최
05.21. 철도노조 최초로 직선제 임원선거(김재길 위원장 선출)
06.12. 민주노총 126개 사업장 5만 228명 연대파업 돌입
대한항공·아시아나항공 노조 최초로 동시 파업 돌입
06.24. 한국노총 공안적 노동탄압 규탄 및 생존권 사수 전국노동자대회 개최(서울역)
07.05. 민주노총 서울 종묘공원 등 전국 20개 지역에서 5만여 명 파업집회 개최
08.23. 한국정부 IMF 외채 195억 달러 전액 상환
09.11. 이슬람 탈레반, 아메리칸 항공과 유나이티드항공 소속 여객기 4대 몰고 미국 국방부, 세계무역센터와 충돌
11.11. 민주노총 2001년 전국노동자대회 개최(2만여 명 참가)
11.18. 한국노총 보라매공원에서 전국노동자대회 개최(1만 5천 명 참가)
11.25. 국가인권위원회 발족
12.02. 쌀 수입 반대·신자유주의 구조조정 저지·민중생존권 쟁취·반전평화 미국 반대를 위한 전국 민중대회 개최
12.17. 교육부와 교원노조, 조합활동 보장 등 단체협약 주요 쟁점에 잠정합의(12.28 조인)
12.20. 대우자동차판매노조 구조조정 철회 요구 본사 점거농성

● 2002
01.07. 덕성여대노조 파업 88일 만에 노사합의 조인 업무복귀
01.29. 민주화운동기념사업회 출범
02.07. 한국노총 정기대의원대회(이남순 위원장 등 제19대 임원 선출)
02.24. 민주노총, 여의도에서 취약노동자 희생 없는 주5일근무제 쟁취 전국노동자대회 개최
02.25. 철도·발전·가스공사 노조 연대파업 돌입
02.26. 민주노총, 기간산업 민영화 방침 철회와 구속노동자 석방 등을 요구하며 시한부 총파업
03.16. 대한민국공무원노동조합총연맹(공노총) 출범식(위원장 이정천)
03.22. 전국공무원노조 창립대의원대회 갖고 공식 출범 선언(4.3 지역별 대의원대회에서 초대 위원장 김영길 선출)
03.30. 국가기간산업 민영화·해외매각 저지를 위한 범국민대책위원회 결성
04.02. 발전산업노조 민영화 관련 쟁점사항 노정합의(민주노총 총파업 유보)
04.03. 민주노총, 발전노조 노정합의 전면 폐기하고 임원 총사퇴
04.18. 전택노련 생존권사수 전국택시노동자 결의대회 개최
05.06. 민주노총 임시대의원대회에서 비상대책위원회 구성(위원장 백순환)
노사정위, 비정규직대책에 관한 노사정 1차 합의 도출
05.23. 보건의료노조 가톨릭중앙의료원지부 등 임단협 타결촉구 파상파업
05.24. 전액관리제 요구와 임단협 타결 지연에 반발 민주택시연맹 70개사 부분 및 전면파업
05.26. 민주노총, 노동시간 단축·기간산업 매각 반대·공무원 노동 3권 보장 등 요구 총력투쟁 승리 결의대회 개최(서울 대학로, 3만 명 참가)
05.31. 2002년 한일 월드컵 시작(~6.30)
06.13. 제3회 지방선거 실시
의정부에서 여중생 신효순·심미선 양이 주한미군 장갑차에 깔려 숨짐
07.27. 인천지역 택시노조 파업 65일 만에 마무리(월급제 실시, 1일 2교대제 등 합의)
08.22. 양대 노총 공동투쟁 선언(노동조건 후퇴 없는 주5일제 쟁취)
08.25. 한라병원 파업참가 조합원 108명 집단해고, 용역깡패 동원 조합원들에 폭력 사용 축출
09.11. 강남성모병원·경희대의료원 파업현장에 공권력 투입(농성노조원 연행 강제해산)
09.18. 노동시간 단축 제조부문 양대 노총 공동투쟁본부 출범
09.26. 보건의료노조 집단 단식농성 돌입 및 장기파업 해결 촉구대회
10.11. 부동산시장 안정 정부대책 발표(투기지역 도입 등)
10.24. 정부산하기관관리법 입법저지 공동대책위원회, 공공노동자 총력투쟁 결의대회 개최
10.27. 양대 노총 제조부문 노조공투본, 근기법 개악저지 및 노동시간 단축 완전쟁취 제조노동자 총력투쟁 결의대회 개최
11.03. 한국노총, 한국민주사회당 창당
11.04. 공무원노조 2일간의 연가투쟁
11.10. 민주노총, 전태일 열사 정신계승 노동법 개악 폐지 비정규직 철폐 전국노동자 대회 개최
11.13. 우리 쌀 지키기 전국농민대회 전국 15만 명 참가(쌀 수입 개방 반대 등 요구)
11.30. 민중연대, 살인미군 철수·소파 개정·비정규직 철폐·쌀 개방 반대 등 요구 전국민중대회 개최
12.19. 제16대 대통령 선거(새천년민주당 노무현 후보 당선)

● 2003
01.09. 금속노조 두산중공업지회 배달호 조합원, 노조탄압과 재산 및 임금 가압류에 항의 분신 사망(3.14 전국노동자장)
01.10. 북한 핵확산금지조약(NPT) 탈퇴선언

02.08. 대구 지하철 전동차에 방화사건 발생(197명 사망, 140여 명 부상)
03.26. 새만금 공사 중단 요구하며 문규현 신부와 수경 스님 등 3보1배 장정 출발(5.31 서울 도착)
04.11. 철도노조 안전운행 준법투쟁 돌입
05.01. 한국노총 제113주년 세계노동절 기념대회 및 마라톤대회
민주노총 세계노동절 제113주년 기념 전국노동자대회(서울 대학로)
05.14. 헌법재판소 직권중재제도 합헌 결정
06.18. 조흥은행노조 일괄매각 반대파업(6.23 신한금융과 대등 통합, 고용보장 등 합의)
06.24. 궤도 3사 공동파업(1인 승무 철폐, 전동차 불연재료 교체, 안전위원회 설치 등 요구)
06.28. 철도노조(위원장 천환규) 철도산업기본법 반대파업 돌입(참여정부 최초로 농성장에 경찰 투입 강제해산)
06.30. 노무현 정권 개혁후퇴 규탄 및 2003년 임단투 승리 한국노총 총파업(488개 노조, 6만 700명 참가)
07.08. 현대자동차 하청노동자 127명, 비정규노조 설립대회
08.19. 양대 노총 주5일 근무제 관련 시한부 파업
08.27. 북핵문제 해결 위한 6자회담 개시(중국 베이징)
08.29. 근로기준법 개정안(주40시간 근무제) 국회 본회의 통과
09.04. 노사관계 법·제도 선진화계획(노사관계 로드맵) 정부 발표
09.10. 멕시코 칸쿤 WTO 각료회의-도하개발 어젠다 반대시위 중 이경해 농민 자결
09.12. 초속 60미터의 태풍 매미 한반도 강타
10.17. 한진중공업 김주익 지회장, 손배·가압류 철회 요구 크레인 고공농성 중 자결
10.23. 금속노조 세원테크 이해남 지회장 노조활동 보장 요구하며 분신(11.17 사망)
10.26. 근로복지공단 비정규노조 광주지역 이용석 본부장, 전국비정규노동자대회에서 비정규직 철폐 외치며 분신
10.29. 정부, 부동산시장 안정 종합대책 발표
10.31. 제주 4·3사건에 대해 노무현 대통령이 국가권력의 과오 공식 사과
11.09. 민주노총, 전태일 정신계승 전국노동자대회 개최(서울시청 앞, 10만여 명 참가), 경찰 저지에 쇠파이프와 화염병으로 대항(42명 구속, 50여 명 부상)
11.11. 열린우리당 창당
11.23. 한국노총 전국노동자대회 개최(대학로 5만 명)
12.06. 민중연대 70여 개 시군에서 전국민중대회 개최(노무현 정권의 반민중적 정책 심판 및 이라크 파병반대 등 8대 요구)

● 2004
01.16. 민주노총 정기대의원대회 개최(위원장 이수호, 사무총장 이석행 등 선출)
02.10. 노무현 대통령 주재 노사정위원회 본회의 개최(일자리 사회협약 체결)
02.14. 전국공무원노조 초대 직선제(위원장 김영길 등 선출)
현대중공업 하청노조 박일수 조합원, 하청노동자 권익보장 촉구 분신자결
03.12. 헌정사상 최초로 대통령 탄핵소추안 국회 가결
04.15. 제17대 총선(열린우리당 152석, 한나라 121석, 민주노동당 10석, 새천년민주당 9석, 자민련 4석)
04.19. 한국노총 이남순 위원장 총선거 패배 책임지고 사퇴
05.25. 한국노총 임시대의원대회 개최(이용득 위원장과 권오만 사무총장 선출, 현장 중심·대외 연대·국민과 함께 하는 노동운동 등 천명, 임원 직선제 부결)
06.10. 보건의료노조 임금인상 요구 산별파업 돌입(~6.23, 주5일 근무제, 생리수당을 보건수당

	으로 지급, 휴가 감소분 수당 지급 등 합의)
06.16.	민주노총, 파병 철회·비정규 제도개선 등 요구파업
07.18.	LG정유노조 정유사 최초로 전면파업 돌입
07.21.	4대 도시 궤도 5개사 파업 돌입
09.21.	민주노총 임시대의원대회(IT연맹 가입 승인, 서울대병원노조 보건의료노조 탈퇴 건 등 논의 중 유회)
10.05.	시티은행노조 단체협약 관련 파업 돌입 (12.22 합의)
10.10.	비정규 노동법 개악저지 권리보장 입법쟁취 양대 노총 전국노동자대회
10.29.	민주노총 전국화학섬유산업노동조합 창립대회
11.10.	일제강점기 강제동원 피해 진상규명 위원회 출범
11.14.	민주노총 전태일 열사 정신계승 전국노동자대회·민중대회
11.15.	전국공무원노조 총파업 돌입(77개 지부 4만 5천여 명 참가, 2,304명 징계 및 224명 파면 해임)
11.26.	민주노총 총파업 돌입 및 총파업 승리 1차 결의대회(8만 6,590명 참가) 전국비정규노조대표자연대회의, 국회 내 타워크레인 점거농성 돌입(12.2 해제)
12.01.	청구성심병원 노사 2002년 임단협 2년 7개월 만에 합의 타결
12.15.	하이닉스-매그나칩 사내하청노조 임단협 관련 전면파업 돌입(12.25 직장폐쇄)
12.17.	현대자동차 불법파견 노동부 조사
12.27.	인천 콜트악기노조 정리해고 반대 부분파업 돌입

● **2005**

01.10.	정읍시 환경미화원 해고자 9명 단식농성
01.17.	OECD 노동권조사단 내한(~1.19)
01.20.	기아자동차노조 집행부 취업비리 책임지고 총사퇴
01.21.	민주노총 임시대의원대회 개최(산별노조 건설전략 의결, 사회적 교섭 방침안 의결 연기, 50억 비정규직 조직활동가 양성 기금안 채택)
01.22.	현대차 비정규노조 최남선 조합원 노조인정 요구 분신 기도
02.01.	민주노총 임시대의원대회 개최(사회적 교섭 방침 반대하며 의장석 점거와 시너 살포 등이 벌어져 난장판이 되며 유회)
02.17.	한국노총 대의원대회(이용득 위원장 선출, '국민과 함께 하는 노동운동' 천명)
02.21.	코오롱 노사합의 깨고 61명 정리해고 단행, 정리해고분쇄투쟁위원회 구성, 출근투쟁 개시
02.24.	민중연대 등 104개 단체, 비상시국회의 결성(비정규직법 정부안 강행처리 중단 촉구)
03.15.	민주노총 임시대의원대회, 사회적 교섭안 건 폐기 요구 폭력사태로 개회 무산
04.05.	노사정대표자회의 8개월 만에 재개(중앙단위 노사정대화체제 복원 합의)
04.10.	민주노총 비정규법안 저지 총파업 단행(16만 8천여 명 참가) 및 여의도 국회 앞 집회 (1만 2천명 참가)
04.21.	양대 노총 위원장 비정규법안 관련 기자회견 후 단식농성 돌입(~5.3)
05.01.	덤프연대, 유가 보조와 부당과적 철회 등 요구하며 운송거부투쟁 개시(5.10 현장복귀) 울산건설플랜트노조 SK울산공장 정유탑 고공농성(5.18 경찰진압)
05.16.	권오만 한국노총 사무총장과 임남훈 한국노총 경남도본부장 비리 관련 검찰 조사 발표
05.23.	울산건설플랜트노조 3보1배 행진 중 582명 경찰에 연행
05.27.	국방부 과거사 진상규명위원회 발족(「2007. 12.3)
05.31.	친일반민족행위 진상규명위원회 출범
06.01.	조직혁신과 재도약을 위한 한국노총 임시대의원대회 개최(규약개정 및 사무총장 선출)
06.14.	한국노총 김태환 충주지부장, 레미콘 지입

차주 결의대회 차량 출입 저지 중 차에 치어 사망
06.21. 특수고용노동자 노동3권 쟁취를 위한 양대노총 결의대회
07.17. 아시아나항공 노조 파업 돌입(8.10 정부 긴급조정 명령, 8.19 노사합의)
08.12. 양대 노총 ILO 아태지역총회 불참 선언
09.04. 현대자동차 사내하청 해고자 류기혁 씨 부당해고 항의 자살
09.13. 화물연대 부산지부 김동윤 씨 분신 사망
09.19. 한반도 비핵화와 평화를 위한 6자회담 공동성명
09.28. 기아자동차 화성공장 비정규직지회 파업 중 원청 관리직과 물리적 충돌사태 발생
10.07. 기아자동차 노조 원하청 공동투쟁 승리를 위한 쟁의행위 찬반투표 부결
10.08. 강승규 민주노총 수석부위원장 비리혐의 구속
10.16. 전국비정규노조대표자연대회의(전비연) 출범
10.20. 민주노총 이수호 위원장 집행부 총사퇴(9인 비상대책위 구성)
11.07. 뉴라이트 전국연합 출범(대표 김진홍 목사)
11.15. 쌀 협상 국회비준 저지 전국농민대회 개최, 경찰 진압 과정에서 전용철·홍덕표 농민 피살
12.01. 민주노총 비정규직보호법안 저지를 위한 총파업(~12.2)
진실과 화해를 위한 과거사정리위원회 발족
12.08. 대한항공노조 전면파업 돌입(12.11 정부 긴급조정 명령)
12.12. WTO 각료회의 저지 위해 전농·민주노총 등 홍콩에서 가두시위

• 2006
01.01. 군의문사 진상규명위원회 발족
01.03. 한국타이어 노동자 15명이 유기용제 노출·과로·노동통제 등으로 사망 사실 보도
01.09. 국가인권위원회, 국가인권정책 기본계획

권고안 의결(향후 5년간 과제로 비정규와 이주노동자 문제 등 지적)
01.28. 공무원의 노동조합 설립 및 운영에 관한 법률 발효
02.21. 민주노총 임시대의원대회 개최(위원장 조준호·사무총장 김태일 선출)
03.14. 양대 노총 남북노동자대표자회의 참가(개성)
04.06. 민주노총 비정규법안 처리 반대 등 요구 총파업(~4.8)
04.27. 노사정대표자회의, 노동위원회 및 노사정위원회 개편 방안 합의
06.30. 금속노조 산별노조 전환 조합원 총투표(13개 노조[8만 6,985명]는 가결, 7개 노조[1만 450명]는 부결)
07.13. 포항건설노조 1천5백여 조합원, 단체협약 체결과 대체인력 투입 금지 등 요구 포스코 본사 점거농성(~7.21, 58명 구속, 하중근 조합원 사망)
친일반민족행위자 재산조사위원회 출범
08.08. 공공부문 비정규직 종합대책 정부 발표(기간제의 무기계약직화, 차별요인 제거, 외주화 기준 마련 등)
08.21. 민주노총 경찰폭력에 대한 책임자처벌 촉구 시민사회단체 대표 무기한 농성(~9.2)
09.05. 노동부, 비정규직 고용개선 종합계획 발표(불합리한 차별해소 및 남용방지, 정규직 전환 촉진, 사회안전망 구축, 관련 인프라 구축 등)
09.11. 노사정위원회(민주노총 불참), 노사관계 로드맵 입법 노사정 대타협(전임자 임금지급 금지·복수노조 허용 3년 유예, 직권중재 폐지, 파업 시 대체근로 허용 등)
09.19. 노사정 대타협 항의하며 전해투 한국노총 부위원장실 점거
09.23. 뉴라이트 신노동연합 창립대회(상임대표 권용목)
09.25. KTX 승무원 서울노동청 점거농성
10.22. 비정규직 철폐, 특수고용 노동자성 쟁취, 원

청 사용자성 인정, 살인정권 퇴진, 총파업 승리 위한 민주노총 전국비정규노동자대회
10.25. 특수형태근로종사자 보호대책 정부 발표 (산재보험 적용, 직업훈련 지원, 불공정거래 엄격 규제, 근무조건 개선 등)
11.15. 민주노총 4대 핵심과제(로드맵 입법 저지, 한미 FTA 협상 저지, 비정규 권리보장 입법 쟁취, 산재보험법 전면 개정 등) 관철 위한 총파업
11.23. 전국금속산업노조 완결 공식출범(34개 조직 14만 4,492명)
11.25. 한국노총 전국노동자대회, 노사관계 로드맵 노사정 합의 관철 등 요구
11.30. 비정규직 관련법 국회통과(차별 금지·차별구제 규정 신설, 기간제 사용기간 2년) 민주노총 비정규법 국회통과 항의 전면 총파업(12.1 이후 연인원 28만 명 참가)
12.11. 조준호 민주노총 위원장 비정규악법 날치기 통과 무효화 촉구 단식농성 돌입, 이후 민주노총 전국적 집회 시위투쟁
12.13. 산재보험 개혁안 노사정위 합의(사업주 확인제도 개선, 요양연기제도 개선, 선 치료 보장제 도입, 재활급여 신설 등 8개항)
12.20. 금융노조 우리은행지부, 비정규직 3천1백여 명 정규직 전환 노사합의
12.22. 근로기준법 개정안 등 국회통과(부당해고 벌칙 삭제, 금전보상제 신설 등)
12.25. 전국운수노조 창립대의원대회

● 2007
01.03. 사회적 기업 육성법 공포
02.26. 민주노총 대의원대회 개최(위원장 이석행·사무총장 이용식 등 선출)
02.01. 서울고법, 서울·경기·인천 이주노동자노조 설립 인정 판결
02.13. 한반도 비핵화와 평화를 위한 6자회담 합의
03.14. 인천 콜트악기노조 정리해고 반대 부분파업 돌입

04.01. 허세욱 열사 FTA 협상 중단 요구하며 분신 (4.15 사망)
04.05. 노사발전재단 창립
04.11. 근로기준법 전부개정 법률안 공포
05.01. 민주노총 제110주년 세계 노동절 기념 노동자대회(1만 1,726명, 대학로~광화문 행진) 경남 창원에서 6·15 공동선언 실천을 위한 5·1절 남북노동자통일대회 개최
06.04. 타워크레인노조, 임금삭감 없는 주 44시간제 등 요구 전면 파업 개시(6.27 과천청사 집회, 7.20 전국건설현장 타워크레인 집단 점거 고공농성, 7.21 노사합의)
06.10. 이랜드일반노조, 임금인상·계약직 고용안정·외주화 중단·인사이동·징계자 복직 등 요구파업돌입 선언(6.30~7.20 홈에버 월드컵[상암]점 점거, 10.1 노동부 서울청장실 점거, 사측 영업방해중지 가처분 신청과 손배·가압류 청구, 업무복귀명령, 위원장 등 15명 징계해고 등 단행, 민주노총 등에서 수십 차례 교섭, 홈에버 직원-매장 주 '우리 일터 지키기 비상대책위원회' 결성)
06.18. 특수고용노동자 노동기본권 쟁취 민주노총 결의대회 및 투쟁문화제 개최
06.22. 자동차노련, 대전지역 버스 노동자(1,788명), 임금인상과 정년연장 등 요구 전면파업(7.3 노사합의 타결)
06.29. 민주노총 6월 총력투쟁 승리 전국노동자대회 개최
한미 FTA 저지 범국민대회(1만 8,352명 참가, 지역 1만 8,500명)
07.10. 연세의료원노조, 간호등급 1등급 상향조정 등 요구 전면파업 돌입(사측 단협 해지통보, 7.30 사측 직장폐쇄, 이후 노사합의)
07.18. 기아자동차화성공장 비정규직노조, 임금인상 요구 부분파업(8.23 도장공장 점거, 8.24 노조간부 28명 피소, 8.31 농성 해제)
07.23. 뉴코아노조(위원장 박양수), 정규직 전환배치 및 비정규직 계산업무 외주화 반대 총파

연표 459

업 돌입, 뉴코아·이랜드일반노조 민주노총의 투쟁 확산(강남, 평촌, 일산, 인천, 야탑, 평택점 등 직장폐쇄, 2008년 초까지 진행)
11.21. 허치슨·광양터미널노조 단협체결 요구 전면파업(12.4 기본협약 합의, 2008. 2.4 조합원 운수노조 전원 탈퇴 후 기업별노조 설립신고)
12.10. 산재보험제도 개선방안 노사정위 합의 의결 한국노총 이명박 한나라당 대통령 후보와 정책연합 체결
12.11. 전국운수노조 여수·광양만예선지회, 10개 예선사에 공동교섭 요구 총파업 돌입(12.23 7개사 기본협약체결, 파업 철회) 한진중공업 마산공장 촉탁직 김춘봉 노동자, 계약해지 비관 자살

● 2008
01.07. 이천 토리아냉장 화재 폭발로 40명 사망 및 10여 명 부상
02.12. 한국노총 중앙정치위원회, 4월 총선에서 한나라당 지지 결정
02.15. 대통령 선거 결과와 이념 대립으로 민주노동당 일부 탈당
02.28. 한국노총 정기대의원대회 개최(장석춘 위원장체제 출범)
03.11. 코스콤 비정규직노동자 천막농성장 경찰이 강제 폭력 철거
03.16. 진보신당 창당
04.09. 제18대 총선거 투표율 46.1%(한나라당 13석, 통합민주당 81석, 자유선진당 18석, 친박연대 14석, 민주노동당 5석, 창조한국당 3석, 무소속 25석)
05.22. 광우병 쇠고기 수입고시철회 전국동시다발 촛불문화제 개최
05.24. 민주노총, 교육의료민생 파탄 이명박 정권 규탄 공공사유화 저지 공공부문 노동자 총력결의대회 개최(3만여 명 참여)
05.05. 이병렬 노동자 전주 코아백화점 앞에서 분신(6.14 영결식)
06.10. 광우병 쇠고기 수입고시철회·전면재협상을 위한 전국동시다발 100만 촛불항쟁
06.14. 민주노총 비정규직 철폐 전국노동자대회 개최(대학로)
06.19. 민주노총 임시대의원대회(노동혁신위원회 설치 의결)
07.02. 민주노총 광우병 쇠고기 수입 반대 총파업 단행(11만 6,858명 참가)
07.22. 서비스연맹 '서서 일하는 서비스 여성노동자에게 의자를!' 국민캠페인 출범
10.25. 한국노동운동연구소 출범(소장 임영일)
10.06. YTN 낙하산 사장 반대 투쟁 주도한 노조임원 6명 해고 및 33명 중징계
11.09. 민주노총 전태일 열사 정신계승 전국노동자대회 개최
11.14. G20 노동조합 정상회의 개최(ITUC와 OECD-TUAC 주도, 미국 워싱턴)
11.27. 금융노조 국민은행지부, 비정규직 5,006명 조합원 가입 결의
12.05. 쇠고기 협상 중단 파업 주도 혐의로 민주노총 이석행 위원장 경찰 구속
12.06. 민주노총 간부의 조합원 성추행 사건 발생

● 2009
01.02. 정부 경찰특공대 투입해 용산 재개발지역 주민 강제진압(철거민 5명, 경찰 1명 사망)
01.26. 한국노총·재계·경영계·정부부처·시민종교단체, 경제위기 극복을 위한 노사민정 비상대책회의 발족(고통분담 등 사회적 합의, 사회통합에 최선의 노력)
02.28. 민주노총, 용산참사 살인정권 규탄 MB악법 저지 경제파탄 책임전가 이명박 정권 심판 전국노동자대회 개최
03.12. 노동부, 비정규직 고용안정대책 발표('100만 해고대란설' 내세우며 비정규직 고용기간을 2년에서 4년으로 연장하는 개정안 국회 제출)

04.01. 민주노총 임시대의원대회(위원장 임성규·사무총장 신승철 선출)
04.20. 노동부, 공공기관 단체협약 분석 및 개선방안 시달
04.30. 화물연대 박종태 광주지부 1지회장, 대전 집회에서 대한통운택배 노동자 집단해고 항의 자결
05.22. 노무현 전 대통령 봉하마을 뒷산에서 자결
07.13. 한국노동연구원 연구위원, 연구 자율성과 독립성을 주장하며 노조 결성(연구원 정리시도로 노사분쟁 심화)
07.22. 민주노총 광우병 쇠고기 수입 반대 총파업(147개 노조, 11만 6,858명 참가)
08.05. 쌍용자동차 2천6백여 명 정리해고 단행, 경찰이 투입돼 파업농성장을 전쟁터를 방불케 하는 폭력으로 진압
08.18. 김대중 전 대통령 별세
09.28. 민주노총 임시대의원대회(임원직선제 3년 유예 결정)
10.24. 민주노총 전국비정규노동자대회
11.08. 민주노총 2009 전국노동자대회(여의도, 2만 2,137명 참가)
11.09. 한국노총 지도부, 전임자 임금 쟁취와 노동기본권 사수 천막농성 돌입
12.04. 노동관계법 관련 노사정합의(현행법의 시행을 위한 준비기간 설정, 노조 재정자립방안과 복수노조 대책 마련)

● 2010
01.01. 노조법 개정안 국회통과(노조전임자 임금지급 금지는 6개월, 사업장 단위 복수노조 허용은 1년 6개월 유예)
01.28. 민주노총 대의원대회(위원장에 김영훈 후보 당선, 1차 투표에서 52% 지지 획득)
02.18. 대통령 주재 국가고용전략회의, 유연근무제 확산방안 확정 발표
02.26. 석면피해구제법 국회본회의 통과
03.04. 서울지하철노조 등, 공익정책노조 표방하며 '새희망 노동연대' 출범
03.13. 국내 최초 청년노조, 청년유니온 창립총회(3.18 노동부 설립신고, 3.25 반려)
03.28. 현대중공업의 사내하청노조 활동방해에 대해 부당노동행위 인정 대법원 판결
05.07. 골재채취 노동자, 4대강 사업 중단 요구 3보1배
06.02. 야권 지방선거 압승, 진보교육감 당선 증가
06.08. 노사정위원회 근로시간 임금제도 개선 합의(2020년까지 연간 근로시간 1,800시간으로 감축)
07.05. 노동부 고용노동부로 명칭 변경(일자리정책 총괄부처로 개편)
07.22. 현대차 사내하청 2년 이상 근로자는 불법파견이라 대법원 판결
08.05. 고용보험 가입자 1천만 명 돌파
10.04. 특수고용노동자 노동자성 인정과 산재보험 전면적용 촉구, 640킬로미터 대장정
10.21. 구미 KEC 파업 조합원 2백여 명 공장 점거(10.30 김준일 금속노조 구미지부장 분신)
11.01. 기륭전자 노동자, 5년 4개월 만에 일터 복귀(불법파견 고용보장 첫 사례)
11.11. G20 회의에 맞서 서울 국제민중회의 개최
11.23. 북한군 연평도 포격
  야당과 노동시민사회단체, 한반도 평화실현을 위한 비상시국회의
12.07. 학교비정규직 전국단일노조 출범 선언(15만 명 규모, 5개 노조 추진위 구성키로)
12.17. 전북버스 7개사 노조, 노조인정과 성실교섭 요구하며 파업 돌입(한국노총 탈퇴, 민주노총 가입)
12.18. 전국민중대회(서울역, 민주노총·한국진보연대·전농·전빈연 등).
12.20. 금속노조 한진중공업지회(지회장 채길용) 4백여 명, 정리해고 반대파업 돌입
12.23. 창원지방법원, GM대우차 사내하청을 불법파견으로 인정 판결
12.26. 동서발전에 기업별노조 설립

12.29. 복지국가와 진보대통합을 위한 시민회의 출범

● 2011
01.02. 홍익대 비정규직노동자, 해고 항의하며 총장실 점거농성 돌입
01.06. 한진중공업 정리해고 철회 투쟁 관련, 김진숙 민주노총 부산본부 지도위원 타워크레인 농성 시작
01.25. 한국노총 대의원대회(이용득 위원장 재선)
02.12. 현대자동차비정규직 조합원 2명, 대법원판결 이행·정규직화 요구하며 현대차 본사 앞 광고판에서 농성 시작
02.15. 한진중공업 생산직 172명 정리해고 단행, 3개 현장 직장폐쇄에 항의하며 노조 대표 2명 타워크레인에서 고공농성 돌입
02.22. 야 4당 대표 및 시민사회원로 공동기자회견, 4·27재보선 야권연합 방침 천명
02.24. 한국노총 한나라당과의 정책연대 파기 선언
04.08. 진보진영 40개 단체, 진보진영 상설연대체인 세상을 바꾸는 민중의 힘(민중의 힘) 준비위원회 발족
06.03. 서울중앙지검, 정치자금법 위반혐의로 보건의료노조·사무금융연맹 홈페이지 서버관리업체를 압수수색
06.08. 행정안전부 2011년도 지방공기업 실적에 대한 경영평가기준 발표(노조파업 시·노조 전임자 인정 시 감점 등)
양대 노총 공공부문 노조, 정부청사 앞에서 공동집회(신입 차별, 경영평가와 단체협약 개악 철회 요구)
06.11. 비정규직 철폐·정리해고 철회 1차 희망버스 전국에서 8백여 명 탑승(한진중공업 영도공장 집결해 집회)
06.19. 민주노동당 정책당대회, 진보정당 통합 최종 합의문 및 강령개정안 승인(강령에서 "사회주의 이상과 원칙을 계승 발전" 문구 삭제)

06.24. 공공운수노조 창립대의원대회
06.28. 금융노조 SC제일은행지부 개인별 성과급제 반대 전면파업 돌입(8.29 복귀)
56개 인권·시민·사회단체, 국가인권정책기본계획(NAP) 수립을 위한 인권정책 관계자협의회 불참 선언
06.29. 민중의 힘 6월 총궐기 투쟁 결의대회 개최(시청 앞~광화문 행진)
07.09. 제2차 희망버스 한진중공업노조 지원(1만여 명 부산 집결. 경찰 강경진압)
07.13. 김영훈 민주노총 위원장, 한진중공업 문제 해결 등 노동탄압 중지요구 단식농성 돌입(8.4 종결)
07.18. 노동부 사내하도급 노동조건보호 가이드라인 발표(하청노동자에게 기여도 고려한 적정임금 지급, 불법하도급 신고센터 설립)
07.20. 전국 267개 노동·민중·시민사회단체, 복지국가 실현 연석회의 발족
07.21. 서울중앙지검, 정치자금법 위반혐의로 교사와 공무원 428명 내사 끝에 244명(교사 210명, 공무원 34명) 불구속 기소, 청주지검은 68명 불구속 기소
07.28. 한국노총 산하 한국운수물류노조총연합회(운수물류총련) 결성(8개 조직, 32만 명)
07.30. 제3차 희망버스 부산 한진중공업에서 시위
08.03. 서울중앙지법, 복수노조 시행일은 2010년 1월 1일이 아니라 2011년 7월 1일로 판시
08.17. 국회 지식경제위원회에서 전경련 회장 등 경제 4단체장 소환(대기업의 사회적 책임 강화에 대한 공청회 개최)
08.18. 한진중공업 사건 관련 조남호 회장 국회청문회 개최
08.23. 언론노조, 공정방송 복원과 조중동 방송광고 직거래 저지 총파업 돌입
08.30. 서울중앙지법 2006년 해고된 KTX 여승무원 118명의 근로자 지위확인 소송에서 원고승소 판결
09.03. 전태일 열사 어머니 이소선 여사 별세

09.09. 정부와 여당, 비정규직종합대책 발표
10.22. 비정규직 철폐 전국노동자대회 개최(서울광장)
10.26. 전국지방선거 보궐선거(서울시장으로 박원순 야권단일후보 당선)
11.09. 한진중공업 노사 정리해고문제 잠정합의 (11.10 김진숙 지도위원 크레인 농성 309일 만에 동아대병원으로 후송)
11.13. 민주노총, 한미 FTA 저지 전태일 열사 정신계승 2011 전국노동자대회 개최(서울광장)
11.15. 인천 삼화고속 노사 임금·근무제도 협상 파업 37일 만에 합의
11.22. 한미 FTA 비준안 한나라당 단독으로 국회 강행처리
11.28. 공공부문 비정규직대책 노동부 발표(9만 7천 명 무기계약직 전환 등)
11.29. 국민노동조합총연맹(국민노총) 출범식(위원장 정연수)
12.01. 종합편성채널 개국, 언론노조 파업
12.05. 통합진보당 출범(민주노동당·새진보통합연대·국민참여당 통합)
12.17. 북한 김정일 국방위원장 별세(12.19 공표)
12.18. 민주당·시민통합당·한국노총, 민주통합당으로 출범
12.23. 국민일보노조 사장 퇴임 요구파업 돌입

● 2012
01.08. 현대자동차 울산 엔진사업부 노동자 신승훈 씨, 내부고발 이유 현장간부들의 압박에 항의 분신(1.15 사망)
01.30. 문화방송노조 불공정방송 개선과 사장 퇴진 요구파업 돌입
       한나라당 새누리당으로 당명 변경
02.23. 대법원, 현대차 2년 이상 근로한 사내하청 근로자는 정규직 인정 판결
03.02. 사회당 진보신당과 통합
       언론노조 KBS본부 공정방송 요구파업 돌입

03.08. 언론노조 YTN지부(지부장 김종욱), 사장 퇴진·징계 철회·공정방송 복원 요구파업 돌입
04.11. 제19대 국회의원 총선거(새누리당 152석, 민주통합당 127석 통합진보당 13석)
04.24. 헌법재판소 복수노조 창구단일화제도 합헌 결정(한국노총 제기, 재판관 전원일치)
05.02. 통합진보당 부정선거 진상조사위원회 비례대표 부정선출 조사결과 발표(당내 분열 위기 고조)
06.25. 화물연대 표준운임제 법제화 등 요구 총파업 돌입
06.26. 건설노조 임금지급 요구 총파업 돌입
06.28. 민주노총, 비정규직 정리해고 철폐와 노동법 전면 제·개정 요구 경고파업(3만여 명 상경투쟁 국회 앞 집회, 4만 명 파업 참가)
07.17. 언론노조 MBC본부, 김재철 사장 퇴진과 공정방송 요구파업 170일 만에 잠정 중단
07.27. 한국노총 임시대의원대회(이용득 위원장 사퇴)
       안산 SJM 파업 농성장에 무장용역 난입해 조합원을 폭력 축출
       휴가 중인 만도 평택공장·문막공장·익산공장에 1천8백여 명 무장용역 난입
08.11. 민주노총, 쌍용자동차 문제해결과 8월 총파업 승리를 위한 전국노동자대회 개최(여의도)
08.13. 르노삼성자동차노조 최초의 파업(2시간 시한부, 구조조정 희망퇴직 반대)
08.29. 박근혜 새누리당 대통령 후보 전태일재단 방문 시도(유족 반대로 좌절)
08.31. 민주노총, '1-10-100 운동'(국회에서 100일 안에 10대 노동입법 과제를 1번에 쟁취) 위한 총파업
09.17. 조계종 노동위원회, 쌍용차 문제의 조속한 해결을 위한 10만배 기도 시작(100일간 매일 1천배 운동)
09.20. 쌍용자동차 불법 정리해고 국회환경노동위

원회 청문회
09.24. 한국노총 전력노조와 공기업연맹 통합, 전국공공산업노동조합연맹(공공노련) 결성 유성기업 등 산업현장 폭력용역·노조파괴 관련 국회 환경노동위원회 청문회
09.27. 구미 4공단 휴브글로벌사에서 불산 누출(3명 사망, 2명 부상), 다수 주민 입원 및 농작물 피해 등 오염 사태 발생
10.02. 노년유니온과 청년유니온, 서울지방노동청에 설립신고서 제출
10.09. 쌍용자동차 김정우 지회장 서울 대한문 앞 단식농성 돌입(77명 동조 단식농성)
10.17. 현대자동차 비정규직노조 최병승 씨와 천의봉 사무장, 불법파견 인정 등 요구 철탑 고공농성 돌입
10.21. 통합진보당 탈당파 진보정의당 창당(대통령 후보로 심상정 선출)
10.21. 전국공무원노조 조합원총회(5만여 명, 노조인정과 해고자 복직 요구)
10.24. 경실련, 2007~2012년 사이 10대 재벌 계열사 356곳에서 638곳으로 증가했다고 발표
10.30. 민주노총 임시대의원대회(임원직선제 3년 유예안 의결, 11.29 의결 무효 결정)
11.08. 민주연합노조(경기지역 15개 지자체 환경미화원), 임금인상 민간위탁·용역 중단, 정년차별 금지 등 요구파업 돌입
11.09. 전국학교비정규직노조연대회의(학교비정규직노조·여성노조·공공운수노조 전회련본부), 호봉제 고용안정 요구 총파업 돌입
11.23. 안철수 대통령 예비후보 문재인 후보와 단일화 협상 중 자진사퇴 선언
11.29. 한국비정규직노동단체네트워크(한비네) 출범총회(가톨릭청년회관, 초대 의장 이남신)
12.01. 협동조합기본법 발효(금융 보험업 제외, 5인 이상 구성 가능)
12.02. 전북고속노조 정홍근 쟁의 부장 등 2명, 성실교섭 등 요구 고공 조명탑 올라 농성 돌입
12.12. 북한 장거리로켓 은하3호 발사, 광명성3호 위성궤도 진입
12.19. 제18대 대통령 선거 박근혜 후보 51.6% 득표로 당선(민주통합당 문재인 후보는 48.0%)
12.20. 부당해고, 회사 압박, 대선결과 실망, 생활고 압박 등으로 노동자 연쇄 자살(12.20 금속노조 한진중공업지회 최강서 조직차장, 12.21 현대중공업 사내하청 해고자 이운남 씨, 12.25 한국외대노조 이호일 지부장)